LA CASCADA DE LA JUSTICIA

Otros títulos relacionados publicados por Gedisa

Mario Bunge
Filosofía política
Solidaridad, cooperación y democracia integral

Carlos Santiago Nino
La Constitución de la democracia deliberativa

Zygmunt Bauman
Trabajo, consumismo y nuevos pobres

Michel Wieviorka
El racismo: Una introducción

Jorge F. Malem Seña
La corrupción
Aspectos éticos, económicos, políticos y jurídicos

Rosi Braidotti
Transposiciones
Sobre la ética nómada

Denis Jeambar e Yves Roucaute
Elogio de la traición
Sobre el arte de gobernar por medio de la negación

Ernest Gellner
Cultura, identidad y política
El nacionalismo y los nuevos cambios sociales

Pierre Clastres
Investigaciones en antropología política

Benjamín Arditi
La política en los bordes del liberalismo
Diferencia, populismo, revolución, emancipación

Silvio Waisbord
Vox populista
Medios, periodismo, democracia

Jorge A. Nállim
Transformación y crisis del liberalismo
Su desarrollo en la Argentina en el período 1930-1955

LA CASCADA DE LA JUSTICIA

CÓMO LOS JUICIOS DE LESA HUMANIDAD ESTÁN CAMBIANDO EL MUNDO DE LA POLÍTICA

Kathryn Sikkink

Título del original: *The Justice Cascade,* editado por W. W. Norton & Company, Nueva York-Londres..

Diseño de cubierta: Departamento de diseño de la editorial

Traducción: María Natalia Prunes

Primera edición, diciembre de 2013, Buenos Aires

Derechos reservados para todas las ediciones en castellano

© by Editorial Gedisa, S.A.
Avenida del Tibidabo, 12 (3°)
08022 Barcelona, España
Tel. (+34) 93 253 09 04
Fax (+34) 93 253 09 05
gedisa@gedisa.com
www.gedisa.com

ISBN: 978-84-9784-789-6
IBIC: LAQ/JP

Impreso en Argentina
Printed in Argentina

A la memoria de Ellen Lutz (1955-2010), amiga, coautora
y abogada de derechos humanos, de quien aprendí tanto
sobre la ley, la justicia y la amistad.

ÍNDICE

AGRADECIMIENTOS

Muchas personas e instituciones me han inspirado, informado, ayudado y apoyado mientras realizaba mi investigación y escribía este libro, por lo cual me resulta imposible agradecer y reconocer a cada uno de ellos lo suficiente. He aprendido mucho más de lo que he sido capaz de transmitir a partir de las entrevistas realizadas a lo largo de muchos años con los protagonistas y analistas de la cascada de la justicia, muchos de los cuales aparecen en el libro o están referenciados en las notas al pie.

Gracias a una beca de la Fundación Fullbright, pude realizar el trabajo de campo en Argentina, y la Fundación John Simon Guggenheim me proporcionó la ayuda económica para poder concluir la investigación y escribir el manuscrito de este libro, así como el Colegio de Artes Liberales, las cátedras Regents y McKnight de la Universidad de Minesota concedieron generosas ayudas económicas para el desarrollo de mi investigación y para mis colaboradores en las diferentes etapas del proyecto.

Toda una red académica y personal de apoyo se activó para ayudarme a producir este libro. Quiero agradecer especialmente a todas las personas que leyeron el manuscrito, o partes de él, y me hicieron comentarios pertinentes, como Alison Brysk, Barbara Frey, Roby Harrington, Douglas Johnson, Peter Katzenstein, Margaret Keck, Robert Keohane, Ronald Krebs, Walter Landesman, Ellen Lutz, Juan Mendez, Leigh Payne, Naomi Roht-Arriaza, Joachim Savelsberg, Jake Schindel, Beth Simmons, Jack Snyder, Sidney Tarrow y David Weissbrodt. Me siento en deuda, muy especialmente, con mis colegas y amigos argentinos y uruguayos que estimularon y marcaron mi concepción sobre la justicia y los derechos humanos a lo largo de los años, como Catalina Smulovitz, Elizabeth Jelin, Carlos Acuña, Patricia Valdez, Luis Moreno Ocampo, Maria Jose Guembe, Marcelo Ferrantes, Silvina Ramirez, Carolina Varsky, Julieta Parellada, Monica Hirst, Roberto Russell, Anibal Marinoni, Beatriz Cabrera, Patricia Lema, Virginia Bonnelli y Alfredo Nieto. Les agradezco mucho a Carrie Booth Walling y a Hunjoon Kim sus aportes a mi trabajo y por haberme permitido usar, en el Capítulo 5 y Capítulo 6, materiales basados en artículos escritos en colaboración y las tablas y gráficos que, en un primer momento, habíamos elaborado juntos. En el proceso de redacción final del manuscrito, Geoff Dancy, Darrah McCracken y Brooke Coe fueron de más ayuda que mis propios colaboradores, en tanto se formó un auténtico equipo que me ayudó a terminar el manuscrito y a poder publicarlo. Su ayuda sirvió para reforzar los argumentos generales, los gráficos, la redacción y las pruebas.

A lo largo de los años, les he mostrado borradores de los capítulos a muchas asociaciones y personas concretas de distintos países que me hicieron comentarios y devoluciones extremadamente valiosos, como el Departamento de Ciencia Política y Relaciones Internacionales de la Universidad Torcuato Di Tella, el Centro de Estudios Legales y Sociales y el Núcleo de Estudios sobre Memoria del IDES, en Buenos Aires, Argentina, y la Facultad de Ciencias Sociales de la Universidad de la República, en Montevideo, Uruguay, el Departamento de Ciencia Política de la Universidad de San Pablo, Brasil, la Corte Penal Internacional, en La Haya, Países Bajos, la Universidad Pompeu Fabra en Barcelona, España, el Instituto de Estudios de las Américas, la Universidad de Londres, el Colegio Nuffiel, la Universidad de Oxford, el Departamento de Ciencia Política de la Universidad de British Columbia y el Programa de Éxito Social del Instituto Canadiense para la Investigación Avanzada. En Estados Unidos, fueron de gran utilidad los comentarios realizados por los miembros de distintos talleres sobre leyes internacionales de la Escuela de Derecho de Yale, la Escuela de Derecho de la Universidad de Nueva York y de la Escuela de Derecho de la Universidad de Chicago, el Taller sobre Responsabilidad Penal Individual del Consejo de Investigaciones en Ciencias Sociales en Washington, D. C., el coloquio sobre Relaciones Internacionales de la Universidad de Princeton, la conferencia de G. Theodore Mitau en el Colegio Macalester, el Departamento de Filosofía de la Universidad de Arizona y el taller sobre Poder de los Derechos Humanos de la Universidad de Wyoming. Mis colegas de la Universidad de Minessota me hicieron comentarios valiosos en el Departamento de Sociología, el Distinguished Faculty Lecture Series, el Coloquio Internacional de Relaciones Internacionales de Minesota, el Instituto de Estudios Avanzados y el Instituto de justicia Transicional Colaborativa del IAS. Muchas personas pertenecientes a estas instituciones me proporcionaron información crítica y me hicieron comentarios específicos sobre los capítulos o los temas tratados, como Philip Alston, Ben Ansell, Michael Barnett, Gary Bass, Tanja Boerzel, Ann Clark, Antonio Costa Pinto, Thomas Christiano, Nicole Dietelhoff, Raymond Duvall, Peter Evans, Songying Fang, Ryan Goodman, Peter Hall, Rebecca Hamilton, Oona Hathaway, Lisa Hilbink, Harold Koh, Ron Levi, Brian Loveman, Glenda Mezarobba, David Morrill-Richards, Eric Posner, Richard Price, Tonya Putnam, Filipa Raimundo, Thomas Risse, Rossana Rocha Reis, James Ron, David Samuels, Kim Scheppele, Henry Shue, Chandra Lekha Sriram, Ann Towns, Shawn Treier y Leslie Vinjamuri. También siento un profundo agradecimiento hacia Tuba Inal, Susan Kang, Patricia Gainza, Augustín Territoriale, Hunjoon Kim, Julia Kasper, Andrew Grover y Carrie Booth Walling por haber colaborado en la investigación. Finalmente, agradezco a mis editores, Roby Harrington y Jake Schindel, que me alentaron y asesoraron de forma eficiente para que pudiera cumplir mi objetivo de llegar a un público más amplio que el estrictamente académico.

Este libro está dedicado a la memoria de mi querida amiga y colega Ellen Lutz, militante incansable, investigadora y profesora que dedicó su vida al estudio y a la defensa de los derechos humanos. Con ella escribí mi primer artículo sobre los juicios por delitos de lesa humanidad en 2001 (cuyo título, originariamente, era el de este libro) y quien me enseñó tanto acerca de la ley y de la justicia a lo largo de tantos años. Ellen coeditó un libro pionero sobre los juicios por crímenes contra la humanidad, *Prosecuting Heads of State* (Cambridge University Press, 2009, leyó el manuscrito completo de *La cascada de la justicia* y me hizo comentarios vitales sobre él, pese a que en esos momentos estaba luchando contra la metástasis de un cáncer de mama. Entre 2004 y 2010, fue la directora de la organización de derechos de los indígenas Cultural Survival. Murió el 4 de noviembre de 2010 en su casa de Massachusetts. Una parte del adelanto y de las regalías por derechos de autor se donará al Fondo y Premio Ellen L. Lutz de Derechos Humanos Indígenas creada en su memoria en el seno del Cultural Survival.

1. INTRODUCCIÓN

No recuerdo cuándo escuché por primera vez decir que sería posible que los funcionarios de alto rango asumieran la responsabilidad penal de los crímenes de lesa humanidad. Nadie dijo nada semejante en 1976, cuando vivía en Montevideo, Uruguay, como estudiante de intercambio. En 1973, el presidente constitucional de Uruguay, Juan María Bordaberry, y los militares uruguayos derrocaron al gobierno democrático, cerraron el Congreso y la Corte Suprema de justicia y comenzaron a encarcelar y a torturar a los opositores al régimen. Bordaberry siguió siendo el presidente del país, con lo cual su participación hizo que el gobierno de facto pareciera legítimo. Aunque Uruguay alguna vez había sido conocido como la Suiza de Latinoamérica por su tamaño reducido, su larga tradición democrática y sus desarrolladas políticas sociales, muy rápido empezó a ser conocido como "la cámara de tortura de América latina".

En Uruguay, dialogué con gente que había estado en la cárcel y que había sido torturada. Para esas personas, era difícil prever la caída de la dictadura, y nadie se imaginaba que algún día sería posible juzgar a los responsables de las violaciones de los derechos humanos y enviarlos a la cárcel. Nunca fue tan difícil de predecir algo así como en 1976, cuando el país pasaba por su etapa más sombría. En mayo de ese año, los uruguayos se horrorizaron al enterarse del asesinato de dos de los políticos más importantes de la oposición que estaban exiliados. Si habían podido asesinarlos a ellos, entonces, nadie estaba a salvo.

Estos asesinatos ocurrieron en Argentina, en donde muchos líderes opositores al golpe de Estado de Bordaberry habían buscado refugio cuando se cerró el Congreso uruguayo. Entre esos opositores, se hallaban el senador Wilson Ferreira Aldunate, el ex candidato presidencial de la oposición del Partido Blanco, el congresista Héctor Gutiérrez Ruiz, portavoz de la casa, y el senador Zelmar Michelini, uno de los más elocuentes portavoces de la coalición de izquierda de la oposición, el Frente Amplio. El golpe militar de Argentina de marzo de 1976 provocó un giro sombrío en sus exilios. La relativa seguridad que tenían se evaporó y todos empezaron a recibir amenazas de muerte. Michelini pensaba viajar a Estados Unidos, en donde pretendía encontrarse con miembros del Congreso estadounidense y con colaboradores de Amnistía Internacional para entregarles un informe sobre la situación de Uruguay. Por eso, reservó el billete aéreo, pues el gobierno de Estados Unidos ya le había concedido una visa, pero el ministro de Relaciones Exteriores de Uruguay, Juan Carlos Blanco, dio instrucciones explícitas de no renovar el pasaporte de Michelini, por lo cual no pudo viajar. Sin

© gedisa

la documentación al día, su situación en Argentina resultaba aún más precaria. Le escribió a un amigo de Estados Unidos lo siguiente: "Dado que no tengo un estatus legal en Argentina, ahora ya soy prácticamente un hombre sin país, un prisionero en esta tierra... No te puedes imaginar mi rabia, mi dolor, mi impotencia...".[1]*

El 18 de mayo de 1976, un grupo armado secuestró a Gutiérrez Ruiz y a Michelini en sus residencias de Buenos Aires. Tres días después, ambos fueron encontrados muertos, con signos de tortura en sus cuerpos. Cuando intentaron secuestrar a Wilson Ferreira y el intento de secuestro fue mal ejecutado y se frustró, él huyó a Londres, dejando una carta abierta al nuevo presidente de facto de Argentina, el general Jorge Rafael Videla, en la que describía, con lujo de detalles, los secuestros y asesinatos de Gutiérrez Ruiz y de Michelini. Ferreira comprendió que los asesinatos habían sido una acción conjunta de los gobiernos militares de Uruguay y Argentina. La carta terminaba con estas palabras: "Cuando le llegue la hora de exiliarse –que llegará–, general Videla, no tenga dudas de que, si busca refugio en Uruguay (un Uruguay cuyo destino esté otra vez en manos de su propio pueblo), nosotros lo recibiremos sin amabilidad ni afecto, pero le daremos la protección que usted no les dio a aquellas personas cuyas muertes hoy lloramos".[2]

Wilson Ferreira, en el momento de mayor desesperación, pudo imaginar un futuro remoto en el que su país y Argentina vivirían en democracia, cuando el general Videla tuviera que exiliarse y cuando Uruguay volviera a estar en las manos de su pueblo. Sin embargo, en esa época, no se podía imaginar la responsabilidad penal de los crímenes de lesa humanidad que él mismo había presenciado. No dijo que estuviera esperando el momento en el que Videla fuera extraditado o juzgado por los crímenes que había cometido. Ferreira daba por sentado que, en el futuro, al igual que en el pasado, los líderes responsables de violaciones a los derechos humanos se exiliarían a otro país, en donde se les daría protección, aunque no se los recibiera con afecto. En eso consistía la larga tradición política de Latinoamérica, en donde los golpes de Estado eran un instrumento habitual de la política. Ni siquiera los crímenes más despiadados que acababa de presenciar cambiaron la percepción de Ferreira de que los líderes no serían o no podrían ser juzgados por los crímenes que habían cometido. Pero Ferreira no era el único que no podía concebir que un oficial de Estado fuera acusado. Ninguna de las personas con las que hablé en Uruguay mencionó la posibilidad de procesar a Bordaberry ni a la Junta militar uruguaya. En una serie de conversaciones y entrevistas, ya en esa época, les pregunté a amigos y

---

[1] César di Candia, "Angustias y tensiones de tres políticos uruguayos condenados a muerte", reedición "Qué pasa", suplemento especial de *El País*, 13 de noviembre de 2004, en *Brecha*, "Documentos: Para el juicio de la historia", 20 de octubre de 2006, págs. 7-8, traducción de la autora.

* En todos los casos, en el texto de este libro, se hace la traducción sobre la versión inglesa de la autora. [T.]

[2] "Carta de Wilson Ferreira Aldunate a Jorge Rafael Videla", Buenos Aires, 24 de mayo de 1976, reedición en *Brecha*, "Documentos", págs. 31-39, traducción de la autora.

a compañeros de Uruguay cuándo pensaron por primera vez que sería posible iniciar procesos de lesa humanidad. Todos ellos dieron fechas distintas, pero nadie indicó un momento anterior a 1983, cuando el movimiento de derechos humanos argentino comenzó a exigir públicamente que fueran juzgadas las violaciones cometidas en el pasado en Argentina.

El presidente Bordaberry también pensó que no podría ser juzgado por sus acciones. En un discurso de diciembre de 1974, dijo sobre la Junta militar y sobre el golpe de junio de 1973: "las Fuerzas Armadas deben quedarse completamente tranquilas, al saber que el hecho de haber acompañado y apoyado al gobierno en los acontecimientos históricos de junio de 1973 no pueden ser juzgados por los ciudadanos. [...] Sería como suponer que se podría juzgar a alguien que quebró la ley formal para defender a su madre o, en este caso, a su madre patria. Este caso no puede ser objeto de juicio".[3]

Treinta y dos años después de ese discurso, Bordaberry se dio cuenta de que, en realidad, sí podía ser juzgado. En 2006, un juez uruguayo imputó a Bordaberry y a su ministro de Asuntos Exteriores, Juan Carlos Blanco, y ordenó prisión preventiva hasta la sustanciación del juicio por los asesinatos de Gutiérrez Ruiz y Michelini. En 2010, Bordaberry, a los ochenta y un años de edad, fue declarado culpable y condenado a treinta años de prisión. Otros oficiales de alto rango de la dictadura, como, por ejemplo, Blanco y Gregorio Álvarez, el presidente de la Junta militar que le siguió a Bordaberry, tuvieron la misma suerte, por cuanto fueron declarados culpables y fueron condenados a veinte o veinticinco años de prisión.

La historia de Jorge Bordaberry es sólo una de las múltiples historias de los oficiales de estado, a quienes les ocurrió algo inimaginable: asumir la responsabilidad penal por violaciones a los derechos humanos. El punto de inflexión de dicha responsabilidad penal fue en octubre de 1998, cuando el general Augusto Pinochet de Chile fue arrestado en Londres por la policía británica, cumpliendo con el pedido de extradición de España. El tribunal de justicia español quería que Pinochet fuera juzgado en España por los crímenes cometidos en Chile durante la dictadura militar. Nadie había predicho su arresto, en especial en Londres, en donde Pinochet había tomado el té unas semanas antes con su vieja amiga Margaret Thatcher. La Cámara de los Lores, la Suprema Corte británica, decidió extraditar a Pinochet a España.[4]

En cuanto fue concebible que los autores de los crímenes fueran juzgados por sus actos, algunos analistas comenzaron a hacer predicciones funestas sobre los efectos de tales juicios. Cuando Pinochet fue detenido, muchos dijeron que ese hecho atentaría contra la democracia de Chile porque sus defensores harían otro golpe de Estado. Finalmente, el gobierno británico permitió que Pinochet regresara a Chile por su estado de salud. Cuando murió allí en 2006, mientras

[3] Discurso de fin de año pronunciado por Bordaberry, citado en *Brecha*, "Documentos", pág. 5, traducción de la autora.

[4] Para más información sobre el caso de Pinochet, véase Naomi Roht-Arriaza, *The Pinochet Effect: Transnational Justice in the Age of Human Rights* (Filadelfia: University of Pennsylvania Press, 2005).

estaba enfrentando procesos tanto por crímenes de lesa humanidad como por corrupción, la democracia seguía viva y sana en Chile.

Algunos analistas hicieron otras predicciones igualmente funestas en 1999, cuando el presidente Slobodan Milošević de Yugoslavia resultó ser el primer líder de gobierno en funciones que fue acusado por crímenes de guerra. Algunos críticos sostuvieron que, como consecuencia de las acciones llevadas a cabo por el Tribunal Penal Internacional para la ex Yugoslavia (TPIY) de La Haya, Milošević se atrincheraría en el poder y prolongaría la agonía de los Balcanes. Sin embargo, los serbios comenzaron a darse cuenta de la presencia de Milošević y lo destituyeron de su cargo a menos de un año y medio de las acusaciones. El gobierno de la nueva República de Yugoslavia, ante la gran presión ejercida por Estados Unidos y la Unión Europea, finalmente, tuvo que extraditar a Milošević a La Haya para que fuera juzgado allí, en donde murió antes de ser condenado por los crímenes que había cometido. En marzo de 2003, otro jefe de Estado fue acusado por crímenes de guerra, cuando el Tribunal Especial para Sierra Leona juzgó a Charles Taylor, el caudillo militar presidente de Liberia. Taylor se exilió en Nigeria en agosto de 2003, una vez que sus fuerzas fueron vencidas por un grupo rebelde. En 2006, fue enviado a un tribunal especial, en donde está siendo juzgado en la actualidad por violaciones a los derechos humanos y crímenes de guerra. En 2009, la Corte Penal Internacional (CPI o también conocida por sus siglas en inglés, ICC) juzgó a un tercer jefe de Estado, Omar al-Bashir, por crímenes de guerra y crímenes contra la humanidad en la región de Darfur, en Sudán.

He reunido los procesos que acabo de mencionar, junto con otros que en estos momentos se están llevando a cabo en todo el mundo, en tres grupos básicos. Algunos son *internacionales*, como el juicio de Milošević en La Haya. Los juicios internacionales se realizan cuando los Estados, por lo general actuando en nombre de las Naciones Unidas, crean tribunales como el ICTY y la CPI. En esta categoría, también incluyo los llamados tribunales criminales "híbridos", como el Tribunal Especial para Sierra Leona, que en la actualidad se encuentra juzgando a Charles Taylor y que combina procesos judiciales nacionales e internacionales. Otros procesos son *extranjeros*, es decir que un país decide usar un tribunal nacional para juzgar a un oficial de otro país, en algunos casos, a través de un proceso conocido como "jurisdicción universal". Un ejemplo de esto es el caso de Pinochet, que abarca acciones legales procesadas en tribunales tanto del Reino Unido como de España. El tercer grupo y más común de todos es el proceso *nacional*, como el de Bordaberry en Uruguay, cuando los tribunales del país en donde ocurrieron las violaciones a los derechos humanos asumieron la tarea de juzgar a los responsables de los crímenes de lesa humanidad.

Juntos, estos tres tipos de procesos comprenden una nueva tendencia interrelacionada y dramática en la política mundial, por la cual se procesa a los oficiales del Estado de forma individual, e incluso a los los jefes de Estado, por crímenes de lesa humanidad.[5] En este libro, yo llamo a esta tendencia "cascada de

© gedisa

---

[5] Véanse, por ejemplo, Ellen L. Lutz y Caitlin Reiger, *Prosecuting Heads of State* (Nueva York: Cambridge University Press, 2009), y Naomi Roht-Arriaza y Javier Ma-

la justicia". Originalmente, este término fue empleado en el título de un artículo que escribí con mi amiga y colega Ellen Lutz, una abogada con gran experiencia como activista de derechos humanos, especialista en el tema y mediadora.[6] Con "cascada de la justicia" *no me refiero* a la justicia perfecta que se ha hecho o que se hará ni a la mayor parte de los responsables de los crímenes contra la humanidad que serán condenados. Más bien, la cascada de la justicia implica que ha habido un cambio en la *legitimidad de la norma* de responsabilidad penal individual por delitos de violación a los derechos humanos y un aumento de las acusaciones penales en nombre de esa norma. El término hace referencia a que la idea surgió como un pequeño torrente, pero luego se difundió de repente y, en consecuencia, ese caudal llevó aparejados a muchos actores.[7]

En retrospectiva, la cascada de la justicia parece ser una reacción inevitable a la violencia sin precedentes del siglo XX. Sin embargo, esta ola de acusaciones no estaba predeterminada. Los gérmenes de la cascada de la justicia habían estado presentes durante décadas: las bases legales se esbozaron en el Juicio de Núremberg, que duró desde 1945 hasta 1949. En muchos sentidos, los juicios de Núremberg y de Tokio posteriores a la Segunda Guerra Mundial significaron el inicio de la tendencia y la excepción que confirma la regla: sólo en los casos de derrota total en una guerra es posible procesar a los responsables oficiales de crímenes contra la humanidad. El precedente establecido por Núremberg se mantuvo latente durante décadas. Recién a mediados de los años setenta, en la época en que Michelini y Gutiérrez Ruiz fueron asesinados en Buenos Aires, el nuevo gobierno democrático de Grecia resucitó la idea de la responsabilidad penal individual por violaciones a los derechos humanos cometidas en el pasado, cuando los funcionarios de alto rango griegos fueron juzgados por torturas y asesinatos. Lo que no se sabe es por qué Grecia y otros países eligieron procesar a los funcionarios de alto rango ni cómo se propagó la corriente.

En este libro, explico por qué surgió esa nueva tendencia y evalúo su impacto. He organizado mi análisis en tres partes en torno a tres grandes preguntas. En la Parte I, el enfoque histórico sirve para responder a la cuestión de la

---

riezcurrena, comps., *Transitional Justice in the Twenty-First Century: Beyond Truth versus Justice* (Cambridge, UK: Cambridge University Press, 2006).

[6] Ellen L. Lutz y Kathryn Sikkink, "The justice cascade: The evolution and Impact of foreign human rights trials in Latin America", *Chicago Journal of International Law* 2 (2001). Utilizamos el término "cascada" acuñado por el teórico del Derecho Cass Sunstein, que se refirió a las "cascadas de la norma social". Según su definición una cascada de la norma "un rápido y drástico cambio en la legitimidad de las normas y acciones en nombre de esas normas". Véase Cass Sunstein, *Free Markets and Social Justice* (Nueva York: Oxford University Press, 1997).

[7] Para ampliar la metáfora referida al Estatuto de Roma de la Corte Penal Internacional, Véase Benjamin N. Schiff, *Building the International Criminal Court* (Cambridge, UK: Cambridge University Press, 2008), esp. págs. 14-15. Dice: "Una cascada es una zona de turbulencia y de transición en una metáfora amplia sobre los ríos. Al parecer, se llegó a esta etapa en el ámbito de la justicia internacional en la década de los años noventa. El río tiene normativas tributarias, remolinos, corrientes y diques, así como ya hay una o dos cascadas, por lo cual es lógico pensar que el curso seguirá fluyendo".

© gedisa

emergencia: ¿cuáles son los orígenes o las fuentes de las nuevas ideas y prácticas relativas a la responsabilidad penal individual en casos de derechos humanos? En los Capítulos 2 y 3, rastreo esos orígenes a partir de un análisis de los primeros casos de juicios nacionales en Grecia, Portugal y Argentina. En la Parte II, intento determinar cómo y por qué esas ideas *se propagaron o se difundieron* en varias regiones y, finalmente, en todo el mundo. En el Capítulo 4 examino la difusión de los procesos: primero, en tribunales nacionales y, luego, en tribunales extranjeros y tribunales de organizaciones internacionales. La Parte III trata cuestiones relativas a los efectos: ¿qué *impacto* tienen esos juicios? ¿Los juicios por delitos de lesa humanidad pueden realmente ayudar a prevenir futuras violaciones a los derechos humanos? En los Capítulos 5 y 6, expongo el trabajo que he realizado, en el que demuestro que esos juicios no son peligrosos –lo cual preocupa a algunos–, y que, de hecho, pueden ayudar en la lucha por la defensa de los derechos humanos. Pero un incrédulo preguntará: "Si realmente se trata de una tendencia mundial, ¿qué diferencia hay en los países poderosos, como Estados Unidos o China?". Para empezar a responder a esta pregunta, en el Capítulo 7 me centro en las prácticas llevadas a cabo en Estados Unidos durante la llamada "guerra contra el terrorismo".

En todos esos capítulos, recurro a varios tipos de evidencias. Me baso en años de experiencia viajando y entrevistando a personas, en el marco de las investigaciones realizadas a partir de un trabajo de campo, en su mayoría, en Argentina y Uruguay, aunque también en Guatemala, Chile, Grecia, Portugal, Italia, Bélgica, España, Países Bajos y Brasil. Para responder a la primera pregunta sobre por qué surgieron los crímenes de lesa humanidad, comparo Grecia y Portugal, los países en donde se realizaron los primeros procesos, con España, un país de la misma región que decidió no realizar juicios contra la humanidad. De modo análogo, Argentina, que comenzó los procesos tempranamente, se puede comparar con Brasil y Uruguay, países de la misma región con políticas de transición de, más o menos, la misma época, que adoptaron diferentes perspectivas respecto de la justicia. Para responder a la segunda pregunta referida a las prácticas e ideas sobre cómo la responsabilidad penal se propagó de un lugar a otro, comparo por qué los procesos realizados en Argentina se difundieron mucho más que los Portugal o Grecia. Para responder a la tercera pregunta, que alude a los efectos de los juicios, además de la investigación realizada a partir de un trabajo de campo, me basé en análisis estadísticos. Esos análisis se apoyan en una base de datos de juicios por delitos de lesa humanidad que elaboré con la ayuda de mis colegas. La finalidad de la investigación estadística radica en poner a prueba de manera sistemática algunos argumentos surgidos a partir del análisis de periodistas y especialistas que también analizaron la difusión de los juicios. Mi objetivo es plantear las preguntas y los enigmas mencionados y mezclar al público académico con el público no académico.

En este libro no sólo se cuenta la historia de los cambios ocurridos en el mundo, sino también mi experiencia personal y académica. De alguna manera, me topé por casualidad con esos procesos judiciales que se estaban desarrollando. Sin embargo, este descubrimiento fue determinando mi perspectiva sobre el mundo y sus posibilidades, y eso, algunas veces, me frustraba, a la vez que me servía de fuente de inspiración. Espero que este trabajo sirva para aportar ideas sobre la responsabilidad penal en casos de violaciones a los derechos humanos cometidas en el pasado, incluso para los norteamericanos, quienes luchamos para comprender cómo y si realmente se puede procesar a los individuos responsables de torturas y de tratos crueles y degradantes durante el gobierno de George W. Bush.

Parte I: La creación de la responsabilidad penal individual

Para responder a la primera pregunta referida a los orígenes de las ideas y prácticas de responsabilidad penal individual, he tenido que pensar en el pasado y explorar un período que yo personalmente he vivido. Al regresar a Estados Unidos desde Uruguay en 1977, terminé mi carrera universitaria y luego presenté una solicitud para realizar prácticas de derechos humanos internacionales de la Fundación Ford, en la cual fui premiada. Gracias al programa, obtuve una beca paga de largo plazo en la Oficina en Washington para Asuntos Latinoamericanos (WOLA), una pequeña organización de defensa de los derechos humanos ubicada en Washington, D.C. Llegué a la WOLA en diciembre de 1979 y me asignaron trabajo en Argentina y Uruguay. En los dos años subsiguientes, parte de mi trabajo consistió en recibir a líderes de derechos humanos y miembros de la oposición que llegaban de Argentina o Uruguay o del exilio para ayudarlos a contactarlos con líderes políticos de Washington, a quienes les explicaban sus historias y temores. Organicé entrevistas con el personal del Congreso (a veces, con miembros del Congreso, cuando teníamos mucha suerte), reuniones en el Departamento de Estado, conferencias de prensa y recepciones para líderes de la sociedad civil. Acompañaba a los visitantes a las reuniones, oficiaba de intérprete y, a veces, hasta los alojaba en mi pequeño apartamento. Además, trabajé con argentinos y uruguayos que vivían en Washington, D.C. y que habían formado pequeños comités solidarios o de defensa de los derechos humanos.

El líder no oficial del comité argentino, un político exiliado llamado Juan Méndez, me enseñó mucho sobre Argentina y me ayudó a orientar mi trabajo en ese primer momento tan complejo en Washington. Como miembro de la Juventud Peronista (el sector de izquierdas del Partido Peronista de Argentina a comienzos de la década del setenta), Méndez había trabajado como abogado laboralista para defender a los trabajadores, como los activistas gremiales que habían estado presos por militar en política. La policía arrestó a Méndez por dedicarse a esa tarea el 26 de agosto de 1975, nueve meses antes del golpe de Estado de 1976. En la cárcel, fue torturado y sometido a repetidos interrogatorios –según él mismo dijo– "sobre mis clientes, sobre mis contactos, sobre las familias de mis clientes y sobre las maneras en que abogados como yo eran capaces de hacer petitorios de habeas corpus cuando las fuerzas de seguridad arrestaban a alguna persona".[8]

[8] Declaración ante el Congreso norteamericano, Alto Comité de Asuntos Exteriores,

Méndez cree que si hubiera sido arrestado después del golpe, probablemente, hoy no estaría vivo. Del grupo de abogados que trabajaban con él, siete fueron arrestados después del golpe y hoy se encuentran entre los miles de "desaparecidos" que fueron secuestrados y asesinados durante la dictadura militar. En 1976, Amnistía Internacional reconoció a Juan Méndez como "preso de conciencia". Los miembros de la primera misión de Amnistía Internacional en Argentina en 1976 preguntaron específicamente sobre el caso de Méndez cuando se reunieron con el ministro del Interior del país. Menos de tres meses después, Méndez fue liberado y debió exiliarse a Estados Unidos. Sin lugar a dudas, la presión exterior fue importante para su liberación. Méndez también especuló acerca de lo que pensaban en el gobierno: "Yo no era tan importante. Era bastante fácil sacarse a Amnistía Internacional de encima".

Si el gobierno argentino se hubiera dado cuenta de lo fastidioso que sería Juan Méndez en el exilio, habría reconsiderado su decisión. Recuerda lo que pensó al llegar a Estados Unidos: "Tenía que trabajar en nombre de todas las personas que se habían quedado en el país. Para mí, esto era casi una obsesión". Los presos llamaban "el corredor de la muerte" al sector de la cárcel en el que Juan había pasado las últimas semanas preso. Los militares decidieron arbitrariamente sacar de la cárcel a algunos reclusos, entre los cuales había cuatro amigos íntimos de Méndez, y los mataron. Antes de irse, él retuvo los nombres de todas las personas que habían estado en ese sector de la cárcel porque tenía el presentimiento de que "todos serían asesinados, salvo que yo hiciera algo".[9] Cuando llegó a Estados Unidos en 1977, Méndez obtuvo asilo político, empezó la ardua tarea de estudiar Derecho norteamericano y pudo diplomarse. Colaboró con la organización de la comunidad de exiliados argentinos en Washington D.C. para formar un grupo coherente en defensa de los derechos humanos. Méndez y el grupo argentino fueron mis mentores, maestros y cómplices en nuestra labor de despertar la conciencia de los políticos norteamericanos sobre los casos argentinos de violaciones a los derechos humanos.

Durante mi primer año en la WOLA, el presidente Jimmy Carter aún estaba en el poder. El Departamento de Estado del gobierno de Carter había determinado que Argentina y Uruguay eran dos de los tres países que tenían mayor prioridad para suscribir las nuevas políticas de derechos humanos, por lo cual los funcionarios de Washington estaban relativamente dispuestos a hablar con los líderes de derechos humanos de esos países. Algunas de las figuras más importantes de Argentina y Uruguay nos vinieron a visitar a Washington. Durante mi primera semana de trabajo, organicé un evento para recibir a Wilson Ferreira, que venía del exilio de Londres. La presidenta de las Madres de Plaza de Mayo, una imponente mujer llamada Hebe de Bonafini, llegó junto con otras

---

The Phenomenon of Torture: Hearings and Markup Before the Committee on Foreign Affairs and Its Subcommittee on Human Rights and International Organizations. Congreso número 98, 2ª sesión. H.J. Res. 606, 15 y 16 de mayo; 6 de septiembre de 1984 (Washington DC: GPO, 1984), pág. 204.

[9] Entrevista telefónica realizada a Juan Méndez el 26 de abril de 1996.

© gedisa

madres al lobby del Congreso con la intención de presionar para que el gobierno argentino dejara de desaparecer gente. Bonafini y las Madres defendían la causa sin temor, y yo me sentía un poco intimidada por ella, sobre todo porque tenía la sensación de que nunca podría cumplir sus expectativas. Para Hebe, todo minuto que no me dedicara a ayudar a las Madres era un tiempo desperdiciado. Al mismo tiempo, Juan Raúl Ferreira, un ferviente abogado de Uruguay que trabajaba en D.C., hijo de Wilson Ferreira, creía, en cambio, que yo debía dedicarle todo mi tiempo a la lucha por los derechos humanos de Uruguay. Además, en esa misma época, conocí a Emilio Mignone, quien creó la organización legal de derechos humanos más importante de Argentina, el Centro de Estudios Legales y Sociales (CELS).

En el año en el que realicé las prácticas en Washington, en 1980, Ronald Reagan derrotó a Walter Mondale en las elecciones presidenciales. Reagan había criticado la política de derechos humanos de Carter y había prometido reforzar el apoyo a los aliados anticomunistas de todo el mundo, incluidos los regímenes dictatoriales latinoamericanos. Para marcar esta nueva política después de su asunción de 1981, Reagan invitó al militar "designado presidente" de Argentina, el general Roberto Viola, quien fue el primer líder latinoamericano que realizó una visita oficial a Washington. En el discurso que dio durante su visita a Estados Unidos, Viola subrayó sus ideas sobre la justicia. Explicó: "Un ejército victorioso no se investiga. Si las tropas del Reich hubieran ganado la Segunda Guerra Mundial, el juicio no se habría llevado a cabo en Núremberg, sino en Virginia". De alguna manera, Viola expresó el punto de vista que tenían muchos analistas contemporáneos con un enfoque pragmático sobre las relaciones internacionales: que el derecho internacional es el instrumento de poder que se usa en contra de los enemigos. Pero ese comentario no fue bien recibido en Washington, ya que equiparaba la postura de Estados Unidos durante la guerra con los crímenes de la guerra nazi. Incluso el censor de Buenos Aires criticó los comentarios de Viola. "Viola debía expresar una postura moderada y, si los moderados piensan que lo único malo que los nazis hicieron fue perder la guerra, para una persona normal será difícil imaginar lo que debe ser una postura intransigente", publicó el *Buenos Aires Herald*.[10] No obstante, los comentarios de Viola sugerían que estaba, al menos subliminalmente, preocupado por la cuestión de la responsabilidad penal. Pese a ese mal momento, el gobierno de Reagan mantuvo su propuesta de afianzar las relaciones con aliados dictatoriales como Viola.

Apenas cuatro años después, en 1985, el general Viola fue procesado en Buenos Aires, en un juicio sin precedentes a los líderes de Estado por violaciones a los derechos humanos. Tal como lo previó Viola, cuando comenzaron los juicios, la Junta militar argentina había perdido la guerra de las Malvinas/Falkands Islands. Sin embargo, los procesos no se iniciaron por su actuación durante la guerra que perdieron, sino por los crímenes cometidos durante la

[10] 22 de marzo de 1981, citado por Iain Guest, *Behind the Disappearances: Argentina's Dirty War Against Human Rights and the United Nations* (Filadelfia: University of Pennsylvania Press, 1990), pág. 277.

lucha que ellos decían haber ganado contra la izquierda subversiva y por las violaciones a los derechos humanos cometidas durante el gobierno militar. Cuando empezaron los juicios, yo estaba viviendo en Argentina, realizando la investigación de mi tesis doctoral (sobre un tema completamente distinto, sobre economía política). Toda la población argentina –y yo también, por supuesto– estuvo pendiente de los juicios a las Juntas durante todo el año 1985. Como eran públicos, un día pude entrar y observar el proceso desde la galería de visitantes. Unas semanas antes de irme de Argentina, el tribunal dictó sentencia y condenó al general Videla y al general Viola a cadena perpetua: era la primera vez que un tribunal latinoamericano condenaba a líderes de Estado por crímenes de lesa humanidad.

Durante los siguientes veinticinco años, otros líderes de la región tuvieron la misma suerte que Viola y Videla. El ex presidente Alberto Fujimori de Perú fue sentenciado en 2009 a veinticinco años de prisión por crímenes contra la humanidad. Los ex presidentes dictatoriales de Uruguay, Álvarez y Bordaberry, fueron condenados. Y el ex presidente general Ríos Montt de Guatemala fue procesado en España y Guatemala. Entonces, ¿qué sucedió entre el discurso triunfante de Viola en Washington y esos juicios que comenzaron a cambiar el concepto de responsabilidad penal? A diferencia de lo predicho por Viola, todos esos gobiernos habían vencido a la izquierda subversiva en sus países y, sin embargo, empezaron a ser juzgados por violaciones masivas a los derechos humanos durante sus regímenes dictatoriales.

Cuando comencé la investigación para escribir este libro, me volví loca intentando recordar cuándo había sido la primera vez que un activista de Argentina o Uruguay había mencionado la posibilidad de procesar a los funcionarios de alto rango por violación a los derechos humanos, pero no pude identificar ese momento. ¿Eduardo Mignone o Juan Méndez, ambos muy familiarizados con los procesos judiciales de derechos humanos de la época, no habrían ya hablado de los juicios en 1981? Emilio Mignone falleció en 1998 y no puedo confiar en su impecable memoria. Juan Méndez tampoco pudo identificar el momento preciso. Por eso, este libro trata, en parte, de la fragilidad de la memoria humana. Durante casi dos años formé parte de una red que más tarde se convirtió en una gran defensora de procesos judiciales individuales pero, aun así, no puedo determinar el instante en que me vino a la cabeza por primera vez la idea que empezó a florecer. En ese sentido, empecé a realizar esta investigación como si fuera el trabajo de un detective que quiere localizar las fuentes de las ideas y de las prácticas que más tarde llamaré "la cascada de la justicia".

La cascada de la justicia comenzó como una nueva norma. Los científicos sociales piensan las normas como un estándar de un "comportamiento adecuado". Una norma no es simplemente una vieja regla sobre qué hacer, sino que es una clase especial de regla que se caracteriza por "tener que existir". Esto parece ser lo apropiado. Así, por ejemplo, en la actualidad, no fumar en un lugar público es una norma aceptada en casi todo el territorio de Estados Unidos. No se trata de una regla del tipo "No fumes porque fumar causa cáncer", sino que adquiere la forma de un pensamiento sabio del tipo "Las buenas personas no fuman en lugares públicos". Las normas son "intersubjetivas", es decir que son adoptadas por grupos humanos. Pero las normas surgen a partir de ideas de un puñado de individuos. Esos individuos tratan de lograr que sus mejores ideas se transformen en normas y, por ese motivo, los llamamos "empresarios de normas". Casi todos los empresarios de normas fracasan, pero algunos tienen éxito. Este libro sigue los aportes de empresarios de normas como Juan Méndez y muchos otros, a quienes se les ocurrieron ideas sobre la necesidad de imputar la responsabilidad penal individual y quienes, a través de la lucha y el esfuerzo, lograron que esa norma se transformara en una normal mundial.

Cuando esos empresarios de normas alcanzan el éxito, las normas se expanden rápidamente, de forma tal que se forma una cascada de normas. La vida social está llena de cascadas que incluyen desde las cuestiones más triviales hasta las más graves. Así, por ejemplo, fumar en Estados Unidos estuvo sujeto a una cascada de normas. En relativamente poco tiempo, fumar pasó de ser una práctica ampliamente aceptada en todos los bares norteamericanos y lugares de trabajo, a estar prohibida en la mayoría de los espacios públicos. Al principio, hubo que luchar mucho para convencer a todos los legisladores y miembros de los municipios de que semejante prohibición reduciría, de modo drástico, el riesgo de enfermedad de los votantes. Pero, en un cierto punto, la prohibición de fumar en lugares públicos llegó a un "punto de inflexión" y en todas las ciudades se empezó a prohibir el cigarrillo. Tarde o temprano, las normas fuertes se internalizan: comienzan a darse por sentado. Así, por ejemplo, una norma internacional como la prohibición de la esclavitud está internalizada: ya nadie debate el tema en la actualidad, sino que simplemente se acepta. Pero la norma relativa a la responsabilidad penal individual de los funcionarios de alto rango por crímenes de lesa humanidad aún no está internalizada en todos lados ni se da por sentado en lo más mínimo. Se generan debates muy polémicos, lo cual hace que el estudio del tema resulte más interesante.

Los fenómenos de cascada han sido estudiados por científicos y han sido difundidos en libros como *The Tipping Point* [*El punto de inflexión*] de Malcolm Gladwell.[11] El punto de inflexión es el momento de la cascada en donde una masa crítica de actores adopta una determinada norma o práctica, lo cual genera un momento de cambio impactante. Las cascadas con puntos de inflexión se dan en los fenómenos más dispares, desde la lucha contra el crimen hasta la moda. El libro de Gladwell comprende una larga discusión acerca del aumento de la popularidad y de las ventas de Hush Puppies a mediados de los años noventa. En este caso, a mí sólo me interesa centrarme en un subconjunto del fenómeno de cascada que comprende las normas que tienen la cualidad de "tener que existir" que no poseen las modas pasajeras.

La norma de la responsabilidad penal individual es poderosa en la medida en que tiene que ver con ideas más amplias relativas a la justicia. "Justicia" pue-

[11] Malcolm Gladwell, *The Tipping Point: How Little Things Can Make a Big Difference* (Nueva York: Little, Brown, 2000). Para discutir "el ciclo de vida de las normas internacionales", como la norma del "punto de inflexión", véase Martha Finnemore y Kathryn Sikkink, "Norm dynamics and political change", *International Organization* 52, nº 4, otoño de 1998.

de significar muchas cosas para muchas personas. Puede significar legitimidad, igualdad política y económica, tanto en lo que se refiere a las oportunidades como a los logros, y responsabilidad penal. Hay una gran cantidad de escritos filosóficos y teóricos dedicados al tema.[12] Aquí yo me refiero solamente a uno de los múltiples significados de la justicia: la responsabilidad penal legal. Eso es algo común al hablar de la justicia de los sistemas jurídicos nacionales. La novedad radica en el pedido de que se haga justicia en el caso de los funcionarios de alto rango que antes tenían inmunidad total y en pensar en la posibilidad de realizar juicios internacionales, además de nacionales.

Hoy en día, al igual que en el pasado, si una persona común mata a alguien, existe la expectativa de que el aparato del Estado la juzgue por asesinato y probablemente la condene y la envíe a prisión. En cambio, en el pasado, si un líder de Estado como el general Videla daba la orden de matar a miles de personas, no se esperaba que ocurriera nada ni en el ámbito nacional ni internacional. Cuando sus regímenes llegaron a su fin, ex dictadores, como Idi Amin de Uganda, Jean-Claude ("Baby Doc") Duvalier de Haití o Alfredo Stroessner de Paraguay, lo normal era que terminaran viviendo en el exilio cómodamente, lejos del miedo de tener que enfrentar procesos judiciales por campañas de secuestros y asesinatos premeditados. Cuando hablo de la "cascada de la justicia", no me refiero en absoluto a todos los funcionarios de alto rango que cometieron crímenes y luego fueron enviados a prisión. Solamente aludo a los casos en que la norma por la cual los funcionarios de alto rango deberían ser procesados por crímenes de lesa humanidad cobra nueva fuerza y legitimidad.

La norma de la justicia se basa en tres ideas claves: en primer término, la idea de que la mayoría de las violaciones básicas a los derechos humanos –ejecución sumaria, tortura y desaparición– no pueden legitimar actos de Estado y, por ende, deben ser vistos como crímenes cometidos por personas individuales. En segundo lugar, la idea de que los individuos que cometieron esos crímenes pueden y deben ser procesados. Las ideas pueden parecer simples y hasta obvias, pero van en contra de siglos de creencias sobre el Estado. Para que se modificaran esas ideas, se volvieran leyes y se llevaran a la práctica tuvo que darse un movimiento muy importante. La tercera idea es que los acusados tienen derechos y merecen que esos derechos sean protegidos en un juicio justo.[13]

En este tercer conjunto de prácticas sobre protección de los derechos del acusado se diferencian de manera más clara los juicios por delitos de lesa humanidad de los juicios políticos o juicios con tribunales irregulares y arbitrarios. Como dijo Judith Shklar, "los juicios políticos desdeñan el principio de

[12] Véanse, por ejemplo, John Rawls, *A Theory of Justice* (Cambridge, MA: Belknap Press/Harvard University Press, 1971); Amartya Sen, *The Idea of Justice* (Cambridge, MA: Belknap Press/Harvard University Press, 2009).

[13] Véase David S. Weissbrodt, *The Right to a Fair Trial Under the Universal Declaration of Human Rights and the International Covenant on Civil and Political Rights: Background, Development, and Interpretations, Universal Declaration of Human Rights* (Cambridge, MA: Martinus Nijhoff, 2001).

© gedisa

legalidad".[14] La legalidad implica que los juicios son justos y requieren un juicio justo, que incluye la protección de los derechos del acusado. Los juicios que carecen del juicio justo no son juicios de derechos humanos. Por ejemplo, después de la caída del régimen comunista de Nicolae Ceauşescu en Rumania, el líder y su esposa y compañera política Elena fueron juzgados por los crímenes que habían cometido. El juicio era sobre violación a los derechos humanos y los individuos fueron considerados responsables de ellos, pero no podríamos considerar esto como un proceso de derechos humanos porque los acusados no fueron sometidos a un juicio mínimamente justo. En la mañana del 25 de diciembre de 1989, Ceauşescu compareció ante un tribunal militar ad hoc. Antes de que comenzara el juicio, los jueces ya sabían que la conclusión inevitable era que Ceauşescu sería ejecutado esa misma tarde. Después de un juicio que duró dos horas, en el cual se presentaron muy pocas pruebas y los acusados no tuvieron derecho a una buena defensa (ya que incluso su abogado defensor los acusó de haber cometido crímenes), se les declaró la pena de muerte y se realizó una ejecución "al estilo comando" en la misma sala en la que se llevó a cabo el supuesto "juicio".[15] Éste no es un proceso de derechos humanos, sino un juicio político igual a los muchos que se dan durante y después de los procesos de cambio de regímenes violentos.

La emergencia de esta nueva norma de la justicia es resultado de décadas de trabajo para asegurar una mayor responsabilidad penal en casos de violaciones a los derechos humanos cometidas en el pasado. Entiendo por responsabilidad penal las prácticas mediante las cuales algunos actores hacen que se les impongan normativas y sanciones a otros actores, cuando éstos no cumplen con esas normativas.[16] Los Estados han usado tres "modelos" diferentes de responsabilidad penal por las violaciones a los derechos humanos cometidas en el pasado: 1) el modelo de inmunidad o "impunidad"; 2) el modelo de responsabilidad penal del Estado; y 3) el modelo de responsabilidad penal individual. De lejos, el más común ha sido el modelo de impunidad, en el cual nadie es considerado responsable de crímenes de lesa humanidad. Cuando rige el modelo de responsabilidad penal oficial, el Estado se hace responsable y debe pagarles a las víctimas una indemnización por los daños causados. Cuando rige el modelo penal, se procesa a los individuos y, si se los condena, se los envía a la cárcel.[17]

---

[14] Judith N. Shklar, *Legalism: Law, Morals, and Political Trials* (Cambridge, MA: Harvard University Press, 1986), pág. 149.

[15] Lavinia Stan, "Neither forgiving nor punishing? Evaluating transitional justice in Romania". Conferencia del simposio *Transitional Justice and Democratic Consolidation*, Oxford University, 16-17 de octubre de 2008.

[16] Ruth Grant y Robert O. Keohane, "Accountability and abuses of power in world politics", *American Political Science Review* 99, n° 1, febrero de 2005, págs. 29-43.

[17] Pese a que me centro en la responsabilidad penal individual, también hubo un aumento en la responsabilidad civil, especialmente, en los tribunales norteamericanos, en los cuales quienes fueron declarados culpables de haber cometido de crímenes de lesa humanidad deben pagar indemnizaciones a las víctimas. Estos casos se trataron, especialmente, en el Estatuto de Reclamación de Agravios contra Extranjeros que permite juzgar las violaciones al derecho penal consuetudinario.

© gedisa

Antes de la Segunda Guerra Mundial, la "ortodoxia reinante" se regía sobre la base del modelo de impunidad mediante el cual ningún Estado ni ningún oficial de Estado podían ser condenados por crímenes de lesa humanidad del pasado.[18] El modelo de impunidad se basaba en la doctrina en la que el propio Estado y los funcionarios de alto rango deberían ser indefinidamente inmunes a los procesos de los tribunales nacionales y, en particular, de los tribunales extranjeros. Las historias intelectuales de la doctrina de la inmunidad de los soberanos tienen distintos orígenes. Algunas se remontan al antiguo principado inglés, en el cual el monarca no podía hacer nada mal, mientras que otras se basan en el poder inherente del Estado de evitar los procesos judiciales. En otros casos, se dice que los gobiernos necesitan estar protegidos de las demandas judiciales para que puedan concentrarse en su función de gobernar y para que, de ese modo, no se distraigan en tareas de oficina. Sea cual fuere la explicación, antes de la Segunda Guerra Mundial, se daba por sentado que los funcionarios de alto rango estaban a salvo de los procesos de lesa humanidad, tanto en los propios tribunales nacionales como en los tribunales extranjeros o internacionales.[19]

El modelo de inmunidad comienza a flaquear poco después de la guerra. El Holocausto fue el golpe que reveló las fallas morales y políticas más profundas de la ortodoxia reinante. Tanto los actores oficiales como los no oficiales comprendieron que existía un vacío total relativo a los estándares internacionales y a la responsabilidad penal de violaciones masivas los derechos humanos. Los aliados comenzaron los juicios de Núremberg y Tokio después de la Segunda Guerra Mundial para que se imputara la responsabilidad penal individual por crímenes de guerra y actos violentos en conflictos armados. Además, participaron activamente en las Naciones Unidas, que se habían creado hacía poco tiempo: primero, esbozando un conjunto de estándares en la Declaración Universal de los Derechos Humanos de 1948 y, más tarde, elaborando una serie más detallada de acuerdos sobre derechos humanos. En esos tratados, los países propusieron un nuevo modelo de responsabilidad penal mediante el cual el Estado, como un todo, se hacía responsable de las violaciones a los derechos humanos y era esperable que actuara para remediar la situación. Aun así, el modelo oficial de responsabilidad penal iba de la mano con la idea de que los propios funcionarios de alto rango aún eran inmunes a los procesos de lesa humanidad. Por ejemplo, cuando un país violaba los derechos convenidos en el Pacto Internacio-

---

[18] Utilizo el término "ortodoxia reinante" acuñado por Jeffrey Legro, *Rethinking the World: Great Power Strategies and International Order, Cornell Studies in Security Affairs* (Ithaca, NY: Cornell University Press, 2005).

[19] Hay ejemplos de casos aislados de imputación de la responsabilidad en la antigua Grecia y en la Revolución francesa, pero no hay procesos por crímenes de lesa humanidad antes de la Segunda Guerra Mundial. Véase Jon Elster, *Closing the Books: Transitional Justice in Historical Perspective* (Nueva York: Cambridge University Press, 2004). En el ámbito internacional, algunos intentos de desarrollo de la responsabilidad penal por crímenes de guerra y atrocidades masivas previos a la Segunda Guerra Mundial se quedaron a mitad de camino en la creación de las instituciones necesarias del caso —Gary Bass, *Stay the Hand of Vengeance* (Princeton: Princeton University Press, 2000).

nal de Derechos Civiles y Políticos, en algunos casos, ciertas personas podrían elevar un petitorio ante la Comisión de Derechos Humanos de la ONU. Ahora bien, esos petitorios iban en contra del propio Estado, no de un Estado oficial particular. Los países adoptaron este modelo de responsabilidad penal porque era el estándar aplicado en otros ámbitos del derecho internacional. Sin embargo, existía una tensión entre el modelo de responsabilidad penal estatal y los derechos humanos, que unos años más tarde saldría a la luz.

El modelo de responsabilidad penal estatal se transformó en la "nueva ortodoxia" para imputar la responsabilidad penal. Siguió siendo el modelo usado por prácticamente todo el aparato de derechos humanos de las Naciones Unidas, incluyendo casi todos los organismos de los tratados. En la mayoría de los acuerdos relativos a los derechos humanos, los mecanismos de aplicación eran débiles: había una gran cantidad de reglas, pero éstas no tenían mucho efecto. Los países sufrían poco las consecuencias y las personas individuales que violaban los derechos humanos no padecían ninguna consecuencia. Muchos expertos y analistas políticos discutieron largamente sobre la cuestión de que los acuerdos relativos a los derechos humanos podían tener un impacto bajo debido a esa falta de aplicación de los mecanismos.

Según el modelo de responsabilidad penal estatal, si un país se negaba a emprender acciones para cambiar sus políticas o para compensar de algún modo a las víctimas, existían algunos recursos disponibles. Aplicando la llamada "estrategia de nombrar y avergonzarse", Amnistía Internacional, las Naciones Unidas o un gobierno extranjero podrían elaborar un documento para reportar los crímenes contra la humanidad y para exigirle al país en cuanto a que mejorara su historial. En algunas oportunidades, los países dejarían de proveer ayudas militares o económicas o presionarían de alguna forma para perseguir a los violadores recalcitrantes de los derechos humanos. En ciertos casos, dichas presiones tuvieron éxito por cuanto generaron importantes modificaciones en las prácticas relativas a los derechos humanos,[20] pero los individuos reales que habían cometido esas violaciones estaban fuera de su alcance.

Durante los años ochenta y noventa, tras décadas de diseñar y ratificar acuerdos relativos a los derechos humanos, se empezó a observar que los crímenes de lesa humanidad estaban empeorando, en lugar de ir mejorando. En este contexto, algunos activistas manifestaron que, mientras no se imputara la responsabilidad de los acusados de forma individual, no habría incentivos suficientes para modificar sus conductas. Se sugirió que imputar la responsabilidad de los crímenes de los funcionarios de alto rango podría ayudar a completar la responsabilidad penal del Estado y ser una nueva forma de reforzar la ley relativa a los derechos humanos. Los juicios por delitos de lesa humanidad reforzaban la aplicación de la ley porque, gracias a ellos, ex mandatarios poderosos terminaban tras las rejas. Si las leyes relativas a los derechos humanos no

---

[20] Thomas Risse, Stephen C. Ropp y Kathryn Sikkink, comps., *The Power of Human Rights. International Norms and Domestic Change* (Cambridge, UK: Cambridge University Press, 1999).

funcionaban por su debilidad, esta nueva forma de aplicación debería ayudar a reforzar su cumplimiento.

Los otros modelos de responsabilidad penal no desaparecieron. Por el contrario, los tres modelos –inmunidad, responsabilidad penal estatal y responsabilidad penal individual– siguieron existiendo paralelamente. La inmunidad aún es común y las víctimas todavía tienen pocos recursos, pero el aumento de la cantidad de instituciones que se ocupan de la responsabilidad penal individual implica el surgimiento de nuevas posibilidades que antes no existían. Si un país se niega a responder a presiones para imputar la responsabilidad penal estatal, las víctimas pueden demandar a los funcionarios de alto rango en tribunales nacionales. Si un tribunal nacional se niega a responder, las víctimas pueden demandar a los individuos en tribunales extranjeros.

Este nuevo modelo de responsabilidad penal individual no se aplica a todo el conjunto de derechos civiles y políticos, sino que, sobre todo, se aplica a una pequeña parte de derechos que a veces se consideran "derechos de integridad física", "derechos de la persona" o, cuando se violan, "crímenes fundamentales". En ellos, se incluyen prohibiciones de torturas, ejecuciones sumarias y genocidios, así como también crímenes de guerra y crímenes contra la humanidad.[21] Este modelo se basa en una importante convergencia entre el derecho internacional (legislación de derechos humanos, legislación humanitaria o legislación de guerra y derecho internacional penal) y el derecho penal nacional.[22] Hay un límite borroso entre el derecho internacional y el derecho nacional que no es exclusivo de este ámbito, sino que es propio de varios ámbitos de las políticas internacionales.[23]

---

[21] Esto incluye derechos de sólo dos o tres de los veintisiete prestigiosos artículos del Pacto Internacional de Derechos Civiles y Políticos, que prohíbe la violación de la intimidad y las torturas. En el nuevo modelo también pide que se aplique la Convención del Genocidio en contra de la Tortura, la Convención Internacional contra la Tortura y Otros Tratos o Penas Crueles y las partes de los acuerdos de Ginebra que prohíben las torturas.

[22] Ratner y Abrams mencionan cuatro cuerpos legales relacionados entre sí que se basan en las tratativas para lograr la responsabilidad penal individual en casos de delitos contra la humanidad: leyes de derechos humanos internacionales, leyes internacionales humanitarias, leyes penales internacionales y leyes nacionales —Steven R. Ratner y Jason S. Abrams, *Accountability for Human Rights Atrocities in International Law: Beyond the Nuremberg Legacy*, 2ª ed. (Oxford y Nueva York: Oxford University Press, 2001), págs. 9-14.

[23] Los expertos en Derecho hablan de una "ley administrativa mundial" o de órdenes transnacionales legales o procesos, para describir lo que está sucediendo en distintos campos, como en el del mercado financiero, el medioambiente y los derechos humanos. Véanse Nico Krisch y Benedict Kingsbury, "Introduction: global governance and global administrative law in the international legal order", *European Journal of International Law* 17, nº 1 (febrero de 2006), págs. 1-13. Véase también Geoffrey Shaffer, "Transnational legal process and State change: opportunities and constraints", Minnesota Legal Studies Research Paper nº 10-28 (2010), disponible en SSRN: http://ssrn.com/abstract=1612401; y Harold Koh, "Transnational legal order", *Nebraska Law Review 75*, nº 181, 1996. Véase también Robert O. Keohane, Andrew Moravcsik y Anne-Marie Slaughter, "Lega-

La norma de la justicia se encuentra "anidada" en los movimientos internacionales más importantes. Ante todo, pertenece a la "revolución de los derechos humanos", lo cual implica la aceptación de los estándares internacionales y la expansión de los juicios civiles y de lesa en tribunales de todo el mundo.[24] Al igual que la revolución de los derechos, en general, la cascada de la justicia es el resultado de una coordinación deliberada y estratégica de los defensores de los derechos".[25] En segundo lugar, es parte de un movimiento más importante relativo a la responsabilidad penal en casos de violaciones a los derechos humanos cometidas en el pasado. Los juicios no son la única manera –ni tampoco la más importante– que tienen los países para tratar de luchar contra las violaciones a los derechos humanos cometidas en el pasado en su territorio. En la actualidad, los países también recurren a comisiones de la verdad, como la Comisión de la Verdad y la Reconciliación (TRC) creada en Sudáfrica, que se ocupa de los crímenes cometidos durante el régimen del *apartheid*. Después de estar sometidos durante años a las reglas soviéticas, muchos países de Europa del Este aprobaron las "leyes de depuración" para asegurarse de que los ex oficiales que habían colaborado con los servicios secretos no pudieran ocupar cargos políticos en los nuevos regímenes democráticos. En todo el mundo, actores oficiales y no oficiales crearon "espacios para la memoria", así como también archivos y proyectos de historia oral.[26] Así, se crearon museos históricos, como el Museo del Genocidio Tuol Sleng de Camboya, que se erigió en la famosa prisión en donde el gobierno de Khmer Rouge encarceló, torturó y mató a aproximadamente diecisiete mil personas. Al final, muchos países indemnizaron a las víctimas de los crímenes de lesa humanidad, para compensar a ellas o a sus familias por los encarcelamientos y las muertes. Actualmente, es común referirse a esos múltiples esfuerzos para considerar los crímenes contra la humanidad como una "justicia de transición", ya que, en gran parte, fueron adoptados cuando los países ya habían realizado una transición desde reglas autoritarias a un gobierno más democrático.[27] A partir de la generalización de esas medidas, un analista escribió en 2004 que "uno de los cambios más drásticos en la política mundial de los últimos años es la emergencia de un nuevo campo llamado *justicia de transición*".[28]

lized dispute resolution: interstate and transnational", *International Organization* 54, nº 3, 2000, págs. 457-488.

[24] Véanse Charles Beitz, *The Idea of Human Rights* (Nueva York: Oxford University Press, 2009) y Charles R. Epp, *The Rights Revolution: Lawyers, Activists, and Supreme Courts in Comparative Perspective* (Chicago: University of Chicago Press, 1998).

[25] Epp, *The Rights Revolution, págs.* 2-3.

[26] Elizabeth Jelin, *State Repression and the Struggle for Memories* (Londres: Social Science Research Council, 2003).

[27] Véase Ruti Teitel, "Transitional justice genealogy", *Harvard Human Rights Journal* 16, 2003, págs. 69-94.

[28] Charles Call, "Is transitional justice really just?", *Brown Journal of World Affairs* 11, nº 1, 2004, pág. 101.

© gedisa

De todos estos mecanismos de justicia de transición, quizás lo más difícil de explicar sea por qué determinados países comenzaron a realizar juicios por delitos de lesa humanidad, ya que desafiaron a dos doctrinas relacionadas entre sí del corazón del mundo de la política: la soberanía y la inmunidad soberana. Un elemento clave de la soberanía es la idea de que no importa cómo trate un jefe de Estado a sus propios ciudadanos, a la vez que la doctrina de la inmunidad soberana protege al soberano o al oficial del Estado para que no sea procesado. ¿Para qué debilitarían, ya sean los países o sus líderes, las doctrinas establecidas que sirven para protegerlos de los procesos judiciales? ¿Por qué no usaron su poder para prevenir esa posibilidad? El modelo penal elaborado por los activistas no surgió de la nada. Se apeló a los sistemas judiciales nacionales. Los expertos en política internacional no pueden creer que las prácticas y las reglas usadas en el derecho penal nacional se puedan usar para confrontar el poder de los Estados y sus líderes.[29] ¿Cómo puede hacer el Derecho para desafiar una práctica tan expandida por la cual los líderes que detentan el poder pueden tratar a los ciudadanos como quieran y, aun así, tener asegurada una jubilación tranquila en su país o en el exterior? Los líderes que detentaban el poder también creían que jamás serían imputados por responsabilidad penal individual. El general Pinochet creía que podría viajar al Reino Unido sin tener que preocuparse por la posibilidad de ser arrestado allí. Recién después de que fue acusado por el Tribunal Internacional de la ex Yugoslavia, Slobodan Milošević comenzó una campaña de terror contra el pueblo de Kosovo, convencido de que el Tribunal no podría tocarlo nunca. Y George W. Bush, Dick Cheney y Donald Rumsfeld no se amedrentaron ante la posibilidad de ser imputados por responsabilidad penal cuando ordenaron secuestros, detenciones indefinidas sin juicios y torturas a los sospechosos de terrorismo después del 11/09. Pinochet y Milošević descubrieron que las leyes relativas a los derechos humanos no eran tan débiles como ellos creían, y ambos murieron mientras estaban siendo juzgados, con altas posibilidades de terminar siendo condenados. Por su parte, para los ingenieros de la política de torturas de Estados Unidos, la respuesta no es tan evidente, como veremos en el Capítulo 7.

La emergencia del modelo de responsabilidad penal individual para las violaciones a los derechos humanos básicas implica que se está empezando a acortar la distancia entre el tratamiento de los crímenes en el ámbito nacional y en el internacional. Dado que nos encontramos en medio de un proceso de cambio, a veces, es difícil mirar hacia atrás y verlo en perspectiva. La mayoría de las discusiones del pasado sobre estos temas se centraban con exclusividad en las piezas de una tendencia general: por ejemplo, se analizaban sólo los juicios internacionales, los tribunales internacionales específicos, ciertos tribunales extranjeros

---

[29] Los análisis teóricos sobre las relaciones internacionales indican que la "gran división" entre la sociedad nacional, entendida como "apegada a las normas", y el sistema internacional entendido como anárquicos. Ian Clark, *Globalization and International Relations Theory* (Oxford: Oxford University Press, 1999), pág. 16.

© gedisa

seleccionados con cuidado o juicios nacionales de determinados países.[30] Yo creo que hay que tomar distancia y observar todas las piezas de este proceso juntas para poder para poder ver cómo se desarrolla la tendencia mundial. Es una tendencia *mundial* porque, pese a no estar distribuida equitativamente en todos lados, abarca todas las regiones del mundo.

Según mi opinión, está emergiendo un sistema descentralizado pero interactivo de responsabilidad penal para los casos de violaciones a los derechos humanos fundamentales con aplicaciones parciales, lo cual se aplica, sobre todo, en tribunales nacionales. Permítanme explicar esa afirmación: un sistema de responsabilidad penal ha empezado a emerger debido a que gran cantidad de tribunales nacionales e internacionales recurren al cuerpo del derecho nacional e internacional que autoriza la responsabilidad penal individual por crímenes graves. Este sistema está descentralizado porque no existe ni un solo tribunal internacional ni agencia que decida quién debe ser procesado, pero es interactivo porque las decisiones que se toman en un nivel tienen efectos en otros niveles. Incluso la Corte Penal Internacional sólo está realizando una pequeña parte de las tareas de aplicación de estas medidas. Las decisiones sobre quiénes deben ser procesados se toman en cientos de tribunales diferentes de todo el mundo y, en especial, en tribunales nacionales. Por lo tanto, las aplicaciones de las medidas suelen ser fragmentarias y aleatorias. Así, el hecho de que un oficial de Estado sea procesado por violaciones a los derechos humanos depende, en gran parte, de si las partes nacionales involucradas en el juicio tienen la suficiente determinación y el suficiente poder para ejercer presión para que se impute la responsabilidad penal.

Para comprender cómo funciona ahora este nuevo modelo de responsabilidad penal a nivel internacional, tenemos que observar todo el sistema internacional, incluso la nueva Corte Penal Internacional. El estatuto de Roma de la CPI incluye este nuevo modelo de responsabilidad penal individual pero, dada la importancia de los tribunales locales, la CPI *no* es la institución más importante a través de la cual se aplica el nuevo modelo. El estatuto de la CPI deja en claro que la Corte funciona según la doctrina de la "complementariedad". Esto significa que un determinado tribunal local tiene prioridad y que la CPI sólo puede ejercer jurisdicción cuando los tribunales locales no están dispuestos o no pueden llevar a cabo los procesos.[31] La doctrina de la complementariedad de la CPI puede ser vista como una expresión más amplia del nuevo modelo, mediante el cual las instituciones primarias de los procesos son tribunales locales, y la CPI y los tribunales extranjeros actúan como instituciones de respaldo o como el "último recurso" cuando fracasan el modelo general y los procesos locales.[32]

---

[30] Stephen Macedo, comp., *Universal Jurisdiction: National Courts and the Prosecution of Serious Crimes Under International Law* (Filadelfia: University of Pennsylvania Press, 2004); Roht-Arriaza, *The Pinochet Effect*.

[31] William A. Schabas, *An Introduction to the International Criminal Court* (Cambridge, UK: Cambridge University Press, 2001), págs. 13 y 67.

[32] Orentlicher llama a esta "aplicación de leyes nacionales con un margen de reserva

Sin embargo, esas instituciones de respaldo son necesarias para crear un modelo internacional completamente funcional. Si el modelo sólo depende de los tribunales nacionales, los responsables de los crímenes siempre podrán escaparse, ya que, mediante sobornos o vetando las políticas nacionales (pensemos, por ejemplo, en las amenazas y en los intentos de golpe de Estado que los ex líderes militares de Argentina y Chile hicieron cada vez que vieron la posibilidad de ser procesados en sus países) o jubilándose en el exterior, en un tercer país de acogida. El respaldo a los juicios de los tribunales extranjeros e internacionales hizo que dichas opciones fueran menos esperables que antes. Cuando los procesos sólo se llevaban a cabo en tribunales nacionales, era más fácil que los represores del país pudieran "tomar el control" mientras que la creación de un sistema de responsabilidad penal transnacional redujo el poder que tenían los responsables de los crímenes de cualquier país para evitar los procesos.

Muchos críticos de la CPI y de tribunales especiales no comprenden su función como instituciones de respaldo en un sistema mundial que se ocupa de la responsabilidad penal. Un analista observó que los tribunales internacionales "dilapidaron miles de millones de dólares" y que para las soluciones nacionales habría funcionado mejor la fórmula "costo-beneficio".[33] El hecho de que los tribunales respondan a esta fórmula depende de las alternativas que existen. Por ejemplo, los tribunales de derechos humanos pueden ser del tipo costo-beneficio comparados con la intervención militar en defensa de los derechos humanos. De hecho, si la CPI o los tribunales internacionales estuvieran pensados para proveer una justicia penal integral por sí mismos serían costosos, pero ese no es el modo en el que opera actualmente el sistema descentralizado. El uso de tribunales internacionales o extranjeros de respaldo es la excepción –no la regla– del nuevo modelo. En su mayor parte, el reciente modelo descentralizado para la realización de los procesos depende, especialmente, de los juicios por delitos de lesa humanidad de los tribunales nacionales. Dado que el sistema está descentralizado, la calidad de la aplicación de las medidas varía en función de la calidad del sistema de justicia penal de los diferentes países.

Aun hoy hay muchas diferencias en el campo de la justicia penal nacional e internacional. En los sistemas nacionales, las fuerzas de policía más o menos efectivas detienen a los sospechosos y los someten a un interrogatorio o a un proceso judicial. En la escena nacional, no existe semejante fuerza policial. Como todos sabemos, en el caso de la ex Yugoslavia, incluso mientras la OTAN estaba intentando lograr un acuerdo de paz, se dudó en ampliar su mandato para poder realizar arrestos de las personas consideradas sospechosas de ser criminales de guerra y luego enviarlas al tribunal internacional, el ICTY.

---

jurisdicción internacional", y Naomi Roht-Arriaza se refiere a los juicios en el extranjero como "parada en retroceso" de la legislación nacional. Véanse Diane F. Orentlicher, "Settling accounts: The duty to prosecute human rights violations of a prior regime", *Yale Law Journal* 100, 1990-1991, págs. 2.537-2.618; Roht-Arriaza, *The Pinochet Effect*, pág. 200.

[33] Helena Cobban, "Think again: International courts", *Foreign Policy,* marzo-abril de 2006.

A pesar de esas diferencias, ocurrieron cambios importantes y, en la mayoría de los casos, éstos casi nunca fueron previstos ni explicados por ningún sociólogo. La teoría de las relaciones internacionales ha demostrado ser muy débil para explicar los cambios. Por ejemplo, muchos analistas fracasaron intentando anticipar el fin de la Guerra Fría y, más aún, no pudiendo explicarlo correctamente.[34] En este libro, intentaré analizar este importante y misterioso cambio en el mundo y exploraré lo que nos enseña acerca de la naturaleza y de los procesos de cambio en el mundo de la política.

Estas nuevas prácticas de responsabilidad penal nunca podrían haberse dado si no hubiera existido una combinación de movimientos de defensa de los derechos humanos, nuevas leyes de derechos humanos e instituciones nacionales que aplicaban las leyes. La "tercera ola de democracia", que comenzó en la década de los años setenta, les dio a los militantes de los derechos humanos la posibilidad de presionar para que se llevaran a cabo los juicios por delitos de lesa humanidad. Dado que el concepto de responsabilidad penal era muy reciente, al principio, los grupos militantes tenían más probabilidades de tener éxito porque los ex líderes de facto habían perdido legitimación, por lo general, al perder una guerra. En los tres primeros casos de responsabilidad penal, analizo –en Grecia, Portugal y Argentina– si los líderes de facto perdieron la guerra o fueron desplazados por una revolución.

Ahora bien, una vez que es posible imaginar la responsabilidad penal de los líderes individuales, el modelo elegido, por lo general, suele ser una extensión del sistema legal penal vigente para crímenes comunes en tribunales nacionales. Durante cientos de años, la mayoría de las sociedades juzgaron asesinatos o secuestros en tribunales nacionales, aplicándoles a los individuos las leyes penales en vigor. Una explicación fundamental, tanto de la primera adopción como de la difusión del modelo de responsabilidad penal, es que para los ciudadanos esto era familiar y evidente, dada la experiencia en el ámbito nacional.

Parte II: La propagación de ideas sobre la responsabilidad penal individual

Durante muchos años, los analistas no tenían noción de la magnitud del movimiento hacia la imputación de la responsabilidad penal individual, dado que no había información sobre los juicios por delitos de lesa humanidad en el mundo. Sin datos, era difícil detectar la presencia de una nueva norma. Para responder a esta cuestión, trabajé con algunos de mis alumnos graduados en la elaboración de una pequeña base de datos de procesos de responsabilidad

---

[34] Para discutir la inutilidad de las teorías sobre las relaciones internacionales para explicar los grandes cambios del mundo de la política, véase Peter Katzenstein, comp., *The Culture of National Security: Norms and Identity in World Politics* (Nueva York: Columbia University Press, 1996).

penal individual en casos de violaciones a los derechos humanos cometidas en el pasado. La norma de la justicia se basa en la creencia de que es apropiado procesar a los líderes de Estado responsables de crímenes de lesa humanidad de forma individual. Es vidente que sería muy difícil medir esas creencias, por lo cual tratamos de delimitar la amplitud de la norma de la justicia a partir de la documentación del aumento de juicios en un nivel nacional e internacional. En algunos casos, incluimos información sobre juicios por delitos de lesa humanidad de *todos* los países de transición: es decir, los países que han pasado de tener un régimen no democrático a uno más democrático. Han pasado más de cinco años desde el inicio de este proyecto (el cual, para mí, no iba a requerir demasiado tiempo), y resultó ser que fue creciendo hasta transformarse en un proyecto de investigación de mayor envergadura.

El gráfico que incluimos más abajo resume una tendencia muy llamativa que hubiera sido imposible de ver sin una base de datos completa. Si uno cuenta la cantidad de años en que se realizaron juicios por país y, luego, suma esas cantidades a través del tiempo, se pone de manifiesto un pico sin precedentes en materia de esfuerzos para tratar los casos de abusos a los derechos humanos, a partir de la responsabilidad penal individual.[35]

El Gráfico 1.1 representa la norma de la cascada mundial, que es el centro del análisis de este libro. En él, se puede observar que hasta mediados de la década de los años ochenta hay un ligero aumento de los juicios. A comienzos de la década de los años noventa, la cantidad de casos comienza a aumentar repentinamente. Lo llamativo es que la rápida difusión del concepto haya sido inmediatamente posterior al fin de la Guerra Fría y a la caída de la Unión Soviética del período 1989-91.

Hay una variación significativa en la frecuencia de los juicios en las diferentes regiones del mundo. Como lo indica el Gráfico 1.2 de tarta, la tendencia hacia los juicios de derechos humanos ha sido mayor en Latinoamérica, Europa Central y Europa del Este. Actualmente, hay algunos procesos en curso en Asia, África y Medio Oriente, pero con un menor alcance que en Europa y América. Los procesos internacionales y extranjeros también se distribuyen de manera desigual en las distintas zonas, de modo tal que no reflejan simplemente dónde se produjeron las peores violaciones a los derechos humanos. En el Gráfico 1.3 se pueden observar las zonas de los países en donde los actores nacionales han sido objeto de los esfuerzos de otros países para que se haga justicia, y no los propios países en donde se llevaron a cabo los procesos judiciales. Europa tiene un peso muy importante, en gran parte, debido a los procesos de la Corte Penal

---

[35] Kathryn Sikkink y Carrie Booth Walling, "The impact of human rights trials in Latin America", *Journal of Peace Research* 44, n° 4, julio de 2007. Divididos en dos grupos los procesos por delitos de lesa humanidad: uno abarca todos los juicios, y el otro se centra en los casos de juicios por delitos contra la humanidad en países con políticas de transición. Los datos considerados provienen de la base de datos de los juicios por crímenes de lesa humanidad en países de transición. Para un discusión más completa sobre los países con políticas de transición, véase: http://www. tc.umn.edu/~kimx0759/thrp.website/home.html.

Internacional para la ex Yugoslavia de individuos en lo que hoy son seis Estados europeos diferentes. Es frecuente creer que los países realizan juicios internacionales y extranjeros en el Hemisferio Norte para procesar a los individuos del Hemisferio Sur. De hecho, la mayor parte de los procesos internacionales que se están realizando en Europa son por violaciones cometidas en el territorio europeo.

Gráfico 1.1. La cascada de la justicia

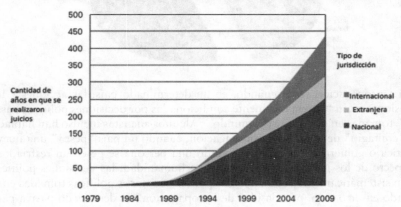

(Gráfico en escalones de cantidad de años en que se realizaron juicios por tipo de juicio)

Entonces, ¿por qué la norma de la justicia comienza a expandirse (de forma desigual) por todo el mundo? Cada vez más estudios demuestran que muchas políticas y acciones se difunden: enseguida, muchos países las adoptan por cuestiones que tienen más que ver con imitar las políticas que otros países están adoptando que con sus propias políticas nacionales y presiones internas. Cada vez más, la mejor explicación acerca de la difusión de la democracia en un país es que otros países de la misma región son democráticos, *y no* ciertos factores que fueron asociados durante mucho tiempo con la democracia, como, por ejemplo, la riqueza de un determinado país o su nivel de educación.

Hay explicaciones similares para la difusión de las innovaciones políticas, como la institucionalización de la economía neoliberal y la reforma del sistema jubilatorio.[36] Al parecer, los países, al igual que la gente, se preocupan por lo que los demás países están haciendo, ya sea como fuente de nuevas ideas o para saber cómo adaptarse a las tendencias mundiales.

[36] Para la difusión de la democracia, véanse Kristian Gleditsch y Michael Ward, "Diffusion and the international context of democratization", *International Organization* 60, n° 4, 2006, págs. 911-933, y Scott Mainwaring y Aníbal Pérez-Liñán, *The Emergence and Fall of Democracies and Dictatorships: Latin America Since 1900* (Cambridge, UK: Cambridge University Press, (en prensa); para las reformas económicas neoliberales, véase Beth Simmons y Zachary Elkins, "The globalization of liberalization: policy diffusion in the international political economy", *American Political Science Review* 98,

Gráfico 1.2. Distribución regional de juicios nacionales (1979-2009)

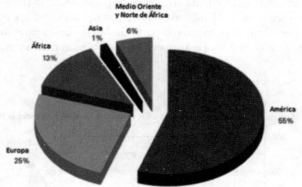

La propagación se da cuando, en un determinado país, las acciones y las decisiones están "sistemáticamente condicionadas por decisiones políticas pasadas" tomadas en otra parte del mundo.[37] Algunos analistas incluso han hablado de "contagio" de modelos de propagación, cuando un país "pesca" una nueva política o gobierno, al igual que cuando una persona se pesca un resfriado.[38] Respecto de los juicios por delitos de lesa humanidad, las decisiones políticas están sistemáticamente condicionadas por las decisiones políticas tomadas en el pasado en otro sitio, pero la idea de "propagación" es demasiado pasiva para expresar la actividad y la lucha a través de las cuales estos conceptos sobre la justicia se han expandido en todo el mundo. Uno de los problemas de la difusión de la bibliografía académica es que no suele haber casos de gente común.[39] Como punto de inflexión, las ideas aisladas pueden expandirse rápidamente, pero al comienzo de cualquier norma de cascada, ciertas personas trabajan duramente para proponer ideas y políticas nuevas, y comparten sus conceptos con otras personas que los aplican en otros contextos.

2004, págs. 171-189; para las reformas del sistema jubilatorio, véase Kurt Weyland, "Theories of policy diffusion: lessons from Latin American pension reform", *World Politics* 57, nº 2, 2005, págs. 262-295.

[37] Beth Simmons, Frank Dobbin y Geoff Garrett, "The international diffusion of liberalism", *International Organization* 60, nº 4, 2006, pág. 787.

[38] Véase Laurence Whitehead, "Three International Dimensions of Democratization", en Whitehead, comp., *The International Dimensions of Democratization: Europe and the Americas* (Oxford: Oxford University Press, 1996), págs. 3-25. Véase también Harvey Starr y Christina Lindborg, "Democratic dominoes revisited: The hazards of governmental transitions, 1974-1996", *Journal of Conflict Resolution* 47, nº 4, 2003, págs. 405-519.

[39] Graham y otros también afirman que los análisis necesitarían centrarse más en los agentes propulsores de la difusión, como personas concretas con distintas prefencias, metas y capacidades. Véase Erin Graham, Charles Shipan y Craig Volden, "The diffusion of policy diffusion research" (inédito), diciembre de 2008.

© gedisa

Gráfico 1.3. Distribución regional de juicios extranjeros e internacionales (1979-2009)

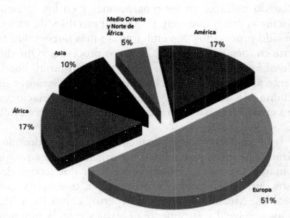

Quienes adoptaron tempranamente las nuevas normas relativas a los derechos humanos no contrajeron las ideas de la nada, por el aire, como si fueran virus, sino que las adoptaron por medio de la lucha y de los cambios y, a menudo, simplemente, por una cuestión de suerte.

La cascada de la justicia no fue espontánea ni tampoco fue el resultado de una evolución natural del derecho o de la cultura mundial en aquellos países en donde se realizaron los procesos. Distintos movimientos de derechos humanos fueron el motor de ese cambio de mentalidad. La cascada comenzó como el resultado de un esfuerzo pactado entre pequeños grupos de abogados *pro bono*, juristas y militantes, los cuales fueron pioneros en materia de estrategias, desarrollo de argumentaciones legales, búsqueda de demandantes y testigos, demostración de evidencias y en la perseverancia para poder afrontar desafíos legales durante años. Dos importantes cambios estructurales acaecidos en el mundo facilitaron el trabajo de los redactores de las normas: la tercera ola de democracia y el fin de la Guerra Fría. El primero multiplicó la cantidad de países de transición abiertos a las tendencias que acabamos de describir y el segundo abrió un espacio para que todos los países consideraran un marco más amplio de opciones políticas. Este libro narra toda la historia de los procesos de lesa humanidad desde sus comienzos, con defensores de Atenas y Buenos Aires, hasta la rápida propagación de las ideas y las prácticas relativas a la responsabilidad penal individual a comienzos del siglo XXI.

Parte III: ¿Los juicios por delitos de lesa humanidad hacen la diferencia?

Una vez que los analistas y políticos se convencieron de que la cantidad de juicios por delitos de lesa humanidad estaba aumentando, comenzó a haber vívidos debates sobre su conveniencia e impacto. Algunas personas no querían que hubiera más juicios porque pensaban que los procesos judiciales nacionales ya hacían demasiado hincapié en las reparaciones y en los castigos. Por otro lado, muchas víctimas creen que muy pocos responsables de crímenes de lesa humanidad han sido procesados. Sin embargo, lo más importante es que existe un intenso debate en torno a los efectos de estos procesos. ¿Qué diferencia hacen? ¿Es posible que esos esfuerzos por imputar la responsabilidad penal contribuyan realmente a mejorar los derechos humanos? ¿O será que los procesos, en realidad, debilitan la democracia y amenazan las negociaciones de paz en épocas de guerra civil? En la parte final del libro, volveré sobre estas cuestiones cruciales.

Este debate tiene importantes implicancias políticas, dado que los gobiernos, las organizaciones internacionales y las organizaciones no gubernamentales (ONG) toman decisiones constantemente acerca de lo que deben apoyar o de los procesos que deben realizar y, en ese caso, qué tipo y qué niveles de juicios son deseables. Muchos analistas y expertos como Juan Méndez creen que estos procesos son legal y éticamente deseables y, en la práctica, son útiles para prevenir futuras violaciones.[40] Otros son mucho más incrédulos respecto del impacto de los juicios. A mediados de la década de los años ochenta, los analistas de las democracias de transición solían afirmar que los juicios por delitos de lesa humanidad eran políticamente insostenibles y atentaban contra la fuerza de las nuevas democracias.[41] Incluso muchos actores que participaron directamente en las transiciones fueron igual de pesimistas. José Zalaquett, un reconocido abogado chileno especialista en derechos humanos, a quien conocí en las oficinas de la WOLA en la década de los años ochenta y quien luego participaría en la Comisión Nacional de Verdad y Reconciliación, expresó que era posible y deseable luchar por la verdad, pero que los juicios por delitos de lesa humanidad eran más complejos cuando debían tratar casos de "responsables que aún tienen un poder considerable". No hay dudas de que estaba pensando en el general Pinochet, el cual, en esos momentos, aún era comandante en jefe de las Fuerzas Armadas chilenas.[42]

A mí no me pareció extraño que un militante como Zalaquett, que escribió a fines de la década de 1980 y a principios de la década de 1990, pudiera estar

[40] Naomi Roht-Arriaza, "State responsibility to investigate and punish grave human rights violations in international law", *California Law Review* 78, nº 2, marzo de 1990, págs. 449-513; Juan Méndez, "In defense of transitional justice", en A. James McAdams, comp., *Transitional Justice and the Rule of Law in New Democracies* (Notre Dame, IN: University of Notre Dame Press, 1997).

[41] Samuel Huntington, *The Third Wave: Democratization in the Late Twentieth Century* (Norman: University of Oklahoma Press, 1991); Guillermo O'Donnell y Philippe C. Schmitter, *Transitions from Authoritarian Rule: Tentative Conclusions about Uncertain Democracies* (Baltimore, MD: Johns Hopkins University Press, 1986).

[42] José Zalaquett, "Balancing ethical imperatives and political constraints: The dilemma of new democracies confronting past human rights violations", *Hastings Law Journal* 43 (agosto de 1992), págs. 1.428-1.429

preocupado por el impacto de los juicios por delitos de lesa humanidad. Sin embargo, en la actualidad, el escepticismo respecto del impacto negativo de dichos juicios es tan pronunciado como lo era en la década de los años ochenta. Los incrédulos sostienen que la amenaza de un juicio podría hacer que los dictadores poderosos y los rebeldes se atrincheraran en el poder, en lugar de negociar una transición para los regímenes dictatoriales o las guerras civiles.[43] Los analistas políticos han propagado esa sensación mediante publicaciones prestigiosas, para expresar una argumentación política en contra de la Corte Penal Internacional y de otros tribunales internacionales.

Una de las características más llamativas del ámbito de la justicia de transición es lo controvertido que es el debate acerca de ella. En particular, quienes la defienden muchas veces chocan contra quienes prefieren una "justicia reparadora", la búsqueda de la verdad o que no se impute ningún tipo de responsabilidad penal. Si bien podemos comprender por qué la justicia de transición puede ser algo muy fuerte para los responsables de los crímenes y para las víctimas, ¿por qué para los analistas y profesionales también es tan fuerte y hasta insultante, desde su posición?

Esta cuestión podría deberse a que en este debate entran en juego nuestros ideales y expectativas sobre la justicia. La cascada de la justicia ha resonado y se ha propagado por todo el mundo porque ha habido muchos actores que han defendido ideas poderosas respecto de la justicia. Sin embargo, el atractivo real de los ideales que empujó la cascada también puede ser un fracaso, si se lo compara con esos ideales. La justicia, al igual que la democracia, es un concepto poderoso que, en la práctica, nunca cumple con nuestros ideales. Las víctimas –y, entre ellas, los mayores defensores de la justicia de transición– siempre terminan desilusionándose de las instituciones, ya que no pueden curar sus heridas físicas ni psicológicas ni pueden recuperar a sus seres queridos.

Los responsables de los crímenes siempre creen que los abogados defensores son tendenciosos, aun cuando los tribunales hacen todo lo posible para realizar los procesos debidos. Los partidarios del Estado consideran que la justicia es lenta, cara e incierta. Los analistas suelen destacar la diferencia entre las palabras dulces que se usan para avalar la justicia internacional y la siempre cruda realidad. Dado que la gente cree firmemente en la justicia, no sólo está insatisfecha, sino que, además, se suele sentir traicionada. En 2001, el ex general del ejército serbiobosnio Radislav Krsic, ya anciano, fue declarado culpable por genocidio y sentenciado a cuarenta y seis años de prisión por el Tribunal Penal

---

[43] Julian Ku y Jide Nzelibe, "Do international criminal tribunals deter or exacerbate humanitarian atrocities?", *Washington University Law Quarterly* 84, nº 4, 2006; Jack Snyder y Leslie Vinjamuri, "Trials and errors: Principle and pragmatism in strategies of international justice", *International Security* 28, nº 3, invierno de 2003-2004, págs. 5-44; y Jack Goldsmith y Stephen D. Krasner, "The limits of idealism", *Daedalus* 132, invierno de 2003. Los politólogos Snyder y Vinjamuri consideran que los juicios por delitos de lesa humanidad no impedirán futuras violaciones a los derechos humanos y, por el contrario, en algunos casos, tendrán como consecuencia un aumento de las represiones y de las atrocidades humanas.

Internacional para la ex Yugoslavia (TPIY), un hecho sin precedentes hasta el momento. Al enterarse de ello, Munira Subašic, líder de la organización Madres de Srebrenica y Zepa de Bosnia expresó lo siguiente: "Nosotros, los sobrevivientes de la masacre de Srebrenica, no creemos que se haya hecho justicia... Tendrían que haberlo condenado a cadena perpetua".[44]

Entonces –para decirlo de forma moderada–, aún hay poco acuerdo respecto del impacto de los juicios por delitos de lesa humanidad. En esa situación, ¿cómo podemos hablar de los efectos de la cascada de la justicia? Si bien las instituciones judiciales siempre deben ser juzgadas en función de nuestros ideales, como socióloga, apoyo el uso de la comparación empírica, que incluye tanto el análisis cuantitativo como el análisis cualitativo, para evaluar de forma sistemática las protestas sobre el impacto de los juicios por delitos de lesa humanidad. En este libro, no pretendo comparar la realidad con mis ideales sobre la justicia. Por el contrario, deseo poner de manifiesto el contraste entre el resultado de los países en donde se han realizado juicios y en los que no. El trabajo se centra en el modo en que los procesos sirven para mejorar la lucha por los derechos humanos, por la democracia y por los niveles de conflictos, analizando los casos dentro de un mismo país antes de que se llevaran a cabo los juicios u otros países en los que no ha habido procesos.

En el Capítulo 5 se examinarán los modos a través de los cuales los procesos pueden influir en las prácticas de derechos humanos, en la democracia y en los conflictos en determinados países de Latinoamérica. Me centro en América Latina porque allí se han realizado más procesos que en ningún otro lugar del mundo y porque muchos países latinoamericanos han sido pioneros en juicios por delitos de lesa humanidad, por lo cual el paso del tiempo hace posible evaluar su impacto. Una vez más, mi investigación demuestra que los procesos no han debilitado las democracias ni tampoco han provocado un aumento de las violaciones ni de los conflictos de la región. A veinticinco años del primer juicio, ni una sola democracia latinoamericana se ha visto debilitada por haber iniciado procesos judiciales.

Los resultados del análisis cuantitativo, presentados en el Capítulo 6, demuestran que los países de transición en los cuales ha habido juicios por delitos de lesa humanidad son menos represivos que otros países en donde no se ha abierto ninguna causa. A diferencia de los argumentos de quienes descreen de los juicios, los procesos de transición no han tendido a exacerbar las violaciones. Los estudios cuantitativos ponen de manifiesto que los países que llevan más años realizando juicios después de la transición son menos represivos que los países en los cuales hace menos tiempo que se llevan a cabo los procesos judiciales. Además, los países que tienen más vecinos con procesos de transición son menos represivos, lo que puede indicar que el impacto de los juicios de los países fronterizos provoca una disminución de la represión de un país. Mediante estos resultados, se descartan los argumentos de los escépticos que

© gedisa

[44] Citado por Lara J. Nettelfield, *Courting Democracy in Bosnia and Herzegovina: The Hague Tribunal's Impact in a Postwar State* (Nueva York: Cambridge University Press, 2010), pág. 130.

afirman que los juicios por delitos de lesa humanidad conducen a un aumento de la represión y, en cambio, se demuestra que los juicios y las comisiones de la verdad pueden tener un efecto positivo en las prácticas relacionadas con los derechos humanos.

Si bien es posible que en Latinoamérica se haya dado una situación excepcional, es igual de posible que los detractores de los juicios hayan basado sus argumentos en unos pocos casos de gran alcance, pero que aún no se han resuelto. Sólo los escalofriantes aunque –finalmente– infructuosos intentos de golpe de Estado en Argentina produjeron un cierto pesimismo en las primeras reflexiones acerca de la política de transición, así como también el caso del fracaso de la intervención de la justicia internacional cuando se intentó evitar el nacionalismo en Serbia o solucionar los conflictos de Uganda y Sudán, lo cual pudo alimentar la incredulidad actual. Y así como en distintas publicaciones los analistas se apresuraron a hacer juicios sobre la imposibilidad y la inconveniencia de los juicios en Latinoamérica, sería conveniente que los detractores actuales siguieran más de cerca la situación en la ex Yugoslavia, Uganda y Sudán, antes de dar por sentado los efectos perniciosos de los juicios.

Los resultados de la investigación que indican que los juicios por delitos de lesa humanidad y las comisiones de la verdad pueden contribuir a disminuir la represión también pueden ser relevantes en el ámbito de la política. Las investigaciones relativas a los derechos humanos realizadas hasta la fecha no han servido demasiado para pensar cómo disminuir la represión. En el pasado, los estudios más relevantes afirmaban que las violaciones se debían a factores que los gobiernos sólo podían controlar durante un lapso de tiempo breve: por ejemplo, la pobreza, el autoritarismo, las guerras civiles y la cantidad de población del país.[45] Yo aún sigo viendo el impacto de esos factores, aunque mi investigación también indica que las respuestas políticas que afectan varios microniveles, como los juicios y las comisiones de la verdad, también pueden tener un impacto en las prácticas, de manera tal que las autoridades políticas tienen más cantidad de opciones viables a corto plazo. Algunos de mis colegas llegan a otras conclusiones. He dedicado una gran parte del libro a discutir esos debates con otros colegas, ya que creo que tienen importantes consecuencias políticas. Si los detractores de los juicios están en lo cierto y los procesos van asociados con un empeoramiento de las prácticas relativas a los derechos humanos, entonces, deberíamos cuestionar la decisión de usarlas. Debemos recurrir a la mejor sociología posible para poder obtener las recomendaciones más coherentes.

Los juicios son uno de los factores que pueden contribuir al cambio cultural y a la implementación de normas relativas a los derechos humanos por parte de los funcionarios de alto rango. Pero no todos los funcionarios de alto rango implementan las normas del mismo modo, como hemos visto cuando resurgieron

---

[45] Steven C. Poe y Neal C. Tate, "Repression of human rights to personal integrity in the 1980s: A global analysis", *American Political Science Review* 88, 1994, págs. 853-900; Steven C. Poe, Neal C. Tate y Linda Camp Keith, "Repression of the human rights to personal integrity revisited: A global crossnational study eovering the years 1976-1996", *International Studies Quarterly* 43, n° 2, 1999, págs. 291-315.

los debates sobre la legitimación de la tortura en Estados Unidos después del 11/09. En el capítulo 7, se examina el incumplimiento de Estados Unidos de la prohibición de la tortura, con el fin de abordar la cuestión más compleja aún de las normas sociales. Si, efectivamente, una ley o una norma tienen algún peso, es esperable que tengan un efecto incluso en el país más poderoso –en este caso, Estados Unidos– después de un cierto tiempo. La decisión de Estados Unidos de implementar la tortura incluso después de que el proceso de Pinochet estableciera la legitimación de la jurisdicción universal en casos de tortura es un índice de que algunos líderes de Estado hasta hace poco creían que estaban por encima de la ley. Simplemente, los oficiales norteamericanos no se dieron cuenta de que el precedente de Pinochet jugaría en su contra, aunque en Estados Unidos se realizaron torturas después de la ratificación de la Convención Internacional Contra la Tortura y Otros Tratos o Penas Crueles y de su implementación en las leyes nacionales. No obstante, en el Capítulo 7 se observa que hay algún índice de que incluso los líderes políticos de Estados Unidos no son completamente inmunes a la posibilidad de ser procesados en el futuro. Finalmente, en el Capítulo 8 se hará un resumen de cómo los juicios por delitos de lesa humanidad están cambiando el mundo de la política, junto a algunas consideraciones de tipo ético y recomendaciones políticas derivadas de experiencias de los países tratados en este trabajo.

El tema más llamativo de este libro es la persistencia del reclamo de justicia: los juicios por delitos de lesa humanidad no se acabarán. Estos juicios no son la panacea para todas las enfermedades de la sociedad y, de manera inevitable, nos decepcionarán, en la medida en que chocan contra nuestros ideales. Aun así, representan un avance en la falta total de responsabilidad penal por crímenes cometidos en el pasado, a la vez que tienen el potencial para prevenir violaciones a los derechos humanos en el futuro.

© gedisa

PARTE I

LA CREACIÓN DE LA RESPONSABILIDAD
PENAL INDIVIDUAL

2. NAVEGAR SIN MAPA

Juicios por delitos de lesa humanidad en Europa meridional

Mi base de datos de juicios por delitos de lesa humanidad en todo el mundo pone en evidencia que los griegos y los portugueses fueron quienes, durante la posguerra, iniciaron los procesos penales a sus propios funcionarios estatales por violaciones a los derechos humanos cometidas en el pasado.[1] Puesto que fueron los primeros en iniciar los juicios, era de esperarse que Grecia y Portugal fueran claves para explicar la razón por la cual los ciudadanos de un país podrían llegar a creer en la posibilidad de que sus ex líderes fueran procesados. He revisado atentamente la escasa bibliografía acerca de los juicios en Grecia, pero no he logrado encontrar ninguna explicación satisfactoria. En cuanto al caso portugués, casi no había ninguna publicación –ya fuera en inglés o en portugués– sobre los procesos. Entonces, en el verano de 2008, decidí emprender un viaje a Europa meridional para entrevistar a ex presos políticos, abogados y analistas, entre otros, sobre sus experiencias de los juicios. Una de mis alumnas, Filipa Raimundo, había escrito una tesis de maestría acerca de los procesos en Portugal, la cual resultó ser el primer estudio sobre el tema escrito en inglés o portugués.[2] La tesis de Filipa no sólo fue una fuente invaluable de recursos para mí, sino que además ella me ayudó a concertar entrevistas con algunas de las personas que le habían proporcionado más información durante su trabajo de investigación. En Grecia, mi amiga Maria Piniou-Kalli, que fue prisionera política durante la dictadura y es la fundadora y directora de un centro de tratamiento para víctimas de tortura en Atenas, me contó sus experiencias y organizó reuniones para que yo pudiera hablar con algunas de las personas que habían testificado en los juicios. Mi colega de la Universidad de Minnesota, Theo Stavrou, profesor de Historia Moderna de Grecia, me puso en contacto con especialistas claves de ese período. Mientras tanto, mis amigos y familiares se mostraban incrédulos al respecto: "A ver si entiendo bien: ¿te vas este verano a Grecia y Portugal para *investigar*?". Sin importar la cantidad de veces que lo discutiéramos, no lograba persuadirlos de que mi viaje no era por placer. Quizás

---

[1] Me refiero a los "juicios sucesivos" tras los procesos de Núremberg y Tokio.
[2] Filipa Alves Raimundo, "The double face of heroes: Transitional justice towards the political police (PIDE/DGS) in Portugal's Democratization, 1974-1976", tesis de maestría, Universidad de Lisboa, Instituto de Ciencias Sociales, 2007.

© gedisa

su incredulidad se debiera a lo mucho que había cambiado la imagen de estos países desde los oscuros días de la dictadura.

Los procesos judiciales en Grecia y Portugal son especialmente enigmáticos si se los compara con el caso de su país vecino, España. Este país también pasó por una transición alrededor de la misma época. Sin embargo, no hubo juicios por delitos de lesa humanidad, a pesar de que hubo, durante la guerra civil española, niveles de represión más altos de los que se constataron durante los regímenes de facto de Grecia o Portugal. ¿Por qué tanto los griegos como los portugueses les imputaron responsabilidad penal a sus oficiales estatales por violaciones ocurridas en el pasado mientras que los españoles, que vivieron una transición al mismo tiempo y en la misma región, prefirieron no hacerlo? ¿Por qué un movimiento tan novedoso parece posible y deseable en algunos países y en otros no? ¿Y por qué estos juicios se presentaron de maneras tan disímiles en estos países?

La bibliografía relativa a la transición hacia la democracia permite comprender mejor la situación. El general español Francisco Franco, dictador durante muchos años, aún estaba en el poder cuando murió en su lecho en 1975. Su régimen no se derrumbó, sino que transitó el camino hacia la democracia mediante un acuerdo previo. Ninguno de los actores políticos de mayor relevancia logró imponer una solución, por lo que se negociaron tratados para estipular de qué manera se llevaría a cabo esa transición. Para los expertos, se trata de una transición "pactada" porque reconocen que quienes detentaban el poder en el régimen anterior poseían mucho más poder aún para acordar las políticas del nuevo gobierno.

Las transiciones de Portugal y Grecia durante la década de los años setenta fueron muy diferentes entre sí. El 25 de abril de 1974, en Portugal, un grupo de militares rebeldes de rango medio realizó un golpe de Estado contra la dictadura impuesta hacía cuarenta y ocho años y así comenzó la transición hacia la democracia. Una multitud de gente salió a la calle y se unió a los soldados, colocándoles claveles en sus fusiles, en un proceso que pasó a la historia como "la Revolución de los Claveles". Uno de los símbolos más despreciados de la dictadura había sido la policía política, la PIDE/DGS (Policía Internacional de Defeša do Estado/Dirección Geral de Segurança), puesto que había reprimido a la oposición y efectuaron tareas de inteligencia a través de encarcelamiento, tortura y vigilancia. Durante la revolución, los oficiales de la PIDE se refugiaron en sus cuarteles generales y, cuando una muchedumbre se agolpó espontáneamente al grito de "¡Muerte a la PIDE!", algunos oficiales les dispararon desde dentro del edificio y así se produjeron las únicas muertes que hubo durante la revolución. La mayoría de la gente conoce la historia de la Revolución de los Claveles en Portugal, pero pocos recuerdan que, como parte de esta transición, miles de policías de la PIDE e informantes fueron arrestados, detenidos y, en última instancia, procesados por colaborar en la represión durante la dictadura portuguesa.

El 23 de julio de 1974, apenas dos meses después de la revolución portuguesa, el gobierno dictatorial griego fue derrocado. Las transiciones griega y portuguesa tienen en común el hecho de haber sido "de ruptura", por cuanto el régimen dictatorial saliente no pudo negociar las condiciones de la caída del poder. La percepción del fracaso militar fue, en ambos casos, una causa de la transición. En Portugal, los oficiales rebeldes apoyaban más una solución política que una militar para los casos de las calamitosas guerras coloniales en África. En Grecia, las políticas implementadas por la Junta militar dieron lugar a la invasión turca de Chipre y pusieron a Grecia al borde de una guerra imposible de ganar contra Turquía. Puesto que los griegos estaban indignados por la debacle militar, al caer la Junta, los festejos se propagaron por las calles de Atenas, y la gente gritaba a coro su apoyo a la democracia y la Constitución. También gritaban "¡Todos los culpables a Goudi!": mediante esta frase, expresaban su deseo de que los líderes de la Junta fueran procesados y enviados a los cuarteles en el barrio Goudi, en Atenas, en donde generalmente se llevaban a cabo las ejecuciones. En 1975, Grecia realizó juicios sin precedentes al personal militar por los delitos ocurridos durante el régimen anterior, e impuso castigos severos a un número considerable de personas, entre los cuales se contaban los cabecillas de la Junta.[3] Para algunos, éste fue el equivalente griego de los juicios de Núremberg y Tokio, pero, en realidad, se trata de casos distintos. En Núremberg, las fuerzas aliadas recurrieron a un tribunal internacional para juzgar a los líderes de la Alemania que había perdido la guerra, mientras que en Grecia y Portugal los ciudadanos fueron quienes juzgaron a sus propios funcionarios estatales –en sus propios tribunales municipales– por las violaciones a los derechos cometidas durante los regímenes de facto.

Ni "¡Muerte a la PIDE!" ni "¡Todos los culpables a Goudi!" son eslóganes de derechos humanos, sino que retoman antiguos reclamos de "¡Muerte al rey!" que, lejos de relacionarse con la responsabilidad penal, tenían más que ver con algún tipo de ritual purificador del cuerpo político mediante el sacrificio de la figura del líder. Quienes poblaron las calles reclamaban juicios políticos a la vieja usanza, en lugar de procesos judiciales que contemplaran los derechos tanto de los responsables como de los sobrevivientes de la cruda represión. Sin embargo, los gobiernos y los ciudadanos de ambos países transformaron su enojo callejero en apoyo masivo a lo que se convertiría en el primer juicio de lesa humanidad en un tribunal municipal desde la Segunda Guerra Mundial. En este sentido, aunque el reclamo original revelaba una necesidad primigenia de castigo o venganza, luego se transformó en el proceso de responsabilidad penal individual.

Dado que este tipo de procesos prácticamente no tenía precedentes, los nuevos gobiernos de Grecia y Portugal debieron crear procedimientos a medida que se desarrollaban. Muchos de los oficiales jóvenes del ejército que llevaron a cabo la revolución portuguesa –conocidos como "los Capitanes de abril"– tenían menos de treinta años de edad. En el verano de 2008 conocí a uno de estos capitanes, Vasco Lorenço, quien me explicó que estaban "navegando sin mapa", por lo que tenían que *navegar a vista* (es decir, navegar a ciegas), al igual

[3] Nicos C. Alivizatos y P. Nikiforos Diamandouros, "Politics and the judiciary in the Greek transition to democracy", en A. James McAdams, comp., *Transitional Justice and the Rule of Law in New Democracies* (Notre Dame, IN: University of Notre Dame, 1997).

que los marineros que no conocen la ruta y deben mirar hacia la costa para sortear obstáculos. Esta metáfora es pertinente para un país como Portugal, que posee una larga tradición marinera.

Los juicios en Grecia y Portugal se desarrollaron en medio de un proceso de cambio a nivel nacional e internacional relativo a las posturas sobre el autoritarismo y los derechos humanos. En parte, a partir de la oposición a la guerra entre Estados Unidos y Vietnam, hacia finales de los años sesenta y comienzos de los años setenta, en Europa, Estados Unidos y otras partes del mundo surgieron importantes movimientos de protesta de izquierdas. Estos movimientos cuestionaban el firme apoyo de la política norteamericana a los regímenes anticomunistas de facto como los de Grecia, España y Portugal. En 1973, una vez que Estados Unidos retiró sus últimas tropas de Vietnam, el presidente Nixon viajó a China y, de ese modo, comenzó un período de tregua o relajación en la tensa atmósfera de la Guerra Fría entre el Este y el Oeste. Tanto el surgimiento de corrientes izquierdistas como el período de tregua dieron lugar hacia una incipiente concientización sobre los derechos humanos en Europa y en el mundo, a pesar de que un marco jurídico era muy diferente del enfoque revolucionario que algunos promovían.

El contexto regional fue un factor clave que facilitó la implementación temprana de los juicios por delitos de lesa humanidad, sobre todo, en Grecia. En Europa, la concientización de los derechos humanos comenzó con los delitos cometidos durante el Holocausto y la Segunda Guerra Mundial. Muchos europeos adjudicaban los abusos a las causas de la guerra y creían que salvaguardando los derechos humanos se lograría incrementar la seguridad. En los primeros debates sobre el orden de posguerra se trataron cuestiones relativas a los derechos humanos. Algunas organizaciones no gubernamentales que fomentaban la unidad de Europa se centraron en estos aspectos.[4] La solicitud de creación de estatutos y tribunales europeos fue más tarde retomada por el recientemente creado Consejo de Europa, cuyo estatuto consignó los requisitos que debían cumplirse para ser miembros del consejo: el respeto por los derechos humanos y por el Estado de derecho. Grecia, que en ese momento estaba en democracia, ingresó al Consejo de Europa en 1949, inmediatamente después de su fundación. En cambio, España y Portugal, que en ese entonces se hallaban bajo regímenes dictatoriales, no fueron admitidos hasta después de su transición hacia la democracia.

Entre 1948 y 1953, los europeos elaboraron de forma rápida y deliberada hacia el un sistema regional para tratar los derechos humanos. Como primera medida, se redactó un borrador de la Convención Europea para la Protección de los Derechos Humanos y de las Libertades Fundamentales. Esta convención

---

[4] Algunas organizaciones no gubernamentales a favor de la unión europea, surgidas después de la guerra, se unieron en 1948 para formar el Comité Internacional de Movimientos para la Unidad Europea. Las resoluciones y el "mensaje a los europeos", que se expresaron en el Congreso del Comité Internacional de 1948, repetían "dos conceptos: democracia y derechos humanos"—Ralph Beddard, *Human Rights and Europe* (Londres: Sweet & Maxwell, 1980), pág. 17.

© gedisa

ponía el acento en los derechos civiles y políticos e imponía obligaciones legales específicas para cada Estado que ratificara el tratado en pos de la defensa de los derechos humanos. Aunque no mencionara la obligación de sancionar a quienes cometieran crímenes de lesa humanidad, pretendía que "se garantizaran los derechos" y que las víctimas tuvieran derecho a una "compensación efectiva", incluso en los casos en que las violaciones hubieran sido cometidas por "personas que cumplían con su deber dentro del apartado del Estado". Si bien este documento fue el precedente de los juicios por delitos de lesa humanidad, la convención no especificó bajo ningún aspecto que la solución efectiva se lograría a través de procesos de responsabilidad penal individual.

Mediante dicha convención, se crearon dos nuevas instituciones locales de defensa de los derechos humanos, que fueron las primeras de su clase: la Comisión Europea de Derechos Humanos y el Tribunal Europeo de Derechos Humanos. Grecia ratificó la convención en marzo de 1953 y, así, se convirtió en uno de sus primeros promotores que contribuyó a que se llevara a la práctica en septiembre de ese mismo año. Así, la Comisión Europea podía investigar y supervisar los casos de lesa humanidad, mientras que el Tribunal Europeo tenía la última palabra en los casos que le fueran derivados por la Comisión. El comienzo de ambas instituciones fue lento, entre los años 1950 y 1960, pero, en 1956 y 1957, Grecia presentó los dos primeros casos interestatales ante la Comisión Europea de Derechos Humanos. Ambos casos eran contra el Reino Unido y se referían a la situación de Chipre, en la época en que la isla era una colonia inglesa. En uno y otro caso, Grecia adujo que los ingleses eran culpables de torturas y maltratos. Cuando se logró un acuerdo político respecto de Chipre, tanto Grecia como el Reino Unido solicitaron que la Comisión concluyera las acciones legales.[5] Los casos de Chipre evidenciaron la posibilidad de que se recurriera al tratado para investigar casos de tortura y maltrato. Por eso, a Grecia le resultó más difícil repudiar a la Comisión cuando, un tiempo después, otros países europeos presentaron su caso contra el gobierno griego por violaciones a los derechos humanos durante el régimen militar, ya que Grecia había recurrido temprana y activamente a la Comisión y a la Convención.

Portugal y España, ambos bajo regímenes dictatoriales, fueron dejados a un lado en la construcción de la nueva Europa. Sin embargo, Portugal influyó en la red de derechos humanos que se estaba gestando sin percatarse de ello. Peter Benenson, un abogado inglés, fundó Amnistía Internacional en 1961 al enterarse de que dos estudiantes que se encontraban en un café portugués habían sido encarcelados por haber brindado "por la libertad". Publicó una petición en la portada del periódico *Observer* sobre los "prisioneros olvidados" y acuñó el término "prisionero de conciencia". La efusión de apoyo que recibió su petición derivó en el surgimiento de Amnistía Internacional.

De este modo, hacia comienzos de los años sesenta, ya existían en Europa las instituciones elementales del sistema de derechos humanos local y algunas ONG empezaban a funcionar y a generar más conciencia pública sobre la defensa de

---

[5] A. H. Robertson, *Human Rights in Europe,* 2ª ed. (Manchester: Manchester University Press, 1977), pág. 254.

los derechos humanos. Por primera vez en la historia había una ley obligatoria relativa a los derechos humanos, a la vez que existían instituciones de defensa de los derechos humanos con autoridad suficiente para implementar dicha ley, además de ONG como Amnistía Internacional –capaz de llevar casos de abuso ante el ojo público–, que estaban listas y dispuestas a intervenir en la zona. El golpe de 1967 de Grecia fue el primer gran acontecimiento relacionado con los derechos que ocurrió una vez que el régimen local de derechos humanos ya estaba firmemente instalado. En este sentido, podemos pensarlo como una prueba para ver si la ley de derechos humanos era capaz de responder adecuadamente a las necesidades y de ayudar a mejorar una situación muy seria. Nadie sabía lo que podría pasar. Ciertamente, los europeos estaban navegando sin mapa.

Grecia

Durante los primeros años, Amnistía Internacional fue una pequeña organización que dependía en gran parte del trabajo de los voluntarios. El sueco Thomas Hammarberg, en calidad de joven miembro, fue a Atenas poco después del golpe de 1967 para obtener evidencias sobre las torturas. Se sorprendió por el miedo generalizado que reinaba en la comunidad griega. "Testificar para una organización de derechos humanos extranjera implicaba un gran riesgo", recuerda. Más tarde, se convirtió en el secretario general de Amnistía Internacional (1980-86) y evocó el caso griego como "una lección determinante en las políticas sobre derechos humanos en Europa".

Hammarberg cuenta que "el golpe realizado durante la madrugada del 21 de abril de 1967 produjo una conmoción entre los demócratas de toda Europa: ¿cómo era posible que un simple grupo de coroneles pudiera barrer la democracia en uno de los Estados-miembro más antiguos del Consejo Europeo? El impacto se profundizó cuando se supo que habían clausurado el Parlamento griego y que se habían disuelto los partidos políticos, y cuando se aplicaron censuras estrictas a la prensa y alrededor de de seis mil políticos, periodistas y otras personas fueron encarcelados, muchos de los cuales fueron torturados durante los interrogatorios".[6]

El trabajo de Amnistía en Grecia se vio sustentado por la información proporcionada por los contactos dentro del país sobre los prisioneros. Uno de esos contactos utilizaba un teléfono público distinto cada vez que se comunicaba con un miembro del personal en Londres. Luego, esa persona compilaba la información para que estuviera a disposición de la Red de Acciones Urgentes y los grupos locales que se ocupaban de los casos de prisioneros de conciencia. La cadena de información comenzaba con las redes de prisioneros dentro de

---

[6] Thomas Hammarberg, "The Greek case became a defining lesson for human rights policies in Europe", 4 de abril de 2007, véase: www.coe.int/commissioner/viewpoints/070418asp.

las cárceles griegas, quienes transmitían la información a sus contactos griegos de la oposición. A su vez, ellos les pasaban esas informaciones a extranjeros de confianza que estuvieran en Grecia, los cuales las difundían en Amnistía Internacional y entre periodistas de organizaciones como la BBC.[7]

En enero de 1968, Amnistía publicó "Tortura en Grecia", un pequeño informe basado en un viaje de investigación a Grecia que realizaron dos abogados voluntarios. Los letrados se reunieron con el ministro del Interior de Grecia, el general Stylianos Pattakos, y le informaron que había pruebas de que los prisioneros de ese país habían recibido torturas. Pattakos negó todas las acusaciones, alegando que eran un invento de los comunistas. Cuando los abogados de Amnistía insinuaron que las prácticas de tortura podrían llevar a la expulsión de Grecia del Consejo Europeo, Pattakos replicó: "Que nos dejen afuera... El gobierno griego debe protegerse de los enemigos comunistas. Si alguien es comunista, no es griego. La seguridad debe ser una prioridad para nosotros".[8] En ese momento, Amnistía Internacional puso de manifiesto la sanción de expulsión del Consejo Europeo, pero no mencionó la posibilidad de procesar a los individuos por crímenes de lesa humanidad. ¿Qué sucedió entre la reunión de Amnistía con Pattakos, en 1967, y la transición hacia la democracia en 1975 que hizo que fuera posible imaginar los juicios por delitos de lesa humanidad?

Los comentarios de Pattakos dejaron en claro que las nuevas normas relativas a los derechos humanos no estaban cayendo en un vacío ideológico, sino que –al igual que todas las nuevas normas– florecían en un caldo ideológico denso. La ideología anticomunista durante la Guerra Fría fue dominante en los tres países con gobiernos de facto que hemos tratado aquí, así como en los países de Latinoamérica que examinaremos en el próximo capítulo. Una variante del pensamiento reinante de esa época fue la "ideología de seguridad nacional", que expresaba que los grupos locales comunistas e izquierdistas suponían la mayor amenaza para la nación, además de justificar el autoritarismo y la represión como procedimientos legítimos (y necesarios) para enfrentar a los grupos subversivos. Portugal y Grecia, que eran miembros de la OTAN, así como también España, recibieron una ayuda militar y económica de gran relevancia por parte de Estados Unidos, quien los consideraba bastiones contra la expansión del bloque soviético. A cambio, Grecia y España le proporcionaron valiosas bases militares.

A partir de la guerra de Vietnam y del surgimiento de la ola de movimientos estudiantiles en 1968, muchos jóvenes europeos empezaron a demostrar especial interés por los derechos humanos.[9] En Grecia, Portugal y España, la izquierda –que incluía a los comunistas– constituyó una fracción importante de la oposición clandestina a los gobiernos dictatoriales. Estos regímenes re-

© gedisa

[7] Sheldon Carroll, mensaje de correo electrónico enviado a la autora el 15 de febrero de 2008. Véase también James Becket, *Barbarism in Greece* (Nueva York: Walker & Co., 1970).

[8] Reedición de *The Hellenic Review* (1968), pág. 22.

[9] Entrevista a Cees Flinterman, profesor de Derecho Internacional de la Universidad de Limburg, Maastricht, Países Bajos, 8 de noviembre de 1993.

primieron, en particular, a miembros del Partido Comunista, el cual, a modo de respuesta, orquestó protestas solidarias a nivel mundial, dado su carácter de institución trasnacional. Las ideas comunistas y socialistas conformaron una parte sustancial del debate ideológico de la época. En el caso de la revolución portuguesa, en particular, la izquierda fue una fuerza fundamental en la configuración del nuevo orden político. No obstante, Amnistía Internacional destacó que se realizaban violaciones a los derechos humanos en todo tipo de sistemas políticos, por lo que ordenó a sus grupos satélite que se ocuparan tanto de los casos relativos a comunismo como en los de países dictatoriales con regímenes de derechas.

En 1968, Noruega, los Países Bajos, Dinamarca y Suecia presentaron ante la Comisión Europea de Derechos Humanos una denuncia contra el gobierno militar de Grecia por violación a una serie de cláusulas relativas a los derechos humanos. En enero de 1968, Amnistía redactó un informe sobre tortura en Grecia que hizo que un tiempo después los gobiernos escandinavos agregaran cargos de tortura a su denuncia inicial contra Grecia ante la Comisión Europea.[10]

Según un funcionario holandés de política exterior de esa época, el hecho de que los Países Bajos se involucraran en el caso griego no fue algo impulsado por el Ministerio de Relaciones Exteriores, sino que se debió a asuntos de "relaciones públicas, o al menos para hacer feliz al Parlamento y a la opinión pública. Pero no, en el Ministerio no estaban demasiado convencidos".[11] Los asuntos internacionales concernientes a los derechos humanos impulsaron el activismo, y los activistas ejercieron más presión en sus gobiernos para luchar en defensa de los derechos humanos. Después del golpe, se produjo un gran éxodo de griegos liberales y de izquierdas a otras partes del mundo, en donde se organizaron comités cuyo objetivo era ejercer presión para luchar por los derechos humanos y por la recuperación de la democracia en Grecia. Estos exiliados, mediante las asociaciones correspondientes, luego llamaron la atención del Consejo Europeo, de la Comisión Europea y de los gobiernos miembros respecto de los encarcelamientos y torturas dentro del país. Así, por ejemplo, la Alianza Helénica para los Derechos del Hombre y los Derechos de los Ciudadanos –un grupo afiliado a la Federación Internacional para los Derechos Humanos con sede en París– presentó informes ante el Consejo Europeo. A su vez, los Países Bajos tenían una comisión que se ocupaba del caso de Grecia, que estaba conformada por figuras de gran relevancia que ejercían constantes presiones ante el Parlamento para que se ocupara de los casos de violaciones a los derechos humanos en Grecia.[12] La presencia de Amnistía Internacional en los Países Bajos también era muy considerable. Por su parte, Jan Herman Burgers, un funcionario del gobierno alemán que más tarde trabajaría de manera infatigable en la planificación y el desarrollo de la Convención Contra la Tortura y Otros Tratos o Penas Crueles

---

[10] Ann Marie Clark, *Diplomacy of Conscience: Amnesty International and Changing Human Rights Norms* (Princeton: Princeton University Press, 2001).

[11] Entrevista a Theo C. van Boven, Maastricht, Países Bajos, 8 de noviembre de 1993.

[12] *Ibídem.*

© gedisa

de las Naciones Unidas, ingresó como miembro de Amnistía en los inicios de la década de los años setenta. "No se podía dejar pasar la oportunidad", recuerda. "En ese momento, cuando empecé a colaborar con Amnistía, la organización era extremadamente importante, al menos, aquí, en Holanda".[13]

Asimismo, en Estados Unidos las violaciones a los derechos humanos en Grecia tuvieron como consecuencia que los políticos les prestaran más atención a los problemas de esa índole. Tanto políticos como ciudadanos comenzaron a criticar el apoyo de Estados Unidos al régimen militar de Grecia, a la vez que querían limitar la ayuda militar. Donald Fraser, senador democrático de Minnesota y padre de la política estadounidense relativa a los derechos humanos, recordó que el golpe militar de Grecia fue uno de los acontecimientos que hizo que se pusieran en primer plano las cuestiones relativas a los derechos humanos. Los griegos que estaban en el distrito de Minnesota manifestaron su oposición a la toma del poder por parte de los militares en Grecia e instaron a Fraser a que hiciera algo al respecto.[14]

Sin embargo, las preocupaciones por las violaciones en Grecia no se tradujeron directamente en peticiones de procesos de responsabilidad penal individual en ese país. Si bien algunos grupos de exiliados y ONG como Amnistía Internacional ejercieron presión sobre los gobiernos extranjeros para que se condenaran los casos de violaciones de esa índole, en sus demandas no precisaron que los miembros particulares de la Junta debían asumir su responsabilidad legal. Por ejemplo, *The Hellenic Review*, una importante revista griega de exiliados publicada en el Reino Unido en 1968, estaba colmada de referencias a casos de violaciones a los derechos humanos y a las instituciones, pero no se refería a ninguna demanda judicial a los funcionarios de alto rango griegos.

En respuesta a la denuncia presentada por los alemanes y escandinavos, la Comisión Europea de Derechos Humanos realizó una investigación minuciosa sobre el caso de Grecia, el cual incluía audiencias orales en Atenas. En su informe final, la Comisión concluyó que, efectivamente, el gobierno militar griego había violado una serie de artículos de la Convención Europea de Derechos Humanos. El segundo y grueso volumen del informe elaborado trata en su totalidad sobre torturas y maltratos inhumanos y degradantes. La Comisión afirmó que esto indicaba "sin lugar a dudas" que la Policía de Seguridad de Atenas había infligido torturas o maltratos a prisioneros políticos desde abril de 1967. Además, determinó que las autoridades griegas, a pesar de haber recibido muchas quejas relativas a estos hechos, no lograron "tomar medidas eficaces para investigarlos o para garantizar soluciones a cualquiera de estas quejas o alegatos que se consideraran verdaderos".[15] No se mencionó específicamente la posibilidad ni el deseo de iniciar procesos de responsabilidad penal individuales. Al hacerse hincapié en

[13] Entrevista a Jan Herman Burgers, La Haya, Países Bajos, 13 de noviembre de 1993.

[14] Entrevista a Donald Fraser, Minneapolis, MN, 18 de marzo de 1991.

[15] Consejo de Europa, Comisión Europea de Derechos Humanos, *The Greek Case, Report of the Commission* (Estrasburgo, 1970), vol. 2, parte 1, pág. 422.

el fracaso del gobierno griego con respecto a "garantizar soluciones", se sugiere que los miembros de la Comisión quizás estuvieran sopesando la posibilidad de imputar responsabilidades penales, pero no se dan detalles adicionales sobre la manera en que el Estado llevaría a cabo el proceso. A causa de este documento, Grecia debió retirarse del Consejo Europeo para evitar su expulsión.[16]

Después de la redacción del extenso documento de la Comisión Europea sobre Grecia y antes de la transición griega hacia la democracia, Amnistía Internacional lanzó en diciembre de 1972 su primera campaña mundial: la campaña por la abolición de la tortura, cuyo hito fue la publicación de un extenso informe sobre prácticas de tortura en el mundo, que incluía los casos de Grecia y Portugal e instaba a los tribunales internacionales a que investigaran los casos de torturas. Amnistía no se centró en los juicios penales nacionales, sino que indicó la necesidad de que hubiera "tribunales internacionales independientes de los gobiernos".[17] Cabe la posibilidad de que Amnistía, como la mayoría de los demás testigos del período, no pudiera todavía imaginar una época sin dictaduras y donde los tribunales dentro de los Estados abusivos estuvieran dispuestos y fueran capaces de imputar la responsabilidad penal a sus propios oficiales. Amnistía destacó que un tribunal internacional de esa talla debía proveer amparo a los acusados, pues esa era una de las tres características determinantes de un juicio de lesa humanidad. Éste es el primer ejemplo de una solicitud de alto nivel en casos de juicios por delitos de lesa humanidad por torturas.

Ocho meses después de que Amnistía lanzara su campaña contra la tortura, las Fuerzas Armadas chilenas dieron un golpe despiadado contra el gobierno socialista democrático de Salvador Allende: bombardearon el palacio presidencial y asesinaron a Allende. La indignación generada por la publicación de las extendidas prácticas de tortura cometidas por los militares chilenos alentó más la campaña de Amnistía contra la tortura. La situación en Chile llamó más la atención mundial que el golpe de Estado de Uruguay análogo, ocurrido un tiempo antes, ese mismo año. Lo sucedido en Chile y Uruguay era muy diferente del caso de Grecia, aunque había algunas similitudes llamativas que no pasaron desapercibidas para algunos testigos extranjeros. Chile y Uruguay constituían las democracias más antiguas de Latinoamérica. Los regímenes impuestos en ambos países parecían imitar el patrón de Grecia, mediante el cual las democracias se reemplazaron por gobiernos militares respaldados por Estados Unidos. Así como Grecia llamó la atención del público y de los políticos de Europa y Estados Unidos, el caso de Chile fue similar. La afiliación a Amnistía Internacional creció radicalmente durante este período en Europa y Estados Unidos. Además, se crearon otras organizaciones de defensa de los derechos humanos. Así, por ejemplo, los miembros de Amnistía de Estados Unidos pasaron de ser de tres mil a cincuenta mil entre 1974 y 1976.[18]

---

[16] Robertson, *Human Rights in Europe*, págs. 178, 255

[17] Amnist International, "Amnesty International conference for the abolition of torture: final report", París, 10-11 de diciembre de 1973, pág. 14.

[18] "The growing lobby for human rights", *The Washington Post,* 12 de diciembre de 1976, pág. B1.

© gedisa

Hacia el año 1973, el gobierno militar de Grecia se estaba debilitando. Casi todos sus partidarios tomaron distancia a causa del gobierno inepto y represivo ejercido por los coroneles. La sangrienta represión del 17 de noviembre de 1973, perpetrada por el gobierno durante una revuelta en la Universidad Politécnica de Atenas, contribuyó a socavar el régimen. Finalmente, el gobierno ordenó hacer estrellar un tanque contra las puertas de la universidad y los disparos de las tropas a los civiles: así, cientos de personas resultaron heridas o murieron asesinadas.[19] Sin embargo, lo que asestó el golpe final al régimen fue la debacle militar en Chipre. El gobierno militar griego incitó una crisis en Chipre que provocó la invasión turca en la isla, a la cual el régimen griego no podía hacerle frente. Debido a esta derrota, en el verano de 1974, el propio ejército griego derrocó al régimen militar que detentaba el poder desde hacía setenta y un años y le otorgó el poder al ex primer ministro civil, Constantine Karamanlis.

Karamanlis no era una figura desconocida para los políticos griegos cuando fue llamado del exilio en Francia para ocupar el puesto de primer ministro, tras la caída de la Junta militar. Había ocupado muchos cargos en casi todos los gobiernos de posguerra, incluido el de ministro de Defensa, antes de sus tres mandatos de primer ministro entre 1955 y 1963, cuando creó y dirigió un partido de derechas. Su experiencia previa en política influiría en la nueva gestión.

Cuando Karamanlis asumió en 1974, tenía sesenta y siete años y estaba prácticamente sordo y un poco calvo. Medía algo más de un metro ochenta y tenía rasgos muy marcados, sobre todo, "unas cejas muy pobladas que lo asemejaban un poco a un pájaro gigante".[20] Cuando era ministro en la década de 1950 y principios de 1960, recibió apoyo de parte del rey Paul y del gobierno de Estados Unidos, pero dejó su cargo en 1963 debido a un conflicto con la familia real griega. Luego, se autoexilió en Francia durante once años y se fue de Grecia mucho antes del golpe de Estado realizado por los coroneles. Se rehusó a colaborar con ellos en la Junta, pero no hay muchas pruebas de que tuviera alguna relación o preocupación por la defensa de los derechos humanos, de manera que su historia personal no explica por qué él sería quien autorizaría los primeros juicios por delitos de lesa humanidad.

Kramanlis aún era el primer ministro cuando ocurrió uno de los crímenes políticos más trágicos durante la posguerra en Grecia: el asesinato de Gregoris Lambrakis en 1963, un miembro del Parlamento e ícono de la resistencia antifascista. Lambrakis fue "un doctor que había tenido una clínica gratuita para pobres, un líder en el movimiento griego por la paz; alguien que se opuso a la guerra de Vietnam y que hizo un llamamiento por el cese de la Guerra Fría, y un miembro del partido Unión Democrática de Izquierda".[21] Poco después de que diera el discurso de apertura en un mitin antiguerra, en Tesalónica, dos

[19] C. M. Woodhouse, *The Rise and Fall of the Greek Colonels* (Londres: Granada Publishing, 1985).

[20] Steven V. Roberts, "The Caramanlis way", *New York Times*, 17 de noviembre de 1974, pág. 326.

[21] Dan Georgakas, "Two Greek commentaries", en *Chicago Review* 12, n° 2 (1969), págs. 109-114.

extremistas de derechas lo atropellaron con un camión. El asesinato tuvo tal efecto sobre la población que provocó la caída de Karamanlis y de su partido y la creación de un nuevo movimiento juvenil: la Juventud Lambrakis.

Los asesinos de Lambrakis fueron condenados en un juicio en el que se pusieron de manifiesto las conexiones entre la policía corrupta, los oficiales del ejército y los extremistas paramilitares de derechas. Aunque nunca se presentaron evidencias que conectaran de manera directa a Karamanlis con el crimen, Georgios Papandreu, líder del partido político opositor más importante, afirmó que el primer ministro era "moralmente responsable de la muerte [de Lambrakis]" porque había permitido la existencia de grupos extremistas de derechas violentos, algunos de los cuales tenían relación con el Estado.

El asesinato de Lambrakis fue inmortalizado en la novela política Z, de Vassilis Vassilikos, que más tarde inspiró una película, lo cual contribuyó con la difusión del caso. El film de 1969, dirigido por Costa-Gavras, contó con la presencia de Yves Montand como protagonista, quien interpretó a Lambrakis. Mikis Theodorakis –célebre por "Zorba, el Griego"– escribió la música durante la dictadura griega y luego logró sacar a escondidas las cintas del país. Z tuvo un gran éxito, tanto a nivel artístico como político, y se transformó en un ícono de izquierdas a fines de la década de los años sesenta y principios de los setenta.

Karamanlis estaba en París en el exilio cuando se estrenó la película. La representación del régimen griego fue tan sombría que, más tarde, la mayoría de los críticos la asociaron con el régimen militar que estaba en el poder cuando salió el film, y no con el período semidemocrático precedente. Uno de los historiadores de la época recuerda que Karamanlis creía que el asesinato de Lambrakis había dañado su prestigio y era una "mancha negra" en su reputación.[22] Una posible causa del origen de los juicios es que haya querido hacer un corte con el pasado y borrar esa mancha de su expediente.

Aunque, en 1974, sus primeras semanas en el poder fueron inciertas, Karamanlis tomó las riendas del gobierno con firmeza y trabajó deprisa para restablecer el control civil. Sin embargo, a pesar de cualquier medida que ejecutara, para los izquierdistas griegos él siempre sería un hombre de derechas. La mayoría de las víctimas de la dictadura era de izquierdas y muchas de ellas estaban afiliadas al Partido Comunista, que había afrontado persecuciones en Grecia desde la guerra civil Griega que tuvo lugar entre 1946 y 1949. Para sus oponentes, Karamanlis siempre sería "muy conservador y muy dictatorial para la época".[23]

El 24 de julio de 1974, el primer día tras la caída de la dictadura, el pueblo griego salió a la calle en Atenas para festejar la nueva libertad. Mi amiga Maria Piniou-Kalli me contó que estuvo allí, con su hijo de dos años en hombros, mirando a la multitud. De joven, cuando era estudiante de Medicina en Tesalónica, había trabajado en el hospital en donde murió Lambrakis. Se unió al movimiento de la Juventud Lambrakis, que describe como "un movimiento

---

[22] Entrevista a Constantina Botsiou, Atenas, Grecia, 27 de junio de 2008.
[23] Mary Anne Weaver, "Karamanlis rules Greece with a strong hand", en The Washington Post, 23 de noviembre de 1976.

juvenil enérgico y abierto de la década de los años sesenta", y llegó a ser líder estudiantil. Debido a su actividad política, Maria terminó en la cárcel, en el tristemente célebre campo de prisioneros ubicado en la isla Yaros, donde había seis mil prisioneros de toda Grecia, quienes vivían en celdas construidas por otros presos que habían sido encarcelados con anterioridad, como el padre de Maria, que había caído prisionero después de la guerra civil. Amnistía Internacional la consideró prisionera de conciencia durante su permanencia en Yaros y, finalmente, fue liberada tras una grave enfermedad. Cuando recuperó la libertad, Maria trató de no participar en política, pero no pudo resistir la tentación de unirse a las masas que celebraban en las calles la caída de la Junta coreando espontáneamente cánticos a favor de la democracia y de la Constitución. Recuerda los cánticos reclamaban la ejecución de los culpables del gobierno militar en los cuarteles de Goudi.[24]

Durante las primeras semanas de transición, hacia finales de julio y principios de agosto, había un gran temor respecto de la estabilidad del gobierno como para hablar sobre juicios a los militares. Se rumoreaba que el mismo presidente Karamanlis dormía cada noche en un sitio diferente o en un yate custodiado por la Marina –que era más leal que las demás fuerzas– en el puerto, para protegerse de un golpe militar perpetrado por un ejército aún potencialmente rebelde. Tras siete años de gobierno militar represivo, el pueblo ansiaba la recuperación de la democracia, por lo cual nadie se atrevía a importunar el nuevo y débil gobierno. Por eso, en un principio, no se envió a prisión ni al exilio a nadie, y ni siquiera se mencionó el tema de los juicios. Los líderes del régimen militar estaban libres y caminaban por las calles de Atenas.

Apenas dos días después de la entrada en vigor del gobierno civil de Karamanlis, se decretó una amnistía ambigua. Uno de los principales reclamos de la oposición era la liberación inmediata de los presos políticos, en especial, los de la isla Yaro. Una amnistía semejante afectaba a los presos políticos de los regímenes de facto, que habían sido acusados de delitos tales como sedición, y necesitaban ser indultados para poder salir de la cárcel. De hecho, Amnistía Internacional utilizó la palabra "amnistía" en su nombre porque respaldaba este tipo de clemencia para los presos políticos. Pero es difícil nombrar una amnistía para presos políticos que no abarque, inadvertidamente, a los miembros de un régimen de facto. La redacción del decreto griego de amnistía, concebido para exonerar a todos los presos políticos del régimen militar, no era clara respecto de la exoneración de los líderes del régimen militar.[25]

Los reclamos de imputación de las responsabilidades penales empezaron a surgir después de que hubo un mes de estabilidad. Algunos artículos de periódicos de la época registran "un incremento en los reclamos de castigos para los ex dictadores".[26] Defensa Democrática, una organización de resistencia, se

---

[24] Entrevista a Maria Piniou-Kalli, Atenas, Grecia, 22 de junio de 2008.

[25] Véase Alivizatos y Diamandouros, "Politics and the judiciary in the Greek transition to democracy".

[26] Steven V. Roberts, "Greece restores 1952 Constitution with civil rights", en *New York Times*, 2 de agosto de 1974, pág. 57.

encargó de hacer los primeros llamamientos públicos registrados para procesar a los responsables del régimen de facto. Hacia fines de agosto de 1974, Andreas Papandreu, uno de los líderes de la oposición, hijo de Georgios Papandreu, ex primer ministro socialista, publicó en un importante periódico griego un minucioso petitorio para que los autores de los crímenes fueran juzgados.[27]

La primera acción legal concreta en favor de los juicios fue un caso penal presentado por un abogado particular, Alexandros Lykourezos, contra los líderes del gobierno militar por traición grave. Lykourezos, vástago de una renombrada familia de abogados y políticos miembros de un partido de centro, se había exiliado durante el régimen militar, cuando su padre fue excarcelado. Mientras se encontraba en Londres, formó parte de la activa comunidad de exiliados que se dedicaban a realizar campañas para la recuperación de la democracia griega, pero, en esa época, en Londres nadie hablaba todavía de la posibilidad de iniciar procesos judiciales. Lykourezos recién regresó a Atenas después de la transición, cuando comenzó a preguntarse qué podría hacerse legalmente para juzgar a los líderes de la Junta: "Cuando volví a Grecia después del regreso de Karamanlis, me di cuenta de que todos los coroneles y todos los miembros de la Junta estaban libres caminando a nuestro alrededor, y pensé que eso era un insulto a nuestra sensibilidad democrática [...] Alguien tiene que tomar la iniciativa. El artículo del código penal dice que la traición grave alude a "alguien que intenta mediante la fuerza o amenazas de fuerza cambiar la forma de gobierno del Estado". Yo consideré que estos oficiales habían impuesto la dictadura y que eso era traición grave, de acuerdo con esta definición, así que presenté una denuncia para el proceso legal.[28]

Lykourezos era un abogado joven y desconocido abogado en ese momento. Desde entonces, se convirtió en uno de los abogados más famosos de Grecia y participó en muchos juicios a las figuras más destacadas. En una entrevista realizada en su oficina, el refinado Lykourezos explicó que la legislación griega admite procesos particulares en casos penales, de manera que los ciudadanos tienen derecho a presentar demandas por casos penales de forma personal. El fiscal de Estado tiene la obligación de investigar el caso y evaluar si el caso amerita un juicio. Lykourezos hizo lo que podría haber hecho cualquier ciudadano griego: el 9 de septiembre de 1974, hizo una demanda penal presentado cargos contra treinta y cinco personas por traición. A principios de octubre, otros ciudadanos siguieron su modelo y presentaron más denuncias, agregando el cargo de sublevación al de traición, por lo cual el número total de acusados ascendió a cincuenta y cinco. De este modo, Lykourezos adquirió fama enseguida, al punto tal que la gente lo paraba por la calle para felicitarlo. Quizá esto hasta haya estimulado sus ambiciones políticas, dado que casi resultó electo en el nuevo Parlamento en las elecciones otoñales de 1974. Más tarde, otros individuos presentarían denuncias penales particulares similares, también por tortura y,

[27] Alivizatos y Diamandouros, "Politics and the judiciary in the Greek transition to democracy".

[28] Entrevista a Alexandros Lykourezos, Atenas, Grecia, 23 de junio de 2008.

además, por el asesinato de los estudiantes en la represión de la revuelta del Politécnico de Atenas.

Las demandas particulares ejercieron presión para que el gobierno se ocupara de esos casos y, a la vez, aliviaron la carga de tener que iniciar los procesos por su cuenta. A principios de octubre, el gobierno de Karamanlis publicó un decreto que excluía de modo explícito a los líderes de mayor rango del régimen militar de los beneficios de la Ley de amnistía: el camino hacia los juicios comenzaba a allanarse. El apoyo al gobierno por esta medida se evidenció a través del aplastante triunfo electoral de noviembre de 1974. Según el periódico londinense *The Times*, "la mayoría de los griegos reclaman el castigo a la Junta y a sus partidarios no tanto por venganza sino más bien para evitar que otros emulen sus pasos".[29] Los desacuerdos no se originaron tanto a causa de la necesidad de que hubiera alguna clase de castigo, sino, especialmente, por el tipo y nivel de castigo. En febrero de 1975, el gobierno sofocó un intento de golpe militar contra Karamanlis, el cual tenía por objetivo obligarlo a garantizar amnistía total y liberar a los oficiales militares encarcelados que aguardaban ser procesados.[30] A pesar del desasosiego que experimentaba el cuerpo de oficiales, el gobierno prosiguió con los juicios sin vacilar.

¿Qué motivaciones había detrás de la decisión del gobierno de iniciar los juicios? Karamanlis falleció en 1998, pero yo tenía la esperanza de que su documentación me podría ayudar a comprender los móviles que tenía para respaldar los innovadores juicios de Grecia. Por eso, fui a la Fundación y Biblioteca "Karamanlis", un hermoso edificio blanco ubicado en las afueras de Atenas. Los bibliotecarios e historiadores me dijeron que había muy pocos documentos en los archivos sobre los juicios y que ninguno me ayudaría a entender las motivaciones que yo buscaba. Esta fue la primera –lejos de ser la última– ocasión en la que me di cuenta de que los juicios tenían más importancia para mí como investigadora que para muchas personas en Grecia. Para mí, los procesos eran los mayores logros y legados claves de la gestión de Karamanlis, pero a los miembros de la Fundación se desconcertaban cuando les decía que Grecia era un líder mundial en este asunto. No obstante, organizaron una reunión para que me encontrara con Achilles Karamanlis, el hermano y confidente de Constantine Karamanlis, quien continuaba trabajando en la Fundación. Achilles Karamanlis, que ya era un anciano pero estaba lúcido, no hablaba inglés, de manera que un joven historiador de la Fundación tuvo la amabilidad de sentarse con nosotros y oficiar de traductor. Achilles explicó primero por qué su hermano se oponía a la pena de muerte. Esto fue un indicio de algo que comprendí más tarde: la innovación percibida por los griegos no era sobre los juicios en sí mismos, sino sobre la decisión de Karamanlis de abolir la pena de muerte para los condenados por traición. Cuando le pregunté por qué su hermano respaldaba los procesos, en general, Achilles respondió que "Karamanlis obedecía las demandas del pueblo griego" cuando comenzó con los procesos. Ellos querían que todos fueran cas-

[29] "Memories of oppression haunt Greeks as they go to the polls", en *The Times*, Londres, 16 de noviembre de 1974, pág. 14a.

[30] *The Times*, Londres, 27 de febrero de 1975.

tigados, desde los altos rangos hasta los inferiores. La opinión pública en favor de los juicios era muy marcada: según el hermano, "Karamalis no podría haber evitado la ejecución de los procesos". Era el "sentido común" de la época. No obstante, su filosofía se basaba en calmar los extremos políticos, de modo que su accionar siempre escondía el propósito de intentar encontrar un punto medio entre la realidad y sus ideales.[31]

En Grecia, otros analistas también subrayaron que la decisión de iniciar los procesos judiciales no era especialmente innovadora ni inédita. Tal como me explicó Nicos Alivizatos, un abogado reconocido y coautor de uno de los artículos más importantes sobre los juicios griegos, Grecia tenía una larga tradición de juicios políticos.[32] Debido a esto, muchas personas dieron por sentado que Karamanlis juzgaría a los líderes del régimen anterior y los ejecutaría, como había sucedido en el pasado. Éste era el significado de la expresión "¡Todos los culpables a Goudi!". Los casos más famosos se refieren a cinco líderes políticos y un líder militar que habían sido ejecutados en 1922 en un pelotón de fusilamiento en los cuarteles de Goudi, luego de un juicio rápido por traición durante una derrota militar que condujo a la retirada de las tropas griegas y de los refugiados de un territorio que ahora es parte de Turquía. Los griegos continúan refiriéndose a esta pérdida del territorio como "la Gran Catástrofe". La memoria histórica de los griegos era aguda, y 1922 fue un año de referencia preciso en su identidad. Los juicios de 1922, sin embargo, no fueron procesos de lesa humanidad: fueron juicios por traición, pero también una "burla a la justicia", sin el juicio justo ni testimonios de los testigos claves, sino que simplemente fueron sólo una venganza política.[33] No obstante, los procesos judiciales de 1922 ocuparon un lugar destacado en la memoria colectiva y fueron una referencia clara cuando el público sopesó qué debía sucederles a los líderes de la Junta griega. Asimismo, después del golpe de 1935, hubo juicios a los que les siguieron ejecuciones y lo mismo sucedió después de la Segunda Guerra Mundial con algunos colaboradores nazis.[34] De este modo, la historia política de Grecia proporcionó las condiciones necesarias para aumentar la probabilidad de realizar los juicios: no sólo fue importante el hecho de que la transición hubiera sido interrumpida, sino también la memoria del recurso de los juicios políticos.

Karamanlis conocía bien los juicios anteriores, pero sostenía que habían contribuido con la inestabilidad política porque, a menudo, los individuos juzgados y ejecutados se convertían en mártires. Evanthis Hatzivassiliou, un historiador de la época, afirma que "Karamanlis pretendía una reconciliación, no como la entendemos hoy en día, sino como un modo de finalizar el continuo ciclo de sangre".[35] Durante la dictadura se dio un poderoso giro hacia la iz-

---

[31] Entrevista a Achilles Karamanlis, Fundación Karamanlis, Atenas, Grecia, 24 de junio de 2008.

[32] Véase Nicos C. Alivizatos, *Les institutions politiques de la Grèce à travers les crises 1922-1974*, París, Librairie Générale de Droit et de Jurisprudence, 1979.

[33] Entrevista a Constantina Botsiou, Atenas, Grecia, 27 de junio de 2008.

[34] *Ibíd.*

[35] Entrevista a Evanthis Hatzivassiliou, Atenas, Grecia, 25 de junio de 2008.

© gedisa

quierda y Karamanlis, a su regreso, debió lidiar con una situación complicada. Por un lado, dado el vigor de la izquierda en Grecia y la tradición política de los juicios, se vio en la obligación de iniciar procesos judiciales para legitimar su gobierno y convencer al pueblo de que no se trataba de un simple retorno a la democracia parcial del pasado. Por el otro, Karamanlis sostenía que "las ejecuciones acarrean sangre y la sangre acarrea mártires".[36] Finalmente, llegó a la conclusión de que había que iniciar los procesos judiciales, pero evitando las ejecuciones.

Esta situación sirvió para poder comprender por qué Karamanlis llevó a cabo los juicios por traición, pero no por qué prosiguió con los procesos por torturas y por el levantamiento del Politécnico. El informe que realizó la Comisión Europea de Derechos Humanos puede haber jugado un rol importante a este respecto: Hatzivassiliou insinuó que el gobierno de Karamanlis pudo haber estado a favor de los procesos por tortura, ya que el país "había sido deshonrado" en dicho informe. "Los dirigentes de derechas siempre consideraron que no debíamos mostrarnos indignos de Europa y Occidente".[37]

En enero de 1975, se presentó por primera vez en Grecia el film Z, que resultó ser el más popular en la historia griega. Hacia el final de la película, mientras un joven investigador acusaba a cuatro oficiales de policía por complicidad en el asesinato de Lambrakis, la audiencia estalló en vítores. Es posible que ese clamor del público le haya recordado a Karamanlis que "muchos griegos creían que él no había hecho lo suficiente para castigar a los responsables de más de siete años de dictadura".[38] Más tarde, Maria Piniou-Kalli expresó que ella lo odiaba, puesto que lo culpaba por la muerte de Lambrakis. No obstante, después de la transición, se dio cuenta de que Karamanlis había cambiado: era más democrático, quizás porque había aprendido el significado del exilio, la traición y la pérdida de la libertad. Maria agregó que Karamanlis era un "sirviente del palacio" y que, a pesar de ello, después de su regreso había presentado un plebiscito para abolir la monarquía. Aun así, Maria cree que Karamanlis y el Estado no tuvieron tanto crédito en los juicios, ya que, según ella, éstos tuvieron lugar gracias al reclamo popular.

En Grecia hubo juicios que se pueden dividir en tres grandes grupos. El primero y más importante corresponde a los procesos por traición a los líderes del régimen militar que derrocó al gobierno democrático en abril de 1967. No fueron juicios por delitos de lesa humanidad propiamente dichos, ya que se debían a la interrupción de la democracia y no a las violaciones individuales a los derechos humanos. Pero en la misma línea surgieron dos grupos de procesos que constituyeron verdaderos juicios por delitos de lesa humanidad: el primero por tortura y el segundo por el asesinato a los estudiantes en la sangrienta represión efectuada durante el levantamiento del Politécnico de Atenas, el 17 de noviembre de 1973. Los juicios por traición fueron los más importantes: una

[36] Ibíd.
[37] Ibíd.
[38] Steven V. Roberts, "Greece sees 'Z' and gets excited", en New York Times, 13 de enero de 1975, pág. 6.

vez que los líderes más destacados del régimen fueron encarcelados, juzgados y condenados a muerte por traición, el respaldo al régimen anterior se quebró, de manera que se pudo continuar iniciando otros procesos. Al igual que los juicios por traición, los procesos por tortura y el juicio del Politécnico también fueron iniciados por ciudadanos particulares que utilizaron cláusulas de procesos judiciales particulares, que luego el Estado acataría. Aunque la legislación griega de la época no prohibía específicamente la tortura, los procesos se basaron en acusaciones de violaciones a las cláusulas del código penal en vigor por abuso de poder y daños corporales.

Los juicios por traición contra los veinticuatro miembros del régimen militar se llevaron a cabo entre finales de julio y mediados de agosto de 1975. La prensa extranjera y nacional tenían permitido el acceso, pero el público fue excluido. Por fin, se declaró culpable a dieciocho protagonistas del golpe de 1967, y los tres líderes –el general Papadopoulos, Pattakos y Makarezos– fueron sentenciados a muerte. El presidente Karamanlis reemplazó la pena de muerte por cadena perpetua y provocó una fuerte reacción en los partidos políticos de la oposición y la prensa. La decisión fue vehementemente criticada, sobre todo por los sectores de izquierda, que aún clamaban venganza por las atrocidades cometidas por el régimen. En respuesta a la decisión de Karamanlis, Andreas Papandreou expresó que "con esta última medida, el gobierno [había] dejado de burlarse del pueblo y de la justicia y se había vuelto históricamente identificable con la Junta".[39] Karamanlis se había opuesto personalmente a la pena de muerte, aunque también creía que las ejecuciones le jugarían en contra en el resto de Europa y, además, estaba decidido a hacer entrar a Grecia dentro de la Comunidad Económica Europea.[40]

Maria Piniou-Kalli me presentó a una de sus amigas, Cristina Moustaklis, quien había testificado en los juicios por tortura. Cristina era la esposa de un oficial griego jubilado, el comandante Spyros Moustaklis, quien había resultado herido de gravedad y había perdido el habla a causa de las torturas ejercidas sobre él durante la dictadura. El comandante Moustaklis había recibido una de las condecoraciones más altas de la milicia griega, pero fue relevado de su cargo durante la Junta por haber participado en un movimiento de resistencia contra los coroneles. Fue un "testigo protagónico" en el juicio por torturas de la policía EAT/ESA, aunque casi no podía hablar y sólo hacía gestos y señales. En una comparecencia impactante, Moustaklis, de cuarenta y ocho años de edad, gimió al mostrar su hombro al descubierto para revelar la cicatriz de una herida profunda: "murmurando *'nai, nai'* ['sí, sí'] y moviendo el brazo izquierdo, él trató de mostrar cómo le habían pegado".[41] Luego, su esposa subió al estrado. Contó que había ido todos los días a la comisaría para preguntar por el paradero de su marido, pero que la única respuesta era que él no estaba allí.

---

[39] Citado en Alivizatos, *Les institutions politiques de la Grèce à travers les crises 1922-1974*, pág. 48.

[40] Entrevista a Constantina Botsiou, Atenas, Grecia, 27 de junio de 2008.

[41] "Mute shows trial how his torturers crippled him", en *The Times*, Londres, 19 de agosto de 1976, pág. 4n.

© gedisa

Un día, finalmente, le dijeron que estaba enfermo y que lo habían trasladado al hospital. Cuando llegó, lo encontró herido de gravedad, incapaz de hablar y con toda la parte baja de su cuerpo tan magullada que tenía el color y la textura de un hígado. Los médicos le mostraron las radiografías. Como ella era dentista, sabía cómo interpretarlas. Además, notó que la radiografía se había hecho hacía cuarenta y cinco días. Durante cada uno de esos cuarenta y cinco días, mientras ella preguntaba por su paradero a la policía, él ya se encontraba gravemente herido. Otros testigos retenidos en la misma comisaría testificaron que, cuando Moustaklis sufrió un infarto, lo dejaron en el piso de una habitación durante veinticuatro horas sin supervisión médica. Incluso llevaron a un prisionero a la habitación para que viera el cuerpo de Moustaklis –a quien reconoció, cubierto de sangre, en el piso– a modo de amenaza: "Si no quieres terminar así, habla ahora mismo".[42]

Finalmente, un tribunal militar de Atenas juzgó a cincuenta y cinco oficiales, tanto activos como retirados, y a algunos reclutas. En los dos grandes grupos de juicios por torturas, treinta y siete acusados fueron declarados culpables y fueron condenados con penas graves (veintitrés años) y leves (tres meses y medio).[43] En un informe sobre los primeros juicios, Amnistía Internacional elogió al gobierno por haber alcanzado altos niveles de jurisprudencia y por no permitir que los procesos se convirtieran en juicios modélicos. No obstante, Amnistía criticó al gobierno por no haber realizado "una investigación meticulosa y centrada en el sistema de interrogación utilizado por la Junta", y por no haber llegado a la instancia final del juicio en más casos.[44] Una parte de la estrategia de Karamanlis se centraba en avanzar con rapidez para que los procesos más importantes concluyeran dentro del año y medio. Por su parte, los veredictos de los juicios por torturas restantes eran, a menudo, indulgentes. Lo extraordinario del caso griego, en comparación con todos los demás casos de este libro, es la celeridad con la que avanzaron los juicios. Grecia juzgó a una gran cantidad de individuos, incluyendo a los líderes del régimen. Muchos de ellos fueron condenados –a algunos, con penas graves– y los procesos se resolvieron en el lapso de un año y medio.

El caso griego se destaca por ser el primer gobierno en procesar a sus propios oficiales por violaciones a los derechos humanos cometidas en el pasado. Sin embargo, esta no es la razón por la que los propios protagonistas y analistas griegos recuerdan los juicios. Cuando se les preguntaba por qué Grecia había efectuado los juicios, insistían en que era "obvio" que se llevarían a cabo juicios de ese tipo, que "no había otra alternativa" y que era algo que se "presentía". Enseguida fue evidente que para los griegos estos procesos no representaban el primer modelo de juicios por delitos de lesa humanidad, sino la continuación de una larga tradición griega de juicios políticos. Éste es un ejemplo de la manera

---

[42] Entrevista a Cristina Moustaklis, Atenas, Grecia, 24 de junio de 2008.

[43] Alivizatos y Diamandouros, "Politics and the judiciary in the Greek transition to democracy".

[44] Amnistía Internacional, *Torture in Greece: The First Torturers' Trial 1975*, Londres, Amnistía Internacional, 1977.

en que los movimientos pueden acudir a las tradiciones políticas como fuente de innovación. Cuando Papandreou declaró que Karamanlis "se estaba burlando de la justicia" al cambiar la condena –es decir, la pena de muerte– correspondiente a los líderes de la Junta, se equivocó por completo. Cuando el Poder Judicial griego exigió que se realizara el juicio justo y Karamanlis reemplazó la pena de muerte, se quebró la conexión con los viejos juicios políticos, como el de las ejecuciones de Goudi en 1922, y se preparó la escena para realizar verdaderos y modernos juicios por delitos contra la humanidad.

Portugal

Si bien la revolución portuguesa fue previa al proceso de transición griego hacia la democracia, los portugueses avanzaron más lentamente en temas de la responsabilidad penal, de modo que la historia de los procesos judiciales de Portugal es históricamente posterior a la de Grecia. El 25 de abril de 1974, la fecha en que los oficiales rebeldes de Portugal hicieron la revolución e iniciaron la transición hacia la democracia, marca la primera transición, que más tarde sería caracterizada por Samuel Huntington como la "tercera ola de democratización", cuando alrededor de treinta países de todo el mundo pasaron de tener regímenes no democráticos a democráticos en un breve lapso.[45] Los oficiales militares jóvenes no contaban con muchos modelos que los orientaran para realizar esa transición. Además, dado que Portugal no formaba parte del Consejo Europeo, no había ratificado la Convención Europea de Derechos Humanos y no estaba bajo la supervisión de la Comisión Europea de Derechos Humanos. Extrañamente, Portugal se inspiró en el caso griego. Las prácticas de justicia de transición en el exterior aún no eran un parámetro y las circunstancias internas obligaban a seguir discutiendo las decisiones relativas a los procesos.

El dictador Antonio Salazar se dio cuenta de que detestaba a la policía política PIDE en 1933. La comisaría de la PIDE, ubicada en lo que corresponde al distrito actualmente de moda de Chiado en el centro de Lisboa, era una imponente estructura antigua emplazada a una estrecha calle de distancia de la cafetería Brasileira, un edificio de estilo *Art Nouveau* en el que solían reunirse escritores e intelectuales, como el poeta Fernando Pessoa. Los jóvenes líderes militares de la revolución no tenían en la mira la comisaría de la PIDE en la primera etapa del golpe, por lo que ninguna unidad militar estuvo destinada a proteger el edificio. Sin embargo, cuando las primeras noticias de la revolución se filtraron en la calle, en 1974, una multitud de gente se congregó espontáneamente y marchó hacia la sede de la PIDE al grito de "*¡Morte à PIDE!*". Luego el nuevo gobierno terminó mandando tropas para arrestar a los oficiales de la PIDE y llevárselos en camiones. Los espectadores bramaban: "¡Maten a

---

[45] Samuel Huntington, *The Third Wave: Democratization in the Late Twentieth Century*, Norman, University of Oklahoma Press, 1991.

los asesinos!". Un hombre espetó: "¡No se preocupen, no los torturaremos!". El mismo día en que los revolucionarios liberaron a setenta y siete prisioneros políticos de la nefasta prisión de Caxias, ciento treinta oficiales de la PIDE la volvieron a ocupar.[46]

El control de la PIDE se había expandido por todo Portugal y en las colonias. Una de las metas más importantes de la revolución del 25 de abril fue garantizar una solución política para las guerras coloniales. En 1974, Portugal era una de las últimas potencias coloniales con vastos territorios ocupados en el exterior, como Timor Oriental, Mozambique, Angola y Cabo Verde. Por lo tanto, la descolonización pasó a ser uno de los mayores reclamos de los jóvenes oficiales que lideraron la revolución, el Movimiento de las Fuerzas Armadas (MFA). Como habían participado en las guerras coloniales, por experiencia, estaban seguros de que no se podía prever una solución militar a corto plazo. Abogaban por la autodeterminación, tanto en el país como en las colonias, por la libertad y los derechos del hombre, pero tenían distintas opiniones respecto de la dirección que debía tomar Portugal. Algunos querían una transición hacia una democracia liberal, mientras que otros preferían un cambio más radical a nivel social y económico.[47] Por lo tanto, a diferencia de la mayoría de los otros casos examinados en este libro, en los dos años posteriores a abril de 1974, Portugal transitó una "situación revolucionaria" y padeció una crisis de Estado que, finalmente, se resolvió mediante una transición hacia la democracia. Sin embargo, esta transición fue muy inestable: hubo dos intentos de golpe –uno por parte de la derecha y otro por la izquierda– y confusiones permanentes, debido a la rivalidad de varias facciones dentro del gobierno y al interior del país, por el control del futuro de Portugal.[48]

A pesar del férreo temor y desprecio de la población en general hacia la PIDE, la represión había sido relativamente selectiva. En su minuciosa investigación sobre la historia de la PIDE, Irene Pimentel, una gran historiadora del régimen de Salazar, realizó una investigación histórica para demostrar que la policía política fue un responsable directo de un total de once muertes ocurridas dentro de las cárceles, en Portugal, entre 1945 y 1974. Este número es muy pequeño si se lo compara con los miles de asesinatos cometidos por los regímenes militares de Chile y Argentina. A partir de esto, entonces, se duda de si una represión mayor conlleva un uso más extensivo de la justicia de transición. En Portugal hubo muchas menos muertes y desapariciones que en España, pero se instituyeron razias generalizadas junto a una gran cantidad de procesos judiciales, mientras que en España no se imputó la responsabilidad penal. Algunos analistas como profesionales concuerdan en que los abusos más tremendos de

---

[46] Denis Herbstein, "Portugal Junta frees 200; airports opened", en *Sunday Times*, Londres, 28 de abril de 1974, pág. 1.

[47] Estoy en deuda con Margaret Keck por sus extensos comentarios y sugerencias sobre este capítulo, y en particular sobre la revolución portuguesa, de la que fue una testigo cercana en esa época.

[48] Paul Manuel, *Uncertain Outcome: The Politics of the Portuguese Transition to Democracy*, Nueva York, University Press of America, 1994.

la PIDE se realizaban en las colonias: allí, la tortura se implementaba a lo largo y a lo ancho del territorio y la muerte durante los interrogatorios era moneda corriente. Quienes sobrevivían a los interrogatorios eran llevados a la cárcel y a campos de concentración, en donde, a causa de las desastrosas condiciones de vida, era frecuente que los presos se enfermaran o fallecieran.[49] Aun así, ningún oficial de la PIDE de las colonias fue procesado, en parte, porque muchos escaparon a Sudáfrica cuando terminó la revolución en Portugal.

Más de doce mil personas fueron arrestadas por la PIDE entre 1945 y 1973, muchas de las cuales experimentaron distintos tipos de castigos.[50] La población estaba vigilada de forma generalizada, de modo tal que tanto el teléfono como el correo estaban intervenidos. Además, la PIDE tenía una amplia red de colaboradores e informantes. El común de la población creía que la red era aún mayor de lo que era en realidad, por lo que todos se sentían constantemente vigilados. En las prisiones de la PIDE, las torturas eran comunes, según se reveló gracias a los testimonios posteriores de víctimas y oficiales de la PIDE. Lo más habitual eran las graves golpizas, la privación del sueño, los simulacros de fusilamientos y la llamada "estatua", sobre la que los prisioneros eran obligados a permanecer de pie durante largos períodos de tiempo. Algunos de estos procedimientos serían utilizados por las Fuerzas Armadas de Estados Unidos en Abu Ghraib y en la bahía de Guantánamo. Sin embargo, no se ejercieron torturas sobre los presos políticos, pues se solían reservar, en particular, para los miembros del Partido Comunista.[51] Pocas personas pudieron ser procesadas por crímenes de lesa humanidad, puesto que los niveles de represión en Portugal eran inferiores a los de la mayoría de los otros casos, y también porque relativamente pocos oficiales de la PIDE estuvieron directamente relacionados con las prácticas de tortura. Aun así, una gran cantidad de personas consideraba que todos los miembros de la PIDE eran culpables de la represión.[52] El llamamiento original "¡*Morte à PIDE!*" se transformó en "*Caça aos Pides*" ["Caza a los oficiales de la PIDE"]. Así, los oficiales comenzaron a temer por su seguridad y algunos incluso se entregaron de forma voluntaria al nuevo gobierno porque pensaban que estarían más a salvo en la cárcel que en las calles.[53]

Aunque el nuevo gobierno había arrestado a los oficiales de la PIDE, no quedaba claro qué era lo que pretendía hacer con ellos. A casi todos los líderes del régimen se les permitió exiliarse, sobre todo, en Brasil. Miles de oficiales fueron destituidos de sus cargos, a menudo sin el juicio justo. En respuesta a las críticas a estas medidas, Vasco Lourençó –uno de los "Capitanes de abril" líderes de la revolución– aclaró que, en el pasado, en los nuevos regímenes se ejecutaba a todas las personas que hubieran participado en el régimen anterior, en vez de

---

[49] Dalila Cabrita Mateus, *A PIDE/DGS na Guerra Colonial (1962-1974)*, Lisboa, Terramar, 2004.

[50] Irene Flunser Pimentel, *A História da PIDE*, Lisboa, Circulo de Leitores, 2007, págs. 53 y 419.

[51] *Ibíd.*

[52] Entrevista al coronel Sousa e Castro, Sintra, Portugal, 11 de julio de 2008.

[53] Entrevista a Irene Flunser Pimentel, Lisboa, Portugal, 1º de julio de 2008.

© gedisa

realizar una razia. "Nosotros no quisimos implementar ejecuciones, por lo que tuvimos que cambiar el modo de lidiar con en el pasado, y lo hicimos a través de razias y juicios". El nuevo régimen revolucionario recurrió a las razias de forma extensiva, pero, al final, sólo los oficiales de la PIDE fueron procesados, no los demás colaboradores del régimen. A pesar de ello, para algunos, los procesos a la PIDE "sirvieron para juzgar de manera simbólica el régimen en su totalidad".[54]

"Desde el principio, nuestra intención fue juzgar los crímenes de la dictadura", sostenía Lourenço.[55] Por el contrario, el capitán Sousa e Castro, otro de los "Capitanes de abril", recuerda que la noche anterior al golpe "nadie pensaba en juicios. Pensaban detener a los oficiales de la PIDE, pero no juzgarlos. Había mucha ambigüedad entre las fuerzas revolucionarias". La presión ejercida en la calle para que se tomaran medidas fue vista por el gobierno militar como un signo de que debía hacerse algo al respecto. En la búsqueda de ese "algo", se consideró "normal" procesar a los oficiales.[56] Sin embargo, los procesos judiciales no fueron una cuestión importante durante los primeros años de la transición portuguesa y la discusión sobre los derechos humanos aún no estaba instalada en la sociedad de la época. No había debates sobre los derechos humanos, sino sobre la revolución y la contrarrevolución: el país estaba dividido por los polos de la izquierda y la derecha, y también dentro de la izquierda misma. La nueva Constitución, adoptada dos años antes, incluía una cláusula reservada a los procesos judiciales de los oficiales de la PIDE, en gran parte, gracias al único miembro de un partido de extrema izquierda en la asamblea constitucional.[57] Luego, en el caluroso verano de 1975, se aprobó una ley que condenaba de manera retroactiva las participaciones en la PIDE. Actualmente, desde el punto de vista de los derechos humanos, resulta chocante que un gobierno decida juzgar a sus oponentes por medio de una justicia retroactiva, que condena a toda una categoría de personas sólo por haber sido pertenecido al aparato del Estado durante un determinado período de tiempo. Al parecer, en ese momento, esto no resultó ser muy polémico, ya que una gran parte de la población consideraba que todos los oficiales de la PIDE eran culpables.

Cuando, a partir de un contragolpe en noviembre de 1975, los grupos más radicales quedaron marginados y los centristas asumieron el poder, el capitán Sousa e Castro fue nombrado superintendente de la Comisión para la Extinción de la PIDE. Al asumir su puesto, descubrió que el gobierno retenía en prisión a alrededor de mil miembros de la PIDE en todo el país, muchos de los cuales habían estado encarcelados por más de un año sin haber sido acusados ni juzgados. En algunos casos, las condiciones en las que se encontraban eran deficientes, de modo que los familiares de los oficiales comenzaron a visitar a Sousa e Castro, además de escribirle, para protestar: alegaban que sus parientes

[54] Entrevista a Vasco Lourenço, Lisba, Portugal, 4 de julio de 2008.
[55] *Ibíd.*
[56] Entrevista al coronel Sousa e Castro, Sintra, Portugal, 11 de julio de 2008.
[57] Filipa Alves Raimundo, *The Double Face of Heroes*, tesis de maestría, Universidad de Lisboa, Instituto de Ciencias Sociales, 2007.

no tenían permitido leer periódicos ni mirar televisión, y que algunos habían sido sometidos a abusos y a simulacros de fusilamientos. "La PIDE era el chivo expiatorio", cuenta Castro e Sousa. Él consideraba que la ley que condenaba esta fuerza policial era "una locura", pero era la ley que debía utilizar. Además, tenía la sensación de que la situación reflejaba "el gran problema moral de la revolución", y expresó lo siguiente: "Habíamos empezado a tratar a nuestros enemigos de la misma forma en que el régimen dictatorial trataba a sus enemigos". A su juicio, abordar este problema moral era parte de su trabajo, por lo que se empeñó en mejorar las condiciones de encarcelamiento de los oficiales de la PIDE. Muchos de los guardias que, según él, eran responsables de abusos fueron despedidos y, además, se solicitó permiso para contratar una mayor cantidad de empleados para conformar los nuevos tribunales militares que se destinarían únicamente a revisar los casos atrasados. En 1976, finalmente, empezaron los procesos judiciales.[58]

Los oficiales de la PIDE fueron declarados culpables, aunque en la mayoría de los casos las condenas fueron leves: a menudo, muchos ya habían cumplido su condena y eran liberados. Estos juicios rápidos con condenas moderadas provocaron que muchos activistas tuvieran la impresión de que los nuevos miembros de la Comisión para la Extinción de la PIDE no estaban comprometidos con la justicia ni con la cuestión de la responsabilidad penal. En consecuencia, la Comisión fue objeto de muchas críticas y la prensa llamó al capitán Sousa e Castro con el apodo *"defesor dos Pides"* [defensor de PIDE], en vez de tratarlo como al hombre que se ocupaba de cerrar la organización e iniciar procesos de responsabilidad penal. Por eso, muchas personas que habían sido víctimas de la PIDE se rehusaron a presentarse ante el estrado testificar, mientras que algunos no querían dar su testimonio, ya que no reconocían la legitimidad de las instituciones que estaban a cargo del proceso. Se rehusaron a cooperar con la Comisión para la Extinción de la PIDE porque estaban convencidos de que ésta sólo dictaminaría las condenas más leves posibles. En definitiva, la falta de testigos clave hizo que estos miedos se transformaron en profecías: los tribunales militares no podían condenar a nadie sin tener evidencias suficientes. De este modo, en tan sólo un puñado de casos –como el del asesinato del general Humberto Delgado, en 1968– se reunieron suficientes evidencias para dictaminar una condena por asesinato con una larga pena. En este caso, los procesos se llevaron a cabo *in absentia*, por lo que, en realidad, nadie terminó en la cárcel.

Portugal también podría haber tenido en cuenta el caso particular presentado por Alexandros Lykourezos en Grecia, ya que allí los sistemas legales permiten la existencia de procesos judiciales particulares de casos penales. Sin embargo, en Portugal, en la década de los años setenta, no era común que la gente común presentara demandas penales particulares por violaciones a los derechos humanos cometidas en el pasado. Ninguna de las fuentes de la época ni los analistas pueden recordar un solo caso relativo a procesos por violaciones a los derechos humanos durante el gobierno dictatorial. Cuando se les preguntaba a las víctimas la razón por la cual no habían presentado demandas

---

[58] Entrevista al coronel Sousa e Castro, Sintra, Portugal, 11 de julio de 2008.

penales particulares, respondían lisa y llanamente que la idea ni siquiera se les había ocurrido, o alegaban que lo más sensato era que todo fuera manejado de manera centralizada desde el Estado, a través de la Comisión para la Extinción de la PIDE.[59] Tras casi medio siglo de gobierno de facto, Portugal no estaba habituado a tener un Estado de derecho liberal ni un conjunto de prácticas para facilitar la ejecución de esos procesos.

En consecuencia, tanto en Portugal como en el resto del mundo se sabe muy poco sobre los procesos a los oficiales de la PIDE.[60] De la misma manera en que fueron olvidados por los historiadores, estas causas también han sido olvidadas por el público en general o, en su defecto, se recuerdan de manera vaga, pues se considera que no se logró hacer mucho al respecto y que los culpables fueron castigados con las penas más leves. Según Sousa e Castro, "dado que se veía que los juicios eran muy indulgentes, con condenas leves y pocas penas, la gente tenía la sensación de que no había habido juicios en absoluto". Quienes sí recuerdan los procesos, los ven como algo que sirvió para encubrir las acciones de la PIDE, más que como un proceso de responsabilidad penal.[61] Hoy en día, por fin, la situación está comenzando a cambiar. Irene Pimentel, la autora de la historia definitiva de la PIDE, se encuentra actualmente escribiendo un libro sobre los procesos a la PIDE, basándose en los archivos de los juicios. Filipa Raimundo, cuya tesis de maestría ha sido tan útil para mi investigación, está trabajando en su tesis de doctorado sobre los procesos judiciales, lo cual servirá para que muchos estén más al tanto del asunto. En este caso, "navegar a ojo" hizo que la revolución portuguesa experimentara algunos procesos nuevos que todavía no estaban asentados en el mundo. Sin haber sufrido fuertes presiones externas y sin haber perdido una batalla internacional, los portugueses junto con los griegos lograron ser dos de las primeras naciones del siglo XX que imputaron la responsabilidad penal de sus propios funcionarios de alto rango por crímenes de lesa humanidad durante los regímenes de facto.

España

En los casos de Grecia y Portugal, los procesos judiciales fueron posibles, en parte, debido a una transición "rota". Por el contrario, la transición "pactada" de España explica en gran medida por qué los procesos no fueron posibles en ese país. Al igual que en Portugal, en España hubo un régimen de facto que duró mucho tiempo, la dictadura de treinta y nueve años del general Franco. Pero la experiencia española fue mucho más feroz. Las violaciones a los derechos humanos fueron generalizadas, en especial, durante la guerra civil española, aunque continuaron después del fin de la guerra. Un total de entre doscientos sesenta y siete mil y cuatrocientos mil prisioneros fueron enviados a los campos

---

[59] Entrevista a Irene Flunser Pimentel, Lisboa, Portugal, 1° de julio de 2008.
[60] Raimundo, "The double face of heroes".
[61] Entrevista al coronel Sousa e Castro, Sintra, Portugal, 11 de julio de 2008.

de concentración franquistas, donde los trabajos forzados y los fusilamientos eran moneda corriente, ya sea durante o después de la guerra civil española.[62] Estudios recientes estiman que, durante el gobierno de Franco, murieron asesinadas alrededor de cincuenta mil personas, una vez concluida la guerra civil española.[63] Dado que la mayoría de las violaciones en España tuvieron lugar en el transcurso de la guerra civil y antes de la formación de las ONG de derechos humanos, existían muy pocos informes y campañas definitivos que documentasen los abusos. Por lo tanto, la gravedad del problema y el número total de víctimas no constituyen factores convincentes para explicar los juicios en el sur de Europa. Es evidente que hubo un mayor número de víctimas en España que en Grecia o Portugal, pero la mayoría de las víctimas españolas había fallecido tres décadas antes. De esta manera, el paso del tiempo hizo que a los familiares les resultase más difícil presentar una denuncia y, además, que muchos de los responsables de crímenes mismos hubieran fallecido o tuvieran una edad avanzada cuando llegó el momento de la transición.

España no era miembro del Consejo de Europa ni había ratificado la Convención Europea de Derechos Humanos, por lo cual la comisión nunca se ocupó del caso español. La transición pactada, así como la continuación del poder y de la legitimidad de las fuerzas franquistas, les permitieron obstaculizar el camino en pos de la responsabilidad penal. Los partidarios de Franco todavía eran numerosos e influyentes, y seguían pensando que su régimen había salvado al país del comunismo ateo. Veían alarmados cómo la transición en su país vecino, Portugal, la cual al principio había sido pacífica, luego terminó siendo caótica, y utilizaron el poder que les quedaba para poner todas las trabas posibles a la responsabilidad penal. Los recuerdos de la guerra civil española aún eran vívidos y los españoles querían por sobre todas las cosas evitar que el pasado se repitiera. Ya habían tenido suficientes juicios políticos durante la guerra civil, en los cuales los tribunales militares sumarios a menudo terminaban con fusilamientos y entierros en fosas comunes. Durante la transición, pocas personas salieron a la calle a reclamar venganza. Y luego de la transición no hubo razias significativas, procesos judiciales, comisiones de la verdad, museos, ni ningún otro mecanismo de la justicia de transición. En 1977 el Parlamento español aprobó una Ley de amnistía casi por unanimidad.

La transición española fue vista como un "paradigma de transición, no sólo por su resultado exitoso, sino también porque se desarrolló a través de un proceso democrático, totalmente inclusivo y consensuado".[64] Sin embargo, esta transición paradigmática no pudo abordar los crímenes de lesa humanidad cometidos en el pasado. Cuando llegó el momento de la transición, parecía que

---

[62] Javier Rodrigo, *Los campos de concentracion franquistas: Entre la historia y la memoria* (Madrid: Siete Mares, 2003).

[63] Véase Emilio Silva y Santiago Macias, *Las fosas de Franco: Los republicanos que el dictador dejó en las cunetas* (Madrid: Ediciones Temas de Hoy, 2003).

[64] Julian Santamaria, "Spanish transition revisited", en Marietta Minotos, comp., *The Transition to Democracy in Spain, Portugal and Greece Thirty Years After* (Atenas: Fundación Karamanlis, 2006).

© gedisa

España había logrado dejar atrás el pasado. Más adelante, resultó evidente que, si bien las personas habían guardado silencio, no habían olvidado lo sucedido. Recién en el año 2000 se formó en España un grupo que reclamó responsabilidad penal por los hechos pasados. La Asociación para la Recuperación de la Memoria Histórica estima que más de treinta mil cuerpos que datan del período franquista se encuentran en fosas comunes sin identificar. La Asociación le solicitó al gobierno que se exhumara las fosas comunes, que las familias de las víctimas de Franco fueran indemnizadas y que se abrieran todos los archivos militares restantes que contuvieran información sobre las ejecuciones.[65]

Por mi parte, logré comprender mejor el caso español dos años después de haber realizado la investigación sobre Grecia y Portugal, en una conferencia sobre las exhumaciones de las fosas comunes en España organizada por colegas de la Universidad de Minnesota en 2010. Allí, participaron varias de las figuras claves de la responsabilidad penal en España, como, por ejemplo, Emilio Silva, el cofundador de la Asociación para la Recuperación de la Memoria Histórica. Uno de los oradores mostró un mapa actual de las exhumaciones en España, en el cual el país aparecía literalmente cubierto de puntos que representaban los lugares con fosas comunes.

Los oradores españoles destacaron el miedo palpable respecto del pasado, no sólo durante el régimen de Franco, sino también en las décadas posteriores a la transición a la democracia. Ese miedo se intensificó en 1981, cuando las fuerzas franquistas de derechas intentaron un golpe de Estado contra el nuevo régimen democrático. Doscientos oficiales armados irrumpieron en el edificio del Congreso y tomaron de rehenes a trescientos cincuenta miembros del Congreso. El golpe se evitó recién cuando el rey Juan Carlos I habló en defensa de la democracia en un discurso televisado a todo el país. Ese golpe no se debía a una lucha por imputar la responsabilidad penal, peso puso de manifiesto la fragilidad de la nueva democracia.

Emilio Silva explicó que aun hoy, en España, cuando su grupo va a los pueblos pequeños para hablar sobre las exhumaciones de las fosas comunes con los familiares de las víctimas, los habitantes cierran las puertas y las ventanas y hablan en voz baja. El abuelo de Silva fue una de las víctimas que fueron enterradas en una fosa común, y la campaña para localizar el cuerpo de su abuelo fue lo que lo llevó a organizar el movimiento por la memoria histórica. Sin embargo, el miedo a hablar sobre el pasado era tan grande incluso en su propia familia que Silva no recuerda haber escuchado a su abuela referirse a la muerte de su esposo. Debemos tener en cuenta este miedo inconmensurable cuando intentamos explicar por qué algunos países pueden llevar adelante procesos judiciales, mientras que otros no lo logran. Mientras realizábamos los talleres en Minneapolis, los grupos de derechos humanos españoles organizaron las primeras marchas masivas en apoyo a la recuperación de la memoria histórica en la nación mediante exhumaciones de cadáveres y otros mecanismos judiciales. Sesenta mil personas marcharon por las calles de Madrid. Mientras miraba la CNN en vivo en Minneapolis, Silva comentó: "Finalmente Franco ha muerto", más de treinta años después de que el dictador había muerto en paz en su cama.

---

[65] Silva y Macias, *Las fosas de Franco*.

© gedisa

De esta manera, el contexto regional de una conciencia incipiente relativa a los derechos humanos, la legislación y las instituciones crearon un entorno permisivo o una estructura de oportunidad regional para que fueran posibles los juicios por delitos de lesa humanidad. En los tres casos mencionados –el de Grecia, el de Portugal y el de España–, se operó dentro de esa misma estructura. Sin el contexto regional, es probable que los juicios en Grecia y Portugal nunca hubieran tenido lugar. Al mismo tiempo, estaba surgiendo un contexto legal internacional para los procesos penales a nivel internacional. Los juicios nacionales de Grecia en 1975 le dieron impulso a la idea emergente de que debía existir una mayor responsabilidad penal para la tortura. Amnistía Internacional siguió de cerca los juicios y tradujo la información pertinente en los periódicos griegos y, finalmente, publicó un informe que hasta el día de hoy constituye la mejor fuente concisa en inglés o en griego relativa a los procesos. Amnistía difundió el informe por todos lados e instó a los miembros de todas sus filiales a que le dieran publicidad.[66] El informe completo fue publicado en distintas entregas en, al menos, dos periódicos griegos, como, por ejemplo, un prestigioso diario de Atenas. Amnistía actuó como amplificador fundamental de la labor de la sociedad civil griega y de la respuesta del Estado ante sus demandas. Los juicios griegos demostraron que era posible realizar juicios por delitos de lesa humanidad que respetaran el juicio justo, sin poner en riesgo la estabilidad de la democracia. Así, pocos meses después del inicio de los principales juicios por torturas en Atenas, el 9 de diciembre de 1975, los países de la Asamblea General de la ONU adoptaron la Declaración sobre la Protección de Todas las Personas contra la Tortura y Otros Tratos Crueles, Inhumanos o Degradantes, conocida como "Declaración sobre la Tortura". La Declaración fue el puntapié inicial para la legislación internacional relativa a la responsabilidad penal individual por la tortura, en particular, y a la violación a los derechos humanos fundamentales, en general. Sin embargo, el proyecto de declaración sólo mencionaba los procedimientos penales en función de leyes nacionales y no hacía referencia a la posibilidad de que se imputara la responsabilidad penal a nivel internacional o en un país extranjero. Los Estados, siempre celosos de su soberanía, se resistían al uso de esos términos, por temor a que otras naciones pudieran intervenir en sus políticas. El delegado griego ante las Naciones Unidas trabajó con vehemencia para incluir algunos términos referidos a la intervención internacional porque, tal como él mismo explicó, durante la dictadura griega, "la legislación local no era suficiente" y la condena internacional resultó fundamental para detener las torturas.[67] Los representantes de los gobiernos recientemente democratizados de Grecia y Portugal hicieron aportes significativos en los debates en la ONU sobre torturas y derechos humanos. Los nuevos delegados de Grecia y

---

[66] Amnistía Internacional, *Torture in Greece: The First Torturers' Trial 1975*. Informe interno de la asociación, titulado "Publicity for Greek report", del 19 de abril de 1977, dirigido a todas las secciones nacionales de Amnistía, los instaba a "hacer un gran esfuerzo para darle difusión a este informe", por ejemplo, en artículos de la prensa.

[67] Nigel Rodley, *The Treatment of Prisoners under International Law*, 2ª ed. (Oxford: Oxford University Press, 1999).

© gedisa

Portugal ante las Naciones Unidas "sentían pasión por los derechos humanos, estaban muy comprometidos y eran muy capaces", recuerda un miembro de Amnistía Internacional que trabajaba en Nueva York a fines de la década de los años setenta.[68] Tras la aprobación de la Declaración sobre la Tortura, los delegados aprobaron una resolución propuesta por Grecia, los Países Bajos y Suecia que urgía a las Naciones Unidas a promover mayores esfuerzos internacionales contra la tortura.[69] Pretendían elaborar un tratado más vinculante. Dado que estos casos de acusaciones sucedieron muy tempranamente, tanto Grecia como Portugal necesitaron pasar por una serie de circunstancias muy fortuitas para alcanzar el éxito. Al navegar sin mapa, el proceso fue exitoso en Grecia, sufrió ciertos inconvenientes en Portugal y se vio obstaculizado por completo en España. Sin embargo, en la década de los años ochenta, tanto Grecia como Portugal sentaron un nuevo precedente mundial al lograr que algunos de sus propios funcionarios rindieran cuentas por delitos de lesa humanidad. El siguiente apartado se concentra en otro país que inició tempranamente los procesos judiciales, Argentina, en donde esta combinación particular de instituciones regionales de derechos humanos, una transición rota y una fuerte demanda local de imputación de la responsabilidad penal también fue vital. La norma de la justicia estaba comenzando a surgir.

---

[68] Entrevista a Margo Picken, Ann Arbor, MI, 2 de octubre de 2010.
[69] Herman Burgurs y Hans Danelius, *The United Nations Convention against Torture: A Handbook on the Convention against Torture and Other Cruel, Inhuman or Degrading Treatment or Punishment* (Dordrecht, Países Bajos: Martinus Nijhoff, 1988), págs. 13-18.

3. ARGENTINA

De Estado paria al protagonismo internacional

Luego de los procesos judiciales en Grecia y Portugal durante la década de los años setenta, los juicios por delitos de lesa humanidad más importantes se llevaron a cabo en Argentina en el año 1985. Se procesó a los nueve comandantes en jefe de las Fuerzas Armadas que habían participado en las Juntas militares que detentaron el poder en Argentina desde 1976 hasta 1982.[1] Yo viví en el país durante todo el período en que se realizaron los juicios contra las Juntas, desde abril hasta diciembre de 1985 y, al igual que mis amigos y colegas argentinos, los seguí ávidamente leyendo el *El diario del Juicio*, un fascículo semanal que fue publicado entre mayo y diciembre de 1985. La primera vez que vi a Luis Moreno Ocampo, un joven asistente del fiscal en los juicios contra las tres Juntas militares de Argentina, fue por televisión, cuando él era ayudante del procurador general. Años más tarde, en La Haya, Moreno Ocampo me explicó que había terminado trabajando por "coincidencia" en los juicios contra las Juntas.[2] Aunque pertenecía a la misma generación que muchas de las víctimas del régimen militar, nunca había sufrido la violencia en carne propia. Provenía de una familia tradicional argentina y, de parte de su familia materna, profundamente conservadora, había muchos militares. Su abuelo materno había sido general y los hermanos de su madre eran oficiales de alto rango. Su padre era un hombre de negocios liberal que cayó en bancarrota cuando Luis era joven.

Ya desde la infancia, Luis demostraba aptitudes de emprendedor y, al terminar el colegio secundario, abrió una pequeña fábrica de muebles. Con los ingresos que le generaba el negocio, pudo solventar y desarrollar su verdadera

---

[1] Este capítulo se basa en dos artículos ya publicados: Kathryn Sikkink, "From pariah state to global human rights protagonist: Argentina and the struggle for international human rights", *Latin American Politics and Society* 50, nº 1 (primavera del 2008); y Kathryn Sikkink y Carrie Booth Walling, "Argentina's contribution to global trends in transitional justice", en Naomi Roht-Arriaza y Javier Mariezcurrena, comps., *Transitional Justice in the Twenty-First Century: Beyond Truth versus Justice* (Cambridge, UK: Cambridge University Press, 2006). Agradezco a Carrie Walling por haberme permitido usar en este trabajo parte del material.

[2] Entrevista a Luis Moreno-Ocampo, La Haya, Países Bajos, 10 de noviembre de 2008.

pasión: el Derecho. Estudió en la Facultad de Derecho de la Universidad de Buenos Aires, se especializó en Derecho Penal y conoció a profesores y alumnos que luego tendrían un papel clave en los juicios y en la evolución de la justicia de transición en Argentina. Ingresó al sistema judicial en la década de los años ochenta, durante la dictadura. En el año 1984, concluido el período de transición, se hizo evidente que el fiscal Julio Strassera necesitaba ayuda para procesar la enorme cantidad de casos de crímenes de lesa humanidad cometidos por las Juntas militares y llamó a Moreno Ocampo, uno de los pocos abogados del procurador general de la nación especializado en Derecho Penal.

Debido a su historia familiar, Moreno Ocampo sabía que la fiscalía se enfrentaba a una tarea descomunal. Los fiscales no sólo debían convencer a los jueces de que los nueve líderes de las Juntas, entre los cuales estaba el ex presidente general Jorge Videla, habían cometido crímenes y merecían un castigo, sino que también debían convencer a la madre de Moreno Ocampo y a muchos otros argentinos que, al igual que ella, no creían que los militares fueran culpables. Moreno Ocampo trabajó en la preparación del caso durante más de seis meses, pero aun así su madre nunca dejó de pensar que estaba cometiendo un error. "Cuando voy a la iglesia y veo al general Videla, le agradezco por habernos salvado de la subversión", solía decir. El hermano de su madre, el tío Bubi, un coronel retirado del ejército, fue a hablar personalmente con el general Videla cuando asignaron a su sobrino como asistente del fiscal. Le dijo que no podía hacer nada para evitar que su sobrino trabajara en el juicio, pero que sí le podía prometer que nunca más le dirigiría la palabra a Luis, promesa que el tío Bubi mantuvo hasta la muerte.[3]

En el año 1984, luego de la recuperación de la democracia, muchos argentinos creían que los militares no habían violado los derechos humanos o que, si lo habían hecho, había sido necesario en el contexto de la guerra contra el terrorismo, en la que los militares habían derrotado a los peligrosos grupos subversivos. Recordaban el período anterior al golpe militar de 1976 como un tiempo de violencia y caos en el que muchos miembros de la elite temían que los grupos subversivos de izquierdas los secuestraran y les pidieran dinero como rescate o que hicieran explotar una bomba en la escuela de sus hijos. Los grupos paramilitares de derechas, por su parte, operaban con impunidad debido a la falta de control por parte de las autoridades políticas. Tal como había ocurrido en el pasado, los grupos civiles de elite recurrieron a los militares para que intervinieran en la política y volvieran a establecer el orden. El periódico conservador *La Nación* publicó una nota editorial en la que se sostenía que muchas fuentes militares creían que si ellos "continuaban absteniéndose de llenar el vacío de poder", "la historia los acusaría de negligencia criminal".[4] Muchos argentinos estaban de acuerdo con eso. Lo que no sabían era que este golpe militar acarrearía

---

[3] *Ibíd.*

[4] *La Nación*, 13 de febrero de 1976, citado por Marcos Novaro y Vicente Palmero, *La Dictadura Militar (1976-1983): Del golpe de Estado a la restauración democrática*, 1ª ed., *Historia Argentina* (Buenos Aires: Paidós, 2003), pág. 19.

más muertes y represiones de las que se habían visto en cualquier otro período de la historia moderna argentina. Al llegar el año 1984, los militares realmente enfrentaron el "juicio de la historia", pero no era el que ellos esperaban. No se los acusó de negligencia criminal, sino de asesinatos, torturas y secuestros, a una escala tan grande que era difícil de concebir y mucho más difícil de procesar.

Mientras tanto, del otro lado del Río de la Plata, en Uruguay, se estaba gestando la transición a la democracia al mismo tiempo que en Argentina, pero la responsabilidad penal se resolvió de manera diferente. La transición de Uruguay fue "pactada", en lugar de una "ruptura", como la de la Argentina, y los militares pudieron imponer algunas condiciones. Algunos representantes del partido de Juan María Bordaberry, el Partido Colorado, y la coalición de izquierda, el Frente Amplio, negociaron un acuerdo secreto con los militares para lograr la transición hacia la democracia. Aunque no se conocen los contenidos exactos del acuerdo, se cree que éste incluye una garantía informal de que los militares no serían procesados por crímenes de lesa humanidad. En 1984, el candidato del Partido Colorado de Bordaberry ganó las elecciones presidenciales y, en consecuencia, disminuyeron las probabilidades de que el nuevo gobierno investigara los abusos cometidos por el gobierno militar con el que estaba asociado.

En 1986, el Congreso uruguayo sancionó, a pedido del nuevo gobierno, la Ley de amnistía para proteger a todos los militares de los procesos por delitos de lesa humanidad cometidos durante la dictadura. Para consternación de los defensores de los derechos humanos con quienes había trabajado durante más de una década en exilio, Wilson Ferreira apoyó desde su facción del Partido Blanco la Ley de amnistía. Temía, al igual que muchos uruguayos, que los militares dieran un golpe de Estado si no se los protegía. Al mismo tiempo, los uruguayos observaban –algunos con admiración y otros con miedo o desdén– cómo los argentinos se adentraban por un camino caótico e inexplorado buscando responsabilidad penal de lo sucedido en el pasado. Este capítulo describe los juicios que se llevaron a cabo en Argentina y también pretende explicar por qué los uruguayos, al comienzo, eligieron otro camino.

Primera fase: El régimen militar argentino (1976-1983)

Después del golpe militar de 1976, las Fuerzas Armadas argentinas reprimieron con creciente brutalidad a la oposición mediante secuestros masivos, encarcelación sin cargos, torturas y asesinatos.[5] Al recuperarse la democracia, la comisión nacional de la verdad, la Comisión Nacional sobre la Desaparición de Personas (CONADEP), habló inicialmente de nueve mil muertes y desapariciones en el país durante el período de 1975 a 1983. Casi todos los desaparecidos

---

[5] Empezó a haber desapariciones de personas en Argentina durante el gobierno de Isabel Perón, pero aumentaron significativamente durante la dictadura militar.

fueron asesinados por los militares, quienes enterraron los cuerpos en fosas comunes, los incineraron o los arrojaron al río.[6]

El uso masivo y sistemático de las desapariciones fue una "innovación" represiva por parte de las Fuerzas Armadas argentinas. El método se había utilizado con anterioridad en la Alemania nazi, en Guatemala durante la guerra de contrainsurgencia de fines de la década del sesenta y en Chile bajo el mando de Pinochet[7]. Sin embargo, el caso de Argentina representó el uso contemporáneo más extendido y sistemático de tal procedimiento. Otras prácticas represivas de las Fuerzas Armadas del país, como la apropiación de los bebés de mujeres desaparecidas, la falsificación de la identidad y la entrega en adopción a familias simpatizantes del régimen, también se caracterizaron por ser novedosas, además de escalofriantes.

Después de buscar individualmente a sus seres queridos, las familias de los desaparecidos crearon nuevas organizaciones en defensa de los derechos humanos. En 1977, las Madres de Plaza de Mayo se movilizaron junto con las Abuelas de Plaza de Mayo, un grupo formado posteriormente. Las Abuelas eran madres de desaparecidos, secuestrados con sus hijos o mujeres las cuales habían dado a luz en cautiverio, de modo que las Abuelas buscaban tanto a sus hijos como a sus nietos.

Junto a las Madres y Abuelas, con el correr del tiempo, se crearon en Argentina grupos numerosos y diversos dedicados a la defensa de los derechos humanos. Entre estos grupos se encontraban la Asamblea Permanente por los Derechos Humanos (APDH), el Centro de Estudios Legales y Sociales (CELS), el Movimiento Ecuménico por los Derechos Humanos (MEDH) y el Servicio Paz y Justicia (SERPAJ).[8] Los miembros de todas estas organizaciones padecieron la represión, y algunos desaparecieron o fueron encarcelados. Provenían de diferentes estratos sociales, tenían diferentes estrategias y tácticas, estilos de trabajo y relaciones con otros grupos políticos y sociales. Aunque muchas veces colaboraban entre sí, también estaban en desacuerdo con respecto a muchos aspectos de la defensa de los derechos humanos en el país.

Cuando empezaron a trabajar a mediados de la década de los años setenta, la sensación de soledad era innegable pero, con el tiempo, aprendieron a buscar apoyo de algunas organizaciones internacionales no gubernamentales, como Amnistía Internacional, la Comisión Interamericana de Derechos Humanos y hasta el gobierno de Estados Unidos, cuando al asumir el poder Jimmy Carter la defensa de los derechos humanos se transformó en una prioridad de la política

---

[6] Comisión Nacional Sobre la Desaparición de Personas (CONADEP), *Nunca más: Informe de la Comisión Nacional Sobre la Desaparición de Personas* (Buenos Aires: Editorial Universitaria, 1984).

[7] Ann Marie Clark, *Diplomacy of Conscience: Amnesty International and Changing Human Rights Norms* (Princeton: Princeton University Press, 2001).

[8] Alison Brysk, *The Politics of Human Rights in Argentina: Protest, Change, and Democratization* (Stanford, CA: Stanford University Press, 1994); Emilio Fermín Mignone, *Derechos humanos y sociedad: El caso argentino* (Buenos Aires: Centro de Estudios Legales y Sociales, 1991).

internacional estadounidense. Cuando trabajaba en la Oficina en Washington para Asuntos Latinoamericanos (WOLA), parte de mi trabajo consistía en ayudar a los representantes de las organizaciones argentinas a que hicieran contactos durante su estadía en Washington. En las entrevistas, muchas veces les pedían a los miembros del Congreso de Estados Unidos que escribieran cartas preguntando por el paradero de sus familiares desaparecidos o encarcelados. En Argentina, las familias vivían con la esperanza inquebrantable de que sus hijos estuvieran vivos en alguna prisión del país. En ese momento, las organizaciones se dedicaban a buscar a los desaparecidos, pero nadie hablaba de responsabilidad penal de los represores ni de la justicia de reparación.

Los activistas argentinos se movilizaron especialmente con el apoyo de la Comisión Interamericana de Derechos Humanos (CIDH), fundada por la Organización de Estados Americanos (OEA) en 1960. Los miembros de la OEA se habían hecho escuchar al finalizar la Segunda Guerra Mundial: en la Conferencia de San Francisco, donde se elaboró el borrador de la Carta de las Naciones Unidas de 1945, algunos países latinoamericanos fueron los defensores de los derechos humanos más fervientes. Sin su apoyo, es probable que en la Carta no se hubieran hecho múltiples alusiones al tema. En la OEA, los países latinoamericanos firmaron su propia Declaración Americana de los Derechos y Deberes del Hombre a principios de 1948, algunos meses antes de que la Organización de las Naciones Unidas aprobara la Declaración Universal de los Derechos Humanos. Aun así, hacia la década de los años setenta, la OEA estaba dominada por regímenes militares y uno de los miembros de la comisión la describió como "el club anticomunista de los caballeros".[9] La CIDH se creó en respuesta a la situación política de la región, ya que había estallado la revolución cubana y Trujillo había impuesto un régimen dictatorial en República Dominicana. En 1969, los países miembros aprobaron la Convención Americana sobre Derechos Humanos, que se aplicó en 1978 y, además de fortalecer el papel de la comisión, crearon un tribunal regional para la defensa de los derechos humanos. Algunos países creyeron que la convención iba a funcionar de manera "decorativa" y que nunca se atrevería a exponer casos de violaciones reales. Sin embargo, la gestión del presidente Carter destinó fondos para la CIDH que permitieron contratar a cinco nuevos abogados, comprar computadoras y crear una biblioteca especializada y un centro de documentación. Lo más importante fue que ahora la comisión contaba con fondos para realizar investigaciones en los países de origen, lo cual tuvo un gran efecto en el caso de Argentina.[10]

Sin embargo, contar con nuevo presupuesto y con más personal habría sido en vano sin el dinamismo de los comisionados que dirigieron la CIDH en la década de los años setenta. Los respectivos gobiernos eligieron a siete miembros. En etapas anteriores, los comisionados habían sido en su mayoría profesores de

---

[9] Klaas Dykmann, *Philanthropic Endeavors or the Exploitation of an Ideal? The Human Rights Policy of the Organization of American States in Latin America (1970-1991)* (Fráncfort: Vervuert Verlag, 2004), pág. 14.

[10] *Ibíd.*, págs. 71-73.

Derecho y ex diplomáticos que tenían dificultades para criticar negativamente a los gobiernos de la región, pero en la década de los años setenta se formó un grupo tan comprometido con la causa de los derechos humanos como pocas veces antes se había visto. A los miembros de Argentina y Uruguay que habían sido elegidos antes de los golpes militares se unieron representantes de las pocas democracias que quedaban en la región: Venezuela, Costa Rica, Colombia y Estados Unidos. La primera persona que dirigió el grupo fue el jurista uruguayo Jiménez de Arechag, quien luego fue reemplazado por el brillante diplomático venezolano Andrés Aguilar, que trabajó en la CIDH desde 1972 hasta 1985, y le infundió nuevos aires. El personal de la CIDH, bajo el mando del secretario ejecutivo Edmundo Vargas Carreño, un exiliado chileno, también luchó con vehemencia por la defensa de los derechos humanos. A lo largo de la década de los años setenta, por lo menos cuatro de los siete comisionados transformaron la CIDH en una organización que innovó las prácticas y las leyes relativas a los derechos humanos. El comisionado estadounidense Robert Woodward y su sucesor, Tom Farer, sumaron sus voces a las de la mayoría.[11]

Andrés Aguilar era un *bon vivant* que adoraba la música del Caribe, pero también era un "portavoz elocuente de la democracia". Hijo de diplomáticos, Aguilar no sólo contaba con un título de Derecho de la Universidad McGrill de Canadá, sino que también había realizado estudios de doctorado en Ciencias Políticas. Fue profesor de Derecho y se desempeñó como decano de la Facultad de Derecho de Caracas. Cuando Aguilar llegó a la mayoría de edad, el general Marcos Pérez Jiménez detentaba el poder, en una dictadura que duró diez años y se caracterizó por fraude, corrupción y represión. Su empatía por las víctimas de la represión política creció cuando él mismo fue encarcelado en 1956 por oponerse al régimen.[12] Cuando Pérez Jiménez fue derrocado en 1958, Aguilar, que en ese entonces tenía solo treinta y cuatro años, fue nombrado ministro de Justicia del nuevo gobierno democrático. Luego se desempeñó como embajador de Venezuela ante las Naciones Unidas y fue miembro correspondiente de la Comisión de Derechos Humanos de la ONU. Por lo tanto, llegó a su puesto en la CIDH con gran experiencia diplomática. Durante los primeros años de su carrera, vio cómo los países latinoamericanos iban padeciendo unos tras otros los golpes militares: por ejemplo, Chile y Uruguay, dos países que tenían una tradición democrática fuerte. Durante trece años, apeló a su gran carisma, a su enorme talento como diplomático y portavoz, y a su facilidad natural para dar explicaciones claras y atractivas con el propósito de que la CIDH promoviera la lucha por la defensa de los derechos humanos.

En 1979, Aguilar y otros miembros de la CIDH visitaron Argentina para reunir informaciones que les permitirían realizar el primer informe referente a la situación de los derechos humanos en el país. Los comisionistas y el resto del personal se reunieron tanto con miembros del gobierno como con cientos de víctimas y familiares, quienes hicieron cola durante horas para poder hablar

[11] *Ibíd.*, pág. 84.
[12] "The UN's five wise men", revista *Time*, 3 de marzo de 1980; www.time.com/time/magazine/article/0,9171,95028.

© gedisa

con ellos. Los militantes argentinos trabajaron junto con la CIDH aportando testimonios para la redacción de este informe innovador y de gran relevancia. La persona más importante que actuó de vínculo entre las organizaciones argentinas y la CIDH fue Emilio Mignone, a quien conocimos en el Capítulo 1.

A las cinco de la mañana del 14 de mayo de 1976, sólo dos meses después del golpe militar, un grupo de hombres armados se llevó a la hija de Mignone, Mónica, una joven de veinticuatro años, de su casa de Buenos Aires. Eran militares y Mignone le dijo a su hija que fuera con ellos, pues él se encargaría de que la liberaran de inmediato. Mignone había ocupado cargos importantes en el gobierno, el sistema educativo y organizaciones internacionales. Mónica era miembro de la Juventud Peronista y estaba trabajando con un grupo de civiles católicos en una villa miseria ubicada en las afueras de Buenos Aires. En ese momento, no se conocía la gran escala de las desapariciones y Mignone tenía fe en un juicio justo. Sin embargo, él y sus familiares nunca volvieron a tener noticias de Mónica. Desde ese momento, Mignone se dedicó a buscar a su hija y a apoyar la causa de los desaparecidos. Fue líder de la Asamblea Permanente por los Derechos Humanos y del Centro de Estudios Legales y Sociales, el cual, más tarde, se convertiría en uno de los grupos más importantes dedicados a la cuestión de la responsabilidad penal. Como Mignone había trabajado en Washington, a principios de la década de los años sesenta como miembro de la OEA, fue un vínculo fundamental entre la comunidad argentina que luchaba por la defensa de los derechos humanos y las organizaciones internacionales, especialmente la CIDH.

En 1980, la CIDH publicó un extenso informe acerca de la situación de Argentina basado en su visita al país de 1976. Esta organización fue la primera que expresó por escrito la necesidad de realizar juicios por delitos de lesa humanidad. El régimen militar argentino en un principio impidió que el informe se distribuyera en el país, pero Mignone y el CELS ayudaron a pasar copias de forma ilegal. En la conclusión del informe, la CIDH solicita en dos ocasiones al gobierno que realice procesos, tanto por las torturas como por los asesinatos atribuidos a los miembros del ejército. En especial, la CIDH recomienda que se "inicien las investigaciones correspondientes para enjuiciar y castigar, con toda la fuerza de la ley, a los responsables...".[13]

Hoy en día, parece una recomendación simple y evidente, pero en aquel momento no era ninguna de esas cosas. Aun así, la CIDH ya había aconsejado iniciar procesos jurídicos por crímenes de lesa humanidad. Con un lenguaje similar, propuso por primera vez que un gobierno enjuiciara y castigara a quienes perpetraban estos delitos en el informe de 1974 acerca de las violaciones a los derechos humanos cometidas en Chile durante el régimen de Pinochet y luego en otro informe acerca de la situación del mismo país publicado en 1977.[14] La

---

[13] OEA, Comisión Interamericana de Derechos Humanos, *Report on the Situation of Human Rights in Argentina*, OEA/Ser.L/V/II.49 Doc. 19, corr.1 (1980).

[14] OEA, Comisión Interamericana de Derechos Humanos, *Third Report on the Situation of Human Rights in Chile*, OEA/Ser.L/V/II.40 Doc. 10 (1977).

recomendación se repitió en otro informe de 1979 acerca de El Salvador y Haití.[15] Cuando la CIDH publicó la recomendación para el caso de Argentina, eso ya era una práctica cotidiana de la institución. Sin embargo, la primera vez que aconsejó realizar procesos jurídicos en Chile en 1974, aún no se habían realizado los primeros juicios nacionales por delitos de lesa humanidad en Grecia. Los comisionados estaban en la vanguardia tanto temporal como espacial al pensar en la responsabilidad penal. Proponían algo que nunca antes se había hecho en Latinoamérica: juicios nacionales contra funcionarios públicos por crímenes contra la humanidad. Por un giro inesperado de la historia, el "club anticomunista de los hombres de elite" de la OEA nombró comisionados tan comprometidos con su labor que contribuyeron a desencadenar la cascada de la justicia.

Los grupos de la Argentina que defendían los derechos humanos no necesitaban esperar a leer el informe de la CIDH para saber que querían que se hiciera algún tipo de justicia: muchas víctimas compartían el deseo de que se realizaran juicios y de que hubiera retribuciones. No obstante, era difícil que los ciudadanos argentinos imaginaran que era posible transformar sus ansias de justicia en algo práctico, de modo tal que las recomendaciones de la CIDH fueron importantes porque brindaron el apoyo de una respetada organización internacional.

Aunque cuando trabajaba en la WOLA, a principios de la década de los años ochenta, había conocido a miembros del movimiento argentino en defensa de los derechos humanos, me resultó difícil recordar cuándo los argentinos habían comenzado a exigir los juicios. En una de mis visitas a Buenos Aires, tuve una conversación en un café al aire libre con un amigo, Carlos Acuña, que me ayudó a entender cómo el pedido de que se realizaran los procesos jurídicos surgió por primera vez en el movimiento. En la actualidad, Acuña trabaja como profesor en una renombrada universidad privada de Buenos Aires, pero a fines de la década de los años setenta era un joven miembro del SERPAJ. Cuando se le entregó el Premio Nobel en 1980 al presidente del SERPAJ, Adolfo Pérez Esquivel, la organización adquirió gran notoriedad, pero en 1977, cuando Acuña comenzó a trabajar allí, era una de las múltiples organizaciones defensoras de los derechos humanos que luchaba en tiempos de la dictadura. Acuña concurrió a muchas reuniones con miembros de otros grupos para hablar de las declaraciones que iban a publicar en peticiones conjuntas y de los eslóganes que aparecerían en los carteles que utilizarían en las marchas. Acuña recuerda con claridad que, antes del informe de la CIDH, debatían si debían incluir o no el reclamo de "justicia" en las peticiones.[16] Todos los miembros de la comunidad argentina en defensa de los derechos humanos estaban de acuerdo en que debían reclamar saber la verdad y obtener información acerca de los desaparecidos, pero disentían –muchas veces con vehemencia– acerca de si debían incluir un pedido

[15] OEA, Comisión Interamericana de Derechos Humanos, *Report on the Situation of Human Rights in Haiti*, OEA/Ser.L/V/II/46 (1979); Comisión Interamericana de Derechos Humanos, *Report on the Situation of Human Rights in El Salvador*, OEA/Ser.L/V/II.46 (1978).

[16] Entrevista a Carlos Acuña, Buenos Aires, Argentina, 22 de noviembre de 2006.

© gedisa

de justicia. "¿Están locos?" –preguntaban algunos– "¿Son provocadores?". La justicia era considerada algo muy peligroso porque implicaba la exigencia de que se castigara a los líderes que aún detentaban el poder. Los activistas temían que el pedido desatara la ira del régimen. El SERPAJ y las Madres de Plaza de Mayo querían incluir la palabra "justicia" en el reclamo, pero otros grupos creían que ser tan desafiantes con los militares sería irresponsable desde el punto de vista político. Carlos recuerda que, pese a que él y sus colegas no sabían exactamente a qué se referían con "justicia", sí sabían que querían "meterlos en la cárcel". En las conversaciones, no se mencionaban precedentes históricos como Núremberg, Tokio o Grecia, sino que se trataba íntegramente de una demanda local. Los consideraban ingenuos por pensar que era posible realizar juicios, y pocos predijeron que Argentina sería uno de los primeros países del mundo que enjuiciaría a sus líderes por crímenes de lesa humanidad.

La correspondencia de otros activistas argentinos también revela que, durante la época de la dictadura militar, se dudaba en realizar una demanda explícita de procesos jurídicos, incluso en cartas internas. En una carta a uno de los principales grupos, un abogado del CELS denunció que los militares habían ganado una guerra sucia en contra de la subversión y que en esa guerra "quienes resultan victoriosos juzgan a los derrotados, no al revés", pero no propuso una alternativa clara, sino que sólo preguntó: "¿Cómo podemos ignorar el capítulo acerca de la responsabilidad de las autoridades militares?" (con énfasis en el original).[17] Un memo interno de otro miembro del CELS, escrito un año después, en marzo de 1980, después de la visita de la CIDH pero antes de la publicación de su informe, fue un poco más explícito. Afirmaba que en la época con frecuencia se recurría a una pregunta inútil para referirse al tema: "Núremberg: ¿sí o no?". Por razones de "realismo elemental", sostenía que ésta no era la manera correcta de formular la pregunta. "La duda que se plantea tiene un carácter más político: apunta a la responsabilidad histórica y ética, más que a la cuestión puramente judicial". Sin embargo, si bien estaba de acuerdo en que el movimiento por la defensa de los derechos humanos tenía la necesidad imperiosa de "formular un plan de acción", no especificó exactamente en qué debería consistir ese plan en lo relacionado con los precesos.[18] Aun así, este memo evidencia que en torno al año 1980 en el país se estaba hablando del precedente de Núremberg. Por lo tanto, no es muy sorprendente que el general Viola haya tenido en mente esa ciudad cuando dio un discurso en Washington a principios de 1981 en el que afirmaba que: "No se investiga al ejército que sale vencedor. Si las tropas del Reich hubieran ganado la Guerra Mundial, el tribunal no se habría realizado en Núremberg, sino en Virginia".

---

[17] Entrevista de Boris G. Pasik al Sr. Don Jaime Schmirgeld, secretario de la Asamblea Permanente por los Derechos Humanos, 3 de junio de 1979 —CELS Library, Buenos Aires, traducción de la autora.

[18] Artículo inédito escrito por Augusto Conte, 3 de marzo de 1980 para la Asambla Permanente por los Derechos Humanos —CELS Library, Buenos Aires, traducción de la autora.

No obstante, hacia el año 1983, el pedido de "juicio y castigo a todos los culpables" se convirtió en un eslogan y en el pedido más importante del movimiento. También había otro que se cantaba en las marchas: "Al paredón, al paredón, ni olvido ni perdón". En la frase reverberan los cantos callejeros de Grecia y Portugal que reclamaban la muerte de los responsables. Pese a ser pegadizo y a tener rima, el cántico relativo al paredón nunca logró cobrar la misma importancia que el eslogan de juicio y castigo para todos los culpables. Los argentinos que participaban en movimientos por la defensa de los derechos humanos habían pasado de tener miedo de usar la palabra "justicia" en los eslóganes a incluir términos mucho más precisos para referirse a los procesos jurídicos y al castigo. Estaban exigiendo de manera radical que se enjuiciara a todos los culpables. Por lo tanto, en este momento nos encontramos por primera vez con ciudadanos que cantaban un eslogan acerca de juicios por delitos de lesa humanidad.

¿Qué había cambiado para que se creara ese eslogan y para que fuera posible concebir y exigir los juicios? La CIDH había publicado un informe en el que pedía que se realizaran procesos judiciales y que se castigara a los autores de los crímenes, y donde se daba apoyo legal a las demandas de los grupos locales. Pero lo más importante fue que en 1982 los militares argentinos habían perdido una guerra desastrosa por las Islas Malvinas, ubicadas en el Atlántico Sur. Malinterpretaron con creces la situación, ya que no predijeron que el Reino Unido respondería al ataque con su poderío militar ni que Estados Unidos apoyaría a su aliado de la OTAN. Así, los militares perdieron legitimidad, no sólo por perder la guerra sino también por haberla organizado mal. Los jóvenes soldados argentinos, enviados a las Malvinas con suministros insuficientes, padecieron hambre y frío, pero también la aparente indiferencia de sus superiores. La deslegitimación del régimen militar limitó el control que las Fuerzas Armadas tendrían sobre las condiciones de la recuperación de la democracia.

Cuando llegó el año 1983, los defensores argentinos de los derechos humanos decidieron reclamar juicios y castigos, y empezaron a definir cómo llevar a la práctica sus ideas[19]. Los datos específicos de los juicios surgieron después de la campaña presidencial y la recuperación de la democracia bajo el nuevo gobierno de Raúl Alfonsín, un político centrista del Partido Radical. Durante la dictadura, Alfonsín había sido miembro de la Asamblea Permanente por los Derechos Humanos, una de las organizaciones más importantes sobre el tema. Sin embargo, al comienzo no demostró tener una posición firme relativa a los juicios y a la responsabilidad penal. Alfonsín y su equipo tenían aspiraciones más modestas que el movimiento con respecto al significado de justicia y castigo. Durante la campaña electoral, el futuro presidente se comprometió a hacer justicia por los delitos de lesa humanidad, pero tenía que equilibrarlo con el

---

[19] Elizabeth Jelin, "La política de la memoria, el movimiento de derechos humanos y la construcción democrática en la Argentina", en Carlos Acuña y otros, *Juicio, castigo y memoria: Derechos humanos y justicia en la política Argentina* (Buenos Aires: Nueva Visión, 1995).

© gedisa

deseo de integrar las Fuerzas Armadas a la política democrática, para prevenir futuros golpes.

Los pedidos y discursos relacionados con la defensa de los derechos humanos fueron una parte mucho más importante en la transición de Argentina que en la de muchos otros países de Latinoamérica. Las distintas organizaciones participaron activamente en las campañas electorales de varios candidatos y partidos políticos, y las marchas en defensa de los derechos humanos fueron una característica constante del período. El 19 de agosto de 1983, por ejemplo, cuarenta mil personas marcharon movilizadas por las calles de Buenos Aires en repudio a la ley de autoamnistía propuesta por las Fuerzas Armadas para protegerse de futuros juicios. Alfonsín, que en ese momento era candidato a la presidencia, envió un mensaje de apoyo, pero no estuvo presente en la marcha. El 23 de septiembre, el gobierno militar firmó la ley de autoamnistía para todos los simpatizantes del régimen.[20] El 30 de septiembre, Alfonsín dio un discurso en el que denunció la ley y propuso que fuera anulada diciendo: "Queremos el mismo castigo para el que tortura que para el que asesina".[21]

Segunda fase: La presidencia de Alfonsín (1983-1989)

Los mecanismos de la justicia de transición que finalmente surgieron durante la presidencia de Alfonsín fueron el resultado de la interacción entre el movimiento por la defensa de los derechos humanos, el gobierno y la oposición política, y en los tres casos debieron abordar prácticas de improvisación en un terreno que no les era familiar. Según Inés González y Oscar Landi, la forma como se trataron en el país de los crímenes de lesa humanidad durante este período "fue un proceso con vida propia, y su desarrollo y sus resultados escaparon a los cálculos y deseos de todos los involucrados".[22] Una vez que Alfonsín asumió la presidencia en 1983, tomó una serie de medidas claves para que se hiciera justicia. La más importante fue la derogación de la ley de autoamnistía, la creación de Comisión Nacional sobre la Desaparición de Personas (CONADEP) y el juicio a las Juntas militares. Había pocos precedentes históricos para este accionar, por lo que el gobierno en esencia inventó nuevas tácticas y le otorgó nuevos poderes a las instituciones. Los términos "comisión de la verdad" y

---

[20] Horacio Verbitsky, *Civiles y militares: Memoria secreta de la transición*, reedición (Buenos Aires: Sudamericana, 2006).

[21] Nuria Becu, "El filósofo y el político: consideraciones morales y políticas en el tratamiento a los autores de crímenes de lesa humanidad bajo la presidencia de Raúl Alfonsín (1983-1989)", Universidad Torcuato di Tella, Departamento de Ciencias Políticas, 2004, traducción de la autora.

[22] Oscar Landi e Inés Gonzalez Bombal, "Los derechos en la cultura política", en Acuña y otros, comps., *Juicio, castigo y memoria: derechos humanos y justicia en la política argentina*.

"justicia de transición", de uso tan frecuente hoy en día, todavía no formaban parte del léxico cotidiano.

Carlos Nino era un brillante teórico legal que asesoró al presidente Alfonsín con respecto a los juicios. Fue profesor en la Facultad de Derecho de la Universidad de Buenos Aires y realizó un doctorado en Oxford en 1977. En su tesis de doctorado, desarrolló una "teoría consensual del castigo que combinaba justificaciones retributivas y preventivas".[23] Aunque pensó la tesis en base al Derecho penal y no a los crímenes de lesa humanidad, el modelo influyó la manera en que Nino entendió los juicios. Rechazaba un modelo puramente preventivo, que sólo se concentraba en evitar futuros crímenes, porque ignoraría la necesidad de compensación de las víctimas. También rechazaba un modelo puramente retributivo porque la idea de castigar a todos los responsables de crímenes de lesa humanidad no se condecía con los límites de la política.[24]

Durante los últimos meses del régimen militar, Nino y su colega, Jaime Malamud Goti, obtuvieron una beca de la Universidad de Friburgo, en Alemania. El ver a Argentina desde Alemania durante el período de la guerra de las Malvinas hizo que Nino y Malamud Goti desarrollaran conceptos diferentes acerca de los juicios por crímenes de lesa humanidad. Tal vez por su condición de abogados, nunca consideraron otra forma de responsabilidad penal que no consistiera en procesos jurídicos a los autores individuales de los crímenes.[25] Dieron por sentado que la única manera de buscar responsabilidad penal era mediante procesos jurídicos. Al volver a Buenos Aires en mayo de 1983, ambos acordaron una serie de reuniones con líderes políticos para desarrollar el concepto de los procesos. Hablaron con varios candidatos, pero se entendieron mejor con Alfonsín. Según Malamud Goti, parecían hablar el mismo idioma, tal vez porque Nino era miembro del partido político de Alfonsín y porque algunos de los familiares de Malamud Goti habían nacido en el mismo pueblo que él.[26] Con el tiempo, se generó un profundo respeto entre Nino y Alfonsín, entre el filósofo del Derecho y el político.[27] Llegaron a compartir la misma mirada del propósito que tendrían los procesos por crímenes de lesa humanidad, que era la prevención. En el libro que publicó en 1996, Alfonsín dice que la justificación para los juicios de Argentina "no era el castigo, sino la prevención: evitar que una situación semejante no se repitiera".[28]

El gobierno de Alfonsín había planeado originalmente dar a las Fuerzas Armadas jurisdicción exclusiva para juzgar al personal militar por crímenes de

---

[23] Carlos Nino. "Strategy for criminal law adjudication", tesis de doctorado inédita, 1977; traducción española revisada, "Los límites de la responsabilidad penal", Buenos Aires, 1980.

[24] Becu, "El filósofo y el político".

[25] Véase Carlos Santiago Nino, *Radical Evil on Trial* (New Haven: Yale University Press, 1996).

[26] Entrevista a Jaime Malamud-Goti, Buenos Aires, Argentina, 28 de noviembre de 2006.

[27] Becu, "El filósofo y el político".

[28] Raúl Alfonsín, *Democracia y consenso* (Buenos Aires: Ediciones Corregidor, 1996), pág. 87.

© gedisa

3. ARGENTINA / 89

lesa humanidad y después indultar a aquellos que hubieran sido sentenciados antes de terminar su mandato. Pero cuando el gobierno presentó su proyecto de reforma de la ley militar al Congreso, la oposición agregó varias cláusulas que obstaculizaron que el gobierno limitara el alcance de los juicios, incluyendo una cláusula para la apelación obligatoria de los casos de derechos humanos ante la cámara de apelaciones civil.[29] Como las Fuerzas Armadas ni siquiera tuvieron la intención de realizar procesos justos, los juicios se transfirieron a una corte civil. Augusto Conte, uno de los líderes del movimiento en defensa de los derechos humanos y padre de un desaparecido, fue elegido como miembro del Congreso y, de esta manera, logró incluir los problemas de derechos humanos directamente en la lista de temas parlamentarios que debían ser tratados.[30]

Nunca antes se habían realizado en Latinoamérica juicios por delitos de lesa humanidad contra los principales líderes de los regímenes dictatoriales durante sus gobiernos. Por lo tanto, cuando Strassera y Moreno Ocampo comenzaron a trabajar en los juicios, no contaban con ningún mapa que les indicara el camino que debían seguir. Aunque los procesos de Grecia se habían llevado a cabo casi diez años atrás, los argentinos no tuvieron ese modelo en mente cuando planificaron sus propios casos. El Congreso de Bolivia inició juicios de responsabilidad penal contra miembros de alto rango del gobierno militar del general García Meza en 1984, pero las acciones legales recién se iniciaron en 1986 y la fase decisiva ocurrió entre los años 1989 y 1983.[31]

En Argentina, cuando comenzaron los juicios a las Juntas militares, los abogados apelaron a la ley penal nacional, no a la ley internacional de derechos humanos, con el fin de que no se los acusara de aplicar la ley de manera retroactiva. El proceso se basó principalmente en el informe de la CONADEP, lo cual demuestra que las comisiones de la verdad y los juicios no actúan siempre como mecanismos separados, sino que se pueden complementar y fortalecer mutuamente. El personal de la comisión participó en la preselección de los casos y entregó mil quinientos informes donde la evidencia podía establecer la responsabilidad de los líderes militares. De esta preselección, los abogados decidieron concentrarse sólo en setecientos casos de asesinatos, secuestros y abusos que tenían evidencias suficientes para no dejar dudas respecto de la responsabilidad de los líderes más importantes del gobierno militar.[32] Como parte del esfuerzo

[29] Carlos Acuña y Catalina Smulovitz, "Guarding the guardians in Argentina: Some lessons about the risks and benefits of empowering the Courts", en A. James McAdams, comp., *Transitional Justice and the Rule of Law in New Democracies* (Notre Dame, IN: University of Notre Dame Press, 1997).

[30] Emilio Ariel Crenzel, "Génesis, usos y resignificaciones del *Nunca más*: la memoria de las desapariciones en Argentina", tesis de doctorado, Facultad de Ciencias Sociales, Universidad de Buenos Aires, 2006.

[31] Rene Antonio Mayorga, "Democracy dignified and an end to impunity: Bolivia's military dictatorship on trial", en McAdams, *Transitional Justice and the Rule of Law in New Democracies*.

[32] "Cómo se preparó la acusación", *Diario del Juicio* 1, 27 de mayo de 1985.

para reunir evidencias, los expertos forenses llevaron a cabo un proyecto de exhumación de las tumbas de los desaparecidos.

En 1985, la fase pública del juicio, que tuvo una duración de siete meses, fue presenciada por un número tan grande de ciudadanos y periodistas que produjo un récord histórico.[33] Los abogados sabían que todo el país los estaba observando, por lo que actuaron con cuidado. Los casos más graves se presentaron primero, como los de las víctimas que no tenían ninguna conexión con el movimiento subversivo. Moreno Ocampo, por ejemplo, se conmovió particularmente por el caso de Pablo Díaz, un joven perteneciente a un grupo de estudiantes secundarios que fueron secuestrados por participar en grupos políticos. Aunque el grupo se llamaba Juventud Guevarista, su principal propósito era conseguir el boleto estudiantil, un descuento para estudiantes en la tarifa del autobús. Moreno Ocampo conoció a Pablo cuando entrevistó a cientos de víctimas en los primeros meses de 1985 para seleccionar los casos que presentarían en el juicio. Pablo tenía dieciséis años cuando lo secuestraron a la madrugada en su casa y en presencia de toda su familia para luego llevarlo a un centro de detención, donde lo torturaron y, después de mantenerlo detenido durante tres años, lo liberaron. Era una de las únicas dos personas del grupo que habían sobrevivido. Cuando se le preguntó si él y su familia estarían dispuestos a testificar públicamente, en un principio, dijo que no podía.

"No sé si quiero que mi caso se haga público", dijo. "Hasta ahora, salvo mi familia, nadie sabe lo que me pasó... No quiero tener problemas para conseguir trabajo y que la gente me mire con cara rara. El otro día, cuando el padre de mi novia estaba mirando un programa de televisión acerca de la CONADEP, donde diferentes víctimas contaban lo que les había pasado, él no lo podía creer. En un momento, me preguntó: 'Che, Pablito, ¿pensás que esto es verdad? Yo respondí que sí. Claro, no dije nada de lo que me había pasado. Ni siquiera mi novia lo sabe'".[34] Ni el padre de la novia ni la madre de Moreno Ocampo podían creer que las Fuerzas Armadas argentinas fueran capaces de cometer esos crímenes. Ni siquiera el informe de la CONADEP y el programa de televisión basado en el informe lograron convencerlos.

Finalmente, Pablo y su familia aceptaron dar su testimonio. En la corte, durante las primeras semanas del juicio, explicó que, cuando lo secuestraron, se lo llevaron de su casa con los ojos vendados, lo arrojaron al suelo de un auto arriba de otro prisionero y lo llevaron a un centro de detención secreto. Cuando lo interrogaron, le dijeron que le iban a "poner la máquina". Pensando que se referían a un detector de mentiras, Pablo aceptó creyendo que los convencería de que estaba diciendo la verdad. Luego descubrió que "la máquina" era una tortura con una picana eléctrica, y cuando la usaron sobre sus labios, encías y

[33] Véase, por ejemplo, *El Diario del Juicio*, el periódico semanal publicado durante todo el período en el que duró el juicio a las Juntas, con transcripciones de testimonios, entrevistas y análisis políticos y legales.

[34] Luis Moreno-Ocampo, *Cuando el poder perdió el juicio: Cómo explicar el "proceso" a nuestros hijos* (Buenos Aires: Planeta, Espejo de la Argentina, 1996), págs. 13-14, traducción de la autora.

© gedisa

genitales, sintió el olor a carne quemada. Le preguntaban una y otra vez acerca de los nombres de los otros estudiantes que había en el grupo y, más tarde, lo volvían a torturar. Estaba al borde del desmayo cuando sintió un dolor terrible en el pie: le habían arrancado la uña con una pinza. El dolor era tan fuerte que les pidió que lo mataran.[35]

Más tarde, el caso de los estudiantes secuestrados se volvió una causa célebre en Argentina y fue el tema de un libro *best seller* y una película, ambos titulados "La noche de los lápices", pero era algo prácticamente desconocido cuando Pablo testificó. La estrategia de los abogados de enfatizar la inocencia de la víctima, que no era miembro de las organizaciones subversivas de la guerrilla, fue subrayada por otro testigo en las primeras semanas del juicio. Magdalena Ruiz Guiñazú, una periodista y miembro de la CONADEP, respondió a una pregunta agresiva de un abogado defensor con otras preguntas: "¿Los ciento veintisiete chicos desaparecidos eran terroristas? ¿Es legal torturar, matar y hacer desaparecer gente? No. Durante toda mi vida seguiré pensando que los que hicieron esto son la peor clase de criminales". Los presentes permanecieron en silencio por un momento. Se podía escuchar a un juez que tosía. En una entrevista posterior, el fiscal Strassera lo consideró un "testimonio brillante" porque había sido una "lección moral". Strassera sabía que en el juicio había mucho más en juego que castigo y prevención. Era un espectáculo del más alto nivel, y Pablo Díaz y Magdalena Ruiz eran participantes muy elocuentes.[36]

Hannah Arendt, en su libro *Eichmann en Jerusalén* (1963), reconoció y criticó el elemento de teatralidad que tenían los juicios. El propósito de un proceso jurídico –sostenía– era hacer justicia, no mostrar el sufrimiento de las víctimas como si fuera un espectáculo. El equipo de abogados argentinos se concentró en proveer la evidencia para hacer justicia, tratando sólo los setecientos casos que tenían mayores evidencias, pero también sabían que, además de convencer a los jueces, se tenían que ganar el corazón y la mente del público.

Muchos de los muertos y desaparecidos fueron miembros de distintos grupos paramilitares, en particular, del grupo más grande de insurgentes peronistas: los montoneros. Ellos también tuvieron un espacio en la corte cuando comenzó a tratarse el caso de la Escuela Mecánica de la Armada, donde el jefe de la Marina, el almirante Emilio Massera, encarceló a un grupo de montoneros. Los fiscales, en términos generales, defendían la idea de que nadie podía ser víctima de tortura ni ejecución sumaria.

Una vez concluido el juicio, cinco de los nueve líderes de las Juntas militares fueron condenados. Los dos líderes más importantes de la Primera Junta, el general Videla y el almirante Massera, fueron sentenciados a cadena perpetua. Massera, ex jefe de la Marina y miembro de la Junta militar fue, después de Videla, el líder más importante en Argentina durante el período de mayor re-

© gedisa

---

[35] "Testimonio del Señor Pablo A. Díaz", *Diario del Juicio* 3, 11 de junio de 1985, pág. 63.

[36] "Los testigos claves según Strassera", *Diario del Juicio* 3, 11 de junio de 1985.

[37] "La sentencia", *Diario del Juicio* 29, 11 de diciembre de 1985.

presión. Los otros tres líderes militares fueron sentenciados a entre cuatro años y medio y diecisiete años de prisión.[37]

Dos semanas después del comienzo del juicio, Moreno Ocampo recibió una llamada telefónica de su madre. "Todavía le tengo cariño a Videla", dijo, "pero tenés razón: debe estar en la cárcel". Luego, Moreno Ocampo comentó: "Lo que la convenció fue escuchar los testimonios de las víctimas, y no a su hijo. El rito judicial es muy importante. Es un ritual neutro que le da orden a la sociedad".[38] Si los juicios previenen futuras violaciones a los derechos humanos, como Alfonsín y Nino esperaban, no sólo será porque castigan a los autores de los crímenes, sino porque el ritual y el simbolismo de un juicio, la evidencia presentada y la aparente neutralidad del proceso convence a la sociedad de que ellos merecen ser castigados. El elemento simbólico es aún más importante en los juicios por delitos de lesa humanidad que en juicios por crímenes comunes.[39] Habría sido difícil que los militares argentinos violaran los derechos humanos a tan gran escala, sin el golpe de 1976. Muchos argentinos querían que hubiera un golpe de Estado. De hecho, casi fueron a golpear la puerta de los cuarteles para que los militares intervinieran. Cuando comenzó la represión, muchos argentinos no se querían enterar de lo que pasaba y se esforzaban por no saberlo. Incluso cuando el régimen militar terminó, muchos, como la madre de Luis Moreno Ocampo, creían que las Fuerzas Armadas los habían salvado del terrorismo. Por esta razón, los juicios fueron un hecho nacional, un espectáculo público cuyo propósito consistía en castigar a los culpables, reafirmar ciertas normas y crear una comprensión nacional del pasado.

Una vez completado el juicio a las Juntas, el poder judicial continuó trabajando en muchos otros casos por crímenes de lesa humanidad contra oficiales de rangos más bajos. El gobierno había iniciado el juicio a las Juntas, pero la mayoría de los casos nuevos fueron presentados por los abogados de las víctimas mediante las cláusulas relativas a los juicios privados incluidas en la legislación penal del país. Como resultado, el poder ejecutivo fue incapaz de controlar el proceso. En lugar de que sólo los nueve líderes de las Juntas fueran procesados, como pretendía Alfonsín, casi trescientos militares fueron demandados. Esta expansión de los juicios provocó inquietud entre los militares argentinos y algunos sectores de las Fuerzas Armadas intentaron hacer un golpe de Estado contra el gobierno de Alfonsín. El miedo se apoderó de la población. Un ciudadano señaló lo siguiente: "Veinte mil personas desaparecieron después del último golpe. ¿Cuántas desaparecerán esta vez?". Tanto algunos miembros del gobierno como personas que no pertenecían al gobierno creían que la principal tarea de Alfonsín era preservar la democracia y que el interés por la justicia de transición había llegado demasiado lejos.

A diferencia de épocas anteriores, esta vez, la gran mayoría de la población no apoyó el golpe, sino que respaldó al gobierno. Durante el intento de golpe

---

[38] Entrevista a Luis Moreno-Ocampo, La Haya, Países Bajos, 10 de noviembre de 2008.

[39] Véase Mark Osiel, *Mass Atrocity, Collective Memory, and the Law* (New Brunswick, NJ: Transaction Publishers, 1997).

© gedisa

en la Semana Santa de 1987, miles de personas se reunieron frente el Congreso, ubicado en el centro de Buenos Aires, para apoyar al gobierno civil.[40] Pese al apoyo, el gobierno de Alfonsín creyó que debía rendirse ante la presión de los militares para salvar el gobierno democrático, por lo que creó la Ley de Obediencia Debida, que consistía, esencialmente, en una amnistía que bloqueaba futuros juicios.

Este momento fue clave para la evolución del movimiento mundial de la justicia de transición, ya que muchos analistas y políticos concluyeron, respecto de los episodios ocurridos en Argentina, que los juicios nacionales contra crímenes de lesa humanidad no eran viables porque provocarían golpes de estado y pondrían en peligro la democracia. Sin embargo, ese análisis malinterpreta la secuencia de los hechos. En Argentina, nueve líderes de las Juntas militares fueron procesados y cinco de ellos fueron condenados. Los intentos de golpes de estado comenzaron recién cuando se iniciaron los juicios posteriores contra militares de menor rango. Por lo tanto, interpretar el caso de Argentina como un ejemplo para demostrar que los procesos por crímenes de lesa humanidad no son posibles equivale a hacer caso omiso de los juicios a las Juntas, que se completaron exitosamente, y el grado de subordinación al control civil que los militares argentinos tuvieron desde ese entonces. Cuando Alfonsín abandonó la presidencia, el gobierno de Carlos Menem indultó a los militares sentenciados a prisión. Muchos ven las excarcelaciones como otra indicación de que los juicios fueron en vano, pero no cambian los procesos ni las penas. Según dos de los más inteligentes analistas de los juicios, pese a las concesiones que otorgaron Alfonsín y Menem, "los altos costos y los altos riesgos que sufrieron las Fuerzas Armadas como resultado de las investigaciones y los procesos judiciales acerca de los crímenes de lesa humanidad son las causas principales para que en la actualidad los militares estén subordinados al poder constitucional".[41]

Tercera fase: El presente (1989)

La segunda fase concluyó con la sanción de la Ley de Obediencia Debida y con el indulto que el presidente Menem les otorgó a los miembros de las Juntas. Si bien en muchos otros países retrocesos de este tipo lograron enmudecer a quienes exigían la imputación de la responsabilidad penal, los grupos militantes argentinos tenían tanta fuerza de voluntad que respondieron con más acciones de cambio, como si el hecho de que les hubieran obstaculizado el camino hubiera renovado su compromiso de seguir luchando. De hecho, algunos intelectuales sostienen que, en ocasiones, enfrentarse a ese tipo de oposición produce el efec-

---

[40] Horacio Verbitsky, *Civiles y militares: Memoria secreta de la transición*, reedición (Buenos Aires: Sudamericana, 2006).

[41] Acuña y Smulovitz, "Guarding the guardians in Argentina."

to paradójico de multiplicar los recuerdos de las atrocidades y, por consiguiente, incita a la acción.[42]

Además, los grupos que defendían los derechos humanos recurrieron a instituciones nacionales y extranjeras cuando se obstruyó el desarrollo del proceso de imputación de la responsabilidad penal en el país. En un libro acerca de la militancia de transición que escribí con Margaret Keck, hablamos de lo que se conoce como "efecto búmeran", en el que los movimientos nacionales recurren a aliados internacionales para ganar poder y presionar al gobierno desde afuera.[43] Entendí este efecto observando cómo el movimiento argentino formaba vínculos transnacionales en la década de los años ochenta.[44] Cuando la Ley de amnistía impidió que los grupos argentinos realizaran juicios en cortes nacionales, los activistas provocaron una versión judicial del búmeran: buscaron aliados judiciales internacionales para presionar al gobierno local. El CELS llevó un caso a la CIDH, que en 1992 sancionó que la Ley de amnistía y los indultos otorgados por el presidente Menem a personas que habían cometido delitos durante la dictadura eran incompatibles con la Convención Americana de Derechos Humanos.[45] Los grupos militantes también llevaron varios casos a tribunales extranjeros, especialmente de España, pero también de Italia, Alemania y Francia. De este modo, comenzaron algunos de los primeros juicios extranjeros por crímenes de lesa humanidad.

Mientras tanto, en el ámbito nacional, las organizaciones continuaron realizando innovaciones en las prácticas legales. El cuerpo de abogados de las Abuelas de Plaza de Mayo trabajó para procesar a los oficiales militares del secuestro y el cambio de identidad de los hijos de desaparecidos que, en muchos casos, habían sido entregados a aliados del régimen militar. Los abogados sostenían que, como la Ley de amnistía no regía los delitos por secuestro de menores y cambio de identidad, podían demandarlos. Esta maniobra legal se convirtió en uno de los métodos principales que los grupos nacionales utilizaron para quebrantar la Ley de amnistía. La estrategia comenzó a tener éxito a mediados de la década de los años noventa pero, al comienzo, la mayoría de las personas que se declaraban culpables eran militares de bajo rango o miembros de las familias adoptivas.[46]

En 1998, los jueces federales ordenaron prisión preventiva para el ex presidente general Videla y el almirante Massera. Ambos habían sido sentenciados a

[42] Véase Elizabeth Jelin y Susana G. Kaufman, "Layers of memory: Twenty years after in Argentina", en Graham Dawson, T. G. Dawson y Michael Roper, comps., *The Politics of War Memory and Commemoration* (Londres: Routledge, 2000).

[43] Margaret E. Keck y Kathryn Sikkink, *Activists Beyond Borders: Advocacy Networks in International Politics* (Ithaca, NY: Cornell University Press, 1998).

[44] Esto es parecido al proceso que Tarrow considera "cambio en escala", en el cual grupos locales se proponen alcanzar objetivos mayores, con nuevos actores, instituciones y nuevos niveles —Sidney Tarrow, *The New Transnational Activism* (Nueva York: Cambridge University Press, 2005).

[45] Leonardo Filippini, "Truth trials in Argentina", inédito, 2005.

[46] Entrevista a Alcira Ríos, directora legal de Abuelas de Plaza de Mayo, Buenos Aires, 12 de diciembre de 2002.

cadena perpetua durante los juicios contra las Juntas y ambos se habían beneficiado con el indulto de Menem. No se los podía enjuiciar nuevamente por el mismo crimen, por lo que esta vez los acusaron del secuestro de bebés y falsificación de documentos públicos. El contexto y el momento en que se produjeron los arrestos de Videla y Massera da indicios de que los jueces argentinos tal vez se hayan valido del modelo de los juicios de Francia y España.[47] Aparentemente, para evitar la presión política de extraditar oficiales a España, los jueces argentinos decidieron dictaminar prisión preventiva a algunos oficiales de alto rango pero políticamente marginalizados, como Videla y Massera.

Tal vez la batalla legal más difícil se trató de otro juicio privado dirigido por el CELS para que se declarara inconstitucional la Ley de amnistía. El caso era en contra de un miembro de la Policía Federal Argentina, Julio Simón, que estuvo involucrado en el secuestro seguido de tortura y muerte de José Poblete y su esposa Gestrudis, junto con el secuestro de su hija de ocho meses, Claudia, quien fue dada en adopción a una familia militar y fue despojada de su identidad. Según el testimonio de los sobrevivientes, Simón llevaba un llavero con una esvástica y obligaba a los detenidos a que escucharan himnos nazis. Aunque Poblete había perdido ambas piernas en un accidente, Simón lo torturó y hasta lo hizo caer por las escaleras del centro de detención. Dos abogadas del CELS, María José Guembe y Carolina Varsky, se ocuparon del caso y recurrieron a los juicios privados para evitar que se cerrara el proceso de responsabilidad penal. María José Guembe, que con su metro y medio de estatura y el pelo largo y lacio parecía ser una simple muchacha, debió haber sorprendido a los militares argentinos cuando, finalmente, quebró su impunidad, aunque cuando comenzó con el caso de Poblete ya tenía amplia experiencia como abogada. Guembe y Varsky sostenían que las leyes de amnistía ponían al sistema judicial argentino en una posición insostenible para que los jueces pudieran declarar culpables a personas por secuestros de menores y falsificación de su identidad, pero no podían hacer lo mismo con los crímenes más serios, como el asesinato y la desaparición de los padres (principales causas del delito de secuestro). Además, afirmaban que las leyes de amnistía eran una violación a tratados de derechos humanos nacionales e internacionales de los cuales la Argentina formaba parte y que abarcaban directamente la legislación del país. Al juez federal Gabriel Cavallo estos argumentos le parecieron convincentes y elaboró un informe que consistía en un largo tratado acerca de la importancia que tenían las leyes internacionales de derechos humanos en la justicia penal argentina.[48]

Pablo Parenti, que trabajaba para el juez Cavallo en aquel momento, explicó que el caso no sólo era importante porque invalidaba la amnistía, sino porque lo hacía combinando argumentos de la justicia nacional con argumentos internacionales en defensa de los derechos humanos, especialmente de la CIDH. No

[47] Entrevista a Martín Abregú, ex director del Centro de Estudios Legales y Sociales, Buenos Aires, 20 de julio de 1999.
[48] Gabriel Cavallo, "Resolución del juez Gabriel Cavallo", *Juzgado Federal* 4, Caso Poblete-Hlaczik, 6 de marzo de 2001.

sabía de otros precedentes en los que los tribunales nacionales hubieran invalidado leyes de amnistía de una manera semejante.[49]

En Argentina el contexto era propicio para esta clase de decisiones porque la reforma constitucional de 1994 otorgó estatus constitucional a los tratados internacionales de derechos humanos y porque los tribunales habían descubierto que la norma consuetudinaria internacional se podía aplicar a nivel nacional. El CELS solicitó que organizaciones internacionales escribieran informes de *amici curiai* para los casos y, de esta manera, logró introducir por primera vez en el sistema judicial de la Argentina la práctica de utilizar *amici curiai* extranjeros. Un tribunal de apelaciones apoyó al juez Cavallo en la decisión que tomó en el caso Poblete. En el año 2003, antes de que el caso llegara a la Corte Suprema, el Congreso, con el apoyo de la administración Kirchner, sancionó una ley que anulaba las leyes de amnistía.

En junio de 2005, para el caso Poblete, la Corte Suprema, con una mayoría de siete a uno, votó que las leyes de amnistía eran inconstitucionales. La Corte citó jurisprudencia de la Corte Interamericana de Derechos Humanos que limitaba el poder de los legisladores para sancionar leyes de amnistía por crímenes de lesa humanidad. La Corte Suprema también decretó que los crímenes por desapariciones eran delitos de lesa humanidad para los cuales no puede haber cláusulas de limitaciones. La decisión de la Corte permitió que se reabrieran cientos de casos que se habían cerrado durante los últimos quince años. Entre 2005 y 2010, los procesos crecieron en los tribunales y se llegó a lograr dictar numerosas sentencias. Como la democracia argentina se había consolidado y el sistema judicial tenía más experiencia, menos personas se opusieron a los casos por creer que amenazaban la democracia, como había ocurrido en el pasado.

Mientras Argentina seguía este camino de juicios por delitos de lesa humanidad, Uruguay y su país vecino, Brasil, que también pasaron por períodos de transición, siguieron un camino diferente. Las violaciones a los derechos humanos que se perpetraron durante la dictadura uruguaya fueron de una magnitud diferente a las de Argentina. La represión en Uruguay no estuvo caracterizada por miles de desaparecidos, sino que los militares implementaron un programa de arrestos masivos, rutinas de tortura y una vigilancia constante sobre la población. En 1976, Amnistía Internacional estimó que sesenta mil personas habían sido arrestadas y detenidas al mismo tiempo en Uruguay, que uno de cada cinco uruguayos había estado preso durante el golpe y que muchos habían sido torturados. Sin embargo, las Fuerzas Armadas asesinaron e hicieron desaparecer a menos personas que en Argentina y Chile. En el informe no oficial que se publicó al recuperarse la democracia, *Uruguay: nunca más*, se habló de ciento treinta y una personas asesinadas por los militares, incluyendo treinta y dos casos de asesinatos por torturas y ciento sesenta y seis desapariciones, de las cuales sólo treinta y tres ocurrieron en el país.[50]

---

[49] Entrevista a Pablo Parenti, Buenos Aires, Argentina, 6 de diciembre de 2002.

[50] La mayoría de las desapariciones de uruguayos en Argentina, probablemente, fue resultado de la colaboración entre las fuerzas de seguridad argentinas y uruguayas.

Cuando el Congreso de Uruguay sancionó la Ley de inmunidad en 1986, los ciudadanos y los organismos de defensa de los derechos humanos organizaron una campaña para reunir quinientas mil firmas para obligar a someter la ley a referéndum. El hecho de que los grupos militantes pudieran reunir tantas firmas en un país de sólo tres millones de personas demuestra el poder que las normas de derechos humanos tienen en la sociedad uruguaya. Hubo elecciones en abril de 1989 y los resultados fueron un duro golpe para el movimiento de responsabilidad penal. En todo el país, el cincuenta y cuatro por ciento de la población votó a favor de que se mantuviera la Ley de inmunidad a las Fuerzas Armadas. En Montevideo, la ciudad capital, que tiene la mitad de la población del país, un cuarenta y dos y medio por ciento votó a favor de la inmunidad. Dada la postura de los militares durante la campaña para exigir el referéndum, muchos uruguayos tenían miedo de que si se derogaba la ley, podría haber otro golpe militar.[51] El miedo creció por los hechos recientes sucedidos en Argentina, ya que el intento de golpe que se realizó durante las Pascuas de 1987 había obligado al presidente Alfonsín a decretar leyes de amnistía. Si Argentina había tenido que parar los juicios, ¿cómo sería posible que en Uruguay el resultado fuera positivo?

Con el tiempo, algunos grupos de defensa de los derechos humanos de Uruguay interpretaron el voto como una decisión democrática y, por ende, legítima, en contra de la responsabilidad penal. Al contrario de lo que ocurrió en Argentina, donde el gobierno dictatorial sancionó la autoamnistía, en Uruguay la ley fue sancionada por un Parlamento elegido democráticamente y luego fue ratificada por el voto popular. "El pueblo habló", me decían a veces los militantes uruguayos, cuando les preguntaba acerca de la posibilidad de realizar juicios.

En un principio, Argentina fue el único país de la región que intentó llevar a cabo juicios a gran escala. Sólo Bolivia, que también tuvo una transición de ruptura, siguió el mismo camino y, finalmente, procesó y sentenció a varios de los principales líderes del gobierno militar que habían detentado el poder desde julio de 1980 hasta agosto de 1981, como el ex dictador general García Meza. La naturaleza de la recuperación de la democracia fue tan importante para el proceso de justicia de transición que el principal analista de los juicios concluyó: "Sólo con este tipo de transición, una transición de ruptura o colapso político total, como ocurrió en Argentina y Bolivia, fue históricamente posible que se abriera el espacio necesario para procesar jurídicamente a los militares".[52]

Algunos aspectos del contexto político de Argentina hicieron posible que se produjeran cambios en el país en el área de los derechos humanos y de la justicia de transición. El primero de ellos fue el tipo de represión. El caso de Argentina fue único porque la represión fue extrema, pero no tanto como para eliminar todas las posibilidades de militancia. El régimen militar asesinó en el país a más gente que en Chile, Brasil y Uruguay. En cambio, Guatemala sufrió una mayor

---

[51] Para ver una fascinante discusión acerca de esta campaña y su respectivo debate, véase Lawrence Weschler, *A Miracle, a Universe: Settling Accounts with Torturers* (Nueva York: Pantheon Books, 1990).

[52] Mayorga, "Democracy dignified and an end to impunity".

represión que Argentina o que cualquier otro país de la región y la dictadura logró eliminar o acallar al movimiento guatemalteco en defensa de los derechos humanos.[53]

En segundo lugar, la naturaleza de la transición determinó que los grupos militantes pudieran reclamar la imputación de la responsabilidad penal. Al igual que Grecia y Portugal, Argentina pasó por una transición "de ruptura" mientras que Chile, Uruguay y Brasil tuvieron transiciones "pactadas". Como el régimen militar argentino colapsó luego de la derrota en la guerra de las Malvinas, las Fuerzas Armadas no tuvieron la posibilidad de negociar las condiciones de su salida del poder. Este hecho ayuda a explicar por qué fue posible que Argentina realizara juicios contra las Juntas casi inmediatamente después de la recuperación de la democracia y por qué era más difícil llevar a cabo procesos de esa naturaleza en otros lugares. Como la transición de Uruguay y Brasil fue pactada, los ex líderes dictatoriales se mantuvieron en posiciones de poder una vez terminado el régimen y, por lo tanto, resultaba más difícil iniciar procesos en su contra.

Pero estos dos puntos principales solos (la intensidad y la naturaleza de la represión y el tipo de transición hacia la democracia) nos explican una parte de las causas del alto grado de innovación que hubo en Argentina. El caso de este país también ilustra un argumento que usan con frecuencia los teóricos en movimientos sociales: las oportunidades políticas no sólo existen en el plano abstracto, sino que necesitan ser percibidas y construidas por los grupos militantes.[54] Los actores políticos de Argentina se encontraron con un contexto favorable para satisfacer sus demandas al recuperarse la democracia, pero estos grupos también tenían una tendencia más marcada que en otros países a percibir y crear oportunidades políticas.

El primer juicio contra las Juntas contribuyó a que se incrementara la influencia del Poder Judicial en el país. Desde 1985, creció significativamente el número de casos llevados a la Corte Suprema y a tribunales federales y estatales. El juicio a las Juntas alentó el "descubrimiento del Derecho" porque los ciudadanos comunes comenzaron a considerar que el sistema judicial era más sencillo de utilizar y más legítimo de lo que creían, ya que logró que los ex dictadores más poderosos de la nación se hicieran responsables de los crímenes cometidos en el pasado.[55] La gente se dio cuenta de que si la ley podía ser aplicada incluso contra los poderosos, entonces, se podía usar para fines propios.

---

[53] Stephen Ropp y Kathryn Sikkink, "International norms and domestic politics in Chile and Guatemala", en Thomas Risse, Stephen Ropp y Kathryn Sikkink, comps., *The Power of Human Rights: International Norms and Domestic Change* (Cambridge, UK: Cambridge University Press, 1999).

[54] Véase, por ejemplo, Donatella Della Porta y Sidney Tarrow, comps., *Transnational Protest and Global Activism* (Lanham, MD: Rowman & Littlefield, 2005).

[55] Catalina Smulovitz, "The discovery of law: Political consequences in the Argentine case", en Yves Dezalay y Bryant G. Garth, comps., *Global Prescriptions: The Production, Exportation, and Importation of a New Legal Orthodoxy* (Ann Arbor: University of Michigan Press, 2002), págs. 249-275.

De igual manera, la estructura del sistema judicial argentino también dio lugar a un cambio en la legislación. El sistema argentino permite que los jueces entren al Poder Judicial en varias instancias de su carrera. En Chile, por el contrario, durante muchos años sólo había una manera de llegar a ser juez y muchos aspirantes a jueces debían elegir ese camino ni bien terminaban sus estudios de Derecho y dedicar su carrera profesional a subir escalafones institucionales. La Corte Suprema, un ente conservador, era el encargado de controlar la disciplina y de elegir a los jueces que subirían de rango. Como consecuencia, los jueces chilenos aprendían que debían seguir la línea propuesta por la Corte Suprema de que, como los juicios por delitos de lesa humanidad eran "políticos", dentro de lo posible, el Poder Judicial, apolítico por definición, debía evadirlos. Es posible que la mayor autonomía de los jueces argentinos les haya permitido tomar más decisiones judiciales independientes relativas a los crímenes contra la humanidad que a sus colegas de otras partes de la región.[56]

También hay otra característica institucional del sistema judicial argentino que resultó ser importante. Algunos sistemas legales, como el de Argentina, tienen cláusulas que aseguran la posibilidad de recurrir a procesos privados en casos de Derecho penal. Como investigadora, me llevó un largo tiempo entender el concepto y encontrar la palabra adecuada en inglés (el idioma original en que se escribió el libro) para referirme a esas prácticas porque en los países donde se aplica el derecho anglosajón, los fiscales de Estado son los únicos responsables de llevar tales casos a la justicia. En Estados Unidos, por ejemplo, las víctimas pueden ser actores de procesos judiciales, pero no los inician directamente. El Derecho anglosajón funciona de esta manera porque se enfatiza que un crimen es en contra de toda la sociedad, no sólo contra la víctima. En cambio, en los lugares en donde el gobierno controla el acceso a los juicios penales, no es sorprendente que sea más difícil iniciar procesos en contra de los miembros del Estado. En sistemas de Derecho civiles que permiten que se realicen juicios privados, las víctimas y quienes los apoyan pueden ser partícipes de los juicios penales y acompañar a los fiscales de Estado. En un sistema judicial con cláusulas rotundas que defienden los juicios privados, como el argentino, las víctimas tienen la posibilidad de insistir para que se lleve a cabo el proceso de un juicio, incluso cuando el fiscal de Estado preferiría que el caso se cerrara. Así, por ejemplo, la posibilidad de tener los juicios privados ayuda a explicar por qué se realizaron más procesos judiciales por crímenes de lesa humanidad en Argentina que en Uruguay. Uruguay es uno de los pocos países de América que no garantiza los juicios privados para casos de justicia penal, de modo que se vuelve casi imposible que los abogados que representan a las víctimas hagan presión para que se continúe con un caso cuando los fiscales de Estado se oponen.

Aunque en los primeros juicios (los de Grecia, Portugal y Argentina) fue necesario tener una transición de ruptura para avanzar con los procesos, hacia la década de los años noventa, la transición de ruptura dejó de ser una precondición para los juicios y, finalmente, los países con transiciones pactadas, como

[56] Lisa Hilbink, *Judges Beyond Politics in Democracy and Dictatorship: Lessons from Chile* (Nueva York: Cambridge University Press, 2007).

Guatemala, Chile y Uruguay, también pudieron iniciar los procesos judiciales. Este hecho ilustra un concepto crucial: el mundo de la política no es estático. El accionar humano puede transformar las condiciones en las que se lleva a cabo la acción política. El hecho de que algunos países lograron condenar a miembros del gobierno comenzó a cambiar las expectativas que tenían los países. Los juicios eran objetivamente amenazadores para los miembros del Estado, pero el miedo a los procesos también era subjetivo. La gente temía que los juicios fueran peligrosos, de modo que los evitaron, pero ese miedo solamente indicaba una predicción acerca del futuro, no eran leyes férreas. Los primeros juicios alteraron los preconceptos de la población acerca de los efectos que tendrían y, de esta forma, lograron elevar las posibilidades de que los ciudadanos tuvieran menos miedo y más valor para pedir justicia.

PARTE II

LA PROPAGACIÓN DE IDEAS SOBRE LA RESPONSABILIDAD PENAL INDIVIDUAL

INTERLUDIO

¿Cómo y por qué se difunde la experiencia argentina?

Hasta ahora, he hablado sobre el surgimiento temprano del concepto de responsabilidad penal individual y de su práctica en Grecia, Portugal y Argentina. Ahora me gustaría hablar de cómo se difundieron estas ideas sobre la imputación de la responsabilidad penal individual en todo el mundo. Me parece apropiado comenzar con el caso de Argentina porque cumplió un rol significativo en la difusión de este concepto a nivel mundial.

Argentina es más que un caso más dentro de la bibliografía relativa a la justicia de transición. La experiencia de este país ayudó a crear dos de los mecanismos principales de responsabilidad penal sobre los que se enfocan los debates relacionados a la justicia de transición: las comisiones de la verdad y los juicios a los militares de alto rango por delitos de lesa humanidad. Si bien no es necesario que las estrategias de la justicia de transición tengan un origen nacional para que resulten efectivas, el caso de Argentina demuestra que importantes cambios han provenido y pueden provenir de fuentes diversas. El modelo argentino también sugiere que ciertos mecanismos, como las comisiones de la verdad y los procesos judiciales, no son opciones necesariamente excluyentes entre sí y pueden combinarse con resultados positivos. De hecho, los argentinos lograron innovar el sistema mediante los juicios por la verdad, un estilo de juicio que combina elementos de juicios y de comisiones por la verdad. Recientemente, los abogados y jueces argentinos han recurrido a estrategias judiciales nuevas para declarar las leyes de amnistía inconstitucionales, lo que hizo posible que los juicios por delitos de lesa humanidad que estaban paralizados pudieran continuar. Otros países, como Chile y Uruguay, están esforzándose por debilitar la aplicación de las leyes de amnistía, siguiendo el modelo de Argentina.

La diferencia entre los tres casos expuestos en la primera parte de este libro reside en la calidad de la difusión de sus experiencias con los juicios a nivel mundial. La experiencia de los juicios de Portugal no tuvo difusión y el concepto de los juicios griegos se expandió en algunas redes legales, académicas y militantes, pero nunca alcanzó un nivel de difusión masiva. En cambio, el conocimiento sobre los juicios argentinos se propagó a nivel mundial, aunque no necesariamente como un ejemplo a seguir. El caso griego fue relevante para el Sistema Europeo de Derechos Humanos y para los primeros trabajos de Amnistía Internacional, pero ni este caso ni el portugués tuvieron un impacto duradero en América Latina o en el mundo. En varias oportunidades, Luis Moreno Ocampo declaró que los juicios argentinos eran los primeros de su tipo a nivel mundial, sin mencionar el antecedente griego. Tal vez esto sucedió porque estaba muy involucrado en los juicios de su país, pero la realidad es que si la experiencia griega hubiera sido un antecedente fuerte para Argentina, el fiscal adjunto de los juicios argentinos sin duda lo hubiera mencionado. Incluso Wolfgang Kaleck, un importante abogado alemán que ha luchado por la defensa de los derechos humanos extranjeros en Alemania y en otros tribunales europeos desde 1998, considera que los juicios argentinos son un precedente más importante que los juicios de Grecia o Portugal,[1] los cuales, a pesar de la cercanía geográfica, no son tan conocidos.

Entonces, ¿por qué los argentinos tuvieron más éxito que los griegos y los portugueses en difundir su modelo? El primer motivo es que el sistema argentino funcionaba dentro de un contexto geográfico en el que muchos otros países estaban atravesando al mismo tiempo períodos de transición. Por consiguiente, la región latinoamericana estaba preparada para reaccionar ante la experiencia argentina. La segunda razón es que la presencia del movimiento argentino en defensa de los derechos humanos fue más firme que la de otros países dentro del movimiento internacional consolidado. A mediados de la década de 1970, cuando se desarrollaron los juicios de Grecia y Portugal, el movimiento en defensa de los derechos humanos estaba comenzando y, a pesar de que Amnistía Internacional ayudó a difundir el caso de Grecia, no había demasiados grupos que colaboraran con su divulgación. Tanto en Grecia como en Portugal no había prácticamente grupos relacionados con la defensa de los derechos humanos: tal vez éste es el motivo por el cual no haya habido nadie encargado de difundir el concepto subyacente de los juicios acerca de la justicia. Dicho de otro modo, se difunden ideas y prácticas y, para lograrlo, se debe creer con firmeza en lo que propaga: los griegos, como hemos visto, dudaban del grado innovador de sus juicios, a la vez que los portugueses tenían una postura ambivalente respecto de la implementación de la justicia. En ambos países, los debates de la década de los años setenta ocurrieron en un marco en el que la derecha tradicional se enfrentaba con la extrema izquierda radical. Para la izquierda de ambos países, los juicios eran incompletos y se llevaban a cabo demasiado tarde, y para la derecha, los juicios no estaban bien organizados y no se realizaban de forma completa. En Portugal, como hemos visto, los casos casi cayeron en el olvido. El mundo entero, después de 1974, estaba cautivado por el ejemplo de la potencial situación de revolución transitoria en Portugal, pero no por las prácticas mundanas de los juicios que comenzaron varios años después de la transición. Pocas personas escribieron acerca de los juicios portugueses o los mencionaron como un ejemplo positivo dentro del país y, mucho menos, fuera de Portugal.

Cuando le hice una entrevista al capitán Sousá e Castro, el principal arquitecto de los procesos portugueses, me dijo que era la primera vez que un analista o periodista extranjero lo entrevistaba sobre su trabajo de la justicia de transición. Confesó que la izquierda portuguesa lo recordaba como el defensor

© gedisa

---

[1] Entrevista a Wolfgang Kaleck, Alemania, 6 de junio, 2010.

de los oficiales de la PIDE y no como la persona que se había encargado de proveer justicia limitada. En Grecia, los archivistas de la biblioteca Karamanlis no pudieron hallar documentos sobre la decisión de detener los juicios. Los autores griegos responsables de uno de los artículos en inglés más importantes acerca de los juicios nunca lo tradujeron a su lengua materna. Al parecer, no había suficiente interés del público. La mayor parte del conocimiento internacional sobre la experiencia griega proviene de los informes de Amnistía Internacional sobre los juicios y del debate sobre el caso de Grecia de Samuel Huntington. Este profesor de Ciencias Políticas de Harvard, conservador y brillante, llamó la atención sobre la tendencia mundial hacia la democracia en su libro *La tercera ola: La democratización a finales del siglo XX*, una de sus obras más citadas.

En 1985, cuando Argentina juzgó a sus máximos dirigentes por delitos de lesa humanidad, el movimiento mundial en defensa de estos derechos estaba ganando fuerza y estabilidad y varios grupos difundieron información sobre la experiencia argentina en los juicios. Hubo países que reaccionaron tanto de manera positiva como negativa ante este caso. En este sentido, ya sea para bien o para mal, la experiencia argentina causó una gran controversia, lo cual, para bien o para mal, centró la atención en ese modelo. Por último, muchos ciudadanos argentinos y extranjeros familiarizados con la situación argentina viajaron por el mundo y compartieron sus experiencias. En cambio, ni los griegos ni los portugueses trabajaron activamente para difundir ni normalizar su experiencia.

Los militantes de los derechos humanos argentinos no mantuvieron una postura pasiva ante la cascada de la justicia, sino que se convirtieron en pioneros y difusores de múltiples tácticas innovadoras y de los mecanismos de la justicia de transición. Las innovaciones relacionadas con los derechos humanos son tantas que considero que los grupos militantes de los movimientos sociales argentinos y los miembros del gobierno de ese país son los protagonistas más importantes en materia de responsabilidad penal dentro del campo de los derechos humanos, ya que aportaron una extensa cantidad de innovaciones tácticas e institucionales. En ese entonces, los argentinos trabajaron activamente para propagar dichas ideas en el exterior, aunque esto no implica que lo hayan hecho porque estaban satisfechos u orgullosos de sus logros. A menudo, los argentinos difunden los cambios sin mayor intención que buscar caminos alternativos internacionales para prolongar o reanudar los juicios porque no están conformes ante sus propias deficiencias.

En la mayoría de estos intentos, los grupos argentinos no operaron de forma aislada: hay una extensa cantidad de documentación sobre vínculos transnacionales del movimiento argentino en defensa de los derechos humanos.[2] Como hemos visto en el Capítulo 1, a fines de los años setenta el marco legal e institucional de los derechos humanos era nuevo y aún bastante débil; es decir que era considerado como una posibilidad pero su potencial no se había puesto en

---

[2] Véanse Margaret E. Keck y Kathryn Sikkink, *Activists Beyond Borders: Advocacy Networks in International Politics* (Ithaca, NY: Cornell University Press, 1998) y Alison Brysk, *The Politics of Human Rights in Argentina: Protest, Change, and Democratization* (Stanford, CA: Stanford University Press, 1994).

marcha ni se había materializado. Los grupos militantes provenientes de países como Argentina o Chile, con el apoyo de aliados, ya sea no gubernamentales como estatales, principalmente de Estados Unidos y de Europa, resultaron cruciales para aprovechar las oportunidades que ofrecían estas instituciones y transformarlas de mecanismos de cambio potenciales a reales. La institución internacional más importante en el caso de Argentina fue la IACHR, que redactó un informe pionero sobre los derechos humanos en el país en cual se aconsejaba que los jefes de Estado fueran juzgados y castigados por sus crímenes. La IACHR había recomendado esta medida antes, pero Argentina fue el primer país en aplicarla.

Focalizar la atención principalmente en la dimensión transnacional de estas luchas, a veces, puede desdibujar la cuestión sobre el lugar de surgimiento de la iniciativa. En muchos casos, el estímulo por crear esta red de contactos provenía desde dentro de Argentina. Los grupos argentinos buscaron crear vínculos internacionales y los incluyeron en la lucha por la defensa de los derechos humanos en su país. Así, el caso argentino demostró claramente que la cascada de normas no empieza solamente en el Gran Norte, sino que también puede comenzar en países innovadores del Hemisferio Sur.

El caso argentino produjo una serie de acciones y reacciones. Por ejemplo, los chilenos diseñaron su estrategia de justicia de forma explícita para evitar lo que ellos consideraban "errores" de la experiencia argentina: llegarían a la verdad y lograría la reconciliación a través de las comisiones de la verdad, pero no imputarían la responsabilidad penal individual a través de los juicios. Esta estrategia se mantuvo firme desde 1990 hasta 1998, cuando arrestaron al general Pinochet en Londres. Los sudafricanos consideraron los ejemplos de los casos de Argentina, Chile y El Salvador para diseñar una estrategia innovadora con la expectativa de lograr una mejor combinación entre la búsqueda de la verdad, la justicia y la reconciliación. La Comisión de la Verdad y la Reconciliación de Sudáfrica fue creada para darles amnistía sólo a aquellas personas involucradas en crímenes de lesa humanidad que se presentaban ante la policía para decir toda la verdad sobre su participación en la violación a los derechos humanos. En principio, los que no se presentaran o no dijeran la verdad podrían ser procesados. La justicia de transición se convirtió, entonces, en una cuestión internacional: las decisiones particulares que tomaban los actores nacionales estaban condicionadas –pero no determinadas– por las decisiones preexistentes de otros lugares.

Las formas claves de difusión de los cambios innovadores del movimiento argentino respecto de la lucha por la defensa de los derechos humanos fueron a través de publicaciones, de los medios de comunicación y del movimiento real de la gente hacia el cambio. Lo más importante es que la experiencia argentina demuestra que la primera difusión se da a través de los individuos y, en particular, a través de los sistemas de relaciones en los cuales esos individuos actúan. Los sistemas que hicieron posible la difusión de estas ideas eran como ondas expansivas causadas por gotas de lluvia en la superficie de un lago: cada persona del sistema ayudaba a formar sistemas nuevos y a conectarse con otros, los cuales, a su vez, enviaban la información a otros lugares del mundo, cada vez más remotos. Las organizaciones de defensa de los derechos humanos, las comisiones de la verdad y el juicio a las Juntas militares entrenaron a toda una generación de militantes y de profesionales de derechos humanos, muchos de los cuales continuaron promoviendo cambios innovadores y desarrollando sus habilidades en otros sitios. Muchos de estos argentinos luego fueron designados para liderar actividades internacionales y se convirtieron en agentes que entraban en contacto con militantes de diferentes partes del mundo.

Uno de los casos más famosos es el de Luis Moreno Ocampo, quien ocupa el puesto de fiscal jefe en la Corte Penal Internacional, uno de los trabajos más importantes de la actualidad en materia de derechos humanos a nivel mundial. Moreno Ocampo pensó que el juicio a las Juntas sería el trabajo de su vida, pero luego se dio cuenta de que sólo había sido "un entrenamiento" para su trabajo en la CPI. En la actualidad, las lecciones políticas y legales que aprendió en Argentina forman parte de su trabajo diario. Allí, particularmente, aprendió a investigar casos sin ayuda policial, ya que la policía solía estar involucrada en los crímenes. Esta habilidad que desarrolló resulta útil a la hora de trabajar en la CPI porque la Corte no posee su propia fuerza policial. También aprendió a llevar a cabo juicios durante el proceso de establecimiento de un Estado de derecho. En países desarrollados, tal como explica Moreno Ocampo, los fiscales dan por sentada la estabilidad y la aceptación de la ley. En Argentina y en la CPI, aprendió la difícil tarea de procesar a alguien en un contexto en donde hay una nueva legislación en construcción. Por último, la experiencia argentina lo preparó para trabajar en un ambiente en donde el conflicto y la crítica son una parte constante de su labor, lo que lo ayudó a soportar varios ataques contra la CPI y contra su trabajo.[3]

Juan Méndez, ex prisionero político durante la dictadura y mentor de mis primeros trabajos en Washington, D.C., ocupó puestos más importantes en organizaciones internacionales no gubernamentales y en organizaciones intergubernamentales que casi ningún otro importante militante de derechos humanos. Se desempeñó tanto cargos altos en ONG, como Human Rights Watch y el Centro Internacional por la justicia de transición, como puestos en el sistema interamericano y en las Naciones Unidas. Durante sus quince años de trabajo en Human Rights Watch, una de las principales organizaciones de derechos humanos con base en Estados Unidos, realizó un aporte esencial: realizar un análisis profundo sobre los juicios en Argentina y en otros lugares de la región.

La carrera de otra argentina, Patricia Tappatá Valdez, es un vívido ejemplo de cómo funciona la difusión a través de individuos dentro de sistemas que construyen lazos de confianza. Durante la dictadura argentina, vivió en Perú y, con el tiempo, terminó obteniendo el cargo de directora de una de las organizaciones de derechos humanos más importantes de ese país, la Comisión Episcopal de Acción Social. Patricia no vivió en Argentina durante el período de las Comisiones de la Verdad ni durante el juicio a las Juntas, pero siguió ambos casos desde el exterior. Su hermano y su familia estuvieron detenidos durante

[3] Entrevista a Luis Moreno Ocampo (Minneapolis, MN, 27 de septiembre de 2010).

la dictadura y ella se sentía ligada tanto personal como profesionalmente con la causa de la justicia y de la responsabilidad penal. En 1992, Patricia regresó a Argentina para trabajar en una nueva organización local de derechos humanos llamada Poder Ciudadano, la cual estaba dirigida por Luis Moreno Ocampo, quien se dedicó a trabar en el seno de esa organización de forma completa una vez que finalizó el juicio a las Juntas.

La Organización de las Naciones Unidas estaba ocupándose de establecer una Comisión de la Verdad en El Salvador, la tercera de su tipo en Latinoamérica y la primera implementada por las Naciones Unidas. Cuando los funcionarios de la ONU comenzaron a buscar a una persona capaz de liderar al equipo de la comisión recién creada, un abogado peruano, especializado en derechos humanos que trabajaba en la ONU en ese momento, sugirió el nombre de Patricia al asistente principal de Pérez de Cuellar, el secretario general de la ONU. La comisión estaba compuesta por tres delegados internacionales, todos ellos diplomáticos experimentados y juristas, y estaban presididos por el ex presidente colombiano Belisario Betancourt, aunque el trabajo diario de la comisión era realizado por el equipo liderado por una secretaria ejecutiva. En 1992, el secretario general le otorgó a Patricia ese cargo. Cuando llegó a Nueva York para comenzar el proceso de establecimiento de la Comisión de la Verdad, Patricia descubrió que nadie se había encargado demasiado de los preparativos. Recuerda que le dieron un archivo muy fino con los resultados de una sesión de tormenta de ideas que había contado con la participación de Juan Méndez y de un par de otros expertos en ONG. Sus jefes de la ONU consideraban que ella tendría conocimiento sobre la Comisión argentina de la Verdad porque era originaria de ese país.[4]

Así como miembros de su círculo sugirieron el nombre de Patricia en la ONU, recurrió a sus contactos para armar su pequeño equipo de trabajo y para establecer lazos de confianza con el círculo de ONG locales cuando llegó a El Salvador. Patricia está convencida de que su trabajo previo en Perú con las redes de la Iglesia Católica en defensa de los derechos humanos le había otorgado la confianza de la Iglesia en El Salvador, la cual era el actor más importante en la región en materia de derechos humanos.[5] Uno de los casos más relevantes que tuvo que examinar la Comisión de la Verdad salvadoreña fue el del asesinato de los cinco sacerdotes jesuitas y de su ama de llaves por parte de unos soldados en El Salvador en 1989. Patricia convocó, entre otros, a dos jóvenes militantes de Argentina y Uruguay para formar parte de su equipo: Alfredo Forti y Felipe Michelini, el hijo del senador Zelmar Michelini, asesinado en Argentina en 1976. Forti y su familia fueron víctimas de desapariciones infames que ocuparon gran parte del informe de la IACHR sobre Argentina en 1980. En 1976, cuando él tenía dieciséis años, Forti, su madre y sus cuatro hermanos estaban a punto de despegar de un avión con destino a Venezuela, en el aeropuerto principal de Buenos Aires, cuando hombres uniformados y armados bajaron del avión

---

[4] Entrevista a Patricia Valdez, Buenos Aires, 16 de julio de 1999.
[5] *Ibíd.*

a toda la familia. A Forti y a sus hermanos los dejaron en las calles de Buenos Aires, pero su madre nunca volvió a aparecer. Al igual que Juan Méndez, Forti viajó a Estados Unidos, donde terminó sus estudios y comenzó a trabajar por la lucha de la defensa de los derechos humanos. Después de unirse a la Comisión salvadoreña de la Verdad con Valdez, Forti trabajó en la Comisión Internacional de Verificación de los Derechos Humanos de la ONU en Guatemala y en la Unidad para la Promoción de la Democracia de la OEA. En 2004, abrió su propia consultora y el gobierno peruano fue uno de sus clientes, cuando estaba formando su propia Comisión de la Verdad y la Reconciliación. Por un giro sorpresivo del destino, en 2009, Forti se convirtió en subsecretario del Ministerio de Defensa del gobierno argentino: es decir que pasó de ser un desaparecido *por* las fuerzas militares argentinas, a una de las personas *a cargo* de las fuerzas militares del país.

Al finalizar su trabajo con la Comisión salvadoreña de la Verdad, Patricia regresó a Argentina. En 1992, una colega de su círculo que trabajaba en Human Rights Watch la contactó con Alex Boraine, quien años después se convertiría en el vicepresidente de la Comisión sudafricana de la Verdad. Como Boraine estaba interesado en la experiencia argentina, Patricia lo ayudó a organizar una visita al país. Allí conoció a muchas figuras destacadas del movimiento por la lucha de la defensa de los derechos humanos. Una de ellas era mi amiga Catalina Smulovitz, licenciada en Ciencias Políticas, quien le preparó un resumen general del proceso completo de transición en Argentina. Cuando los sudafricanos estaban evaluando qué tipo de soluciones debían implementar, Boraine invitó a Patricia y a Catalina a Sudáfrica a participar de una conferencia sobre cómo los nuevos regímenes democráticos son la mejor opción para lidiar con los responsables de los crímenes de lesa humanidad durante la dictadura. Boraine, durante una de las cenas que compartieron, le dijo a Patricia: "Sudáfrica está completamente conectada con Europa, pero nosotros no sabemos nada acerca de Latinoamérica. Tenemos que aprender más sobre Argentina y sobre su proceso de transición hacia la democracia". Boraine quería que un grupo de sudafricanos visitara Buenos Aires, así que, con el financiamiento del Open Society Institute de Nueva York, Patricia organizó un viaje a Argentina de ocho días para analistas sudafricanos, miembros del Congreso y miembros de la comisión de los derechos humanos. Uno de los participantes fue Wilmot James, profesor de Sociología y director ejecutivo del Instituto para la Democracia en África (por sus siglas en inglés, IDASA). Más tarde, James le pidió a Patricia que formara parte del directorio de IDASA. "Conocí gente extraordinaria en Sudáfrica y aprendí mucho de ellos"–explica Patricia–, "Organizamos encuentros con ONG de allí porque los sudafricanos demuestran una gran resistencia hacia Estados Unidos y querían tener más vínculos con Latinoamérica. Cuando están aquí, se dan cuenta de que, si bien somos muy diferentes, podemos compartir e intercambiar experiencias".[6]

Una vez más, individuos que trabajan dentro de un sistema crearon lazos de confianza y, luego, esta confianza se convirtió en un medio de conexión para la

[6] *Ibíd.*

© gedisa

gente y de transmisión de ideas y prácticas. María José Guembe, quien estuvo a cargo del caso Poblete ante la Corte Suprema de justicia argentina, fue profesora invitada en la Universidad de Notre Dame durante un tiempo y colaboró tanto en la escritura de varios capítulos sobre el caso argentina de la justicia de transición, como en diversos trabajos sobre responsabilidad penal. Más tarde, los miembros del Equipo Argentino de Antropología Forense, expertos en derechos humanos, ofrecieron capacitación para profesionales en Guatemala, Bosnia y otros países, sobre la forma apropiada de exhumar las fosas para obtener tanto información para las familias de las víctimas, como evidencias para los juicios. Estos individuos, como muchos otros, cumplieron la función de "eslabones humanos": conectaron la experiencia argentina con el resto del mundo.

Si bien este análisis documenta de forma empírica los cambios innovadores de Argentina, no me gustaría idealizarlos. Vivir en un país durante el inicio de la cascada de la justicia no ha sido siempre una experiencia fácil para los argentinos. Tampoco recomiendo que otros países deban imitar o reproducir todo lo que se hizo en Argentina en materia de derechos humanos. A veces, la gran cantidad de atención dedicada al pedido de imputación de la responsabilidad penal por los crímenes cometidos durante la dictadura eclipsa otros asuntos importantes. Pero el caso argentino demuestra que es posible, en el lapso de treinta años, pasar de ser un país responsable de una gran cantidad de violaciones a los derechos humanos, a un país cuyos ciudadanos han hecho importantes innovaciones en la lucha por estos derechos. Esta transformación enfatiza la gran contribución de los movimientos populares y de los cambios públicos, ya sea por parte de militantes en el Hemisferio Sur o de programas internacionales de derechos humanos. Sobre todo, el caso argentino demuestra que el proceso de difusión no fue pasivo: algunos grupos militantes de derechos humanos y los nuevos funcionarios democráticos lucharon por garantizar la responsabilidad penal –a veces, superando enormes adversidades–. Además mucha gente común trabajó con ahínco para difundir estas ideas. Ahora vamos a enfocarnos en este proceso de difusión, tanto a nivel regional como mundial.

© gedisa

4. LOS AFLUENTES DE LA CASCADA DE LA JUSTICIA

La cascada de la justicia no ha tenido una sola fuente. Deberíamos pensar en dos afluentes principales, de dos fuentes diferentes, que fluyen y que comienzan a fusionarse a principios del siglo XXI. En 2010, la responsabilidad penal individual había cobrado impulso y se había consagrado en el marco del derecho internacional, en las instituciones nacionales e internacionales y en la conciencia mundial. Este impulso es el que hace que la metáfora de la cascada resulte ser apropiada.

El primer afluente comenzó con los juicios de Núremberg en 1945 y 1946, pero se secó temporalmente o estuvo bajo tierra durante casi cincuenta años, hasta que los países correspondientes crearon las instituciones internacionales ad hoc: el Tribunal Penal Internacional para la ex Yugoslavia (TPIY) y el Tribunal Penal Internacional para Ruanda (TPIR), en 1993 y 1994 respectivamente. Estos tribunales pusieron en práctica y promovieron la doctrina y la jurisprudencia de la responsabilidad penal individual.

El segundo afluente involucraba juicios nacionales e internacionales de responsabilidad penal individual. Éste es el afluente que hemos visto para los casos de Grecia, Portugal y Argentina. Sin embargo, en sus inicios, este afluente no fluía de forma directa, ya que no hubo una gran difusión de la experiencia de Portugal ni de Grecia. Aun así, en 1985, los juicios en Argentina atrajeron la atención internacional y el afluente de los juicios comenzó a fluir a través de Latinoamérica, incluso en Bolivia, Guatemala, Panamá, Chile y Haití. En general, estos juicios avanzaban lentamente y demostraban reveses e incertezas, a la vez que aún se los percibía como peligrosos y reversibles. Cuando les negaban el acceso a los tribunales locales, los grupos militantes recurrían a juicios extranjeros para que los responsables de los crímenes de lesa humanidad respondieran ante otros Estados. El arresto de Pinochet en 1998 se convirtió en el vívido ejemplo del poder potencial que tiene el segundo afluente.

Detrás de estos dos afluentes de juicios, ciertos actores, que pertenecían o no al Estado, trabajaron para construir un fondo firme de normas internacionales de derechos humanos y de Derecho internacional humanitario, lo cual fortificó las bases jurídicas de la cascada y culminó en el Estatuto de Roma de la CPI en 1998. Uno de los principios centrales del Derecho penal es que uno no puede ser castigado por hacer algo que no esté previamente prohibido por la ley. Al apuntalar las bases legales de la cascada de la justicia, los Estados se aseguraban de que no se tratara de un caudal efímero, sino de un avance legal y político prolongado en el tiempo. Dado que los juicios de Núremberg y los de Tokio no se apoyaban en una base legal sólida, eran más vulnerables a los procesos judiciales del vencedor y a la justicia retrospectiva. Si bien ayudaron a crear una nueva ley con sus prácticas, a veces, parece que hubieran inventado las leyes a medida que iban avanzando. Sin embargo, cuando arrestaron a Pinochet en 1998, ya había un cimiento legal firme para la responsabilidad penal individual e incluso la Cámara de los lores de Londres, muy conservadora, había concluido que, en base a la ley que el mismo Pinochet había ratificado, él podría ser extraditado a España para someterse a un juicio por las torturas cometidas en Chile durante su dictadura.

Inicialmente, ambos afluentes y el subyacente fondo parecen bastante separados el uno del otro (véase el Gráfico 4.1). Por ejemplo, la creación del Tribunal Penal Internacional para la ex Yugoslavia estuvo muy poco influida por los juicios nacionales que la precedieron. El TPIY era considerado como el primer tribunal internacional desde los casos de Núremberg y Tokio, y sus creadores se inspiraron casi por completo en esos precedentes, en vez de en los juicios nacionales que tenían lugar a su alrededor. Se han contado las historias que subyacen detrás de estos acontecimientos en una serie de libros y artículos excelentes,[1] pero rara vez todas las partes de esta tendencia mundial aparecen juntas en un mismo lugar.[2]

Ahora quisiera enfocarme en los fenómenos que ocurrieron a través de la historia y alrededor del mundo. A veces, se cree que el punto de inflexión fue en Roma en 1998, cuando los delegados se reunieron para redactar el estatuto de la CPI. En realidad, lo sucedido en Roma fue una consecuencia natural de los procesos judiciales que habían comenzado en Núremberg y continuando en

---

[1] Respecto de las torturas y de las desapariciones de personas, véase, por ejemplo, Ann Marie Clark, *Diplomacy of Conscience: Amnesty International and Changing Human Rights Norms* (Princeton University Press, 2001). Véanse también Michael J. Struett, *The Politics of Constructing the International Criminal Court* (Nueva York, Palgrave Macmillan, 2008); Naomi Roht-Arriaza, *Pinochet Effect: Transnational Justice in the Age of Human Rights,* (Filadelfia, University of Pennsylvania Press, 2005); Gary Bass, *Stay the Hand of Vengeance* (Princeton: Princeton University Press, 2000); Samantha Power, *A Problem from Hell: America and the Age of Genocide* (Nueva York, Basic Books, 2002); y Benjamin Schiff, *Building the International Criminal Court* (Cambridge UK, Cambridge University Press, 2008).

[2] Como excepción, véase Ruti Teitel, "Genealogía de la justicia de transición", vol. 16, *Harvard Human Rights Journal,* septiembre de 2003 (Cambridge, MA, págs. 69-94). Véase también Ellen L. Lutz y Caitlin Reiger, comps., *Prosecuting Heads of States* (Nueva York, Cambridge University Press, 2009).

Gráfico 4.1. La cascada de la justicia. Legalización de la norma que refiere a la responsabilidad penal individual

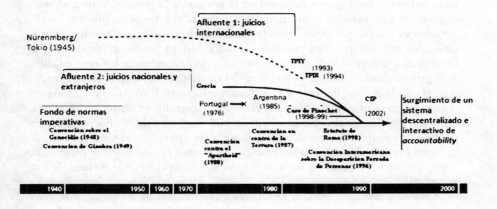

Atenas, Buenos Aires, Madrid, Londres y Ginebra, y que se habían desarrollado con mayor rapidez en los últimos treinta años. Cundo se llevó a cabo la reunión de los delegados en Roma, había en el fondo una larga historia compartida que hizo a la Corte Penal Internacional posible, pero no inevitable. Si bien cada avance hace al próximo más realizable, la acción humana y el libre albedrío siempre están presentes. Este capítulo describe la forma en la que los caudales de varios afluentes de prácticas y doctrinas políticas y legales convergen en la cascada de la justicia.

En general, en los textos académicos, parece que los fenómenos relacionados con la cascada se dan a través del "contagio", como si semejante cambio se produjera sin esfuerzos ni planeamientos. En realidad, en cada etapa de la cascada, hay gente común involucrada en introducir cambios. En el caso de la cascada de la justicia, estas personas, que defendían la imputación de la responsabilidad penal individual, formaron parte de lo que llamaré "la alianza por el cambio". Algunas de estas personas son, principalmente, individuos que trabajan en gobiernos que piensan de manera similar e individuos que trabajan en asociaciones profesionales y en ONG internacionales y nacionales en la lucha por la defensa de los derechos humanos. Es imposible presentar en un solo capítulo a todas las personas que trabajaron hasta el cansancio para exigir el ejercicio de la responsabilidad penal. Por eso, las historias de algunos de los actores principales van a representar la innumerable cantidad de grupos e individuos que hicieron posible la cascada de la justicia.

La construcción del fondo: La inserción del individuo en el Derecho

Primero, era necesario que el Derecho internacional comenzara a enfocarse en el individuo para que se desarrollara la norma de la justicia. Si bien algunos consideran este proceso como una "penalización del Derecho internacional", también es posible pensarlo como la "individualización" del Derecho internacional, en tanto el foco está puesto en el individuo, ya sea como responsable de un crimen o como víctima que presenta un caso en contra de los responsables. Este primer cambio comenzó en el área del Derecho penal internacional gracias a un abogado egipcio llamado Cherif Bassiouni, que trabajó como ninguno para colaborar en la creación de la CPI. Bassiouni aprendió en su juventud el peso de la ley, cuando su abuelo, un abogado famoso y uno de los líderes independentistas de Egipto, fue condenado a muerte sólo para que el Consejo Privado de Gran Bretaña derogara su sentencia. "Mi abuelo fue mi modelo a seguir. Lo único que siempre quise fue ser abogado y estar al servicio de la justicia. Era mi vocación".

Bassouni, primero, estudió Derecho en Francia, luego, en Suiza, y se involucró en el movimiento estudiantil anticolonialista. En 1956, regresó a Egipto para luchar en la breve guerra de Suez, durante el sitio a Puerto Said. Allí resultó herido y, consecuentemente, fue condecorado con el equivalente egipcio de la medalla de honor del Congreso. Después de la guerra, Bassiouni ayudó a entrenar a las tropas argelinas en Egipto para que lucharan contra Francia por su independencia. Cuando regresó a Francia para terminar sus estudios, fue detenido y deportado por el gobierno francés. Cuando trabajaba en el equipo presidencial de Egipto, se enteró de que el gobierno egipcio recurría a la tortura. Recuerda cómo pensaba, inocentemente, que el presidente y el gabinete no debían estar al tanto de ello, puesto que ellos jamás hubieran accedido a algo semejante. Pero, cuando hizo la denuncia correspondiente, le dieron arresto domiciliario y lo amenazaron con aplicarle la misma tortura que había denunciado. Bassiouni pasó siete meses en una habitación a oscuras. Cuando lo liberaron, se enteró de que habían confiscado sus propiedades y las de su familia. Por ese motivo, no es sorprendente que se dedicara al ámbito del Derecho internacional. "Cuando me fui de Egipto en 1962 y vine a Estados Unidos, estaba comprometido en la lucha contra la injusticia a nivel internacional" –recuerda.[3] Bassiouni concluyó sus estudios de posgrado en Derecho en Estados Unidos y obtuvo un trabajo como profesor de Derecho en la universidad DePaul, en Chicago, donde aún hoy enseña. Usó su puesto como un trampolín para crecer en su extraordinaria carrera, que consiste en ayudar a diseñar instituciones legales internacionales.

Durante la entrevista que le hice en su oficina de la universidad, Bassiouni señaló con orgullo una foto de su abuelo, que estaba colgada en la pared, mientras me contaba su historia. "Ahora entiendo su interés por los derechos humanos" –le dije–, "pero, ¿cómo fue que terminó dedicándose al Derecho penal

---

[3] Esta cita y las que siguen provienen de la entrevista que le hice a M. Cherif Bassiouni, Universidad De Paul, Chicago, 31 de marzo de 2010.

© gedisa

internacional?". El vehículo que le dio a Bassiouni notoriedad internacional fue una asociación profesional no muy conocida, llamada Asociación Internacional de Derecho Penal (AIDP), la cual abogaba por la creación de un tribunal penal internacional desde 1924. Bassiouni, que era un joven profesor de Derecho, tuvo la gran oportunidad de representar a la filial de Estados Unidos, al presentar un artículo importante sobre la extradición, en una conferencia de la AIDP en Europa. Mientras preparaba su artículo, se sorprendió al notar la ausencia del individuo en el Derecho penal internacional: "Todo se basaba en la relación entre gobiernos. Tuve la sensación de que el individuo era una especie de paquete intercambiado entre gobiernos. Pensé que era ridículo, que conceptualmente estaba mal. ¡Esto no era una relación bilateral entre dos gobiernos, sino que era una relación trilateral, en la que el individuo es tan relevante como los Estados! Sé que ahora puede resultarle extraño" –me dijo–, "pero ésta fue la idea más revolucionaria en materia de justicia penal internacional, en 1968". Bassiouni logró persuadir a la asociación para que se desarrollara ese concepto y, desde entonces, ése ha sido el centro de su trabajo.

Este cambio conceptual también refleja el cambio que hubo entre responsabilidad penal estatal y responsabilidad penal individual, que se encuentra en el corazón de la cascada de la justicia. La cascada implica un cambio dual para el Estado y el individuo: este último es considerado responsable al violar la ley y, como en varios países, las víctimas tienen también más posibilidades para iniciar juicios cuando se violan los derechos. El proceso mediante el cual se da este cambio conceptual abarca tres áreas del Derecho, previamente separadas: los derechos humanos, el Derecho internacional humanitario (o la ley de la guerra) y el Derecho penal internacional. En algún momento los tres se fusionaron en el Estatuto de Roma.

En torno al año 1970, algunos países redactaron varios tratados importantes referidos a los derechos humanos, pero sólo la Convención sobre el Genocidio de 1948 y la Convención de Ginebra de 1949 utilizaban un lenguaje específico sobre la responsabilidad penal individual. Sin embargo, los principios de estos tratados no habían sido concebidos para justificar los juicios. La norma sobre la responsabilidad penal individual se manifestó con claridad en la Convención contra la Tortura y Otros Tratos o Penas Crueles, la cual se originó –como hemos visto– a partir de la Declaración contra la Tortura proclamada por la Asamblea General de las Naciones Unidas, en 1975. Amnistía Internacional y los gobiernos de Suecia, de Holanda y la nueva democracia griega fueron los principales protagonistas durante el proceso de redacción del tratado vinculante contra la tortura. Más tarde, Bassiouni y su equipo de abogados penalistas participaron en dicho proceso, y sus acciones tuvieron un impacto importante en la forma de articulación de la ley sobre responsabilidad penal individual en la Convención contra la Tortura y Otros Tratos o Penas Crueles.

Bassiouni trabajaba con Nigel Rodley, un abogado joven de Amnistía Internacional y con Niall MacDermott, el director de la Comisión Internacional de Juristas. Rodley había perdido a gran parte de su familia durante el Holocausto. Estudió Derecho en el Reino Unido, fue profesor en Canadá y trabajó en la Secretaría de las Naciones Unidas. Antes de comenzar a trabajar como jefe de la oficina de asuntos legales en Amnistía Internacional en 1973,[4] realizó estudios de doctorado en Derecho en la Universidad de Nueva York. Rodley aportó a su trabajo diario su gran cuota de compromiso, una vasta experiencia internacional y una mente aguda para el Derecho. Junto con MacDermott y Bassiouni, trabajó para convocar un comité de expertos en Derecho penal internacional y en Derecho penal comparado, para redactar una primera versión de lo que, más tarde, sería la Convención contra la Tortura y Otros Tratos o Penas Crueles. En ese momento, Bassiouni era el secretario general de la AIDP y estaba cada vez más comprometido con la labor de las Naciones Unidas. Como parte de su trabajo, logró persuadir al ex presidente de Italia, miembro de la AIDP, para que se abriera el Instituto internacional de Estudios Superiores en Ciencias Penales en Siracusa, Sicilia. "Me di cuenta de que necesitábamos una suerte de isla en la cual pudieran reunirse personas de todos los puntos cardinales" –explica Bassiouni. El presidente italiano estaba de acuerdo con él, así que en 1972 se fundó el Instituto de Siracusa. Este lugar se convertiría en el principal centro informal donde se redactarían y debatirían las ideas para la CPI, pero durante esta etapa temprana, el instituto cumplió la función de participar en la creación de la Convención contra la Tortura y Otros Tratos o Penas Crueles.

En diciembre de 1977, un comité de expertos se reunió en Siracusa para redactar un borrador del convenio para la prevención y la supresión de las torturas. Bassiouni, Rodley y MacDermott estaban allí junto con otros veintisiete expertos, muchos de los cuales eran profesores de Derecho de países occidentales, aunque otros provenían de Brasil, Egipto, India, Nigeria y Japón. Decidieron de forma explícita apelar a un modelo internacional de Derecho penal internacional para establecer la obligación de los Estados de procesar o castigar a los responsables de los crímenes o de extraditarlos a otro país que fuera a hacerlo.[5] Una vez que se terminó de redactar el borrador del convenio contra la Tortura, la AIDP, liderada por Bassiouni, lo presentó ante la Subcomisión para la Promoción y la Protección de los Derechos Humanos de las Naciones Unidas. El fiscal general sueco fue uno de los participantes de la reunión en Siracusa. Tal vez, gracias a sus contactos, varias de las cláusulas del borrador de la AIDP fueron transferidas al borrador sueco, que fue el punto de partida para la redacción de la Convención contra la Tortura y Otros Tratos o Penas Crueles. Esto demuestra cómo el trabajo de las ONG internacionales influyó directamente en el ámbito del Derecho internacional. El hecho de que una asociación formada por profesionales del Derecho penal, liderada por Bassouni, estuviera involucrada en la redacción del borrador sirve para explicar el motivo por el cual éste fue el primer tratado importante sobre derechos humanos que puso al individuo en el centro, como el perpetrador de torturas y que favorecía con claridad la imputación de la responsabilidad penal individual. El borrador manifiesta que cualquier persona sospechada de ser responsable de haber aplicado torturas debe ser procesada, y deja abierta la posibilidad de realizar procesos

[4] Entrevista a Nigel Rodley, Ann Arbor, MI, 2 de octubre de 2010.
[5] Comité de Expertos en Tortura, "Comité de Expertos en Tortura, Siracusa, Italia, 16-17 de diciembre de 1977", *Revue International de Droit Pénal* 48, nos 3 y 4 (1977).

nacionales, extranjeros o internacionales. Por primera vez, en el borrador de la AIDP, aparece una cláusula discreta que hace posible la jurisdicción universal. Más tarde, el gobierno sueco redactó un borrador que incorporaba algunas de las cláusulas, a la Comisión de los Derechos Humanos, ya que los borradores oficiales deben ser elaborados por los gobiernos de los países. Éste fue el punto de partida de las negociaciones relacionadas a la Convención contra la Tortura y Otros Tratos o Penas Crueles.[6]

Los vínculos constantes entre los individuos, las ONG y los gobiernos que pensaban de forma similar construyeron el cauce de Derecho internacional que sostiene a la cascada de la justicia. Por eso, Bassiouni y los expertos en Derecho penal no habrían generado ningún impacto, si los diplomáticos suecos y holandeses no hubieran tomado varias cláusulas de sus borradores y las hubieran incorporado en la Convención contra la Tortura y Otros Tratos o Penas Crueles. Del mismo modo, la cláusula sobre la jurisdicción universal del borrador no hubiera permanecido en la versión final del tratado sin la intensa labor de Amnistía Internacional a favor de la aceptación de los términos. Nigel Rodley, el asesor jurídico de Amnistía Internacional en ese momento, explica que, al principio, la mayoría de los Estados odiaban la cláusula sobre jurisdicción universal. Incluso el Estado holandés estaba inicialmente disconforme con esta cláusula y su postura no cambió hasta que el sector holandés de Amnistía Internacional y la Comisión Internacional de Juristas promovieron una resolución, en el Parlamento holandés, en su favor. Entonces, como describe Rodley, la AIDP y Suecia fueron los responsables de la existencia de la cláusula sobre la jurisdicción universal en el borrador del tratado, pero los grupos militantes, como Amnistía Internacional, con sus influencias y su capacidad de persuasión, lograron que la cláusula apareciera en el texto final.[7]

La labor de Hans Danelius, un diplomático sueco, asistido por Jan Herman Burgers, un diplomático holandés, fue particularmente importante. Burgers cuenta que Danelius "tuvo un rol notorio" en la redacción de la Declaración y de la Convención contra la Tortura y Otros Tratos o Penas Crueles: "Podría decirse que él fue como un padre y yo como una partera, que ayudó a dar a luz a su bebé".[8] Burgers comenzó a interesarse por las torturas mientras realizaba el servicio militar en Indonesia, entre 1948 y 1950, cuando era una colonia

---

[6] El borrador sueco incluía un artículo un poco más largo sobre el deber de procesar o extraditar al acusado. Hoy suele referirse a este artículo como el artículo sobre "jurisdicción universal". La terminología utilizada es casi idéntica a la empleada en otras tres convenciones anteriores que no están directamente relacionadas a los derechos humanos: el convenio para la represión del apoderamiento ilícito de aeronaves, que entró en vigor en 1971, el convenio para la represión de actos ilícitos contra la seguridad de la aviación civil, que entró en vigor 1973, y la convención para la prevención y el castigo de delitos contra personas internacionalmente protegidas, que entró en vigor en 1977. Estas tres convenciones tienen artículos prácticamente idénticos sobre el derecho de procesar o extraditar acusados.

[7] Entrevista a Nigel Rodley, Ann Arbor, MI, 2 de octubre de 2010.

[8] Entrevista a Jan Herman Burgers, La Haya, Países Bajos, 13 de noviembre de 1993.

holandesa. Aunque nunca presenció nada semejante, supo que los militares holandeses torturaban a los guerrilleros capturados para sacarles información. Él cuenta que esto le causó "un impacto inmenso" y por eso se obsesionó "con el espantoso tema de la tortura". Una de las formas de lidiar con esa obsesión fue dedicándose a elaborar una ley holandesa y políticas de Derecho internacional dedicadas a erradicar la tortura. A principios de la década de los años setenta, Burgers fue aceptado como miembro de Amnistía Internacional. Durante la entrevista que le hice, puso énfasis en la influencia de los militantes locales en la lucha por la defensa de los derechos humanos, como Amnistía Internacional. Dijo que tanto en Suecia como en Holanda habían sido muy importantes para estimular a los gobiernos a trabajar en contra de las torturas. Vale la pena mencionar que tanto Burgers como Bassiouni comenzaron a involucrarse en esta lucha desde su juventud, cuando se enteraron de que los gobiernos de sus países de origen aplicaban torturas. Esta información fue el motor del trabajo de toda su vida.

En la última versión de la Convención contra la Tortura y Otros Tratos o Penas Crueles se exigía la imputación de la responsabilidad penal estatal e individual. Se hacía alusión a varias obligaciones de los Estados, pero el infractor en la mayor parte del tratado es "una persona", específicamente, un funcionario público que imparte torturas de forma directa o incita, accede o las consiente. La convención le exige a los Estados que se aseguren de que los actos de torturas sean considerados delitos dentro del Derecho penal local, que investiguen presuntos casos de torturas, y que extraditen o procesen a los acusados. Lo más significativo es que en la versión final de la convención se mantuvo el lenguaje que garantiza la jurisdicción universal sobre la tortura. Es decir que cada Estado Parte deberá tomar medidas para imponer la aplicación de su jurisdicción sobre la tortura, si el presunto criminal se halla en su territorio y si se decide no extraditarlo. En otras palabras, cualquier Estado que haya ratificado la convención puede procesar a un torturador si éste se encuentra dentro de su territorio. La jurisdicción universal implica la existencia de un sistema de aplicación de la ley de forma descentralizada, en cualquier sistema judicial nacional, contra individuos que hayan aplicado o incitado a la tortura. Suecia considera este aporte como el pilar básico de la Convención, ya que su objetivo se basaba en dificultarles a los torturadores la tarea de buscar asilo en un país extranjero para evadir los procesos judiciales locales. Varios países, como Estados Unidos, apoyaron la inserción de la cláusula relativa a la jurisdicción universal en el tratado.[9] Los expertos en Derecho de Amnistía Internacional asumieron el compromiso de desarrollar y alentar la terminología relativa a la imputación de la responsabilidad penal individual y a la jurisdicción universal.[10]

[9] Véase Jan Herman Burgers y Hans Danelius, *The United Nations Convention against Torture: A Handbook on the Convention against Torture and Other Cruel, Inhuman or Degrading Treatment or Punishment* (Dordrecht, Países Bajos: Martinus Nijhoff, 1988), págs. 78-79. Véanse también págs. 58, 62-63.

[10] Véase Nigel Rodley y Jayne Huckerby, "Outlawing torture: The story of Amnesty International's efforts to shape the UN Convention Against Torture", en Deena Hurwitz,

© gedisa

No obstante, la existencia de la jurisdicción universal en la Convención contra la Tortura y Otros Tratos o Penas Crueles fue motivo de gran debate. Mientras Francia y el Reino Unido creían que sería problemática para sus sistemas jurídicos internos, Argentina y Uruguay, que tenían gobiernos dictatoriales, se oponían rotundamente.[11] Pero, a medida que las negociaciones del tratado iban llegando a su fin, los países que al principio se oponían, como Argentina, Uruguay y Brasil, experimentaron la transición a la democracia. El nuevo gobierno de Alfonsín ordenó a sus representantes que trabajaran en pos de la aprobación final de la Convención. Esto ayudó a inclinar la balanza de las negociaciones, lo que llevó a la aprobación de dicha Convención por parte de la Asamblea General de las Naciones Unidas, en diciembre de 1984.[12] El convenio quedó abierto para ser firmado en febrero de 1985 y entró en vigor en 1987. Entre los primeros veinte países que firmaron (no necesariamente los primeros que ratificaron) no sólo se encontraban democracias occidentales bien establecidas, sino que también había algunos Estados que habían implementado recientemente los procesos relacionados con los derechos humanos, como, por ejemplo, Argentina, Bolivia, Grecia, Portugal y Panamá.

Bassiouni creía que el éxito de la Convención contra la Tortura y Otros Tratos o Penas Crueles era señal de que era el momento adecuado para impulsar la creación de la institución con la que él y su organización soñaban hace tiempo: un tribunal internacional penal permanente. "Ahora tienen el apoyo de la organización y tienen la historia de la organización. Luchen por ello. En ese momento, empecé a presionar a la asociación para reavivar el interés por la CPI" –cuenta–. No obstante, Bassiouni tomaría un desvío inesperado hacia la CPI, con el Convenio sobre Represión y Castigo del *Apartheid*.

A mediados de la década de los años setenta, mientras varios Estados negociaban cuestiones relativas a la Convención contra la Tortura y Otros Tratos o Penas Crueles, los Estados africanos se encargaron de redactar el borrador de otro tratado que tenía un fuerte componente de Derecho penal: el Convenio sobre Represión y Castigo del *Apartheid*. En las primeras líneas del tratado, se afirma que el *apartheid* es un crimen contra la humanidad y se hace referencia directa a la terminología relativa al ámbito del Derecho penal del Tribunal de Núremberg. No todos los defensores de los derechos humanos ni los expertos en Derecho eran conscientes de las consecuencias del Convenio sobre Represión y Castigo del *Apartheid* en la imputación de la responsabilidad penal individual. Cherif Bassiouni recuerda que, en 1979, recibió la llamada de un miembro de la AIDP, el cual era, en ese momento, juez de la Corte Suprema de Senegal y miembro de la Comisión de Derechos Humanos de las Naciones Unidas. "¿Está

Margaret L. Satterthwaite y Douglas B. Ford, comps., *Human Rights Advocacy Stories* (Nueva York: Foundation Press: Thomson/West, 2009).

[11] Véase Burgers y Danelius, *Convención de las Naciones Unidas contra la tortura*.

[12] Chris Ingelse, *The UN Committee against Torture: An Assessment* (La Haya: Martinus Nijhoff, 2001).

© gedisa

familiarizado con el artículo 5 del Convenio sobre Represión y Castigo del *Apartheid*?" –le preguntó a Bassiouni. "La verdad es que no" –respondió él–, a lo que su colega senegalés dijo: "¿Sabía que el artículo 5 es el único artículo, dentro de una convención internacional, que dice que debería haber una corte penal internacional?". A continuación, cuando le pidió a Bassiouni que redactara un borrador de un estatuto para crear un tribunal penal internacional, el egipcio aceptó sin dudarlo. Entre 1980 y 1981, Bassiouni escribió unas cláusulas que nunca entraron en vigor para procesar a los acusados del *apartheid*. Sin embargo, quince años después, en las Naciones Unidas, cuando las delegaciones de varios Estados volvieron a tratar la cuestión de la existencia de una corte internacional penal, el borrador de Bassiouni salió a relucir.[13]

Mucho tiempo antes de la creación de la CPI, la Comisión Interamericana de Derechos Humanos y la Corte Interamericana de Derechos Humanos volvieron a cumplir un rol catalítico en la fomentación de la imputación de la responsabilidad penal individual, aunque, esta vez, en relación con las desapariciones de personas. Las dictaduras latinoamericanas, como, por ejemplo, las de Argentina, Guatemala y Chile, se caracterizaron por tener gobiernos que secuestraban a las personas que se les oponían, las detenían en prisiones clandestinas y, con frecuencia, las asesinaban. A mediados de la década de 1980, se presentó ante la Corte Interamericana de Derechos Humanos un caso de desaparición de personas en Honduras, ocurrido entre 1981 y 1984. En otros países hubo muchas más desapariciones que en Honduras: de hecho, los grupos de derechos humanos estiman que en ese país hubo alrededor de ciento ochenta desaparecidos, a diferencia de los más de diez mil casos de Argentina y más de tres mil de Chile. Pero Honduras había ratificado la Convención Americana sobre Derechos Humanos y había aceptado la jurisdicción obligatoria de la Corte Interamericana de Derechos Humanos *antes* del período durante el cual ocurrieron las desapariciones. Esto fue crucial, ya que permitió emprender acciones legales contra Honduras, lo cual no fue posible en la mayoría de los otros países de Latinoamérica. Una regla importante del Derecho internacional humanitario positivo es que los Estados deben cumplir con las obligaciones que han aceptado explícitamente en tratados ratificados, únicamente para casos de violación de los derechos humanos que ocurran *después* de que ellos han ratificado dichos tratados y aceptado sus obligaciones legales.

La decisión tomada por la Corte Interamericana de Derechos Humanos en 1988 sobre el caso Velásquez-Rodríguez (un caso de desapariciones en Honduras), constituyó un precedente importante para la imputación de la responsabilidad internacional de un Estado para los casos de delitos de lesa humanidad. La Corte concluyó que la Convención Americana sobre Derechos Humanos proclama que los gobiernos tienen la obligación de respetar los derechos humanos de los individuos y de asegurar el goce de tales derechos. Como consecuencia de esta obligación, la Corte declaró que "el Estado debe prevenir, investigar y *cas-*

© gedisa

---

[13] Entrevista a Cherif Bassiouni, Chicago, IL, 31 de marzo de 2010.

tigar cualquier violación de los derechos establecidos por la Convención...".[14] En esta jurisprudencia, un tribunal especializado en derechos humanos declaró, por primera vez, que el Estado tiene el "deber de castigar".

Algunos grupos militantes, junto con sus aliados estatales, redactaron el borrador de la Declaración sobre la Protección de Todas las Personas contra las Desapariciones Forzadas, la cual fue aprobada en 1992, y la Convención Interamericana sobre Desaparición Forzada de Personas, un tratado regional, que entró en vigor en 1996. La Convención Interamericana contiene, virtualmente, un lenguaje idéntico sobre la jurisdicción universal, al igual que la Convención contra la Tortura y Otros Tratos o Penas Crueles, por lo cual pone el acento en la imputación de responsabilidad penal individual con respecto a otros temas no relacionados con la tortura.[15]

Responsabilidad penal individual por crímenes de guerra

Desde hacía mucho tiempo, el concepto de individuo estaba presente en otra de las ramas del Derecho internacional: el Derecho humanitario internacional, también conocido como "las leyes de la guerra", producto, sobre todo, de los Convenios de Ginebra y era supervisado por el Comité Internacional de la Cruz Roja. Se consideraba que las leyes de la guerra debían aplicarse a los crímenes cometidos entre grupos de combatientes durante la guerra, mientras que las leyes de derechos humanos se aplicaban en función del comportamiento del Estado hacia los ciudadanos. Pero la separación entre el Derecho humanitario y los derechos humanos se mantuvo hasta la década de los años ochenta. Para que el Derecho humanitario cumpliera su rol en la cascada de la justicia, los abogados especialistas en derechos humanos tenían que "descubrirlo" y activarlo. A principios de la década de 1980, estos abogados notaron que los Convenios de Ginebra les ofrecían herramientas útiles para imputar la responsabilidad penal individual por crímenes cometidos durante la guerra, ya que había Estados y grupos armados que cometían una gran cantidad de delitos de lesa humanidad en el contexto de la guerra civil.

Aryeh Neier ayudó, más que cualquier otro individuo, a unificar el Derecho humanitario y los derechos humanos. En 1978, después de haber trabajado durante quince años con la Unión Estadounidense por las Libertades Civiles (ACLU), Neier colaboró en la fundación de una ONG pequeña, llamada Helsinki Watch, que se ocuparía de cuestiones relacionadas con los derechos humanos

[14] Sentencia del caso Velázquez Rodríguez, Tribunal Interamericano por los Derechos Humanos, (Ser.C), n° 5 (1989), párr. 166 (con énfasis agregado).

[15] El modelo de convención nacional a tratado internacional demoró más. Argentina y Francia, particularmente, continuaron incentivando el tratado y, en 2006, una década después de que la Convención Interamericana entrara en vigor, la ONU aprobó la Convención Internacional para la protección de todas las Personas contra las Desapariciones Forzadas.

© gedisa

en la URSS y en Europa del Este. Cuando Ronald Reagan fue electo presidente en 1980, Neier dijo que a él "le preocupaba que se relacionara a Helsinki Watch con la Guerra Fría", por lo cual "parecía apropiado crear Americas Watch", una organización asociada a Helsinki Watch, para ocuparse de los dictadores anticomunistas de Latinoamérica y en los regímenes comunistas de Europa.[16] Al crearse Americas Watch, a una de las primeras personas a las que se llamó fue a Juan Méndez. Más adelante, Neier escribió: "Juan fue el que me ayudó a comprender la importancia que tenía, tanto para nuestro trabajo como para la evolución de una conciencia internacional humanitaria, el hecho de procesar mandatarios por los crímenes que cometieron en el pasado...".[17] Helsinki Watch, Americas Watch y otros comités regionales se unieron para formar *Human Rights Watch* (HRW). Más adelante, Human Rights Watch se uniría a Amnistía Internacional, como otra ONG transnacional importante dedicada a la lucha por la defensa de los derechos humanos. No obstante, en la década de 1980, HRW era una organización relativamente pequeña y flexible, que contaba con un tipo de liderazgo innovador.

A principios de la década de los años ochenta, Neier vio la posibilidad de hacer algo más en el ámbito del Derecho humanitario. Muchos casos de interés para la comunidad relacionada con los derechos humanos en Latinoamérica, especialmente en El Salvador y Guatemala, estaban involucrados en conflictos armados. Los gobiernos preguntaban de forma constante por qué los militantes de derechos humanos no hablaban sobre las violaciones cometidas "del otro lado", es decir, por las guerrillas y los grupos de rebeldes. Pero, en ese momento, los derechos humanos se encargaban de las violaciones cometidas por funcionarios del Estado, no por agentes no estatales. Estas últimas eran, técnicamente, "delitos nacionales" semejantes a los asesinatos o a las agresiones agravadas. Por este motivo, se creía que el gobierno disponía de una adecuada legislación penal nacional para responder ante estos crímenes. Si bien esta respuesta era técnicamente correcta, no tenía una buena recepción en algunas audiencias internas que habían sido persuadidas para creer que las asociaciones de derechos humanos no eran imparciales, ya que sólo criticaban a los gobiernos.

En 1982, Neier y su equipo concibieron la idea de monitorear las leyes de la guerra y los derechos humanos, lo que les permitió hablar de los crímenes cometidos tanto por el gobierno como por los grupos insurrectos. El uso del Derecho humanitario para criticar a los grupos rebeldes y a los gobiernos implicaba, para un militante perspicaz como Neier, tener mayor credibilidad en la atmósfera polémica existente en Washington, durante el gobierno de Reagan. Por ejemplo, al criticar las violaciones de las normas del Derecho humanitario cometidas por los grupos insurrectos en El Salvador, Human Rights Watch pudo también denunciar las transgresiones de The Contras, un grupo rebelde apoyado por Estados Unidos, que luchaba contra el gobierno sandinista en Nicaragua.[18]

[16] Entrevista a Aryeh Neier, Nueva York, NY, 19 de marzo de 1992.
[17] Aryeh Neier, *Taking Liberties: Four Decades in the Struggle for Rights* (Nueva York: Public Affairs, 2003), págs. 194-195, 224.
[18] Entrevista a Aryeh Neier, Nueva York, NY, 19 de marzo de 1992.

© gedisa

Casi al mismo tiempo, en 1982, Amnistía Internacional le pidió a David Weissbrodt, quien gozaba de una licencia sabática en su trabajo como profesor en la Universidad de Derecho de Minnesota, que trabajara en el departamento de asesoramiento legal en Londres. Amnistía Internacional quería que él preparara un informe sobre cómo funcionaría la aplicación del Derecho humanitario en situaciones de violaciones graves a los derechos humanos durante la guerra. Weissbrodt sostenía que "utilizar más el Derecho internacional humanitario le daría a Amnistía Internacional un fundamento jurídico adicional para sus propósitos".[19] Sin embargo, a pesar de su insistencia, Amnistía Internacional no incorporó completamente el Derecho humanitario a su trabajo hasta principios de la década de los años noventa, e incluso en ese momento, al principio, no lo utilizó de la forma recomendada por Aryeh Neier, que aconsejaba responsabilizar tanto a los grupos rebeldes como a los gobiernos.[20]

Las organizaciones de derechos humanos que trabajaban en el ámbito del Derecho humanitario hacían énfasis en la importancia del Artículo III Común a los Convenios de Ginebra como base de su trabajo con las leyes de la guerra. Este artículo es muy importante porque establece normas precisas sobre el trato humano, tanto para los combatientes como para los civiles que se hayan rendido o que hayan sido tomados prisioneros en las guerras internas. Prohíbe, en particular, "cometer ultrajes contra la dignidad de la persona, en particular, tratos humillantes y degradantes",[21] el asesinato, el trato cruel y la tortura "en todo momento y lugar".

Los esfuerzos realizados por HRW y Amnistía Internacional para incorporar el Derecho humanitario a su trabajo, funcionaron como un presagio de la unión eventual, entre algunos elementos de los derechos humanos y del Derecho humanitario, en el TPIY y en la CPI. La aceptación de esta unión permitirá, luego, que HRW lidere el reclamo de un tribunal internacional de crímenes de guerra para la ex Yugoslavia.

---

[19] Sostiene que, en algunos casos, el Derecho humanitario internacional podría otorgarle una base más sólida al trabajo de Amnistía Internacional por varias razones: este tipo de derecho era más exacto y riguroso, aun más países habían ratificado la Convención de Ginebra, y los militares y los funcionarios del gobierno empezaron a tomarlo con mayor seriedad. Weissbrodt escribió, particularmente, que el Artículo III Común a las Cuatro Convenciones de Ginebra, "podía aplicarse de forma directa en la mayoría de las inquietudes de Amnistía Internacional", y que podía convertirse en una herramienta importante para organizaciones de derechos humanos que esperaban aplicar el derecho humanitario en situaciones de conflictos internos. David Weissbrodt, "Study of Amnesty International's role in situations of armed conflict and internal strife", 23 de octubre de 1984 documento, inédito, AI Index: POL 03/04/84.

[20] Entrevista a Wilder Tayler y Nigel Rodley, Ann Arbor, MI, 2 de octubre de 2010.

[21] Véase Amnistía Internacional, www.amnestyusa.org/war-on-terror/torture/common-article-iii-of-the-geneva-conventions/page.do?id=1351086, último acceso 28 de junio de 2010.

© gedisa

El segundo afluente cobra impulso.
Juicios nacionales e internacionales relacionados con los juicios
por delitos de lesa humanidad

Mientras redactaban y ratificaban la Convención contra la Tortura y Otros Tratos o Penas Crueles, seguían produciéndose cambios jurídicos, a nivel nacional, en los sistemas gubernamentales del mundo. Estos cambios comenzaron a reforzar el concepto de la imputación de la responsabilidad penal individual para los funcionarios que hubieran cometido violaciones a los derechos humanos. Antes de la creación del TPIY, en 1993, hubo juicios diseminados en tribunales de veintitrés países. Muchos de estos procesos ocurrieron en Latinoamérica pero, después de la Guerra Fría y del proceso de transición del bloque soviético, se iniciaron procesos judiciales en Europa del Este y, en algunos casos, en África. Si bien esos tribunales habían utilizado distintos razonamientos jurídicos para justificar los juicios, todos habían comenzado a implementar un modelo de responsabilidad penal individual para los casos de procesos por delitos de lesa humanidad.

El siguiente Gráfico 4.2 muestra la tendencia existente en los juicios de derechos humanos, nacionales e internacionales, y documenta que ésta ya estaba afianzada y en un proceso de desarrollo antes del establecimiento de la TPIY en 1994. El gráfico también sugiere que hubo una gran expansión de este tipo de juicios después de 1989, al finalizar la Guerra Fría, lo que refuerza el argumento de que esto ayudó a crear las condiciones necesarias para la difusión de la norma de justicia.

En 1990, en su influyente artículo sobre la responsabilidad penal, llamado "What should be done about the guilty?" y publicado en *The New York Review of Books*, Neier recurrió a la experiencia latinoamericana para sugerir que el camino de los juicios nacionales estaba plagado de peligros y complejidades.[22] Por lo tanto, a principios de la década de los años noventa, incluso uno de los principales defensores de la justicia y de las principales organizaciones de derechos humanos era pesimista con respecto a las posibilidades de enjuiciamiento y castigo en los tribunales *nacionales*. Este pesimismo contribuyó para que HRW tomara la decisión de exigir tribunales internacionales.

---

[22] *Nueva York Review of Books* 37, n° 1, 1° de febrero de 1990.

Gráfico 4.2. Procesos judiciales nacionales y extranjeros antes de 1984.

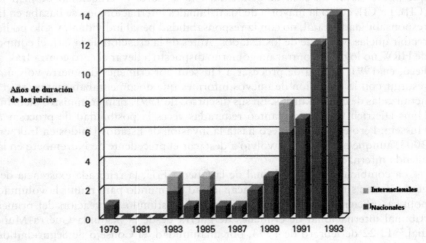

Resurge el primer afluente de la cascada de la justicia

El final de la Guerra Fría habilitó el espacio político necesario para comenzar a resucitar al precedente de Núremberg. Sin embargo, el primer pedido de juicios internacionales por crímenes de guerra, después de la Segunda Guerra Mundial, fue en nombre de Irak, no de la ex Yugoslavia. En 1990, cuando Saddam Hussein invadió Kuwait y tomó rehenes occidentales, tanto Margaret Thatcher, Primera Ministra británica, como el presidente George H. W. Bush mencionaron el precedente de Núremberg para respaldar la idea de llevar a Hussein a juicio por crímenes de guerra. El crimen más grave cometido por el régimen iraquí tuvo lugar durante la campaña de Anfal, en la que las fuerzas iraquíes mataron alrededor de cien mil kurdos en la zona rural de Irak, aplicando incluso gases venenosos. En ese momento, Estados Unidos se abstuvo de protestar[23] porque había apoyado a Irak en la guerra contra Irán. Pero un investigador de HRW, con la ayuda de un diplomático estadounidense, logró acceder a diecisiete toneladas métricas de documentación sobre la campaña, las envió en barco a Estados Unidos y las usó para elaborar un informe de HRW que concluía que Irak era responsable de genocidio contra los kurdos.

[23] Véase Power, *A Problem from Hell*.

Por lo tanto, se disponía de la documentación necesaria para procesar a Hussein por genocidio. Pero, en ese momento, el único juzgado internacional que podía tratar un caso de genocidio era la Corte Internacional de justicia (CIJ). La CIJ, como la mayoría de los tribunales internacionales, se basaba en la responsabilidad estatal, no con la responsabilidad penal individual, y sólo podía recibir quejas por parte de los Estados. Antes de la creación de la CIJ, el equipo de HRW no logró encontrar un gobierno dispuesto a llevar el caso contra Irak.[24] Pero, en 1991, la idea de procesar a Hussein por crímenes de guerra volvió a resurgir con la aparición de nuevos informes que documentaban matanzas generalizadas de civiles kurdos. En sus discursos de 1991, primer ministro alemán, Hans-Dietrich Genscher, planteó reiteradas veces la posibilidad de procesar a Hussein. Pero esto no tuvo eco hasta la invasión de Estados Unidos en Irak, en 2003, aunque el caso iraquí volvió a destacar el precedente de Núremberg en la agenda internacional.

La combinación entre el final de la Guerra Fría, la reiterada existencia del genocidio en suelo europeo y la incapacidad del mundo para reunir la voluntad política suficiente para detener ese genocidio estimuló la creación del primer tribunal internacional de crímenes de guerra desde la Segunda Guerra Mundial.[25] El 22 de febrero de 1993, por unanimidad, el Consejo de Seguridad de las Naciones Unidas aprobó el plan presentado por el secretario general Boutros Boutros-Ghali para establecer un tribunal penal internacional (el Tribunal Penal Internacional para la ex Yugoslavia) para procesar a los acusados de crímenes de guerra de la región. Sin embargo, como se explica en la primera mitad de este capítulo, en el momento en el que el Consejo de Seguridad creó el TPIY, algunos miembros de las Naciones Unidas ya habían trabajado, desde la Declaración contra la Tortura en 1973, durante veinte años, para incorporar en el marco del Derecho internacional la obligación de procesar y castigar a los funcionarios estatales por crímenes de lesa humanidad.

En la ex Yugoslavia, la primera persona que promovió públicamente la creación de un tribunal internacional de crímenes de guerra fue una periodista local, quien emitió una petición llamada "*Nuremberg Now!*"[26], publicada en el diario *Borba,* en 1992. Poco tiempo después, en julio de 1992, *Human Rights Watch* exigió, entre las recomendaciones para la imputación de la responsabilidad penal individual en los Balcanes, la creación de un tribunal para los delitos de lesa humanidad y los crímenes de guerra en la ex Yugoslavia. Aunque Bassiouni y la AIDP habían luchado, durante muchos años, por la creación de una corte penal internacional, ni HRW, ni otra organización importante de derechos humanos habían hecho campaña antes para crear un tribunal internacional de crímenes de guerra. En el territorio de la ex Yugoslavia, había investigadores de HRW y de otras organizaciones. Sus informes revelaban que la situación estaba empeorando: el alcance y el tipo de violaciones en la guerra en Bosnia-Herzegovina,

---

[24] Entrevista a Richard Dicker, New Haven, CT, 7 de febrero de 2009.
[25] Véase John Hagan, *Justice in the Balkans: Prosecuting War Crimes in the Hague Tribunal* (Chicago: University of Chicago Press, 2003).
[26] Véase Power, *A Problem from Hell*, pág. 18.

después de 1992 hizo que se considerara "apropiado" el uso de la frase "crímenes de lesa humanidad" y el uso de "el nombre para el delito máximo: genocidio". Tal como explica Neier en sus memorias: "Pensamos que era adecuado convocar un tribunal como el que había procesado a los nazis responsables de ese tipo de crímenes".[27]

Muchas personas sugirieron que la decisión del Consejo de Seguridad de crear un tribunal para la ex Yugoslavia, en vez de para otros países que padecían el mismo tipo de crímenes graves contra la humanidad, revelaba la tendencia euro-céntrica de sus miembros, a quienes les impactaba más un genocidio en Europa que en el resto del mundo. Pero muy pocos casos presentaban todas las condiciones existentes ahí: guerra internacional, documentación de crímenes contra la humanidad y genocidio, historias largas e infructuosas de intentos de resolver el conflicto por otros medios, más la presencia fuerte de la prensa, que difundía imágenes impactantes alrededor del mundo.

Pocos días después de que HRW apelara a la creación de un tribunal para la ex Yugoslavia, la prensa difundió por primera vez públicamente fotos de un campo de concentración en los Balcanes, con prisioneros raquíticos que se asemejaban demasiado a las víctimas del Holocausto.[28] Las audiencias de todo el mundo reaccionaron ante esas informaciones y fotos. El 13 de agosto de 1992, se dio el primer paso hacia la creación del tribunal, cuando el Consejo de Seguridad estableció una Comisión de Expertos, con el fin de investigar y examinar las pruebas de violaciones graves de las disposiciones de los Convenios de Ginebra. El Consejo nombró a Bassiouni presidente y pidió que los Estados y las organizaciones internacionales presentaran ante la Comisión de Derechos Humanos informaciones comprobadas sobre los crímenes de la guerra de los Balcanes. En este primer paso, los que tomaron la decisión se basaban conscientemente en el precedente de Núremberg, puesto que en ese caso también se les pidió a los Estados que presentaran evidencias sobre los crímenes de guerra.

En enero de 1993, cuando el gobierno de Clinton comenzó y nombró a Madelaine Albright embajadora de Estados Unidos en la ONU, se dio un punto de inflexión importante. Albright, nacida en Checoslovaquia, demostraba un gran interés por Europa Central y Europa del Este y estaba comprometida con la defensa de los derechos humanos. Ella se convirtió en "uno de los defensores más incansables de la Corte".[29] Como decía Albright, su mente estaba enfocada en el Holocausto y en Múnich. Cuando el Consejo de Seguridad votó para crear el TPIY, Albright declaró: "Se escucha un eco en la cámara hoy. Los principios de Núremberg fueron reafirmados...".[30] Muchos legisladores europeos (especialmente, el ministro de Asuntos Exteriores alemán) también apoyaron los procesos judiciales de la ex Yugoslavia. Y, como Albright, los observadores

---

[27] Aryeh Neier, *War Crimes: Brutality, Genocide, Terror, and the Struggle for Justice* (Nueva York: Times Books, 1998), págs. 120-121.

[28] Bass, *Stay the Hand of Vengeance*, pág. 210.

[29] Power, *A Problem from Hell*, pág. 18.

[30] *Ibíd.*

© gedisa

suelen describir la creación del TPIY como un avance jurídico que se desprende casi de forma directa de Núremberg.

La mayor parte de los individuos involucrados en la creación del TPIY citan, como precedentes principales de su trabajo a los juicios de Núremberg, los Tribunales Militares de Tokio y, como menor influencia, al juicio de Eichmann en Israel. En general, no estaban al tanto del desarrollo de los procesos nacionales relativos a los derechos humanos que habían ocurrido en el mundo, ni habían participado en las negociaciones por la Convención contra la Tortura y Otros Tratos o Penas Crueles ni otros tratados sobre la jurisdicción universal.

Algunos de los oponentes del TPIY sugirieron que una mejor alternativa hubiera sido que las Naciones Unidas alentaran a los nuevos gobiernos de la ex Yugoslavia a lidiar con sus propios criminales de guerra en juicios nacionales. Pero mucho notaron, como escribió Neier en noviembre de 1993, que "la perspectiva de que algo de ese estilo pudiera pasar es tan lejano y fantástico, que no puede comentarse".[31] De hecho, en 1993, el claro fracaso de los juicios nacionales había hecho creer a algunas personas que era irreal pretender que se llevaran a cabo ese tipo de juicios. En este momento, las leyes de amnistía continuaban bloqueando los procesos de Argentina, en Chile, en Uruguay y otros países de Latinoamérica.

Una vez que la ONU autorizó la creación del TPIY en febrero de 1993, Neier continuó desempeñando un rol importante en su seno. Ese año, Neier pasó de ser el líder de HRW a presidente del Open Society Institute, la fundación con sede en Nueva York creada por George Soros, inversionista y filántropo. Ahora Neier contaba con los fondos suficientes para dejar atrás su compromiso con la justicia internacional. La ONU no otorgaba la ayuda económica adecuada para que la Comisión de Expertos de Bassiouni pudiera finalizar su trabajo pero, con la ayuda de Neier, Bassiouni logró recaudar, gracias a *The MacArthur Foundation* y al *Open Society Institute*, un millón cuatrocientos mil dólares, una cifra que superaba la ayuda otorgada por la ONU.[32]

El Consejo de Seguridad necesitaba asignarle al tribunal nuevo un fiscal y quería hacerlo por consenso. El secretario general Boutros-Ghali propuso el nombre de Bassiouni como candidato ante Madelaine Albright, presidente del Consejo de Seguridad. Pero perdió las elecciones porque la delegación inglesa había criticado la elección de un musulmán para llevar adelante casos que tenían, principalmente, víctimas musulmanas. Bassiouni especuló que los poderes principales no querían aparentar un favoritismo por las víctimas musulmanas, ya que esto les desagradaría a los serbios.[33]

---

[31] Aryeh Neie "The Nuremberg precedent", *New York Review of Books* 40, n° 18, 4 de noviembre de 1993; www.nybooks.com/articles/archives/1993/nov/04/the-nuremberg-precedent/.

[32] Bass, *Stay the Hand of Vengeance*.

[33] M. Cherif Bassiouni y Peter Manikas, *The Law of the International Criminal Tribunal for the Former Yugoslavia* (Irvington-on-Hudson, NY: Transnational Publishers, 1996), págs. 210-211.

En cambio, el jurista sudafricano Richard Goldstone fue nombrado fiscal general del TPIY. Poco tiempo después de haber asumido su cargo, el embajador británico lo invitó a participar de una pequeña recepción en Sudáfrica, para que se reuniera con el primer ministro británico Edward Heath, que estaba de vacaciones en su yate privado en Ciudad del Cabo. Cuando Heath se enteró de que Goldstone había sido electo como fiscal general del TPIY, le preguntó amistosamente: "¿Por qué aceptó un trabajo tan ridículo?". Goldstone respondió que creía que era importante procesar a los criminales de guerra. Heat dijo algo así como "Si las personas desean matarse entre sí, mientras no sea en su país, no es asunto suyo y no debería ser asunto del gobierno británico".[34] Tal vez, Heath no era un observador imparcial. Durante su mandato como primer ministro, la Corte Europea de Derechos Humanos declaró al gobierno británico responsable de trato degradante y cruel de prisioneros del IRA, en las cárceles británicas. Debido a que la Corte Europea apelaba al modelo de responsabilidad estatal, nunca se declaró a Heath ni a ningún otro funcionario responsables de forma individual, pero Heath debió entender lo que implicaba esta nueva tendencia expansiva.

Al igual que muchas personas involucradas en el tribunal, Richard Goldstone consideraba que el precedente de Núremberg era la fuente primaria del trabajo realizado por el TPIY, pero lo reconocía porque crear el tribunal nuevo era una decisión innovadora, tenían que darse todas las condiciones y, en el caso de la ex Yugoslavia, todos esos factores convergieron: el fin de la Guerra Fría, las imágenes de la depuración étnica difundidas por la prensa que recordaban al Holocausto y el hecho de que el trabajo realizado por las ONG internacionales y nacionales para apoyar la creación del tribunal habían "adquirido recientemente el poder de influenciar la opinión pública".[35] Así como la ejecución de los primeros juicios nacionales en Grecia habían requerido la convergencia de factores inusuales, lo mismo sucedió con la creación del primer tribunal internacional.

La creación del TPIY en 1993 fue un punto de inflexión en la cruzada contra la impunidad. Cuando comenzó a funcionar, hubo más posibilidades de crear otros tribunales nacionales e internacionales. A nivel nacional, el TPIY sirvió para que la Cámara para Crímenes de Guerra en Bosnia para que se hiciera cargo de sus casos. Un analista observó que "el diseño de la cámara, como un tribunal híbrido organizado en función del Derecho nacional, estaba pensado para destacar la capacidad local de forma de que perdurara después de que los participantes internacionales se hubieran retirado".[36]

El TPIY también ayudó a incentivar, en 1994, el establecimiento del Tribunal Penal Internacional para Ruanda (TPIR) para procesar a los responsables del genocidio local. Eventualmente, estos avances colaboraron con la movilización

---

[34] Richard Goldstone, *For Humanity: Reflections of a War Crimes Investigator* (New Haven: Yale University Press, 2000), pág. 74.

[35] *Ibíd.*, págs. 79-80.

[36] Diane Orentlicher, *That Someone Guilty Be Punished: The Impact of the ICTY in Bosnia* (Nueva York: *Open Society Institute*, 2010), pág. 132.

© gedisa

del apoyo estatal para la creación de la Corte Penal Internacional. El ímpetu del trabajo de estos tribunales internacionales contribuyó con el establecimiento de un tribunal híbrido en Camboya, en 2009, destinado a procesar a los miembros de los Jemeros Rojos, a más de veinte años de la caída del régimen.

Gary Bass sostiene que fue posible lograr la justicia internacional porque las soluciones para acabar con esas atrocidades jurídicas fueron mucho más sencillas y políticamente más plausibles que la intervención militar. El establecimiento del TPIY fue "un acto simbólico" por parte de la comunidad internacional. "El mundo va a procesar crímenes que no va a prevenir. El tribunal está hecho para tambalearse". Y así lo hizo por un tiempo. Bass sostiene que este tipo de acciones legales "suelen funcionar como sustituto de las acciones políticas verdaderas en Bosnia y en Ruanda".[37] Richard Goldstone recuerda sus primeras conferencias de prensa con desazón, dado que la prensa internacional también "había condenado al TPIY como "la hoja de parra" de la comunidad internacional, que existía para ocultar la vergüenza sentida por la inacción de la ex Yugoslavia".[38]

Pero ni Bass ni la prensa internacional de ese momento comprendieron que establecer un tribunal es "acción política real, y puede ofrecer una relación rentable o complementaria con la acción militar". Una solución legal lleva más tiempo y posee una lógica propia. Esta lógica es formal y procesal, más que resultativa. Por ejemplo, una vez que los Estados crean tribunales autónomos, no pueden estar seguros sobre qué decisiones van a tomar dichos tribunales. Por eso, al finalizar un juicio mal ejecutado en 2009, el TPIR tuvo que liberar a Protais Zigiranyirazo, quien había sido acusado de ser "el autor intelectual del genocidio del país en 1994".[39] Lentamente, con el tiempo, el TPIY y otros tribunales internacionales comenzaron a adquirir velocidad, fuerza y jurisprudencia, lo cual iba en contra de lo que a algunos de los opositores le criticaban".[40]

Los afluentes convergen: La creación de la CPI

El fin de la Guerra Fría y la institucionalización de dos de los tribunales ad hoc revitalizaron el interés internacional de establecer una corte penal internacional permanente. El desarrollo del concepto comenzó después de la Segunda Guerra Mundial, cuando la recientemente formada ONU se ocupó de planear el establecimiento de un tribunal internacional para procesar criminales de guerra y a los autores de los crímenes contra la humanidad. Durante este período, po-

[37] Bass, *Stay the Hand of Vengeance*, pág. 207.
[38] Goldstone, *For Humanity*, pág. 77.
[39] David Smith, "Rwanda genocide conviction quashed leaving Monsieur Z free", *The Guardian* (UK), 17 de noviembre de 2009.
[40] Como prueba del peso de Bosnia y Herzegovina, véase Lara J. Nettelfield, *Courting Democracy in Bosnia and Herzegovina: The Hague Tribunal's Impact in a Postwar State* (Nueva York: Cambridge University Press, 2010).

© gedisa

cos países estaban comprometidos con el proyecto y la Guerra Fría, a la vez que el estancamiento en las Naciones Unidas obstaculizaba cualquier tipo de acción seria. Bassiouni lo explica así: "Los poderes principales descubrieron que, en vez de luchar contra la justicia penal internacional de una forma flagrante, debían recurrir a lo que yo llamo 'tácticas de guerrilla'. La mejor táctica guerrillera que se puede utilizar es la burocracia de la ONU y la distribución de los recursos". La Comisión de Derecho Internacional de las Naciones Unidas suspendió el debate del tema en 1953, cuando no pudo llegar a la definición de "agresión" como uno de los crímenes claves de los que se encargaría el tribunal nuevo.

Una coalición de actores, entre los que había miembros internacionales de la AIDP que habían trabajado en pos de una corte penal internacional permanente, encabezó la renovación de estos esfuerzos a principios de la década de los años noventa. Luego, se les unieron las ONG de derechos humanos como *Human Rights Watch*, el Comité de Abogados para los Derechos Humanos y Amnistía Internacional, que había luchado por juicios a los autores de los crímenes y otras formas de responsabilidad penal al comenzar los procesos de delitos por lesa humanidad. Los gobiernos que habían internalizado la ética de la justicia internacional también participaron, particularmente en Europa y Latinoamérica.

En el pequeño Estado insular de Trinidad y Tobago, el proceso se reactivó en 1989, cuando se propuso la creación de una corte penal internacional para hacerle frente al tráfico de drogas. En 1990, el comité no gubernamental de expertos liderado por Bassiouni redactó un borrador del estatuto para una CPI que tuviera acceso a la jurisdicción para todos los crímenes internacionales. El borrador estaba basado en el texto que Bassiouni había escrito en 1981 para la implementación del Convenio sobre Represión y Castigo del *Apartheid*. Alemania ayudó a que cobrara impulso cuando el primer ministro, Hans Dietrich Genscher, quien había abogado por el TPIY, apeló a la Asamblea General de las Naciones Unidas para crear una corte internacional "donde se pudiera procesar y castigar a los responsables de crímenes contra la humanidad, crímenes contra la paz, genocidio, crímenes de guerra y delincuencia medioambiental".[41]

Pese a que, más tarde, Estados Unidos se convertiría en opositor de la CPI, al principio, el gobierno estadounidense de Clinton estaba de acuerdo con la idea de crear una corte penal internacional. Históricamente, Estados Unidos siempre ha sido "el partidario principal de las instituciones internacionales basadas en reglas firmes" y, por un breve lapso, a mediados de la década de los años noventa, "Estados Unidos parecía estar dispuesto a desempeñar este rol de nuevo".[42] Michael Scharf, abogado del Departamento de Estado de Estados Unidos entre 1989 y 1993, quien determinó la posición del gobierno con respecto a la CPI, dijo que, en 1993, Estados Unidos cambió su postura de forma radical. Antes de 1993, la política había sido "prolongar sin prolongar el debate", pero antes

---

[41] Michael J. Struett, *The Politics of Constructing the International Criminal Court* (Nueva York: Palgrave Macmillan, 2008), pág. 71.

[42] *Ibíd.*, pág. 70.

de 1993, Estados Unidos "se había comprometido activamente a trabajar para resolver los asuntos legales y prácticos pendientes" referidos a la creación de la CPI.[43]

Scharf sostiene que había algunos factores de relevancia en Estados Unidos. Primero, el gobierno estadounidense pensaba que una corte internacional sería útil para casos como los del caudillo somalí y sus soldados, que habían atacado a las fuerzas de paz de la ONU en junio de 1993. Estados Unidos y la ONU querían procesarlos penalmente. Por supuesto que Estados Unidos podría haber tratado de detener a los caudillos somalíes, procesarlos en el campo de batalla por violaciones de las leyes de la guerra, o someterlos a juicio en Estados Unidos, pero esto habría sido difícil y controvertido. Segundo, Estados Unidos también creía que se podría recurrir a un tribunal penal internacional para tratar el caso de los libios que habían derribado el avión de Pan Am 103 en Lockerbie, Escocia. Libia había rechazado la resolución del Consejo de Seguridad de la ONU de extraditar a Estados Unidos a dos individuos identificados como responsables de los ataques, pero decía que podrían extraditarlos a un tribunal internacional. Estados Unidos quería que se considerara que Libia era "un fiasco", pero "el factor más importante de todos" para el cambio de postura de Estados Unidos sobre la CPI, según Scharf, fue el establecimiento del TPIY. En su trabajo en el TPIY, Estados Unidos había tratado con éxito "los mismos asuntos legales y complejos que eran vistos como obstáculos" para la CPI.[44]

Luego, en este contexto, Estados Unidos cambió su postura, lo que le hizo más fácil a la Asamblea General tomar la decisión de llevar a cabo la conferencia para el tratado de la CPI. Por supuesto que el gobierno de Clinton esperaba que las negociaciones crearan un tribunal que Estados Unidos estaría predispuesto a apoyar, sobre el cual el país tuviera más control. Sin el consentimiento de Estados Unidos en las primeras etapas, las negociaciones por el tribunal no hubieran podido realizarse.[45] Cuando las propuestas que Estados Unidos no apoyaría tomaron impulso, ya era demasiado tarde para detener el proceso. Esto muestra la fuerza que tenía el concepto de responsabilidad penal individual en los casos de delitos de lesa humanidad. No sólo era tarde para que Estados Unidos detuviera a la CPI, sino que también era tarde para detener el concepto de responsabilidad penal individual. Algunos de los participantes del proceso de creación del Estatuto de Roma creían que la oposición de Estados Unidos al estatuto había incrementado el apoyo de los países para la creación de la CPI. La Comisión de Derecho Internacional de las Naciones Unidas (CINU) retomó el tema de la CPI y produjo, en 1994, un borrador de un estatuto bastante conservador que pretendía crear un tribunal menos independiente y menos poderoso que el creado posteriormente. Incluso quienes estaban comprometidos y apoyaban la idea de crear un tribunal internacional, como el profesor Bassiouni, cuando publicaron los artículos sobre el tema que escribie-

---

[43] Michael Scharf, "Getting Serious about an International Criminal Court", *Pace International Law Review* 6 (1994), pág. 103.

[44] *Ibíd.*, págs. 106-107.

[45] Véase Struett, *The Politics of Constructing the International Criminal Court.*

ron, no imaginaban que un tribunal fuerte con una jurisdicción obligatoria y un fiscal independiente podría surgir en ese momento.

Estas expectativas conservadoras cambiaron en los cuatro años que pasaron entre la redacción del borrador de la CINU y la firma del Estatuto de Roma en 1998. Una diplomática argentina, Silvia Fernández de Gurmendi, muy comprometida con la causa, dirigió el proceso de ratificación del Estatuto de Roma. Fernández formaba parte de la nueva generación de los funcionarios gubernamentales de postransición que habían apoyado el desarrollo del Derecho internacional. Ingresó al Servicio Exterior en 1989, cinco años después de la transición argentina hacia la democracia.

En 1994, asignaron a Fernández como asesora legal de la misión argentina en las Naciones Unidas en Nueva York. Pronto, formó parte de un pequeño grupo de funcionarios de gobierno de Canadá, los "nórdicos", y los italianos, que se hacían llamar, "pretenciosamente, quizás", coalición de amigos del tribunal penal internacional. En ese entonces, recuerda Fernández, había una suerte de "división de aguas" entre los países que querían apoyar la creación del tribunal y los que no aceptaban las propuestas.[46] Entre los opositores –recalca– estaban todos los miembros permanentes del Consejo de Seguridad (Estados Unidos, el Reino Unido, Francia, China y Rusia), así como también algunos países en vías de desarrollo, como México e India. "Los que apoyaban la idea lograron persuadir a la ONU de crear dos comités de preparación diferentes para la CPI", y Fernández y Bassiouni fueron nombrados vicepresidentes de estos comités. Ella se convirtió en una de las fundadoras de un grupo formado por países con "el mismo tipo de mentalidad" que apoyaban el tribunal. "Al principio, sólo diez países nos reunimos para definir las estrategias, pero hacíamos mucho ruido, por lo cual parecía que conformábamos un grupo enorme. Mi colega inglesa siempre me preguntaba "Dime la verdad, ¿cuántos son?". Pero resultó ser beneficioso para nosotros que hubiera una mayoría silenciosa de un cierto número de países dispuestos a darnos su apoyo". La ONG que trabajó con los países de "la misma mentalidad" fue de particular importancia. Organizó la Coalición por la Corte Penal Internacional, una red mundial de más de dos mil ONG que apoyaban la CPI y la ratificación del Estatuto de Roma.

A lo largo del proceso, cuando las negociaciones comenzaban a volverse arduas, Bassiouni organizaba reuniones informales "entre sesiones" en el Instituto de Siracusa, en Italia. Fernández lo recuerda como "un lugar magnífico, realmente hermoso", cercano a las ruinas de la antigua ciudad griega de Siracusa, rodeada de árboles y con muchos rincones para conversar. Todos los delegados se quedaban en el mismo hotel, el Grand Hotel Villa Politi, un edificio del siglo XVIII donde Churchill había pasado sus vacaciones mientras pintaba paisajes de los alrededores. Las reuniones en Siracusa no sólo convocaban a los países afines, sino también a los que se oponían a la Constitución del tribunal. Con el tiempo, se fueron abriendo más y la última reunión fue abierta para todos los países. El grupo con "mentalidad afín" continuó expandiéndose, en parte –se-

---

[46] Entrevista a Silvia Fernández de Gurmendi, Buenos Aires, Argentina, 11 de diciembre de 2002.

gún Fernández– porque "como queríamos dar la sensación de que éramos como una topadora, no nos preocupábamos por los requisitos de pertenencia". Más tarde, se dieron cuenta de que debía haber algún tipo de acuerdo sobre algunos principios básicos. Incluso con los nuevos requisitos de pertenencia, el grupo creció y llegó a contar con sesenta miembros en 1998, cuando se llevó a cabo la conferencia de Roma. De Latinoamérica, además de Argentina, estaban Uruguay, Chile, Brasil y Venezuela. Sudáfrica también era un miembro importante y persuadió a otros países africanos para que se unieran a la causa. Hubo un punto de inflexión cuando asumió el gobierno laborista de Tony Blair y el Reino Unido cambió de posición política. La oposición de los cinco miembros del Consejo de Seguridad a la CPI se debilitó, pero Fernández continuaba preocupada sobre el gran poder de influencia del grupo occidental. Se trabajó mucho para motivar a países pequeños y pobres a asistir a la Conferencia de Roma. Se destinaron fondos especiales para apoyar la participación de los países en vías de desarrollo y se les dio asistencia técnica a las delegaciones de esos países.

En el verano de 1998, a la conferencia de la ONU en Roma concluyó el estatuto de la Corte Penal Internacional. El grupo de los países "con mentalidad afín" y cientos de ONG impulsaron el proceso y lograron elaborar un estatuto de ciento veintiocho cláusulas. El Estatuto de Roma es una clara declaración de la nueva doctrina referida a la responsabilidad penal individual. Es evidente: el hecho de que un individuo haya sido cabeza de Estado o miembro del gobierno "en ningún caso exentará a una persona de la responsabilidad penal individual" ni llevará a la reducción de la condena.[47] La CPI, como una síntesis de las nuevas reglas, apareció relativamente tarde y se basó en la experiencia del resto de las tratativas para lograr la imputación de la responsabilidad penal individual, especialmente, en los tribunales ad hoc, pero también en las experiencias individuales de cada país.

Al final, la creación de la CPI fue el producto de una red transgubernamental de abogados del Ministerio de Relaciones Exteriores de algunos países, como Canadá, Argentina, Suecia, Noruega y Holanda.[48] Esta red fue penetrada por lo que llamamos una *comunidad epistémica* de abogados penalistas, algunos de los cuales pertenecían a la AIDP.[49] La red y la comunidad trabajaron por turnos, colaborando con una red de promoción de una ONG, dando apoyo y participando de forma informal en el proceso de redacción del estatuto de la CPI.[50]

[47] Estatuto de Roma para el Tribunal Internacional Penal, UN Doc. 2187 U.N.T.S. 90, entró en vigor el 1º de julio de 2002.

[48] William A. Schabas, *An Introduction to the International Criminal Court* (Cambridge, UK: Cambridge University Press), pág. 15.

[49] Una comunidad epistémica es una red de profesionales con una política común con "reconocida experiencia y y competencia en el campo específico y un reclamo claro de las políticas importantes en ese ámbito o campo". Véase Peter Haas, "Introduction: Epistemic communities and international policy coordination", *International Organization* 46 (1992), pág. 3.

[50] William R. Pace y Mark Thieroff, "Participation of non-governmental organizations", en Roy S. Lee, comp., *The International Criminal Court: The Making of the*

© gedisa

El cambio drástico que se hizo en el borrador entre 1994 y 1998 se debió, en gran parte, al poder persuasivo de las ONG y de los países con mentalidad afín. La balanza se inclinó a favor de un tribunal independiente y fuerte, y fue tal el impulso que varios países los siguieron, neutralizando a la oposición de los más poderosos, como Estados Unidos, China e India, que "cuyas preferencias se inclinaban hacia la coalición de países pequeños.".[51] La postura de Estados Unidos se debilitó por la confrontación que a veces se establece entre poderes políticos ordinarios y la lógica básica del Derecho. Las negociaciones legales se mezclaban con el poder político, pero no cualquier tipo de argumento puede tener lugar en el discurso legal. Estados Unidos se oponía a una corte con "jurisdicción sobre los ciudadanos estadounidenses sin el consentimiento del gobierno correspondiente en cada caso". Sin embargo, como señala un analista, la terminología de cualquier tratado para asegurar tal desenlace era "fundamentalmente incompatible con la noción de que debía aplicarse el Derecho penal a todos por igual" y, por lo tanto, "fue finalmente rechazado por las ciento veinte naciones que votaron a favor del tratado de Roma".[52]

Esta alianza entre países con mentalidades afines y ONG de derechos humanos promovió la creación de la CPI y, eventualmente, persuadió a una gran cantidad de Estados para que firmaran y ratificaran el estatuto, a pesar de la fuerte oposición de Estados Unidos. La firma del estatuto se programó para 1998 y en 2010 ciento diez países ya lo habían ratificado. El Estatuto de la CPI subrayaba la importancia del compromiso internacional con el principio de que ciertos delitos eran crímenes no sólo contra los individuos, sino contra el mundo entero. En consecuencia, cada Estado o la comunidad internacional tienen jurisdicción para procesar a los acusados.

Aquellos que se enfocan en la CPI no aprecian en su totalidad el hecho de que su éxito rotundo no fue sólo el resultado de movimientos específicos en las negociaciones que llevaron a la creación del Estatuto de Roma, sino que también fue la suma de dos décadas de trabajo en pos de la imputación de la responsabilidad penal. La creación de la CPI no fue un enveto aislado, sino que se desprendió de los dos afluentes de la cascada de la justicia. Se basó no sólo en los precedentes internacionales obvios, como el TPIY y el TPIR, sino también en la experiencia de los países en donde se había llevado a cabo previamente juicios locales de derechos humanos. Algunos países, ONG y varios individuos que estaban presentes en la Conferencia de Roma habían abogado por la responsabilidad penal desde los juicios de Grecia en 1975. Algunos, como Bassiouni, también habían participado de la redacción de la Convención contra la Tortura y

Rome Statute: Issues, Negotiations, Results (La Haya: Kluwer Law International, 1999), pág. 391, y Struett, *The Politics of Constructing the International Criminal Court.* Entrevista a Silvia Fernández, ministra de Asuntos Exteriores de Argentina y participante fundamental en las distintas etapas de las negociaciones de la CIP, Buenos Aires, Argentina, 11 de diciembre de 2002.

[51] Struett, *The Politics of Constructing the International Criminal Court*, pág. 73.

[52] *Ibíd.*, pág. 75.

Otros Tratos o Penas Crueles incluyendo cláusulas relativas a la responsabilidad penal individual. Otros, como Fernández, estaban familiarizados con los juicios nacionales en sus países. Algunos países, ONG y delegados comprendieron la utilidad de la responsabilidad penal al analizar juicios nacionales e internacionales de derechos humanos. Pero algunos veían con pesimismo la posibilidad de limitar la responsabilidad penal a las cortes nacionales. En todos lados, las leyes de amnistía bloqueaban los juicios locales. Tanto los actores estatales como los civiles que apoyaban la creación de la CPI creían que la responsabilidad penal necesitaba apoyo internacional y que la CPI parecía ser la institución indicada para ocuparse de ello. Sin embargo, ellos y sus opositores tenían expectativas muy diferentes acerca de las consecuencias que traería aparejadas la creación de la corte. Trataremos este tema en los próximos capítulos.

Comienzan y se aceleran los juicios internacionales de derechos humanos

Cuando los delegados finalizaron la redacción del Estatuto de Roma en julio de 1998, todavía era algo prometedor. A pesar de la euforia de haber logrado redactar un estatuto mucho más fuerte de lo que se soñaba, nadie estaba seguro de cuántos Estados lo ratificarían y, por ende, qué tan rápido comenzaría a funcionar el tribunal. Los representantes de las ONG creían que debía pasar, al menos, una década antes de que la ratificación de los sesenta países necesarios para que el tratado entrara en vigor. Cuatro años después, para su sorpresa, en julio de 2002 el tratado entró en vigencia. Pero la idea de justicia internacional era sólo hipotética, una propuesta o un concepto teórico que aún no se había llevado a la práctica.

Unos meses después de la finalización de la Conferencia de Roma, tuvo lugar un evento que comenzaría a darle cuerpo a la idea de la justicia internacional. Es difícil describir la emoción que se sintió cuando la policía británica arrestó al general chileno Augusto Pinochet en un hospital de Londres por una orden de extradición española, por tortura y otros delitos de lesa humanidad. Incluso los militantes más activos que luchaban por la imputación de la responsabilidad penal no creían que ese arresto fuera posible. Los abogados internacionales sabían que era factible, pero nadie creía que era políticamente posible. Quienes se oponían a la justicia internacional estaban escandalizados. El caso Pinochet fue relevante porque el general se convirtió en el epítome del dictador dictatorial moderno. En comparación con otros países que tenían Juntas con miembros anónimos o presidencias rotativas, Pinochet concentró todo el poder y ocupó el puesto de jefe de Estado durante diecisiete años. Controló la transición hacia la democracia para mantener su puesto como comandante en jefe de las Fuerzas Armadas y, luego, se convirtió en "senador vitalicio". Pinochet, a través de sus propios esfuerzos y los de sus opositores, se convirtió en un símbolo mundial. Durante la dictadura, la oposición chilena exiliada en el exterior creó una de las redes de solidaridad más eficientes de los tiempos modernos. Se formaron comités en más de ochenta países, los cuales presionaron incansablemente para conseguir sanciones contra el régimen de Pinochet, y se difundió su imagen, de forma tal que la foto que mostraba una persona de rostro adusto con lentes negros y los brazos cruzados se convirtió en un símbolo internacional del autoritarismo, algo análogo a lo sucedido con las camisetas con la imagen del Che Guevara como símbolo de la revolución. Por lo tanto, su detención implicó la personalización de la lucha por la justicia en todas partes. Durante dos años, el mundo entero estuvo pendiente del sistema judicial británico y en las calles de Londres y de Santiago se hacía eco del arresto del general y del proceso judicial correspondiente.

Los tribunales británicos confrontaron con persistencia las cuestiones derivadas del pedido de España y, finalmente, determinaron que los tribunales españoles tenían la capacidad de juzgar a Pinochet por los crímenes de Chile perpetrados hacía una década. El fallo se basaba, principalmente, en la ley positiva de la Convención contra la Tortura y Otros Tratos o Penas Crueles y en los tratados de extradición firmados por España y por el Reino Unido. Aunque la Convención contra la Tortura y Otros Tratos o Penas Crueles garantizaba jurisdicción universal para casos de torturas, no se apeló a esa cláusula hasta que se juzgó el caso de Pinochet entre 1998 y 1999, más de diez años después de que la Convención contra la Tortura y Otros Tratos o Penas Crueles entrara en vigor. La Cámara de los Lores (en esencia, la Corte Suprema británica) determinó que el político chileno no era inmune a la extradición a España por las torturas ejercidas durante su mandato como jefe de estado, ya que ambos países habían ratificado la Convención contra la Tortura y Otros Tratos o Penas Crueles y habían reconocido la jurisdicción internacional para crímenes de torturas. La Cámara de los Lores limitó su decisión sólo a la Convención contra la Tortura y Otros Tratos o Penas Crueles porque el documento del tratado ratificado por todas las partes claramente establecía que existía jurisdicción universal para los casos de tortura.

Pese a que, finalmente, el gobierno británico le permitió a Pinochet regresar a Chile, al determinar que estaba incapacitado para ser procesado, lo sucedido en Europa tuvo repercusiones políticas importantes en Chile, las cuales resonaron en toda Sudamérica y en el resto del mundo. Al terminar el proceso, muchos casos sin precedentes relativos a violaciones a los derechos humanos comenzaron a ocupar los tribunales chilenos. La Corte Suprema de Chile rompió el escudo de inmunidad que Pinochet se había autoimpuesto para su proceso. A partir de su arresto, creció el número de juicios internacionales causados por lo que Naomi Roht Arriaza llamó "el efecto Pinochet".

El caso de Pinochet movilizó a muchos abogados alrededor del mundo, al mostrarles las posibilidades que tenían los juicios. Algunos abogados de derechos humanos uruguayos me dijeron que, a partir del caso de Pinochet, comenzaron a cuestionarse si no habían sido demasiado pasivos respecto de sus propias leyes de amnistía. Esto los llevó a pensar nuevas estrategias para los procesos judiciales para enviar a la cárcel al ex presidente Bordaberry. Wolfgang Kaleck, abogado alemán de derechos humanos que estuvo encargado de los casos argentinos en los tribunales alemanes y que dirigió el proceso contra Donald Rumsfeld por torturas, recuerda: "El caso de Pinochet en 1998 fue un detonante. De ahora en más, debemos ser conscientes de que esto es serio, y no está sólo despertando la conciencia pública".[53]

En este capítulo, he descrito las iniciativas de distintos países del mundo para construir el cauce legal de la cascada de la justicia, que comenzó con la Convención sobre el Genocidio en 1949 y la Convención contra la Tortura y Otros Tratos o Penas Crueles en 1984. Ambas fueron necesarias para iniciar futuras acciones legales, como dejó en claro la Cámara de los Lores al juzgar el caso de Pinochet. Sólo se podía extraditar a Pinochet a España respetando las cláusulas del Derecho positivo, a las que todas las partes habían accedido. Sin las cláusulas específicas de la Convención contra la Tortura y Otros Tratos o Penas Crueles ni el hecho de que todos los estados involucrados en el caso (Chile, España y el Reino Unido) lo habían ratificado antes del alegato de algunos casos de tortura, es factible que la Cámara de los Lores accediera a la extradición. Puede decirse lo mismo de otras decisiones cruciales que llevaron a la cascada de la justicia, como las que tomó la Comisión Europea de Derechos Humanos para el caso de Grecia o las de la Corte Interamericana para el de Honduras. El desarrollo de los derechos humanos y del Derecho humanitario, la proliferación de tratados nuevos con mayor cantidad de terminología precisa sobre la imputación de la responsabilidad penal individual y la amplia ratificación de todos los tratados fueron condiciones necesarias para que se diera la cascada de la justicia. Sin embargo, no fueron suficientes en absoluto.

Hemos visto cómo un puñado de individuos cumplió un rol crucial en la cascada de la justicia: por ejemplo, Cherif Bassiouni, Jan Herman Burgers, Madeleine Albright, Juan Méndez, Silvia Fernández y Aryeh Neier. Todos ellos provienen de entornos diversos, y no necesariamente de países poderosos del Norte. Resulta interesante que tanto Bassiouni como Méndez hayan sido arrestados por sus gobiernos represores y haya desarrollado un deseo profundo de justicia en el exilio. Sus historias ilustran cómo las ideas y el conocimiento viajan junto con las personas. El exilio producto de los regímenes dictatoriales fue un arma de doble filo que resultó contraproducente: los exiliados ayudaron a impulsar el movimiento por le defensa de los derechos humanos no sólo a través de las emotivas historias de vida de las víctimas de la represión, sino también por su participación en los comités pequeños y en las organizaciones que se iban profesionalizando y que documentaban y difundían los delitos de lesa humanidad para generar un cambio.

Ahora bien, estos individuos fueron influyentes porque crearon o utilizaron instituciones que funcionaron como plataformas de lanzamiento organizacionales para el desarrollo de sus ideas. Bassiouni revitalizó la AIDP para que cumpliera un rol crucial en la creación de la CPI y creó el Instituto de Siracusa, donde el Norte y el Sur se podían reunir. Neier y Méndez lograron que HRW se convirtiera en una organización poderosa contra la impunidad. Burgers, Fernández y Albright demostraron el rol que pueden cumplir los empresarios dentro de los

[53] Entrevista a Wolfgang Kaleck, Berlín, Alemania, 6 de junio de 2010.

gobiernos. Si los individuos eran esenciales para el inicio de la cascada de la justicia, muchos actores estatales y civiles necesitaban comprender la situación para difundirla. (La discusión teórica sobre la razón por la que se convenció a estos grupos diversos de apoyar un cambio para imputar la responsabilidad penal individual en casos de delitos contra la humanidad se retomará en el último capítulo).

Ahora nos enfocaremos en la delicada cuestión de qué se logra con todo esto. ¿Se podrían cumplir los sueños de personas como Méndez y Bassiouni? ¿La responsabilidad penal individual para casos de delitos de lesa humanidad llevaría realmente a una mejora del sistema?

A comienzos del siglo XXI, la cascada de la justicia recibió un contragolpe. Algunos analistas, como Jack Snyder y Leslie Vinjamuri, sostenían que los "idealistas" que abogaban por los procesos judiciales no habían considerado la realidad política, y que esos juicios creaban más abusos de los que pretendían prevenir. Un especialista en el tema escribió un artículo llamado "The rise and fall of universal jurisdiction", en el que concluía que "la jurisdicción universal fue esencialmente parte del discurso de la posguerra fría y de la autopropaganda generada por las ONG, los abogados militantes y los jueces, las conferencias y ensayos de tipo académico y la prensa masiva".[54] Cuando la CPI entró en funcionamiento, los primeros cuatro casos tratados eran de crímenes contra la humanidad en África. Tres de ellos (uno contra un grupo rebelde en Uganda, otro en la República Democrática del Congo, y otro en la República Centroafricana) fueron derivados a la Corte por sus propios gobiernos. El cuarto caso, el de Sudán, fue enviado a la Corte por el Consejo de Seguridad de la ONU. El quinto caso, que involucraba a Kenia, fue el único en que el fiscal Luis Moreno Ocampo llevó el caso a la Corte usando su poder individual como fiscal, los mismos poderes que Estados Unidos se había empeñado en limitar durante las negociaciones. En diciembre de 2010, el fiscal pidió procesar a seis políticos de Kenia, entre los cuales se encontraba el ministro de Economía, por crímenes contra la humanidad después y durante las elecciones de 2007. En este momento, la fiscalía está estudiando otros casos de Colombia, Guinea, Afganistán, Georgia y Palestina. Pero la euforia ya ha pasado y la corte creada en 1998 con los planteamientos mencionados comenzó a ser vista por algunos como un tribunal creado por el Norte para procesar los crímenes del Sur, dado que todos los primeros casos involucraban a África. Sin embargo, esta historia no refleja la verdadera creación ni el trabajo de la CPI. Muchos países africanos apoyaron la Corte en la Conferencia de Roma y fueron los mayores entusiastas de la ratificación del Estatuto de Roma. Casi un tercio de los jueces electos de la Corte son africanos y casi dos tercios de países en vías de desarrollo. Tres de los primeros cuatro casos fueros referidos por el gobierno africano.

© gedisa

---

[54] Luc Reydams, "The rise and fall of universal jurisdiction", en William Schabas y Nadia Bernaz, comps., *Routledge Handbook of International Criminal Law* (Nueva York: Routledge, 2010).

¿Cómo es posible que un tribunal al que inicialmente se opusieron todos los miembros del Consejo de Seguridad haya empezado a ser visto como una corte creada por el Norte? El rechazo surgió a partir del prejuicio sobre el impacto de los tribunales nacionales, extranjeros e internacionales. Aun así, faltó una investigación rigurosa que avalara esa postura escéptica. En breve nos ocuparemos de este tema.

© gedisa

PARTE III

**¿LOS JUICIOS POR DELITOS DE LESA HUMANIDAD
HACEN LA DIFERENCIA?**

5. LOS EFECTOS DE LOS JUICIOS POR DELITOS DE LESA HUMANIDAD EN LATINOAMÉRICA[1]

Si bien el estatuto de Roma y el arresto de Augusto Pinochet le habían proporcionado al movimiento por los derechos humanos una razón para ser optimista, muchos políticos, analistas y militantes estuvieron en fuerte desacuerdo con respecto a cuán deseable era la cascada de la justicia. Ese desacuerdo a menudo se basaba en las distintas predicciones acerca de los efectos o de las consecuencias de los juicios por delitos de lesa humanidad. Cuando Pinochet fue detenido en 1998 en Londres, el ministro de Asuntos Exteriores de Chile era Miguel Insulza, un líder del Partido Socialista que había sido comandado por el presidente Allende. Él, como parte de una coalición gubernamental del partido de centro demócrata-cristiano, instó a los ingleses a liberar al hombre por culpa del cual se había tenido que exiliar en el pasado. "Lo último que necesita Chile es que Pinochet sea un mártir" declaró Insulza, expresando un pensamiento muy extendido que consistía en que si, de alguna forma, sus problemas legales afectaban al general Pinochet hasta la muerte, el país explotaría igual".[2] William Hague, el líder conservador británico, también instó al gobierno inglés a que se autorizara el regreso de Pinochet a Chile. "Esto perjudica nuestra relación con Chile, que es aliado de nuestro país desde hace mucho tiempo, a la vez que provoca una inestabilidad en un país que hoy es democrático".[3] Algunos llegaron aún más lejos. Margaret Thatcher, la ex primer ministro británica y vieja conocida de Pinochet, anunció indignada que su detención equivalía a un "secuestro judicial".[4]

---

[1] Este capítulo se basa en gran medida en el artículo en colaboración escrito por Kathryn Sikkink y Carrie Booth Walling: "The impact of human rights trials in Latin America", *Journal of Peace Research* 44 (2007), págs. 427-445. Para ampliar el tema, véase también Kathryn Sikkink y Carrie Booth Walling, "Argentina's contribution to global trends in transitional justice", en Naomi Roht-Arriaza y Javier Mariezcurrena, comps., *Transitional Justice in the Twenty-First Century: Beyond Truth versus Justice* (Cambridge, UK: Cambridge University Press, 2006). Agradezco a Carrie Booth Walling el haberme permitido usar este material.

[2] Clifford Krauss, "The world; Chile renders a verdict on Pinochet: let's move on", *New York Times*, 22 de noviembre de 1998, pág. 6.

[3] "Highest British court strips Pinochet of his immunity", *New York Times*, 26 de noviembre de 1998, pág. A1.

[4] Véase Ben Partridge, "Britain: Thatcher condemns 'kidnap' of Pinochet", *Radio Free Europe/Radio Liberty*, 9 de octubre de 1999.

© gedisa

Estos políticos se hacían eco de los especialistas en la transición a la democracia de mediados de la década de los años ochenta que afirmaban que los procesos por violaciones cometidas en el pasado probablemente desestabilizarían las nuevas democracias. Por ejemplo, Samuel Huntington creía que, si se iniciaban los procesos legales, éstos debían llevarse a cabo inmediatamente después de la transición o, de lo contrario, sería imposible realizarlos.[5] Las palabras de Huntington pesaban en los círculos académicos y políticos, y él desconfiaba de que los juicios por delitos de lesa humanidad fueran acertados. Los especialistas en los procesos de transición de generaciones más jóvenes se hicieron eco de la incredulidad de Huntington y reflexionaron sobre las posibles consecuencias negativas que tales procesos podrían acarrear de forma involuntaria. Muchos temían que los juicios debilitaran las democracias que ya frágiles de por sí y ocasionaran golpes de estado. El renombrado especialista argentino Guillermo O'Donnell fue uno de los autores del estudio multi-regional definitivo de las transiciones hacia la democracia, junto con sus colegas Philippe Schmitter de la Universidad de Stanford y Lawrence Whitehead de la Universidad de Oxford. Los tres afirmaban que sería muy difícil llevar a cabo procesos legales en la mayoría de las democracias transicionales y concluían que "si los políticos civiles demuestran coraje y habilidad, *quizá no necesariamente sea suicida* que una democracia naciente se enfrente con los hechos más reprensibles de su pasado cercano".[6] Hasta Aryeh Neier, quien era en ese momento director ejecutivo de Human Rights Watch y uno de los defensores más fervientes de los juicios, pecaba de pesimista al final de la década de los años ochenta. "Permitir que las Fuerzas Armadas se vuelvan inmunes a un proceso por delitos espantosos resulta intolerable" –escribe– "pero también resulta irracional insistir en que un gobierno civil electo se suicide al provocar a sus Fuerzas Armadas". Es interesante observar que Neier se vale de la misma metáfora que O'Donnell y Schmitter, quienes relacionan el suicidio con los juicios.[7]

La bibliografía se remonta a fines de la década de los años ochenta y a principios y mitad de la de los años noventa, cuando yo estaba realizando mis primeras investigaciones sobre los juicios por delitos de lesa humanidad. En 2001, escribí un artículo junto con mi amiga y colega Ellen Lutz que titulamos "La cascada de la justicia", que se centraba, sobre todo, en los juicios por delitos de lesa humanidad extranjeros de países latinoamericanos. Ellen y yo nos conocimos a principios de la década de los años ochenta en Washington, D.C., cuando yo trabajaba en la WOLA y ella trabajaba en la filial de Amnistía Internacional de la ciudad. Ambas descubrimos sorprendidas que las dos habíamos vivido

[5] Samuel P. Huntington, *The Third Wave: Democratization in the Late Twentieth Century* (Norman: University of Oklahoma Press, 1991), pág. 228.

[6] Guillermo O'Donnell y Philippe C. Schmitter, *Transitions from Authoritarian Rule: Tentative Conclusions about Uncertain Democracies* (Baltimore, MD: Johns Hopkins University Press, 1986), pág. 32 (cursivas en el orginal).

[7] Aryeh Neier, "What should be done about the guilty?", *New York Review of Books* 37, n° 1, 1° de febrero de 1990.

© gedisa

en Uruguay y que estábamos estudiando el caso de Uruguay en el seno de las organizaciones con las que colaborábamos. Algunos años después, Ellen llegó a involucrarse de forma directa con los litigios extranjeros de derechos humanos de Estados Unidos, cuando se unió al grupo de abogados de la parte demandante en los juicios civiles en contra del ex dictador de Filipinas Ferdinand Marcos y contra un general argentino, Carlos Guillermo Suárez Mason, ex comandante del primer cuerpo del ejército argentino. Esos dos hombres se habían exiliado a Estados Unidos cuando las dictaduras de sus países se acabaron. Uno de los demandantes que Ellen representó en el juicio de Suárez Mason fue Alfredo Forti, a quien habían sacado por la fuerza de un avión en el que estaba con su madre y sus cuatro hermanos en Buenos Aires en 1976. Forti y los demandantes ganaron el juicio, pero ninguno de ellos jamás cobró la indemnización correspondiente. Se incautó una cuenta bancaria estadounidense que contenía activos pertenecientes a Suárez Mason, pero esos fondos no fueron suficientes ni siquiera para cubrir los gastos del juicio.

Cuando escribimos el artículo en 2001, Ellen me enseñó mucho sobre juicios por delitos de lesa humanidad. Todavía recuerdo una vez que me llamó para contarme que se había quedado despierta toda la noche, ya que estaba preocupada por cómo íbamos a abordar la cuestión de los criterios de competencia. En ese momento, no pude comprender a qué se refería. Ella me explicó detenidamente cómo hacen los gobiernos para obtener jurisdicción en los casos extranjeros: por medio de la nacionalidad de la víctima o del acusado, por la ubicación del territorio donde ocurrió el delito o por jurisdicción universal. Así, por ejemplo, en los casos de derechos humanos que los argentinos llevaron a Italia, como las víctimas tenían la doble ciudadanía argentina e italiana, la *nacionalidad* (parcial) italiana de las víctimas hizo posible que los tribunales italianos se adjudicaran la jurisdicción. En un caso en Estados Unidos que concernía el asesinato del chileno exilado Orlando Letelier y su asistente estadounidense causado por una bomba colocada en su auto en Washington, D.C., los tribunales estadounidenses les correspondía la jurisdicción tanto por la ubicación *territorial* del delito como por la nacionalidad de una de las víctimas. Es decir, no todos los tribunales extranjeros se apoyan en la jurisdicción universal para poder iniciar un proceso judicial. En la actualidad, comprendo que la jurisdicción es –y sigue siendo– uno de los temas más importantes y polémicos de los juicios por delitos de lesa humanidad extranjeros.

Como Ellen había participado personalmente en procesos judiciales de esa índole, en general, solía ser más escéptica que yo. Luego, reflexionó: "Para mí, la lección más importante que aprendí en el juicio de Marcos fue que, siempre que sea posible, la justicia en los casos de delitos de lesa humanidad debe ser lo más accesible posible para las víctimas que más sufrieron, y que con el mejor tipo de justicia es lograr un reconocimiento nacional de los males ocurridos para que la sociedad se involucre para corregirlos".[8] Ella no creía que los juicios

---

[8] Ellen L. Lutz, Prefacio, en Ellen L. Lutz y Caitlin Reiger, comps., *Prosecuting Heads of State* (Nueva York: Cambridge University Press, 2009), pág. xx.

© gedisa

extranjeros pudieran servir para descubrir y utilizar las evidencias de forma apropiada ni tampoco para que las víctimas sintieran que el caso quedaba cerrado, pero pensaba que eso era preferible a que no se hiciese justicia de ningún tipo.

Desde 2001 hasta la actualidad, han ocurrido muchas cosas en la política mundial. Ellen lo demuestra en el libro *Prosecuting Heads of State,* que editó junto con Caitlin Reiger. Las dos editoras describen una nueva era en la imputación de la responsabilidad penal que afectó a alrededor de cuarenta ex funcionarios y jefes de Estado que fueron formalmente procesados por crímenes de lesa humanidad.[9]

Algunos expertos en Relaciones Internacionales y en Derecho Internacional han criticado, en particular, la creciente utilización de los procesos legales por delitos contra la humanidad internacionales y extranjeros. Tanto en este capítulo como en los siguientes, le dedicaré mucho tiempo a las discusiones que he tenido con mis colegas y que pueden parecer tediosas. Sin embargo, van mucho más allá de un debate académico corriente, ya que tienen una implicancia real en la política. Stephen Krasner, un renombrado especialista en Relaciones Internacionales de la Uuniversidad de Stanford, escribió un artículo de opinión, publicado por el *New York Times* y el *International Herald Tribune* en 2001, en el que dice que "intentar procesar incluso al líder de un régimen abominable puede dificultar la tarea de promover la democracia, ya que hace que esos líderes y sus cómplices se desesperen aún más por mantenerse en el poder".[10] Luego, con el especialista en temas legales Jack Goldsmith, Krasner escribió que "un juicio con jurisdicción universal puede ocasionar más daños que el propio delito original que se propone resarcir".[11] El enfoque común de Goldsmith y Krasner demuestra una perspectiva "realista" que implica desconfiar del Derecho Internacional.

Los argumentos de quienes se oponen a los procesos jurídicos son importantes ya que, si fueran ciertos, eso querría decir que los gobiernos no deberían iniciar los juicios. No estamos aquí hablando "tan sólo" de disquisiciones académicas, sino de debates que podrían acarrear consecuencias para la vida real de víctimas y de los culpables de los crímenes, para la democracia, para los derechos humanos y para los litigios. Estas discusiones académicas tienden a extenderse al seno del gobierno, y los funcionarios de Estado repiten las posturas académicas, a veces, incluso citándolas literalmente para justificar su posición. En algunos casos, los actores académicos son también actores a la hora de crear políticas. Krasner y Goldsmith trabajaron posteriormente para el gobierno de Bush. Goldsmith reaparece en el séptimo capítulo de este libro como el actor político que insistió para que el gobierno de Bush rescindiera uno de los memorándum cruciales sobre la tortura. Muy a menudo, los debates académicos se

[9] *Ibíd.,* apéndice, págs. 295-304.

[10] Stephen D. Krasner, "A world court that could backfire", *New York Times*, 15 de enero de 2001, pág. A15, edición completa.

[11] Jack Goldsmith y Stephen D. Krasner, "The limits of idealism", *Daedalus* 132 (invierno de 2003), pág. 51.

© gedisa

extienden a las discusiones de los gobiernos y ejercen una influencia indirecta sobre la política.

Por ejemplo, en otro texto académico realista de 2003, de gran influencia, Jack Snyder, profesor de Ciencias Políticas de Columbia y –destaquemos– editor de la colección que incluye este libro, refutó junto con Leslie Vinjamuri las afirmaciones relativas a las consecuencias de la justicia obtenida por medio de los juicios.[12] Discutieron treinta y dos casos de todas partes del mundo que indicaban que, en determinadas condiciones, los juicios por delitos de lesa humanidad podían por sí mismos aumentar la probabilidad de que sucedan atrocidades en el futuro, exacerbar los conflictos y socavar los esfuerzos por construir la democracia.[13]

A los detractores de los juicios se les unió otro grupo de aliados impensados: los abogados, expertos y militantes internacionales con conciencia cultural, preocupados por el hecho de que los modelos de justicia de transición uniformes "de talla única" no prestaran suficiente atención a los distintos contextos culturales, políticos y jurídicos. Estos grupos cuestionan la necesidad de instaurar "un modelo que imite los mecanismos legales occidentales".[14] Alegan que puede ser problemático que haya un único "modelo" para la justicia de transición, ya que lo que resulta útil en un lugar puede ser nocivo en otro.[15] Los analistas preocupados por las cuestiones culturales resaltan el uso de las prácticas legales y sociales "tradicionales", especialmente en África, para estudiar los casos de violaciones a los derechos humanos cometidas en el pasado, y consideran que esas prácticas quizás sean más adecuadas que los procesos jurídicos, en ciertos contextos. Por ejemplo, a veces, utilizan el caso de los juicios locales del tribunal gacaca en Ruanda después del genocidio para ejemplificar cómo las prácticas legales tradicionales pueden ser superiores a los juicios legales más formales, de estilo occidental.

Sin duda, este aumento en la sensibilidad por el contexto y la historia nos parece positivo. Sin embargo, suele estar acompañado de la suposición de que pueden no contar con una evidencia empírica adecuada que las sustente. Por ejemplo, muchas de las críticas a los procesos jurídicos iniciados en África se basan en el supuesto de que el común de los africanos no apoya los reclamos de justicia. Según una encuesta sistemática realizada a dos mil setecientos habitantes de un pueblo del norte de Uganda, muchos de los cuales eran víctimas de

[12] Jack Snyder y Leslie Vinjamuri, "Trials and errors: principle and pragmatism in strategies of international justice", *International Security* 28, nº 3 (2004). Véase también Leslie Vinjamuri y Jack Snyder, "Advocacy and scholarship in the study of international war crime tribunals and transitional justice", *Annual Review of Political Science* 7, nº 1 (2004), pág. 345.

[13] Snyder y Vinjamuri, "Trials and errors," pág. 353.

[14] Laurel Fletcher, Harvey M. Weinstein y Jamie Rowen, "Context, timing, and the dynamics of transitional justice: A historical perspective", *Human Rights Quarterly* 31 (2009).

[15] Oskar Thoms, James Ron y Roland Paris, "Does transitional justice work? Perspectives from empirical social science", *Social Science Research Network*; http://ssrn.com/abstract=1302084, consultado en línea el 2 de marzo de 2009.

© gedisa

la violencia del Ejército de Resistencia del Señor (ERS), la principal prioridad para ellos era la salud, la paz, la educación y los medios de subsistencia. Sólo el 3% mencionó la palabra "justicia" como una de las mayores prioridades pero, a veces, este tipo de conclusiones depende de la interpretación de las respuestas. En la misma encuesta, el 70% de los encuestados consideró importante que los responsables de delitos de lesa humanidad y crímenes de guerra fueran juzgados, a la vez que el 59% opinó que los líderes del ERS debían ser procesados.[16] Es difícil deducir, a partir de esto, que a los habitantes del norte de Uganda no les importa la justicia ni que el concepto de responsabilidad penal sea una imposición occidental que no tiene buena aceptación.

Muchos de los argumentos en contra de los procesos jurídicos se basan en el supuesto trivial de que éstos obstaculizan la resolución de los conflictos y que, por ende, la gente debe escoger entre la paz y la justicia. Ante una elección semejante, sin duda, todo el mundo escoge la paz. Sin embargo, no existe aún una evidencia empírica sistemática de que los juicios realmente obstaculicen los procesos de paz o exacerben los conflictos. Mientras no se presenten esas pruebas, pedirle a la gente que escoja entre la paz y la justicia constituye otra dicotomía falsa.

Quienes apoyan los juicios han realizado predicciones igual de vagas acerca de los efectos positivos de los procesos judiciales, a menudo sin contar con ninguna prueba.[17] Los juicios por delitos de lesa humanidad se han presentado como un medio para construir la democracia, fortalecer el Estado de derecho, hacer justicia para las víctimas y acabar con la impunidad. Sin embargo, también es cierto que quienes son optimistas respecto de los juicios han contado con muy poca evidencias "concluyentes" que sustenten satisfactoriamente sus afirmaciones. Claramente, era necesario reunir más información, acabar con las especulaciones y comenzar a poner a prueba algunas de estas afirmaciones. Antes de discutir mis conclusiones sobre el verdadero efecto que generan los juicios, debería explicar el método que utilicé para reunir y ponderar la evidencia empírica.

Elaboración de la base de datos

Elaborar una base de datos empíricos completa sobre un tema o una serie de eventos implica tomar decisiones difíciles, someterse a técnicas sofisticadas de recopilación de datos y trabajar de forma muy ardua. Lo primero que hay que hacer es elegir una fuente confiable que esté disponible a lo largo de un período de tiempo prolongado. En mi caso, en este proyecto, decidí utilizar

---

[16] Berleley-Tulane Initiative on Vulnerable Populations, "When the war ends: A population-based survey on attitudes about peace, justice, and social reconstruction in Northern Uganda", diciembre de 2007; www.ictj.org/images/content/8/8/884.pdf.

[17] Véase David Mendeloff, "Truth-seeking, truth-telling, and postconflict peacebuilding: Curb the enthusiasm?", *International Studies Review* 6, n° 3 (2004).

© gedisa

los *Informes anuales del país sobre las prácticas de derechos humanos* del Departamento de Estado de Estados Unidos, que generalmente se consideran una fuente confiable de información sobre cuestiones relacionadas con los derechos humanos.[18] Estos informes contienen información sobre prácticas de derechos humanos y sobre la actividad judicial interna de ciento noventa y ocho países a lo largo de veintiséis años. Si bien no son perfectos ni completamente objetivos y, en ocasiones, reflejan las políticas y las tendencias ideológicas del gobierno de Estados Unidos (aunque han mejorado con el paso del tiempo), constituyen prácticamente la única fuente del mundo que abarca cuestiones relativas a los derechos humanos durante tantos años y en tantos países del mundo.

A mediados de la década de los años setenta, el Congreso dictaminó que el Departamento de Estado debía elaborar estos informes como parte de un conjunto drástico de medidas legales que incluían por primera vez las problemáticas relativas a los derechos humanos en la política externa de Estados Unidos. Esta legislación instaba a Estados Unidos a abstenerse de brindar asistencia militar y económica a los países que cometieran delitos graves de lesa humanidad. Como en ese momento existían muy pocas fuentes acerca de los delitos de ese tipo en todo el mundo, se dispuso la confección de los *Informes anuales del país* para documentar las prácticas de violación de los derechos humanos ejercidas y para guiar la política de Estados Unidos. Al principio, los informes eran escuetos y de escasa calidad, pero el nivel mejoró y, en la actualidad, junto a los *informes anuales* de Amnistía Internacional, son consultados a diario por todos los analistas que buscan información de todos los países del mundo a partir de fines de la década de los años setenta. Junto con Carrie Booth Walling, quien colaboró en mi investigación, comencé a buscar evidencias de juicios en los primeros informes. Carrie estaba dedicada a su propia tesis sobre intervenciones humanitarias, pero se embarcó en este proyecto con la determinación y meticulosidad que la caracterizan.

Tuvimos extensas discusiones sobre cómo definir y "codificar" los procesos jurídicos de delitos de lesa humanidad. La "codificación" es el proceso en el cual se clasifica y cuantifica la información para hacer un análisis estadístico. ¿Qué es un juicio por delitos de lesa humanidad? ¿Cómo se podrían enumerar los procesos judiciales? ¿Cómo diferenciar entre un juicio libre y justo y una *vendetta* judicial de una figura política contra otra? La cuestión más compleja era plantear si debíamos codificar los procesos en cualquier lugar en donde hubieran ocurrido o sólo considerar los casos de "justicia de transición": es decir, los juicios por delitos de lesa humanidad realizados en países que experimentaban una transición hacia la democracia. Estos casos transicionales son los que han suscitado el mayor interés por parte de los analistas y los que han provocado un enérgico debate sobre el efecto de las acciones a favor de la imputación de la responsabilidad penal individual. Dado que en todos estos países hubo regí-

---

[18] Véase Steven C. Poe, Sabine Carey y Tanya Vasquez, "How are these pictures different? A quantitative comparison of the U.S. State Department and Amnesty International human rights reports, 1976-1995", *Human Rights Quarterly* 23, n° 3 (2001), págs. 650-677.

menes dictatoriales hace poco tiempo, los cuales fueron acompañados de una seria represión, los ciudadanos de esos países son quienes depositan mayores esperanzas en que los procesos y las Comisiones de la Verdad acaben con el ciclo de violencia apañada por el Estado y también son quienes más temen el advenimiento de otro golpe de Estado militar. Los juicios de transición por delitos contra la humanidad son los que se llevan a cabo en una nueva democracia por violaciones que ocurrieron en el marco de un régimen dictatorial anterior. Sin embargo, los juicios de transición son difíciles de codificar. Es preciso identificar la existencia de un proceso judicial, evaluar si fue llevado a cabo *después* de una transición hacia la democracia, y luego decidir si los crímenes ocurrieron *antes* de la transición, es decir, durante el régimen dictatorial precedente.

Al final, las respuestas que proponemos para estas preguntas fueron la base de nuestro "libro de código": las instrucciones que luego les dimos a los estudiantes que nos ayudaron durante el proceso de codificación de nuestra investigación. No obstante, en un principio, Carrie y yo leímos cada una de las múltiples páginas de los informes áridos y, a su vez, terribles sobre las crueldades de los abusos contra los derechos humanos en todo el mundo. Buscamos las pocas menciones sobre los primeros intentos de imputación de la responsabilidad penal a los autores de los crímenes. En los primeros informes, Portugal era el único país de la lista en donde se había realizado un juicio. Para ser incluido en la base de datos, el juicio tratado en el informe debe ocasionarle algún gasto a un agente gubernamental acusado de tener cierta *responsabilidad penal individual* en los delitos de lesa humanidad.[19] Algunos procesos judiciales conciernen a ex jefes de Estado y a funcionarios de alto rango, aunque también se incluyen casos de funcionarios de bajo rango, como los oficiales de policía y el personal penitenciario. Para evitar el error de incluir en la lista los juicios políticos, sólo codificamos los procesos judiciales ocurridos en los países donde el *Informe anual del país* sugiere que podía llevarse a cabo un juicio razonablemente justo, en el cual los derechos del acusado estuvieran protegidos. Era posible que tanto el mismo gobierno como un individuo o grupo hubiera iniciado el proceso. En los países regidos por la "legislación común", solamente los gobiernos pueden iniciar procesos penales, pero en ciertos sistemas de Derecho civil, las víctimas y las asociaciones que representan a las víctimas pueden iniciar acciones judiciales tanto de forma directa como indirecta, en carácter de acusadores particulares. Esto es muy común en Latinoamérica, y permite explicar el hecho de que esa región haya sido vanguardista en materia de juicios por delitos de lesa humanidad.[20]

[19] Los procesos judiciales pueden incluir acusaciones, detenciones de un sospechoso (ya sea en su domicilio o en la cárcel) o la extradición que hoy es tan común, el inicio de las acciones legales o la continuación de un proceso mientras se ve que existe un avance del caso o el dictamen de una sentencia en el juicio. Los procesos civiles, el otorgamiento de reparaciones, apologías o investigaciones de tipo meramente administrativo, análisis o castigos no cuentan como procesos por delitos de lesa humanidad para los propósitos de nuestro análisis.

[20] Véase Departamento de Justicia de Estados Unidos, Oficina de Programas legales, "The world factbook of criminal justice systems," sección "Victims", parte 3, "Role

Dado que concebimos los juicios por crímenes contra la humanidad como una forma de hacer respetar las normas de derechos humanos, no nos limitamos tan sólo a los procesos que culminan con una condena. Para nosotros, todo el proceso legal, desde la acusación, pasando por la extradición y la prisión preventiva hasta la sustanciación del juicio, pueden causar un efecto social, incluso en los casos en que el acusado termina sin condena. Así fue como decidimos codificar este "proceso judicial" en su totalidad, y no sólo las sentencias o las condenas. Partimos de la base de que, aun cuando los procesos judiciales no terminan con condena y encarcelamiento, resultan muy costosos para los individuos, dado que hay que considerar los gastos del juicio, los ingresos perdidos durante la prisión preventiva y la pérdida de prestigio y legitimidad, la cual es especialmente importante en el ámbito de las elites. A su vez, estos costos pueden por sí mismos desalentar futuras violaciones a los derechos humanos.

Algunos de nuestros colegas han criticado la decisión de codificar el "proceso judicial" en su totalidad y no sólo los procesos en los que se hubiera dictaminado una condena. Según ellos, sólo en los casos en donde hay una condena se puede comprobar que los autores de los crímenes realmente han incurrido en gastos. A otros les preocupaba que estuviéramos contando de más, al considerar todo el proceso judicial. ¿Y qué pasaba con los países en donde los juicios podían prolongarse durante años sin que jamás se obtuviera una condena? Mi amiga y colega Leigh Payne comenzó de forma independiente otro proyecto de codificación de datos de justicia de transición, utilizando una fuente distinta: un compendio de informes de prensa de todo el mundo. Leigh y su equipo decidieron registrar únicamente los procesos judiciales que concluyeron con un veredicto, ya sea una condena o una absolución pero, como mínimo, tenía que haber un veredicto. Esta decisión con respecto a la codificación implica que los juicios sólo causan un efecto en la población si llegan a una conclusión.

Leigh y yo entablamos un debate acalorado –pero constructivo– sobre las diferencias entre nuestras definiciones de codificación. Uno de mis argumentos en lo que me basé era que hasta en la bibliografía sobre delincuencia común los sociólogos establecen que el proceso judicial en sí, incluso cuando termina sin condena, constituye una forma de castigo.[21] Esto, quizás, fuera aún más determinante en el caso de los juicios por delitos de lesa humanidad que involucran a funcionarios de alto rango. Por ejemplo, la detención y el proceso judicial de Augusto Pinochet en Londres nunca terminaron con una condena, pero casi todo el mundo considera que ese proceso fue muy costoso para Pinochet y sirvió de advertencia para otros funcionarios de alto rango que cometieron violaciones a los derechos humanos. En algún momento, Pinochet pareció invencible

© gedisa

of victim in prosecution and sentencing" (http://bjs.usdoj.gov); M. E. I. Brienen y E. H. Hoegen, "Victims of crime in 22 European justice systems: The implementation of recommendation (85) 11 of the council of Europe on the position of the victim in the framework of criminal law and procedure", conferencia, University of Tilburg, (Nijmegen, The Netherlands: Wolf Legal Productions, 2000).

[21] Véase Malcolm Feeley, *The Process Is the Punishment: Handling Cases in a Lower Criminal Court* (Nueva York: Russell Sage Foundation, 1979).

pero, cuando regresó a Chile después de ser detenido en Londres, terminó siendo "un verdadero paria", según una noticia periodística.[22] Ni siquiera el líder del Partido Conservador al que pertenecía concurrió a la pequeña ceremonia de recepción en el aeropuerto. Según una encuesta de opinión realizada en esa misma época, más de la mitad de los chilenos creía que Pinochet debía ser procesado en Chile. A mi parecer, el proceso de extradición de Pinochet en Londres y el juicio a Slobodan Milošević que llevó a cabo el ICTY (Tribunal Penal Internacional para la ex Yugoslavia) en La Haya constituyeron los dos procesos judiciales más importantes de imputación de la responsabilidad penal, como forma de comunicar la posibilidad real de hacer valer los derechos humanos frente a las violaciones. Sin embargo, ningunos de estos dos procesos judiciales terminó con una condena, ya que los dos acusados fallecieron antes de ser condenados. A los funcionarios de alto rango los mata la idea de manchar su reputación, con lo cual el hecho de simplemente verse involucrados en un juicio penal por delitos de lesa humanidad puede resultar muy perjudicial para sus carreras políticas.

La segunda decisión que debimos tomar era cómo cuantificar la información. Decidimos que la información que habíamos recolectado a partir de los informes no era lo suficientemente detallada para permitirnos contabilizar el número real de juicios realizados en cualquier momento de cualquier lugar del mundo. Por ende, se nos ocurrió utilizar lo que denominamos "cantidad de años en la que se realizaron los juicios". A pesar de su complejidad, este término tiene un significado simple: si existían pruebas de que durante un año particular había tenido lugar un proceso judicial que implicara algún costo, le dábamos a ese país el código "uno" por ese año. Si no había evidencia de que hubo un proceso judicial, le poníamos "cero". No importaba cuántos juicios había habido en un país en ese mismo año, ya que nunca podría haber más de uno por año. Pensamos que de esa manera podríamos lograr un nivel de precisión en la codificación de los datos adecuado a los informes. También teníamos la sensación de que el número real de juicios era mayor al contabilizado, dado que yo estaba al tanto de ciertos casos como, por ejemplo, el de Argentina, en donde se estaban desarrollando docenas de juicios a la vez, pero, a pesar de eso, estábamos poniéndole a Argentina el código de un año a la cantidad de años en la que se realizaron los juicios. Ahora bien, un país que cuenta con un programa activo de juicios por delitos de lesa humanidad, con el tiempo, acumula un puntaje que denominamos "cantidad de años acumulados en que se realizaron juicios por tipo de juicio". Este puntaje nos permite distinguir los países que realizan acciones importantes por lograr la imputación de la responsabilidad penal a lo largo del tiempo de aquellos que no han iniciado procesos judiciales o el número de casos es reducido. Contamos con información más precisa sobre el número real de juicios iniciados en cualquier momento dado sólo para un puñado de países.[23]

---

[22] Clifford Krauss, "Pinochet, at home in Chile: A real nowhere man", *New York Times*, 5 de marzo de 2000.

[23] Por ejemplo, en Argentina en 2008, hubo más de 212 procesos por delitos de lesa

© gedisa

El proyecto de codificación nos llevó mucho más tiempo del que esperábamos pero, finalmente, generamos lo que denominamos la "Base de datos de juicios de transición" y creamos los primeros gráficos y tablas que resumían la información correspondiente (a continuación presentaremos las versiones más avanzadas y actualizadas de dichos gráficos). El análisis de la base de datos confirmó mis primeras intuiciones: realmente, se comprobaba un aumento significativo de procesos judiciales para imputar la responsabilidad penal individual en todo el mundo. Como muestra el Gráfico 5.1, la mayoría de los casos que recurren a este nuevo modelo atañe a los tribunales nacionales.

Gráfico 5.1. Cantidad de años en que se realizaron los juicios por tipo de juicio. 1979-2009

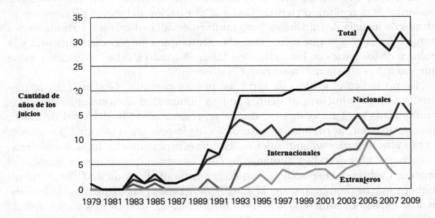

El Gráfico 5.2 de tarta muestra que el 66% de los años en que se realizaron juicios de la base de datos ocurre en el país donde se cometió el delito y que, al menos, el 73% de las acciones judiciales tienen lugar en tribunales tanto nacionales como extranjeros. La información también reveló algunos hechos novedosos. Por ejemplo, Argentina resultó ser el país con más años en los que se realizaron juicios en el mundo. Como yo misma había hecho un seguimiento de los eventos ocurridos en Argentina durante todos esos años, sin darme cuenta, estaba acostumbrada a estudiar al líder mundial en lo que respecta a la justicia

humanidad y 330 acusados fueron declarados culpables y enviados a prisión preventiva —Centro de Estudios Legales y Sociales; www.cels.org.ar/documentos/index.php?info= detalleDoc&ids=3&lang=es&ss=&idc=663. Sin embargo, podríamos codificar a Argentina con el número "1" para el año 2008, siendo la cantidad de años acumulados de juicios de 20 para todo el período. En Chile, otro país con un alto número de años en que se realizaron juicios, en 2010 hubo más de 400 investigaciones sobre casos de derechos humanos, con un total de casi 800 ex agentes de Estado y más de 1.000 víctimas y sobrevivientes. Véase el Observatorio de Derechos Humanos, Universidad Diego Portales, Santiago, Chile, boletín 9, agosto de 2010; www.icso.cl/observatorio-derechos-humanos.

de transición y, por ende, ya había vislumbrado estas tendencias antes de que salieran a la luz en otro ámbitos.

En cuanto nos quedamos satisfechas al poder definir la existencia misma de la cascada de la justicia, nos dimos cuenta de que la información que teníamos no sólo podía ayudarnos a comprender la tendencia hacia la imputación de la responsabilidad penal individual en el mundo, sino que también nos permitía evaluar el efecto de esos procesos judiciales. En un principio, intentamos encarar la cuestión de los "efectos", utilizando únicamente material de casos latinoamericanos. Latinoamérica no sólo sumaba la mitad del total de años en que se realizaron juicios en un país de toda base de datos de juicios de transición original, sino que, además, muchos países latinoamericanos estaban incluidos en la lista de los primeros países que habían iniciado juicios por delitos de lesa humanidad y que habían creado Comisiones de la Verdad con anterioridad a cualquier otra región, lo cual facilitaba la evaluación del efecto de estos mecanismos de justicia de transición. Pero también decidí dedicarme a Latinoamérica porque era la región que mejor conocía. Sentía que comprendía la historia y la política de los países en los cuales se estaban llevando a cabo los juicios y sabía que eso me ayudaría más a entender el proceso.

Como indica el gráfico de tarta del primer capítulo (Gráfico 1.2), la tendencia hacia los juicios por delitos de lesa humanidad nacionales ha sido más pronunciada en Latinoamérica, donde representa el 55% del total de casos, aunque abarque, aproximadamente, al 8% de la población mundial. Ese número tan alto de procesos judiciales *no* es consecuencia de que haya habido más violaciones a los derechos humanos en Latinoamérica que en otras regiones del mundo. De hecho, el episodio único de genocidio de Ruanda de 1994 causó un número mayor de muertes que la sumatoria de todas las campañas de brutalidad de Estado documentadas en los informes de las Comisiones de Verdad de Latinoamérica. Aun así, los países latinoamericanos son los que cuentan con la mayor cantidad de procesos judiciales nacionales y, además, representan el 53% de los juicios por delitos de lesa humanidad extranjeros (véase el Gráfico 5.3).

La mayoría de los procesos judiciales extranjeros de nuestra base de datos se realizó en tribunales nacionales de países europeos, por violaciones cometidas, en su mayoría, en el continente americano. No obstante, esto no implica que los países europeos actuaran en contra de los países latinoamericanos, sino que los abogados de derechos humanos que representaban a las víctimas latinoamericanas de violaciones "recurrían" a los tribunales europeos cuando se les obstaculizaba la posibilidad de hacer justicia dentro de sus propios sistemas judiciales. La gran mayoría de estos juicios extranjeros fueron presentados ante tribunales extranjeros por organizaciones de derechos humanos o por abogados particulares que utilizaron las provisiones de acusación particular actuando en nombre de las víctimas o de sus familiares.

© gedisa

Gráfico 5.2. Porcentaje total de años de juicios por delitos de lesa humanidad por tipo de juicio. 1979-2009

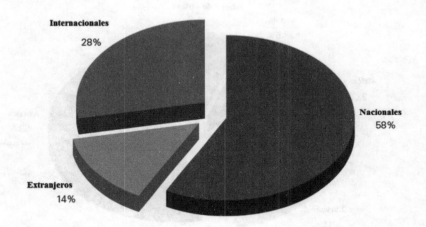

Cada vez con más frecuencia, en los países latinoamericanos se realizan también juicios extranjeros por violaciones cometidas en algún otro país latinoamericano. Sin embargo, incluso dentro de Latinoamérica, el grado de adopción del nuevo modelo de responsabilidad penal varía significativamente entre los distintos países y también varía dentro de un mismo país con respecto al momento del inicio de las acciones legales. Brasil no llevó a cabo ningún juicio de derechos humanos por violaciones ocurridas durante un gobierno dictatorial y Uruguay no realizó ningún proceso judicial durante los primeros quince años que siguieron a la transición, sino que recién inició unos pocos juicios a principios del siglo XXI. Así, hemos examinado todos los países de transición de Latinoamérica, tanto los que realizaron juicios de transición como el país transicional más importante que no llevó a cabo ningún proceso: Brasil. (El Apéndice I contiene una lista de todos los países latinoamericanos que han iniciado juicios de transición).

Como vemos en el Gráfico 5.4, a pesar de que los procesos judiciales, en ocasiones, se prolongan hasta muchos años después de la transición, suelen concentrarse en la década posterior a ese momento. La mayoría de las transiciones hacia la democracia en Latinoamérica ocurrieron en el período que abarca los años 1983 a 1993. En ese período, hay dos picos en el número total de juicios por país: uno, de 1992 a 1995, y el segundo, más breve, de 2002 a 2004. Dado que no ha habido nuevas transiciones hacia la democracia en la región desde la de Perú en 2000, en algún momento habrá una disminución en los procesos transicionales, casi obligatoriamente.

Gráfico 5.3. Distribución regional de juicios extranjeros. 1979-2000

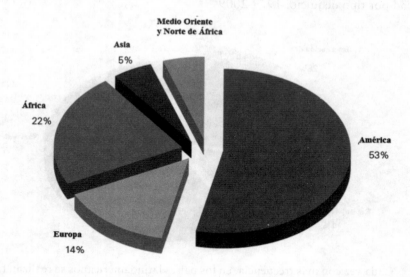

Gráfico 5.4. Cantidad de juicios latinoamericanos. 1979-2009

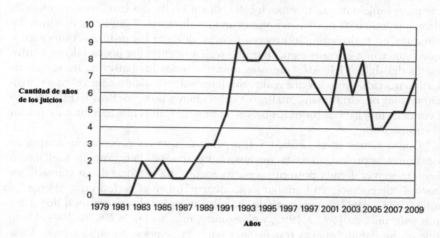

La naturaleza y el efecto de la cascada de la justicia en Latinoamérica

En un principio, Carrie y yo utilizamos la información de la base de datos de transición de manera muy sencilla, con el fin de evaluar los argumentos a los que apelaban tanto los detractores como los defensores de los juicios en el contexto latinoamericano, la región que cuenta con el registro más antiguo y pronunciado en lo que respecta al uso de juicios por delitos de lesa humanidad. En la actualidad, también utilizo esta información para escudriñar ciertos "conceptos preconcebidos" de la bibliografía que, al repetirse con tanta frecuencia, luego aparecen como si fueran verdades absolutas, pese a no haber sido cotejados con las evidencias. Así, se pueden detallar dos de esas nociones preconcebidas sobre la naturaleza de los juicios por delitos de lesa humanidad: (1) los juicios por delitos de lesa humanidad deben suceder inmediatamente después de los períodos de transición hacia la democracia o, de lo contrario, no tendrán lugar nunca, y (2) las decisiones en materia de justicia de transición tomadas en el período inmediatamente posterior a la transición, incluso las amnistías, son duraderas y mutuamente excluyentes. Con esto último, quiero decir que las posibilidades de opción se articulan siempre en términos de blanco o negro, de manera tal que parece que, si un país elige una determinada opción, debe renunciar a la otra. De esta manera, muchos analistas sugieren que un país debe escoger entre la verdad o la justicia, la paz o la justicia, pero no puede acceder a ambas cosas y que, una vez hecha la elección, ésta se mantiene y es imposible de modificar.

En términos del efecto, los detractores de los juicios se basan, al menos, en cuatro argumentos distintos respecto del daño que acarrean los procesos judiciales: 1) que los juicios pueden desestabilizar la democracia y provocar un golpe de Estado; 2) que los juicios por delitos de lesa humanidad pueden generar un incremento de las violaciones a los derechos humanos; 3) que los procesos judiciales pueden agravar o prolongar los conflictos, y 4) que los juicios pueden impedir la consolidación del Estado de derecho, o que el Estado de derecho debe construirse primero, antes de emprender ese tipo de acciones judiciales. A continuación, utilizaré evidencias tanto de tipo cualitativo como cuantitativo sobre Latinoamérica para analizar el efecto de los procesos judiciales y los mecanismos a través de los cuales ejercen un efecto.

En lo que respecta al argumento de que hay que hacer justicia enseguida o, de lo contrario, no se hará nunca, nuestros datos indican claramente que se sigue reclamando la justicia de transición muchos años después del período de transición. El promedio de la cantidad de años en que se realizaron juicios en un país entre los países transicionales de Latinoamérica es de 6,41, y esos años muchas veces se reparten en períodos mucho más largos. La mayoría de los procesos judiciales se llevaron a cabo durante la década posterior a los períodos de transición, pero en algunos países como Argentina los procesos fueron iniciados poco después de la transición y continúan veinte años después. En otros países, como Chile o Uruguay, se llevaron a cabo muy pocos procesos judiciales o ninguno inmediatamente después del período de transición, pero sí se iniciaron muchos juicios con posterioridad a ese momento.

Samuel Huntington argumentó que, con el paso del tiempo, "el apoyo popular y la indignación necesarios para que la justicia se convierta en una realidad política desaparecen, [por ende] los grupos desprestigiados que estuvieron asociados al régimen dictatorial restablecen su legitimidad e influencia".[24] Los casos latinoamericanos revelan que el apoyo popular y la indignación no necesariamente desaparecen y que tampoco es cierto que los grupos desprestigiados asociados a una dictadura restablezcan su legitimidad e influencia, al menos, no en los casos en los que han sido procesados. En Argentina, Uruguay y Chile, los militares y sus aliados civiles están mucho más desprestigiados en la actualidad que durante el período posterior a la transición. En Uruguay, en la portada de una revista política apareció la foto del rostro del ex presidente Bordaberry con un cuerpo que se veía detrás de las rejas con el uniforme carcelario rayado. Su hijo, Pedro Bordaberry, candidato en las elecciones de 2009, casi no mencionó a su padre durante la campaña. Y perdió las elecciones. En Chile, donde en 2010 se eligió un presidente de centro-derecha por primera vez desde el período de transición hacia la democracia, el candidato hizo todo lo posible por distanciarse de Pinochet y de la política represiva propia de los tiempos pasados.

Los casos latinoamericanos indican que existen muchos caminos posibles para reconciliarse con el pasado y que ninguno de ellos es el necesario o el factible. Las condiciones políticas de un contexto particular hacen que ciertas opciones sean más o menos posibles en distintos momentos pero, definitivamente, no agotan todas las posibilidades existentes. Incluso las amnistías, que se crearon para poder eliminar para siempre la posibilidad de un proceso judicial, no han cumplido su cometido en la mayoría de los países de la región.

La bibliografía sobre los peligros que conllevan los juicios se refiere a la transición como a un momento en el que se llega a acuerdos firmes en materia de justicia de transición que perdurarán en el tiempo. Varios analistas indicaron que los países debían escoger opciones mutuamente excluyentes: juicio o perdón, verdad o justicia y paz o justicia. Huntington, por mencionar a uno de ellos, se refirió a esta elección como un modo de "procesar y castigar versus olvidar y perdonar".[25] El caso de España muchas veces se ha dado como ejemplo de una solución duradera de olvido y perdón. O'Donnel y Schmitter citan el caso de España como prueba de que "el paso del tiempo atenúa los recuerdos más amargos" y de que es posible convencer a todos los actores políticos de "no andar hurgando en el pasado".[26]

Otros argumentaron que el ansia de "verdad" (Comisiones de la Verdad) y de "justicia" (procesos judiciales) podían y debían separarse. José Zalaquett, en particular, sostenía al comienzo del período de transición hacia la democracia

---

[24] Huntington, *The Third Wave: Democratization in the Late Twentieth Century*, pág. 228.

[25] *Ibíd.* pág. 211.

[26] Guillermo O'Donnell y Philippe C. Schmitter, *Transitions from Authoritarian Rule: Comparative Perspectives* (Baltimore, MD: Johns Hopkins University Press, 1986), pág. 29.

en Chile que era preferible promover la búsqueda de la verdad por medio de Comisiones de la Verdad limitando la búsqueda de justicia retributiva, y que ese camino tenía más posibilidades de contribuir con la "reconciliación" que el camino de los juicios.[27] No resulta sorprendente, dado el rol que Zalaquett cumpliría acto seguido en la creación del plan de estrategia de la transición chilena, que el país decidiera crear una "Comisión Nacional de la Verdad y la Reconciliación" en 1990, pero que no iniciara juicios por delitos de lesa humanidad. Así, la palabra "reconciliación" suele convertirse en un eufemismo que reemplaza a "cero juicios".

No obstante, al menos, en Latinoamérica, las soluciones aportadas por la justicia de transición no fueron duraderas ni mutuamente excluyentes. En el contexto de un desplazamiento de la norma en el cual los juicios son cada vez más comunes en todo el mundo, el paso del tiempo no ha atenuado los reclamos de justicia, sino que ha motivado a las víctimas de otros países a que puedan "hurgar en el pasado". Incluso en España, caso paradigmático de "olvido y perdón", una persona como Emilio Silva ha luchado por la exhumación de las fosas comunes y el establecimiento de nuevas organizaciones en defensa de "la recuperación de la memoria histórica".[28]

En Latinoamérica, los acuerdos en materia de justicia de transición realizados en el período inmediatamente posterior a la transición hacia la democracia varían considerablemente a lo largo del tiempo. En general, en los países de transición de Latinoamérica se han creado tanto Comisiones de la Verdad como realizado procesos judiciales, lo cual se ha hecho en distintas etapas. Simplemente, no existe una compensación entre la verdad y la justicia, y viceversa. Por el contrario, los países de la región que más procesos judiciales llevaron adelante también son los que más a menudo crearon Comisión de la Verdad, en comparación con los países en los que se realizó una menor cantidad de juicios. De hecho, los países en los que hubo procesos judiciales también emplearon muchas veces múltiples mecanismos de justicia de transición: indemnizaciones económicas, destitución de los cargos de funcionarios que abusaron de su posición (con verificación de antecedentes), monumentos conmemorativos y otras formas de luchar en defensa de la memoria histórica. En ciertos casos, se utiliza un mecanismo como sustituto de otro. Por ejemplo, en el caso de Chile, en un principio, la Comisión de la Verdad y la Reconciliación fue vista como un método de búsqueda de la verdad que reemplazaría o sustituiría al proceso judicial. Como hemos visto, esta sustitución perdería validez con el arresto de Pinochet en Londres.

Brasil parece ser el único caso hasta ahora en que un país ha logrado utilizar las reparaciones como sustituto de los juicios, como respuesta a los reclamos de

---

[27] José Zalaquett, "Confronting human rights violations by former governments: principles applicable and political constraints", en Neil J. Kritz, comps., *Transitional Justice: How Emerging Democracies Reckon with Former Regimes* (Washington, DC: U.S. Institute of Peace, 1995).

[28] Emilio Silva y Santiago Macías, *Las fosas de Franco: Los republicanos que el dictador dejó en las cunetas* (Madrid: Ediciones Temas de Hoy, 2003).

© gedisa

las víctimas. Algunas víctimas de delitos relacionados con los derechos humanos –por ejemplo, en Argentina– han criticado las reparaciones, precisamente, porque no quieren que les ofrezcan "dinero manchado de sangre" para comprar su silencio y desalentar otros reclamos, como, por ejemplo, para evitar que se inicie un proceso judicial o que se busquen los restos de sus hijos desaparecidos. En Chile, tras la detención de Pinochet en Londres, el partido que lo apoyaba propuso una expansión importante del programa de reparaciones que estaba en marcha desde hacía diez años, con la condición de que los beneficiarios renunciaran al emprendimiento de toda acción judicial en contra de los responsables de los crímenes. La propuesta no prosperó, pero sirve para ilustrar que la idea de utilizar las reparaciones para eludir la justicia no es simplemente producto de la paranoia de las víctimas.[29]

A lo largo de este libro, he mencionado la conexión entre las leyes de amnistía y los juicios por delitos de lesa humanidad. Muchas veces, las amnistías han servido para un doble propósito: les permiten a los gobiernos liberar prisioneros políticos de la cárcel y les dan a los ex funcionarios de alto rango la tranquilidad de que no serán procesados. La Ley de amnistía griega fue escrita de manera ambigua y, para poder seguir adelante con los juicios, Karamanlis tuvo que aclarar que *no* se aplicaba a los casos de ex funcionarios de alto rango. En Argentina, una de las primeras medidas del gobierno de Alfonsín fue derogar la ley de autoamnistía que el gobierno militar había aprobado antes de dejar el poder. Sin embargo, cuando se sintió la presión por parte de los militares, él mismo decretó leyes de amnistía que limitaban los juicios por delitos de lesa humanidad. En Uruguay, la mayoría de los ciudadanos votó a favor de la Ley de amnistía en dos plebiscitos distintos. En Latinoamérica, llama mucho la atención la combinación de amnistías y algún tipo de proceso judicial por delitos de lesa humanidad. Se utilizaron amnistías de diversos tipos en casi todos los países de transición de Latinoamérica.[30] El equipo de investigación de Leigh Payne quedó tan sorprendido por la prevalencia de las amnistías que decidió incluirlas en su base de datos de justicia de transición. Descubrió que no sólo la cantidad de Comisiones de la Verdad y Reconciliación y de juicios se había incrementado con el transcurso del tiempo, sino que también había habido más cantidad de amnistías. Según su opinión, esto implicaba la falta de un movimiento uniforme a favor de la justicia, sino un aumento simultáneo de amnistías y de casos de imputaciones de la responsabilidad civil.[31] Leigh concluye que, en lugar de una

---

[29] Pablo de Greiff, "Vetting and transitional justice," en Alexander Mayer-Rieckh y Pablo de Greiff, comps., *Justice as Prevention: Vetting of Public Employees in Transitional Societies* (Chicago: Social Science Research Council, 2007).

[30] Los tres países de transición en los que no hubo leyes de amnistía son Granada, Guyana y Paraguay. Queremos agradecer aquí a Louise Mallinder por habernos permitido acceder la información sobre las amnistías latinoamericanas posteriores a 1979 de su base de datos mundial.

[31] Los autores dicen: "Otros mecanismos podrán acompañar, sin reemplazar, los procesos judiciales para que sea posible una mejor comprensión sobre los casos de imputa-

© gedisa

"cascada de la justicia", existe un "balance de la justicia", es decir, un equilibrio entre ciertos mecanismos que, a veces, resultan contradictorios, como los juicios y las amnistías.

Una de las razones por las cuales hay un aumento de la cantidad de leyes de amnistía es la reacción ante la cascada de la justicia por parte de quienes han cometido los abusos. Antes de ese momento, esas personas no esperaban ni temían ser procesadas, de modo que beneficiarse con una ley amnistía sólo serviría para dejarlos mal parados, ya que implicaría su culpabilidad. Pero, a finales de la década de 1990, debieron cambiar de opinión, ya que necesitaban algún tipo de amparo ante la creciente amenaza de los juicios. Por eso, no estoy de acuerdo con Leigh ni con su equipo, cuando afirman que el aumento de las leyes de amnistía indica un incremento de la impunidad, lo cual, a su vez, impediría el desarrollo de la cascada de la justicia. El aumento en el número de amnistías suele ser una *respuesta* a la cascada de la justicia, no es una prueba en contra de su existencia.[32] Si bien observo una equivalencia entre las leyes de amnistía *generales* y la impunidad, no todas las leyes de amnistía son señal de impunidad. La combinación de amnistía y juicios fue posible, en primer lugar, debido a que las leyes de amnistía era distintas entre sí, y algunas eximían a ciertos actores o de ciertas acciones. Por ejemplo, las leyes de amnistía de Guatemala eximen a los responsables del genocidio y de los delitos de lesa humanidad, mientras que la ley uruguaya sólo se aplica a los militares y no a los líderes civiles de la dictadura. Estas leyes de amnistía parciales pueden existir en simultáneo con los procesos judiciales, lo cual se ha constatado. Por ende, son congruentes con ciertas formas de imputación de la responsabilidad penal individual.

En segundo lugar, muchas veces las leyes de amnistía fueron cuestionadas en los tribunales, de manera tal que se terminó derogándolas o revirtiéndolas. Con el paso del tiempo, las interpretaciones judiciales de las leyes de amnistía de varios países determinaron que el delito de desaparición constituye un delito permanente del cual, en última instancia, las leyes de amnistía no pueden amparar. Ahora bien, estas interpretaciones judiciales no surgieron en forma espontánea. Muchas veces, los abogados de las víctimas litigantes en los casos de derechos humanos fueron quienes buscaron estrategias legales innovadoras para sortear las leyes de amnistía. En Argentina, como ya hemos visto, los grupos que se enfrentaron con leyes de amnistía que obstaculizaban los procesos judiciales sobre las desapariciones pugnaron por los casos relativos al secuestro de los bebés

---

ción de la responsabilidad penal. Nosotros hemos observado un aumento de los mecanismos de tal imputación, como se podría ver en la cascada de la justicia. Sin embargo, la frecuencia por sí sola no confirma la cascada de la justicia. De hecho, en nuestro trabajo de investigación observamos una fuerte persistencia de la impunidad hasta la actualidad". Véase Tricia D. Olsen, Leigh A. Payne y Andrew G. Reiter, *Transitional Justice in the Balance: Comparing Processes, Weighing Efficacy* (Washington, DC: USIP Press, 2010), pág. 99.

[32] Estoy en deuda con Louise Mallinder, Leslie Vinjamuri y Jack Snyder porque, gracias a ellos, he comprendido esta cuestión.

que las mujeres desaparecidas habían dado a luz en cautiverio. Codificamos los casos de secuestro como juicios por delitos de lesa humanidad, de modo tal que esos años en los que se llevaron a cabo juicios son los que hicieron que Argentina contara con un número tan alto de procesos judiciales. En ocasiones, los gobiernos o los poderes judiciales tuvieron razones para socavar la ley de amnistía. En Chile, por ejemplo, la Corte Suprema decidió en 1998 que la Ley de amnistía no incluía las desapariciones, a las cuales redefinió como un delito permanente, hasta que se encontraran los cuerpos de las víctimas. Esa decisión le permitió al sistema judicial reabrir casos que habían estado cerrados muchos años. Aunque no sepamos fehacientemente cuáles fueron los motivos de los magistrados, la decisión le dio credibilidad a la aseveración del gobierno chileno de que los casos de derechos humanos podían ser procesados en los tribunales nacionales de Chile y que, por lo tanto, había que permitir el regreso de Pinochet a Chile, tras su detención en el Reino Unido. En último lugar, la jurisprudencia regional y nacional pugnan por la derogación de las leyes de amnistía. En 2001, la Corte Interamericana de Derechos Humanos declaró que la Ley de amnistía peruana iba en contra de la Convención Americana sobre Derechos Humanos y, en 2005, la Corte Suprema argentina declaró que las leyes de amnistía eran inconstitucionales para el caso Poblete.

Únicamente en Brasil y El Salvador las leyes de amnistía continuaron surtiendo el efecto deseado de bloquear los procesos judiciales. Pero hasta en Brasil, en marzo de 2009, el Ministerio Público presentó la primera denuncia penal en contra de los militares por las desapariciones ocurridas durante la dictadura. El caso concernía la desaparición de dos argentinos en una ciudad brasileña cercana a la frontera con Argentina, en el marco de la "Operación Cóndor". Uno de los dos hombres era de ascendencia italiana, de modo que su caso se incluyó en un caso mayor en los tribunales italianos acerca del Plan Cóndor.[33] En 2007, un juez italiano dio la orden de detención de ciento cuarenta latinoamericanos sospechados de haber participado en el Plan Cóndor, entre los cuales había trece brasileños. Al igual que en otros casos, el hecho de que se exigieran procesos en el exterior parece haber contribuido a que se iniciara el primer juicio penal nacional por las desapariciones ocurridas en Brasil. En diciembre de 2010, la Corte Interamericana de Derechos Humanos dictaminó que la Ley de amnistía brasileña era inválida y que el gobierno debía realizar una investigación penal sobre las desapariciones.

Este uso de mecanismos múltiples y cambiantes de la justicia de transición contradice la idea de que los acuerdos de los períodos postransicionales son estables y mutuamente excluyentes. También dificulta la tarea de aislar el efecto que cualquier factor en particular tuvo sobre los acontecimientos posteriores. Snyder y Vinjamuri, por ejemplo, argumentan que las amnistías "son muy efectivas para frenar los abusos cuando se las implementa de manera creíble, incluso en casos tan terribles como los de El Salvador y Mozambique".[34] Sin

---

[33] "Procuradoria vai denunciar militares por sequestros", *Folha de São Paulo*, 22 de enero de 2009.

[34] Snyder y Vinjamuri, "Trials and errors", pág. 6.

embargo, al menos en Latinoamérica, no hay pruebas de que las amnistías por sí solas sean muy efectivas, ya que son casi una constante. Resulta difícil distinguir su efecto del de otros mecanismos. Por ejemplo, El Salvador promulgó múltiples leyes de amnistía, creó una Comisión de la Verdad, desarrolló una gran reforma policial e inició juicios por delitos de lesa humanidad antes de que se promulgara la ley de amnistía.[35] El Salvador ha experimentado una mejora significativa en materia de derechos humanos, pero no queda claro cuál de los mecanismos sustenta dicha mejora: las amnistías, la Comisión de la Verdad, la reforma policial, los procesos, la redemocratización o el fin de la guerra civil. No hay evidencias de que las amnistías de El Salvador ni de ningún otro lugar de la región hayan sido efectivas *por sí solas* para frenar los abusos. Al menos en los casos latinoamericanos, no se puede generalizar el efecto de las leyes de amnistía, excepto en relación con el hecho de que, en la mayoría de los casos, no han resultado ser efectivas para evitar los juicios por delitos de lesa humanidad.

Leigh Payne y su equipo de investigadores, con un criterio de codificación distinto, han llegado a una conclusión más determinante, aunque desconcertante, sobre los efectos de las amnistías. Descubrieron que sólo cuando se da una combinación de amnistías y juicios se logra un avance a favor de las garantías de los derechos humanos. Esto coincide con la información sobre Latinoamérica que hemos tratado en este libro, ya que en casi todos los países en los que se realizaron juicios también se promulgaron leyes de amnistía. Aun así, Leigh y yo seguimos discutiendo acerca del efecto de las amnistías. Desde mi posición, la mayoría de las amnistías pretenden impedir los juicios. Por ende, cuando se inician procesos legales, suele ser porque en esos casos se han evitado las leyes de amnistía, en general, por medio de estrategias legales creativas por parte de las organizaciones de derechos humanos o mediante un accionar que resulta novedoso por parte de los jueces. Para mí, el proceso, y no la amnistía, es el medio para lograr evitar futuros abusos. Leigh responde que su análisis cuantitativo revela que los juicios aislados no han demostrado tener un efecto estadísticamente significativo en las mejoras de los casos relativos a los derechos humanos pero, en combinación con las amnistías, los juicios aumentan la probabilidad de que exista un cambio positivo.[36] Junto con su equipo, plantea que las amnistías pueden ayudan a calmar a los militares o a los policías procesados y que, de esa manera, se gana tiempo para poner en marcha otros mecanismos que causen un efecto social. Dado que muchas amnistías excluyen ciertos crímenes (por ejemplo, el genocidio) o a ciertos responsables de crímenes (por ejemplo, funcionarios de bajo rango), dividen a los detractores de los juicios, evitando que se forme un frente unido de responsables de crímenes. Además, argumenta que las amnistías ayudan a limitar los gastos malsanos de los juicios onerosos,

---

[35] En 1990, veintiséis miembros del cuerpo de Defensa Civil fueron condenados a treinta años de prisión 1982 por secuestros y asesinatos de veintitrés campesinos en San Pedro Perulapán, en Cuscatlán, a la vez que un ejército privado fue sentenciado por el asesinato de 1982 del ciudadano norteamericano Michael Klein.

[36] Véase Olsen, Payne y Reiter, *Transitional Justice in the Balance: Comparing Processes, Weighing Efficacy.*

lo cual ayuda a que en régimen de transición se pueda lograr una estabilidad económica durante un período que de por sí es turbulento.

1. Juicios y democracia

¿Cuál es el efecto de los juicios por delitos de lesa humanidad en la democracia? ¿Los procesos legales debilitan la democracia y alientan los golpes de Estado, como alegan las posiciones más pesimistas? Si comparamos las regiones en donde ha habido un uso extensivo de los juicios con las demás, observamos que Latinoamérica, cuyo uso de los juicios por delitos contra la humanidad es el más extensivo de todas las regiones, también ha contado con las transiciones hacia la democracia más estables de todas las regiones. Durante el siglo XX, la inestabilidad política y los golpes militares fueron endémicos en Latinoamérica. Sin embargo, a partir de 1980, se han dado las transiciones hacia la democracia más profundas de su historia, y los regímenes democráticos han sufrido muy pocos reveses. En la actualidad, el 91% de los países de la región tiene regímenes democráticos, lo cual resulta estar muy por encima del nivel de Europa oriental y la ex Unión Soviética (67%), de Asia y el Pacífico (48%) y de África (40%).[37]

A partir de 1983, momento en que se iniciaron los primeros procesos judiciales de la región, ha habido sólo cuatro golpes anti-democráticos exitosos en Latinoamérica, ninguno de los cuales fue provocado por un juicio por delitos de lesa humanidad. Entre ellos, se cuentan el "autogolpe" de Perú en 1992 y los golpes de Haití en 2004, Ecuador en 2000 y Honduras en 2009. En todos los casos, la democracia ha sido recuperada. En el resto de los países en donde hubo juicios no ha habido ningún intento de golpe de Estado exitoso desde el inicio de los procesos judiciales y, en muchos casos, estos países son considerados cada vez más como regímenes democráticos "consolidados". Ningún gobierno latinoamericano "se ha suicidado" por realizar juicios por delitos de lesa humanidad. Las argumentaciones de que éstos debilitan la democracia derivan, en gran medida, de la observación de un único caso: los *intentos* tempranos de golpe de Estado en Argentina durante la presidencia de Alfonsín, cuando finalizaron los juicios a las Juntas por las violaciones a los derechos humanos cometidas en el pasado y se inició un proceso judicial extensivo a los funcionarios de rango menor. Sin embargo, ya han pasado casi veinte años desde que ocurrieron esos intentos fallidos de golpe de Estado y Argentina ha tenido más juicios de transición que cualquier otro país del mundo, durante el período ininterrumpido más largo del imperio de la democracia de su historia en el que hubo, al menos, dos crisis económicas de gran envergadura.

Algunos detractores de los juicios ahora argumentan que es aceptable que las democracias "consolidadas" inicien procesos judiciales, pero eso no vale

---

[37] Larry Diamond, *The Spirit of Democracy: The Struggle to Build Free Societies Throughout the World* (Nueva York: Holt Publishers, 2009), pág. 376. Véase la Tabla 5.

para el caso de las democracias de transición.[38] Este argumento es difícil de poner a prueba, ya que los politólogos no cuentan con una buena definición de consolidación de la democracia. De todos modos, queda claro que es más fácil esperar hasta que la democracia parezca fuerte e irreversible para que el país lleve adelante procesos judiciales. En términos generales, eso fue lo que se hizo en Chile y Uruguay, pero algunos países latinoamericanos, como Argentina, Guatemala y Perú decidieron iniciar las acciones legales cuando la democracia aún no estaba consolidada, y no hay pruebas de que esa elección haya debilitado el camino hacia democracias más fuertes. Incluso se podría discutir que los procesos *ayudaron* a consolidar las democracias, ya que sirvieron de advertencia para los adversarios (líderes que utilizan la fuerza para debilitar los cambios políticos) sobre el posible costo de otro golpe de Estado con un interludio dictatorial.

Si observamos los casos latinoamericanos, resulta difícil insistir con el argumento de que los juicios por delitos de lesa humanidad desestabilizan la democracia. Cabe destacar que tampoco contamos aún con pruebas fehacientes de que éstos promuevan o refuercen la democracia. Casi todos los países de la región, por razones complejas, han experimentado una transición hacia la democracia que, al parecer, se ha sostenido con el tiempo. Todos los estudios cuantitativos referidos a las causas de represión muestran que, sin lugar a dudas, el imperio de la democracia se asocia con la defensa de los derechos humanos.[39] Desde nuestra posición, las prácticas democráticas son las responsables de que el puntaje en materia de derechos humanos haya mejorado en la mayor parte de la región. Sin embargo, Brasil, que es el único de los principales países de transición de la región en donde no se realizaron procesos judiciales por las violaciones a los derechos humanos cometidas en el pasado, presenta un valor atípico interesante. Por ejemplo, se considera que el nivel de democracia de Brasil es relativamente alto, similar al de Argentina, Perú y México, pero su puntaje en materia de derechos humanos no es tan alto como ese nivel parecería sugerir. Creo que el hecho de que en Brasil no se hayan procesado a los ex mandatarios de la dictadura sirve para explicarnos por qué su situación en materia de derechos humanos no ha mejorado tanto, comparada con la de otros países de la región.

2. *Juicios y derechos humanos*

Para analizar el efecto que tienen los procesos judiciales en los derechos humanos, Carrie y yo, en un principio, analizamos el puntaje de represión de los

---

[38] Jack Snyder hizo estas observaciones al leer el manuscrito de este libro.
[39] Véase Steven C. Poe, "The decision to repress: An integrative theoretical approach to research on human rights and repression", en Sabine C. Carey y Steven C. Poe, comps., *Understanding Human Rights Violations: New Systematic Studies* (Burlington, VT: Ashgate Publishing, 2004), y Christian Davenport, *State Repression and the Domestic Democratic Peace* (Nueva York: Cambridge University Press, 2007).

© gedisa

países antes y después de se llevaban a cabo los juicios. Para medir la represión, utilizamos los promedios de una escala creada por otros investigadores, llamada Posibilidad de Actos Terroristas (por sus siglas en inglés, PTS, *Political Terror Scale*). Esta escala es producto de una compilación de codificaciones tanto de los informes anuales de Amnistía Internacional como de los informes anuales del Departamento de Estado.[40] Su objetivo es medir el nivel del conjunto de las principales violaciones a los derechos humanos: tortura, ejecución sumaria, desapariciones y encarcelamiento político, es decir, los llamados "derechos a la integridad física". La escala va de 1 a 5: "1" implica que casi no existe ninguna violación a los derechos de integridad física y "5" que las violaciones están muy extendidas y afectan a la totalidad de la población. Para medir el efecto de los juicios en los derechos humanos, examinamos las condiciones previas y posteriores en todos los países latinoamericanos de nuestra base de datos.[41] La Tabla 5.1 refleja que los países en los que se realizaron más juicios durante más años tienen, en promedio, un mejor puntaje en materia de derechos humanos que el promedio regional, mientras que los Estados de transición en los que hubo procesos judiciales tienen un peor puntaje que el resto. Dado que las violaciones a los derechos humanos se miden del 1 al 5, se puede decir que una diferencia de 0,87, como la que hay entre los países sin juicios y aquellos que tienen más de diez años en los que se realizaron juicios, representa un descenso del 17% en delitos de lesa humanidad en general. Esto significa que hay muchísimos menos casos de tortura personal, desapariciones y asesinatos ilícitos por parte del aparato del Estado.

Un problema que siempre preocupa a los especialistas en Ciencias Sociales es lo que en la jerga de la estadística se denomina "correlación espuria", es decir, la posibilidad de que la relación entre dos hechos sociales (en este caso, entre los juicios por delitos de lesa humanidad y la disminución de la represión) se pueda atribuir a un tercer factor que no ha sido tomado en cuenta. Se ha sugerido que ese factor podría ser la experiencia democrática previa, de manera tal que los países que alguna vez fueron democráticos tienen más probabilidades de realizar juicios y de que las acciones en defensa de los derechos humanos sean mejores. Si esto fuera así, implicaría que la experiencia previa de la democracia –y no los juicios por crímenes contra la humanidad– sería un factor para que la defensa de derechos humanos fuera mayor. Geoff Dancy, otro asistente de la investigación talentoso y propenso al análisis cuantitativo, investigó este tema y contó los casos de nuestra base de datos para calcular los promedios de

---

[40] M. Gibney y M. Dalton, "The political terror scale", *Policy Studies and Developing Nations* 4 (1996), págs. 73-84; M. Gibney, Political Terror Scale (2004); http://www.politicalterrorscale.org.

[41] El PTS revela las mismas violaciones a los derechos humanos que nuestra base de datos. Los países de transición de Latinoamérica de esta base de datos son: Argentina, Bolivia, Chile, Ecuador, El Salvador, Guatemala, Haití, Honduras, México, Nicaragua, Panamá, Paraguay, Perú y Uruguay.

© gedisa

referencia. Al final, concluyó que este argumento teórico particular no parece resistir el análisis con los datos empíricos. Si bien los países con experiencias democráticas tienen mayores probabilidades de llevar a cabo juicios después de la transición, no sucede lo mismo cuando se revelan mejoras en materia de derechos humanos, en comparación con los otros países en donde se realizaron procesos legales. Comparados con los demás, los países de transición en donde hubo juicios tienen muchas más probabilidades de demostrar mejoras en el promedio, pero su experiencia democrática previa no parece *explicar* las mejoras en materia de derechos humanos.[42]

El análisis simple que observamos en la Tabla 5.1. no sirve para distinguir si las mejoras en la defensa de los derechos humanos se deben a la institucionalización de la democracia o a los numerosos factores variables, independientes de los procesos judiciales. Resulta difícil poner esto a prueba, ya que existe un solo país de transición principal en donde no se realizaron juicios: Brasil. Sin embargo, si observamos el caso de Brasil en 1985, antes del momento de transición hacia la democracia, y después de esa fecha, vemos que su puntaje promedio en la escala de Posibilidad de Actos Terroristas empeora en los diez años siguientes al período de transición. Este caso indica que la transición hacia la democracia por sí misma no garantiza una mejora en la lucha básica por los derechos humanos. De todos modos, es posible que ciertos factores aún desconocidos que previenen los juicios *también* causen abusos continuos de los derechos.

Una segunda manera de separar parcialmente los efectos de los procesos judiciales de los efectos de la transición a la democracia es observar las diferencias entre los países de transición con un número mayor de juicios y los que revelan un número inferior.

[42] De los noventa y nueve países listados en nuestra base de datos, veintinueve han tenido experiencias democráticas. En dieciséis de ellos se realizaron juicios, lo que equivale a un 55,2% de los casos. El promedio de las transiciones resultó ser de 48,4%, con cuarenta y ocho países de transición en donde hubo procesos judiciales. Sin embargo, en sólo once de los veintinueve países con experiencia democrática revelaron mejoras en las acciones en la defensa de los derechos humanos (37,9%). El promedio de todas las transiciones fue de 37,3% (treinta y siete, de los noventa y nueve). Al final, de los cuarenta y ocho países de transición en los que se realizaron juicios, veintiséis demostraron grandes mejoras en las medidas tomadas en defensa de los derechos humanos (54,2%). Esto debería compararse con la muestra promedio del 37,3%. Se consideró que un país era democrático si alcanzó los 5 puntos en el PTS, y se consideró que había mejoras en la defensa de los derechos humanos si tanto los datos de Amnistía Internacional como del Departamento de Políticas Terroristas de Estado demostraban un cambio positivo en ese sentido. Estamos en deuda con Robert Keohane porque fue quien nos sugirió tener en cuenta esta argumentación.

Tabla 5.1. Comparación de puntajes de derechos humanos en todos los países de transición latinoamericanos. 1976-2004.

Promedio regional	Puntajes más altos
Todos los países de transición latino-americanos	2,91
Países con:	
Ningún juicio	3,15
Entre 1 y 5 años de juicios	2,88
Entre 5 y 10 años de juicios	2,49
Más de 10 años de juicios	2,38
N = 338	

Los puntajes más altos indican que las acciones en defensa de los derechos humanos son peoress, con 5 puntos como máximo y 1 punto como mínimo.

Fuente: Escala de Terrorismo de Estado (Amnistía Internacional). Véase www.politicalterrorscale.org.

Los catorce países en donde se realizaron procesos legales atravesaron procesos de transición democrática. Cabe destacar que el promedio de las mejoras de las medidas emprendidas en pro de la lucha por los derechos humanos es mayor en el caso de los países con más juicios. De este modo, siete países de la región que iniciaron más procesos legales experimentaron mejoras de 0,9 dentro de la escala de 5 puntos de PTS, mientras que para el caso de los siete países en los que se realizaron menos juicios el promedio de las mejoras fue de 0,4 en la PTS.[43]

Una tercera pieza de este rompecabezas concierne la búsqueda de la verdad. Los países latinoamericanos en donde se iniciaron más procesos legales también son los que demuestran tener más probabilidades de crear Comisiones de la Verdad. Los países que tuvieron tanto Comisiones de la Verdad como un gran número de juicios obtuvieron mejores puntajes en materia de represión que los países en los que sólo se realizaron juicios. Estos resultados, sumados al caso de Brasil, sugieren que es posible que los mecanismos de justicia de transición, por sí mismos, tengan algún efecto independiente a los causados por la transición hacia la democracia. Quizás haya algún otro factor en juego, como la voluntad política de imputar la responsabilidad penal de los autores de los crímenes de lesa humanidad. Sin embargo, no queda claro cómo podría separarse la voluntad política de llevar adelante procesos judiciales de la existencia de los propios procesos. Lo más importante es que, independientemente de que las mejoras en las acciones en la lucha por la defensa de los derechos humanos deriven de la

[43] La tabla completa con su respectivo análisis se puede consultar en Sikkink y Walling, "The impact of human rights trials in Latin America".

transición hacia la democracia, de la voluntad política de imputar la responsabilidad penal y de los procesos judiciales, a partir de estos datos sigue siendo difícil sostener que los juicios por delitos contra la humanidad generen un aumento de las atrocidades cometidas en los casos de Latinoamérica.

Estas conclusiones preliminares eran interesantes, pero no les resultaban convincentes para la mayoría de los especialistas en Ciencias Sociales. Nuestros colegas señalaban, con razón, que los efectos que observábamos en nuestro análisis podían provenir de toda clase de factores que no éramos capaces de ver. No obstante, esta primera etapa de la investigación nos ayudó a comenzar a descartar la noción de que los procesos de Latinoamérica se asociaban a algún tipo de empeoramiento de los puntajes sobre los derechos humanos. Y, como las críticas continuaron, decidimos emprender un análisis cuantitativo completo con los factores que presentamos en el capítulo siguiente.

3. Juicios y conflictos

Otra aseveración clave postulada, sobre todo, por los especialistas en seguridad es que los juicios por delitos de lesa humanidad pueden acarrear más conflictos. Los estudios cuantitativos han demostrado que la guerra civil es el factor que mejor predice las violaciones.[44] Esto significa que, si un país está envuelto en una guerra armada interna, es probable que gente inocente sea objeto de violencia sistemática. Los conflictos realmente dan lugar a que se lleven a cabo violaciones a los derechos humanos, pero no queda claro que los procesos de lesa humanidad induzcan a un aumento de las luchas. Así, retomamos el debate de "justicia o paz" que mencionamos antes, en el que estos dos resultados parecen ser incompatibles. Por ejemplo, se dice que los ugandeses prefieren la paz y la reconciliación a la justicia de reparación (es decir, los procesos legales) y, dado que no se pueden dar ambas cosas al mismo tiempo, la paz y la reconciliación constituyen la mejor opción y la más apropiada desde el punto de vista cultural. Sin embargo, este argumento se basa en la causa que aún no ha sido comprobada de que los procesos judiciales debilitan la paz, lo cual no tiene asidero en Latinoamérica.[45]

En Latinoamérica hubo muchos conflictos internos entre 1979 y 2008, período que coincide con la información que poseemos sobre el desarrollo de los procesos judiciales. En diecisiete países hubo algún tipo de conflicto interno o

[44] Steven C. Poe, Neal Tate y Linda Camp Keith, "Repression of the human right to personal integrity revisited: A global cross-national study covering the years 1976-1993", *International Studies Quarterly* 43, n° 2 (1999).

[45] De hecho, Olsen, Payne y Reiterse se basan en que en todas las regiones "hay ciertas pruebas que indican que el recurrir a la justicia de transición al concluir un conflicto hace que sea *menos probable* que eso ocurra" (la cursiva está agregada). Véase *Transitional Justice in the Balance*, págs. 128-189.

internacional, desde problemas menores hasta guerras propiamente dichas, durante el período que abarca los años 1970 a 2008.[46] En la mayoría de los casos, los procesos judiciales no precedieron a la violencia sino que, al contrario, la sucedieron. En Latinoamérica, no existe un solo caso de juicio de transición en el que se pueda argumentar razonablemente que la decisión de emprender los procesos judiciales haya extendido o agravado los conflictos. Snyder y Vinjamuri argumentan que la decisión de *no* llevar adelante más procesos judiciales en El Salvador contribuyó a que hubiera menos enfrentamientos allí, pero el argumento de que, si se hubieran realizado juicios, habría habido más conflictos no cuenta con el apoyo de la evidencia de ningún otro país de la región. El Gráfico 5.5 registra el número de años de conflicto de Latinoamérica en comparación con el número de años de juicios por delitos de lesa humanidad. Se observa que, a medida que los procesos aumentan en la región (línea negra), el número de conflictos disminuye (línea gris).

No podemos realizar una afirmación causal sobre la relación entre el aumento de los procesos judiciales y la disminución de los conflictos; de hecho, podría ser lo opuesto, que la disminución de los conflictos haya facilitado que los países llevaran adelante procesos de lesa humanidad. Pero, a la luz de esta tendencia, resulta difícil afirmar que los juicios por delitos de lesa humanidad hayan generado un *aumento* de los conflictos.

La característica más llamativa de la política latinoamericana, además del incremento de los países con regímenes democráticos, es la disminución generalizada de los conflictos en la región. Tras una historia de décadas de luchas internas bastante extendidas, ahora se encuentra, en gran medida, libre de guerras internas e internacionales. Dada la drástica tendencia regional al desarrollo de los juicios por crímenes de lesa humanidad, y considerando que existe un solo caso (Colombia) en el que continúa habiendo conflictos de peso hasta la fecha, resulta difícil mantener el argumento de que los procesos han afianzado los conflictos en la región.

4. Juicios y Estado de derecho

La mayoría de los especialistas reconocen que, para que disminuyan las violaciones a los derechos humanos, los países necesitan fortalecer los sistemas que garantizan el Estado de derecho. Ahora bien, existen tantas definiciones de Estado de derecho como de justicia. La más remota se basa en que es "el gobierno de la ley y no de los hombres": es decir, que las leyes no deberían ser arbitrarias, sino que debería haber una serie de procedimientos bien establecidos

---

[46] Según la base de datos PRIO/Uppsala sobre conflictos armados, estos diecisiete países son: Argentina, Chile, Colombia, Ecuador, El Salvador, Granada, Guatemala, Haití, México, Nicaragua, Panamá, Paraguay, Perú, Surinam, Trinidad y Tobago, Uruguay y Venezuela: www.prio.no/cwp/armedconflict/current/conflict_list_1946-2003.pdf.

© gedisa

y definidos. Casi todas las definiciones de Estado de derecho suponen la idea de que "nadie se encuentra por encima de las leyes" y, en especial, que los oficiales estatales también están obligados a cumplirlas. Algunos analistas argumentan que, para que haya un uso efectivo de los juicios o de las Comisiones de la Verdad, es necesario establecer el Estado de derecho *en un momento previo*.[47] Esto nos hace plantear el tema crucial de cómo construir el Estado de derecho en los países en los que aún no está consolidado.

Gráfico 5.5. Años de conflictos regionales y años de juicios. 1979-2006

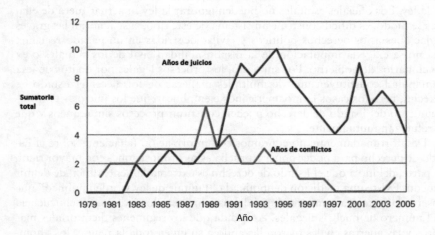

Desde hace veinte años, en Latinoamérica se están desarrollando procesos de reformas judiciales y campañas a favor del Estado de derecho, de forma palarela al aumento considerable de los juicios por delitos de lesa humanidad descrito con anterioridad. En lugar de ver la construcción del Estado de derecho como un proceso separado de los procesos judiciales –o como uno que debe ser anterior a ellos–, debería reconocerse que la construcción del Estado de derecho ha coincidido con el desarrollo de los juicios por crímenes contra la humanidad en la mayor parte de la región.[48] De hecho, en gran medida, la relevancia del campo del Estado de derecho en la década de los años noventa fue producto del movimiento de lucha por la defensa de los derechos humanos de las décadas de los años setenta y ochenta. Al mismo tiempo que se luchaba por accionar los mecanismos de justicia de transición, también "crecía el peso de la ley y de las instituciones legales debido a que merecían la atención exterior existente y a las

---

[47] Véase, por ejemplo, Fletcher, "Context, timing, and the dynamics of transitional justice: A historical perspective", y Snyder y Vinjamuri, "Trials and errors", pág. 6.

[48] Pilar Domingo y Rachel Sieder, comps., *Rule of Law in Latin America: The International Promotion of Judicial Reform* (Londres: University of London, 2001).

reformas internas de la región. Así, se preparó el terreno para llegar a la situación actual en la que se encuentra el Estado de derecho en la región".[49] Y los principales promotores de las reformas judiciales reconocen este reforzamiento mutuo.[50]

Los procesos judiciales específicos también pueden contribuir a la construcción del Estado de derecho, como sucedió en el caso de Argentina. El juicio a las Juntas en 1985 promovió "el descubrimiento de la ley", en cuanto los ciudadanos percibieron que un sistema legal era más viable y legítimo si se lo podía utilizar para hacer que los ex líderes más poderosos del país fueran procesados por las violaciones cometidas en el pasado.[51] Nuevamente, un ingrediente crucial del sistema de Estado de derecho es la idea de que nadie está por encima de la ley. Los oficiales estatales no pueden ignorar la ley ni actuar fuera de ella. De ese modo, es difícil construir un sistema de este tipo, si se ignoran las graves violaciones a los derechos políticos y civiles ocurridas en un pasado reciente, y si no se exige la imputación de la responsabilidad civil de los actuales o ex funcionarios de gobierno. Por supuesto, los procesos legales por delitos de lesa humanidad constituyen una de múltiples maneras de fortalecer el Estado de derecho, pero los casos latinoamericanos ejemplifican que los juicios y el fortalecimiento del Estado de derecho pueden constituir procesos simultáneos y que se refuerzan mutuamente.

Desafortunadamente, no contamos con información fehaciente sobre el Estado de derecho para poder poner a prueba estas proposiciones con mayor rigor, en parte, debido a que el Estado de derecho es extremadamente difícil de definir y medir. Existe una medición denominada "Puntaje de ley y orden público" que observa la fortaleza e imparcialidad del sistema legal, los índices de delincuencia y el número de huelgas ilegales. A medida que los regímenes dictatoriales más duros y las guerras civiles fueron llegando a su fin en toda la región, los "hombres armados" desempleados contribuyeron con un aumento de la delincuencia violenta. Ésta aumentó en los países latinoamericanos después de los períodos de transición hacia la democracia. A pesar de eso, diez de los catorce países de transición de Latinoamérica en los que se realizaron juicios han visto mejoras en su puntaje de ley y orden público desde el año en el que se llevó adelante el primer juicio hasta 2006. Brasil, el único país latinoamericano de la base de datos de ley y orden público que no asumió juicios por delitos de lesa humanidad, ha experimentado un descenso en su puntaje de ley y orden público. Este tipo de datos no nos permite inferir que los procesos legales por crímenes contra la humanidad construyen el Estado de derecho. Sin embargo, cuestionan la noción

[49] Thomas Carothers, "The many agendas of rule of law reform in Latin America," en *ibíd.*, págs. 6-16.

[50] Entrevista a Alberto Binder, Instituto de Estudios Comparados en Ciencias Penales y Sociales, Buenos Aires, Argentina, 21 de noviembre de 2006.

[51] Catalina Smulovitz, "The discovery of law: Political consequences in the Argentine case", en Yves Dezalay y Bryant G. Garth, comps., *Global Prescriptions: The Production, Exportation, and Importation of a New Legal Orthodoxy* (Ann Arbor: University of Michigan Press, 2002), págs. 249-265.

© gedisa

de que el Estado de derecho es un *prerrequisito* para llevar a cabo ese tipo de juicios. Muchos países latinoamericanos poseían puntajes bastante bajos durante los años en los que se iniciaron los procesos, pero lograron mejorar el Estado de derecho mientras lo hacían. En diez de estos países de transición se han realizado juicios por delitos de lesa humanidad y se ha observado una mejora en sus puntajes, lo cual indica que los juicios son compatibles con el fortalecimiento del Estado de derecho, sin entrar en conflicto.[52]

Hemos visto el efecto que tienen los juicios en las prácticas relacionadas con la defensa de los derechos humanos, la democracia, el Estado de derecho y los conflictos. Sin embargo, no basta con decir que las predicciones de los detractores de los juicios no han sido confirmadas por evidencias en Latinoamérica. Asimismo, me propongo reflexionar acerca de los mecanismos que hacen que los juicios y las Comisiones de la Verdad funcionen verdaderamente.

Mecanismos de efecto social

Juicios y subordinación de los militares al control de los civiles

Una de las maneras en que los procesos judiciales pueden influir en los derechos humanos es mediante el efecto que éstos tienen en la relación entre la población civil y los militares. En Latinoamérica, a fin de fortalecer la democracia y prevenir futuros golpes militares, resultaba esencial reducir el control de los militares sobre la población civil. Los analistas que han tenido que estudiar la historia de la intervención militar en la política de la región han señalado los problemas creados por las estructuras institucionales y por la ideología militar, que sirvieron para que los militares pudieran actuar de guardianes (de forma independiente del poder civil), como si fueran los encargados de defender la "patria" de las amenazas internas y externas. Dada esta historia, reducir el control de los militares sobre la población civil resulta una tarea compleja.[53] Sin embargo, la imputación de la responsabilidad penal por violaciones a los derechos humanos cometidas en el pasado es una de las diversas medidas que los Estados latinoamericanos han utilizado para tener a los militares bajo control.

De los catorce países latinoamericanos que recurrieron a los procesos judiciales por delitos contra la humanidad, once han experimentado un descenso en la injerencia de los militares en la política y, en algunos casos, se ha dado un

---

[52] La guía internacional de países de riesgo mide la ley y el orden. Además, hay una base de datos mundial de Estados de derecho, pero que abarca un lapso breve, y se preocupa más por el orden que por la imparcialidad del sistema judicial.

[53] Véanse Brian Loveman, *For* la Patria: *Politics and the Armed Forces in Latin America* (Wilmington, DE: Scholarly Resources, 1999) y Alfred Stepan, *Rethinking Military Politics* (Princeton: Princeton University Press, 1988).

descenso drástico.[54] En cinco países (Chile, Guatemala, Honduras, Panamá y Perú) que tienen diez o más años de juicios realizados en el país, con el transcurso del tiempo, se ha observado una disminución de la intervención de los militares en la política de al menos tres puntos, en una escala de seis puntos. En tres países de transición no se ha observado mayores subordinaciones por parte de los militares al control civil: México, Haití, y Ecuador. Dos de ellos, México y Haití, son los dos únicos países de transición que también han experimentado un empeoramiento en sus prácticas relacionadas con la defensa de los derechos humanos. De esta manera, el control de los militares puede constituir un mecanismo por el cual los juicios iniciados en Latinoamérica han ocasionado mejoras en la lucha por la defensa de los derechos humanos.

En un estudio comparativo realizado por Acuña y Smulovitz sobre la relación entre la población civil y los militares en tres países latinoamericanos después del proceso de democratización (Argentina, Brasil y Chile) se concluye que las Fuerzas Armadas argentinas estaban más subordinadas al poder constitucional que en los otros dos países, como resultado de su derrota en la guerra de Malvinas y del juicio a las Juntas. Los gobiernos civiles subsiguientes establecieron claramente que el presidente es el comandante en jefe de las Fuerzas Armadas y eliminaron las "altas cuotas de poder y autonomía de la elite militar establecidas históricamente".[55] Brasil y Chile, por su parte, son ejemplos de una transición hacia la democracia "bajo la tutela de los militares". Desde que se publicó dicho artículo, el gobierno chileno ha realizado acciones para someter a los militares a un mayor control por parte del poder civil, pero esto no ocurrió hasta después de la detención del general Pinochet en Londres y su subsiguiente proceso judicial en Chile. Se observa, entonces, cómo los juicios por delitos de lesa humanidad pueden contribuir a establecer el control de los militares por parte de los civiles.

Brasil, el único país de transición latinoamericano en el que aún no se ha llevado adelante ningún juicios por crímenes de lesa humanidad, no siempre ha tomado medidas contundentes para subordinar a los militares y demás fuerzas de seguridad (incluida la policía) al poder civil. En agosto de 2008, el ministro de Justicia, Tarso Genro, anunció públicamente que creía que la Ley de amnistía no afectaba el delito de tortura, lo cual encendió el debate sobre la posibilidad de iniciar juicios por delitos de lesa humanidad de transición en Brasil. La reacción de los militares fue clara: tanto los funcionarios militares activos como los retirados participaron de un evento público en el Club Militar en el

---

[54] Los datos provienen del grupo internacional de países de riesgo. Un puntaje alto indica una participación baja de los militares en la política, a la vez que un puntaje bajo refleja un intento de golpe de Estado o un régimen dictatorial a gran escala. Por lo tanto, la medida revela el resultado de la subordinación de los militares al poder civil, que es lo que nos interesa en este caso.

[55] Carlos Acuña y Catalina Smulovitz, "Adjusting the Armed Forces to democracy: Successes, failures, and ambiguities in the southern cone", en Elizabeth Jelin y Eric Hersberg, comps., *Constructing Democracy: Human Rights, Citizenship, and Democracy in Latin America* (Boulder, CO: Westview Press, 1996).

que protestaron contra cualquier tipo de juicio y castigo a los torturadores. Los organizadores amenazaron con discutir el "pasado terrorista" de los miembros del gobierno del presidente Lula da Silva, que afectaba al ministro de Justicia Genro. La participación en este evento de los militares con cargos en la actualidad, entre los que se incluye un general que fue jefe del Comando Militar del Este, claramente, constituyó una *acción* política en contra de las políticas de los líderes civiles del gobierno, lo cual no podría tolerarse dentro de un sistema en el que los militares estuvieran totalmente subordinados al control del poder civil. Al día siguiente, Genro se sintió obligado a anunciar: "No estamos bajo tutela de los militares". Así, repitió exactamente lo dicho por Acuña y Smulovitz, pero los hechos contradijeron sus palabras. En un sistema en el que los militares estaban subordinados al control civil, lo apropiado habría sido que el ministro de Defensa aleccionara a los funcionarios sobre cómo participar en un acto político público. En lugar de eso, los militares lo instaron a defender su postura, de modo tal que se sintió obligado a declarar que el ejército "no tiene responsabilidad histórica" en relación a estos temas de derechos humanos y que continúa gozando de "una reputación nacional irreprochable".[56]

La cultura de la impunidad

No haber castigado nunca a los funcionarios de alto rango por las violaciones cometidas en el pasado puede contribuir a que exista una cultura de la impunidad, la cual condiciona la manera en que el país aborda los temas relativos a los derechos humanos. Esto puede parecer una tautología, pero la discusión radica en que no llevar adelante procesos judiciales (impunidad) produce toda una serie de expectativas: así, se genera una cultura de la impunidad que, a su vez, puede ocasionar más violaciones por un efecto de rebote. En Brasil, por ejemplo, la falta de castigo a los ex mandatarios por las violaciones ocurridas durante la dictadura puede haber contribuido a que se generara un clima de impunidad que alimenta los continuos niveles elevados de delitos que siguen existiendo hasta la actualidad. Se trata de uno de los pocos países democráticos de la región que obtiene peores puntajes en materia de derechos humanos en la actualidad que durante el gobierno militar. Esto puede deberse, principalmente, al accionar de los oficiales de policía, que matan de forma rutinaria a presuntos delincuentes en índices tan altos que hacen que las muertes se puedan considerar ejecuciones sumarias, en lugar de casos de uso legítimo de la fuerza. Solamente

---

[56] "Jobim contesta Tarso e diz que não cabe ao Executivo discutir anistia", *Estado de São Paulo*, 2 de agosto de 2008; "Militares reagem a Tarso e criticam 'passado terrorista' do governo Lula", *Estado de São Paulo*, 4 de agosto de 2008; "Na presence do comandante do Leste, militares fazem ato contra Tarso", *Estado de São Paulo*, 8 de agosto de 2008, y "Não estamos sob tutela military", *Estado de São Paulo*, 9 de agosto de 2008. Traducciones de la autora.

en el Estado de San Pablo, los funcionarios de alto rango fueron responsables de trescientas treinta y cuatro muertes en 2006.[57]

Según una determinada fuente, la policía ha cometido el 10% de los homicidios del área metropolitana de San Pablo de los últimos quince años y, por ende, es corresponsable de los niveles anómalamente altos de violencia urbana existentes.[58] Este nivel es extremadamente elevado, incluso si se lo compara con los centros urbanos de Estados Unidos, donde la violencia policial letal supera la de otros países desarrollados. Por ejemplo, en 1991, mil ciento setenta y una personas murieron en San Pablo en "confrontaciones con la policía", en comparación con veintisiete en la ciudad de Nueva York.[59] Si bien las causas de la violencia policial en Brasil en la actualidad son muy complejas, es posible que la amnistía total de las violaciones a los derechos humanos cometidas en el pasado continúe alimentando una cultura de impunidad propicia para el aumento de la violencia policial.

Quizá mi postura sea demasiado crítica con respecto a Brasil. Para ser justa, un problema que este país enfrenta con estas medidas es que, a lo largo del tiempo, las organizaciones de defensa de los derechos humanos han expandido su enfoque en Brasil y en otros lugares, y han pasado de concentrarse estrictamente en la responsabilidad directa del gobierno por la muerte, desaparición y encarcelamiento de los opositores políticos a luchar por un espectro más amplio de derechos, entre los cuales se cuenta el derecho de las personas a ser libres de la brutalidad policial y del uso excesivo de fuerza letal. La policía brasileña es famosa por su enorme fuerza letal y por ejecutar matanzas a gran escala en las poblaciones pobres y marginales que viven sobre todo en las *favelas* de las principales ciudades.[60] Lo anterior no significa que en el gobierno federal de Brasil haya más violaciones a los derechos humanos que durante la dictadura, sino que no ha podido refrenar las violaciones a los derechos humanos por parte de las fuerzas de seguridad estatales y municipales. Sin embargo, esta ampliación del enfoque en los informes de derechos humanos se ha dado en todo el mundo, al igual que otros países latinoamericanos experimentan mejoras en sus puntajes. Por lo tanto, sigo creyendo que la cultura de la impunidad de Brasil está alimentando las violaciones a nivel estatal y local.

Esta investigación pone en duda algunas suposiciones básicas y conceptos preconcebidos de la bibliografía sobre la transición acerca de la naturaleza y los efectos de los juicios. Nosotros comprobamos que, en Latinoamérica, la región que cuenta con más experiencia en materia de justicia, los procesos judiciales no aumentan el número de violaciones a los derechos humanos, no exacerban los

---

[57] Observatório das Violências Policiais-SP; www.ovp-sp.org/index.htm.

[58] James Holston, *Insurgent Citizenship: Disjunctions of Democracy and Modernity in Brazil* (Princeton: Princeton University Press, 2007), pág. 304.

[59] Teres P. R. Caldeira, "Crime and individual rights: Reframing the question of violence in Latin America", en Jelin y Hershberg, comps., *Constructing Democracy*, págs. 197-198.

[60] Véase, por ejemplo, Observatório das Violências Policiais-SP.

conflictos ni amenazan la democracia, a la vez que las amnistías en sí mismas no generan paz ni previenen futuros abusos de los derechos humanos.

A la luz de lo dicho, necesitamos prestar más atención al cambio de las condiciones de los juicios a lo largo del tiempo. Hemos demostrado que, si bien en muchos países de transición, se consideraba imposible llevar adelante un juicio inmediatamente después de un período de transición hacia la democracia, las condiciones cambiaron y los procesos judiciales se hicieron no sólo posibles, sino también probables. La mayoría de los analistas no pudo anticipar que los juicios se volverían más probables porque se creía que la fuerza relativa de los actores permanecería constante y que las normas y actitudes no cambiarían. En otras palabras, la teorización de la justicia de transición no ha logrado considerar las posibilidades de cambio ni los mecanismos a través de los cuales éste ocurre.

La experiencia latinoamericana es importante porque muchos de los ex dictadores de la región, como Videla, Viola, Fujimori, Bordaberry y Álvarez, han sido procesados y encarcelados por crímenes de lesa humanidad. Estos líderes perdieron poder, en ocasiones antes de los procesos judiciales pero, sobre todo, durante los juicios o a consecuencia de ellos. En Latinoamérica se han observado transformaciones profundas, entre las que se cuenta un cambio en las normas en materia de justicia de transición. Estos cambios disminuyeron la influencia de actores que ostentaron el poder en el pasado y propiciaron los procesos judiciales a lo largo del tiempo. La reducción del poder de esos "actores con veto" se debe a factores tanto materiales como normativos. En un momento dado, se retiran, con lo cual pierden el control material de las tropas y presupuestos y son reemplazados por una nueva generación de líderes militares que pueden o no depender de los ex mandatarios. Pablo Parenti, el fiscal que participó en los juicios por delitos de lesa humanidad de Argentina, me explicó que, cuando comenzaron a enviar citaciones a los oficiales militares, los mensajeros debían adentrarse en los cuarteles militares para llevar tales citaciones, lo cual constituía una misión aterrorizadora, puesto que se trataba de oficiales que habían hecho desaparecer a más de diez mil personas. Más recientemente, quienes entregaban las citaciones iban a los suburbios residenciales de Buenos Aires, donde eran recibidos por militares retirados que estaban mirando la televisión en sus hogares.

Este cambio de contexto altera la forma en que los actores políticos piensan acerca de sus intereses. Los ex funcionarios de alto rango que están siendo procesados por violaciones a los derechos humanos son aliados menos valiosos que lo que solían ser. Muchas veces, otros actores políticos desean distanciarse de los funcionarios cuya participación en la represión ha salido a la luz. Actualmente, en Latinoamérica, las nuevas generaciones de líderes militares y civiles creen que pueden progresar en sus carreras si critican a los ex represores, en lugar de vinculándose con ellos.

En muchas partes del mundo siguió habiendo chantajes. Joseph Kony, jefe del Ejército de la Resistencia del Señor del norte de Uganda, se rehusó a firmar un acuerdo de paz, si la CPI no retiraba la orden de arresto en su contra. Así, volvió a imponer una guerra civil brutal, en la cual se asesina a miles de personas y se secuestra a muchos jóvenes para convertirlos en soldados. Del mismo modo, el presidente al-Bashir de Sudán ha dado a entender que la seguridad de los Cascos Azules de la ONU y de los trabajadores de las asociaciones humanitarias está en peligro porque la CPI ha emitido una orden de arresto en su contra. A mi entender, en ambos casos, el término técnicamente correcto que define lo que está ocurriendo es "chantaje". Los detractores de los juicios dicen que el "problema" es la CPI o el hecho de que se reclame justicia. Pero objetivamente, el "problema" es el chantajista. La CPI o, más precisamente, el pedido de que se inicie un juicio, sólo hace que se manifieste el problema. Quienes asumen posturas realistas dicen que sólo se trata de "realidades políticas" del mundo y que ignorarlas reflejaría una conducta idealista ingenua.

Los casos latinoamericanos nos ayudan a entender que *las realidades políticas no son permanentes ni inevitables, sino que están constantemente siendo reafirmadas o reconstruidas a través del discurso y de la actividad política.* Durante muchos años, los analistas de la política latinoamericana creían que el ciclo constante de democracia débil, con golpes militares y regímenes cada vez más violentos, constituía la realidad política ineluctable de la región, producto de su historia, de la etapa de desarrollo capitalista en la que se encontraba, de su estructura de clases, de su cultura ibérica o alguna otra característica propia de su condición política y económica. No obstante, a pesar de los continuos problemas que enfrentan las frágiles democracias de la región, Latinoamérica ha virado hacia la democracia. Y lo ha hecho en el contexto de la ola más grande de juicios por delitos de lesa humanidad de la historia mundial.

En Latinoamérica, no se ha tenido que elegir ente la verdad y la justicia, entre la paz y la justicia ni entre los juicios y la democracia. En cambio, se han abordado cuestiones más complejas, como bajo qué condiciones los juicios pueden contribuir con una mejora en las prácticas relativas a la defensa de los derechos humanos, en qué condiciones se pueden mejorar los sistemas del Estado de derecho y qué secuencia o combinación de los mecanismos de justicia de transición puede ayudar a construir la democracia y a resolver los diversos conflictos.

Frente a lo que parecería ser un resultado positivo en la región latinoamericana, los detractores argumentarán, seguramente, que este caso puede ser una excepción: quizás la cascada de la justicia haya sido positiva, pero sólo en esta única región. Para responder a esta cuestión, en el próximo capítulo ampliaremos el alcance de esta investigación y, en vez de abocarnos a una sola región, tendremos en cuenta todo el planeta.

6. LA DISUASIÓN EN EL MUNDO Y LOS JUICIOS POR DELITOS DE LESA HUMANIDAD

Para María Piniou-Kalli, a quien vimos en el segundo capítulo apoyando la caída de la Junta griega en la calle junto con su hijo, los juicios griegos de 1975 fueron de vital importancia tanto dentro de Grecia como en todo el mundo, ya que dieron una imagen precisa de cómo funcionaba la tortura en ese país y cómo afectaba, tanto a las víctimas como a los torturadores. Los juicios le mostraron que "es posible condenar a los torturadores por sus crímenes por medio de un juicio justo, lo cual en ese momento no era algo evidente".[1] María era hija de un líder de la resistencia griega que había sido arrestado y encarcelado. Así, la primera víctima de la tortura que María conoció fue su propio padre.[2] Ni bien acabó la carrera de Medicina, ella misma terminó en la cárcel debido a su actividad política. Cuando se recuperó la democracia, fundó y dirigió el Centro de Rehabilitación para Víctimas de la Tortura en Grecia. A partir de su experiencia con víctimas de la tortura y de su conocimiento sobre los autores clásicos griegos, se convenció de que la dictadura griega y el uso extendido de la tortura eran una profunda tragedia para la historia de su país. Según la definición de Aristóteles, la tragedia sólo puede terminar en catarsis, la cual se asocia con el castigo. Para María, los juicios a los torturadores les sirvieron de catarsis a las víctimas y a la sociedad griega en general. En la tradición griega, toda catarsis implica un alivio, pero también es el resultado de un proceso de aprendizaje.[3]

Algunos amigos de María no comparten su enfoque. Ella me contactó con Cristina Moustaklis, esposa del coronel Spyros Moustaklis, que quedó mudo como consecuencia de las torturas recibidas. Cristina –en un inglés entrecortado, pero persistente– me contó su larga y dolorosa historia. Cuando le pregunté sobre el efecto de los juicios, Cristina respondió: "¿Juicios? ¿Qué juicios?". A pesar de que a los torturadores de su esposo se les dio una condena de veintitrés

---

[1] Maria Piniou-Kalli, "The big chill: 21 April 1967—30 years after: How is it possible to forget about the torturers?", artículo inédito, Atenas, Grecia.

[2] Miron Varouhakis, *Shadows of Heroes: The Journey of a Doctor and a Journalist in the Lives of Ordinary People Who Became Victims of Torture* (LaVergne, TN: Xlibris Corp., 2010).

[3] Maria Piniou-Kalli, "Impunity and the tragedy goes on", ponencia presentada en el Sexto Simposio Internacional sobre la tortura como desafío a las profesiones sanitarias, 20-22 de octubre de 1993, Buenos Aires, Argentina.

© gedisa

y veintiún años de prisión respectivamente, en el momento en que hablamos ya hacía diez años que habían salido de la cárcel y que estaban libres por las calles de Atenas. Ningún juicio le podría devolver a su esposo, que, después de que lo torturaron, nunca volvió a hablar. Ella pasó años a su lado: primero, en el hospital y, luego, viajando por Estados Unidos y por otros países, en busca de un tratamiento. Luego, expresó de una forma muy emotiva su creencia en la lucha por la defensa de los derechos humanos y su esperanza de que nadie tenga que sufrir lo que ella padeció. Aun así, como muchas víctimas y, sobre todo, familiares de las víctimas, Cristina afirma que los juicios son importantes y necesarios, pero son totalmente insuficientes.

La cuestión del efecto de los juicios por delitos de lesa humanidad está plagada de contradicciones de este tipo. Una vez más, como la palabra "justicia" tiene tantos significados diferentes para cada persona, es imposible que los juicios cumplan con todas las expectativas. El caso de Cristina ejemplifica la postura de muchos familiares de víctimas que apoyaron los procesos judiciales, esperando así evitar que otras personas padezcan lo mismo que ellas han padecido. Ella fue la testigo principal de muchos juicios pero, al igual que muchos familiares de las víctimas, cree que existe un gran vacío en ellos, ya que nunca pudieron devolverle a su ser querido y ningún castigo parecía estar a la altura de los crímenes cometidos.

Volvamos a la cuestión de la efectividad de los procesos judiciales. Este libro no *evalúa* de forma sistemática la justicia desde el punto de vista de las víctimas, como Cristina y su esposo. Eso requeriría una metodología distinta, centrada en menos casos y con entrevistas exhaustivas a las víctimas y sus familiares.[4] No obstante, todas las víctimas y familiares con los que he hablado durante todos estos años desean que se realicen acciones para prevenir futuras torturas, desapariciones y otras formas de represión. Este deseo es el común denominador con los analistas del ámbito académico, políticos y profesionales. Así, este capítulo se centra en ese denominador común, aunque las necesidades y deseos de las víctimas y sobrevivientes son mucho más complejos y, para mí, es imposible evaluar si se ha logrado encontrar una solución a esas necesidades y esperanzas. No obstante, espero que esta investigación brinde algún tipo de consuelo a las víctimas, ya que señala que, a pesar de que los juicios por delitos de lesa humanidad no sirven para recuperar las pérdidas personales, pueden ayudar a evitar que esas violaciones vuelvan a ocurrir en el futuro.

Definición de efectividad

Decidimos juzgar la efectividad de los juicios midiendo sus consecuencias mediante diferentes criterios. Hay tres patrones distintos que se utilizan co-

[4] Para ver un ejemplo de la evaluación de la justicia desde el punto de vista de las víctimas y sobrevivientes, véase Diane F. Orentlicher, *That Someone Guilty Be Punished: The Impact of the ICTY in Bosnia* (Nueva York: Open Society Institute, 2010).

múnmente para evaluar las consecuencias de los procesos judiciales. El primero es un ideal de justicia. Como existen tantos ideales diferentes, estos patrones difieren entre sí, pero tienen la característica común de representar una "comparación con el ideal", es decir, entre lo que ocurrió verdaderamente y lo que podría haber ocurrido en un mundo ideal. Este tipo de comparación puede ser tanto explícita como implícita.

Los militantes que luchan por la defensa de los derechos humanos suelen hacer comparaciones con algún ideal de derechos humanos explícito. En Argentina, por ejemplo, no quedaron satisfechos con los juicios históricos contra las Juntas militares realizados en 1985. Sólo se condenó a cinco de los nueve miembros de la Junta, y sólo a dos de ellos se les sentenció a cadena perpetua. Para ellos, el ideal explícito era que el castigo debía estar a la par del crimen, por lo cual declararon que se debería haber condenado a todos los miembros de la Junta y se le debería haber dado cadena perpetua a una mayor cantidad de personas. Otros militantes criticaron al ICTY por haberle dado a Slobodan Milošević la posibilidad de representarse a sí mismo, ya que eso le permitió poder volver a traumatizar a sus víctimas, cuando las cuestionó ante los tribunales cuando testificaron en su contra. Debido a que estas fallas ofenden la sensibilidad de quienes luchan para que se haga justicia, ellos dicen que habría sido mejor no realizar ningún proceso judicial que llevar adelante el lamentable juicio del ICTY (Tribunal Penal Internacional para la ex Yugoslavia). En eso consiste muchas veces la tarea de los militantes que luchan por la defensa de los derechos humanos: ser la voz de la conciencia y recordarnos constantemente la distancia existente entre las prácticas y los ideales.

Muchos analistas también comparan el ideal de la justicia internacional y nacional. En una ocasión, en una conferencia dentro del ámbito académico, les pedí a los participantes de un panel sobre justicia internacional que especificaran el ideal de justicia que estaban utilizando como criterio para evaluar los tribunales internacionales. Uno de ellos afirmó que se debería haber enjuiciado el sistema capitalista. Algunos creen que los juicios por delitos de lesa humanidad, por ejemplo, deberían servir para imputar la responsabilidad legal de los responsables no sólo de las muertes y desapariciones de personas, sino también del hambre o de la falta de vivienda. Consideran que los juicios se abocan sólo a algunos derechos humanos determinados, y no a todos, y eso les parece insuficiente. Otros analistas critican cualquier juicio que conlleve un castigo demasiado severo, ya que creen en la justicia de reparación y no en la punitiva. En cambio, los militantes suelen criticar los procesos judiciales porque las sentencias les parecen muy indulgentes.

Nada ha sido tan comparado tanto con el ideal como el ICTY y los subsiguientes juicios realizados en los Balcanes. Así, por ejemplo, se ha dicho muchas veces que era injusto procesar a Milošević por los crímenes de lesa humanidad ocurridos en los Balcanes, si no se enjuiciaba también a las fuerzas de la OTAN que causó tantas muertes durante los ataques aéreos en Kosovo. Algunos analistas consideraron que el ICTY terminó siendo demasiado ecuánime cuando decidió procesar a miembros de todos los sectores, cuando los principales agresores eran los serbios. Otros, en cambio, destacaron la forma en que los actores políticos utilizaron los juicios de modo estratégico. En *Hijacked Justice,* un agudo análisis sobre los Balcanes, Jelena Subotić critica el modo de aplicar las normas mundiales en el país. "Si bien las organizaciones internacionales tienen razones nobles cuando inician proyectos de justicia internacional" –escribe–, "sus efectos quizás difieran mucho al ser adoptados de forma estratégica por los actores políticos nacionales…". Y continúa: "Cuando en las sociedades de posguerra se empiece a hablar de los horrores ocurridos y de la complicidad del Estado y de la sociedad en esas atrocidades, y cuando se empiece a cambiar la manera de enseñar el pasado, recién podremos decir que se ha hecho justicia".[5] Si bien, como objetivo, todo esto puede ser valioso, no se puede esperar que muy pocas veces la imputación de la responsabilidad sea capaz de lograr una hazaña de semejante magnitud, al menos, en el corto plazo.[6]

La comparación con el ideal es un tipo razonamiento ético importante. Es necesario ser capaces de contrastar las prácticas actuales con los ideales y de medir constantemente cuánto falta para llegar a la meta. Ese razonamiento implica una presión fuerte para que el sistema internacional cambie y es una de las principales herramientas utilizadas por los grupos que luchan por la defensa de los derechos humanos en el mundo. Sin embargo, también es importante tener cuidado al realizar esta comparación con el ideal y distinguirla claramente de la comparación empírica sistemática. Y hay algo aún más importante: que la comparación con el ideal sea explícita, en lugar de implícita. Habría que aclarar que no se están comparando determinadas prácticas o instituciones con un ejemplo empírico del mundo, sino con un conjunto de ideales de cómo deberían ser tales práctica o instituciones, y esos ideales deberían ser establecidos y defendidos de forma explícita. Por ejemplo, si el ideal de un autor es realizar un juicio contra el sistema capitalista, el lector tiene derecho a saber que ése constituye el ideal con el que se está comparando el tribunal actual. Si el ideal implícito fuera un sistema de justicia internacional universal y completamente imparcial que operase sin ningún límite de la realidad de poder existente, también sería útil para el lector saberlo.

El segundo criterio con el que, a veces, se mide la efectividad de los juicios por delitos de lesa humanidad es la hipótesis es el contrafáctico. Hay quienes sostienen que si la CPI no hubiera procesado al presidente al-Bashir, la situación en materia de derechos humanos en Sudán sería mejor de lo que es en la actualidad. Éste es el clásico criterio contrafáctico, en el que la primera parte del enunciado ("si la CPI no hubiera acusado a Bashir") no es verdadera, por lo cual alude a un resultado hipotético o imaginado.[7] El mundo está lleno de

---

[5] Jelena Subotić, *Hijacked Justice: Dealing with the Past in the Balkans* (Ithaca, NY: Cornell University Press, 2009), págs. 14-15.

[6] De hecho, en las conclusiones, Subotić reconoce que, pese a su postura crítica, el ICTY y la justicia de transición en general han tenido muchos efectos positivos en los Balcanes. Para ella, gracias a eso, Milošević no tuvo más poder en Serbia, y que se documenta la gran cantidad de evidencias de crímenes cometidos y el error de los crímenes de guerra de la sociedad en su conjunto. *Ibíd.*, págs. 190-191.

[7] Véase Philip Tetlock y Aaron Belkin, comps., *Counterfactual Thought Experiments*

© gedisa

razonamientos contrafácticos: todos pensamos, hemos pensado así alguna vez. Sin embargo, este razonamiento puede resultar problemático, ya que distintas personas pueden imaginar distintos resultados, como se ve en el caso del efecto de la Corte Penal Internacional. Los analistas y profesionales muchas veces se valen de razonamientos contrafácticos para referirse al efecto de la CPI, quizás porque la institución es muy joven y no ha transcurrido el tiempo necesario para realizar un análisis empírico completo. La primera acusación fue en un caso que el gobierno de Uganda refirió a la Corte en contra de los líderes de un grupo rebelde especialmente violento, el Ejército de Resistencia del Señor (ERS). Desde entonces, la Corte ha emitido una orden de arresto contra tres de los líderes de más alto rango del ERS, entre quienes se cuenta a Joseph Kony, el comandante en jefe. El caso fue muy polémico y dio lugar a una gran cantidad de razonamientos contrafácticos. Adam Branch, entre muchos otros, sostiene que la intervención de la CPI puede prolongar el conflicto e intensificar el militarismo del gobierno: la CPI, "en su esfuerzo por ser efectiva, puede terminar no sólo socavando su legitimidad, sino también brindando apoyo a fuerzas violentas y antidemocráticas". Este argumento se puede dividir en varias partes. Dado que el gobierno ugandés no es completamente democrático, algunos sostienen que aceptar un caso presentado por ese mismo gobierno refuerza la legitimidad de las fuerzas autoritarias dentro del país. Otra de las afirmaciones de Branch es que "Si la CPI interviene, será más difícil hacer justicia, ya que eso impedirá la posibilidad de reconciliación de la comunidad, al hacer desaparecer como por arte de magia a responsables clave de los crímenes, las personas con las cuales que la sociedad más se necesita reconciliar o con quienes debe lidiar".[8] Casi todas estas críticas conllevan el razonamiento contrafáctico de que, si la CPI no hubiese intervenido, en Uganda en estos momentos la situación sería más pacífica, pero se basan en una evidencia hipotética. Para otros analistas, en cambio, es todo lo contrario: por ejemplo, uno sostiene que, gracias a la presión política ejercida por la CPI desaparecieron las bases del ERS en el sur de Sudán utilizadas por las fuerzas de Kony como refugios seguros desde donde lanzar ataques contra Uganda. A su vez, a causa de ello, Kony se vio muy afectado y tuvo que pedir una amnistía y, por lo tanto, reducir las atrocidades cometidas por el ERS.[9] Éste también es un argumento contrafáctico, pero en este caso la idea es que, si la CPI no hubiera intervenido, la situación de Uganda sería más violenta. Por ende, tenemos dos argumentos contrafácticos casi opuestos sobre la misma situación, y resulta difícil determinar cuál de los dos tiene mayor validez.

En el futuro, podremos estudiar muchos más casos de la CPI y realizar una comparación empírica sistemática de situaciones mundiales de conflictos gra-

---

in World Politics: Logical, Methodological, and Psychological Perspectives (Princeton: Princeton University Press, 1996).

[8] Adam Branch, "Uganda's civil war and the politics of ICC intervention", *Ethics and International Affairs* 21, nº 2 (2007), págs. 189, 192.

[9] Payam Akhavan, "Are international criminal tribunals a disincentive to peace?: Reconciling judicial romanticism with political realism", *Human Rights Quarterly* 31 (2009), págs. 624-654.

© gedisa

ves, contrastando aquellos en los que la CPI haya intervenido con aquellos en los que no. Una comparación sistemática de esa índole resultaría más adecuada para evaluar la efectividad de la CPI, pero, por el momento, los lectores necesitan darse cuenta de cuándo están leyendo un argumento contrafáctico y comprender que una hipótesis alternativa muy distinta es igual de plausible.

Debido a los problemas que presentan las comparaciones con el ideal y el razonamiento contrafáctico, prefiero basar mi investigación en una comparación empírica sistemática: es decir, elegir casos que sean lo suficientemente similares para que la comparación sea válida e intentar compararlos de forma rigurosa. Así fue como sostuve en el capítulo anterior que los países latinoamericanos en los que se realizaron juicios por delitos de lesa humanidad tienen mejores historiales en materia de derechos humanos que los países de la región en donde no hubo procesos judiciales o en donde hubo muy pocos. No digo que estos procesos hayan cumplido con mis ideales de justicia, sino, simplemente, que parecería ser que los países en donde se realizaron juicios ahora están en una mejor situación. A veces, este tipo de comparaciones dan pie al uso de argumentos contrafácticos. Así, por ejemplo, realicé comparaciones empíricas para producir un razonamiento contrafáctico sobre el caso de Brasil: si en Brasil se hubieran llevado adelante juicios por delitos de lesa humanidad, quizás, se habría reducido el nivel de violencia. Las comparaciones empíricas sistemáticas no son sencillas ni fáciles de realizar. Tal como hemos visto más arriba, los argumentos sobre los juicios propuestos por Carrie Booth Walling y por mí no resultaron ser convincentes para muchos analistas porque no utilizamos un análisis estadístico más sofisticado que permitiera controlar otros factores intervinientes. Así, con justa razón, se nos ha señalado que aseveramos que los juicios están mejorando las prácticas estatales, pero podrían existir otros factores que no consideramos que quizás sean decisivos en el desarrollo de la lucha por la defensa de los derechos humanos, como el nivel de desarrollo económico o la fortaleza de la democracia.

Yo sabía que, para ser más convincente, debería realizar un análisis estadístico más completo, pero no contaba con la información cuantitativa necesaria. Con el término "análisis estadístico completo", me refiero a uno que dé cuenta de otros factores que puedan explicar lo que nosotras vemos como resultado de los juicios: por ejemplo, el control del nivel y persistencia de la democracia, la existencia de guerras civiles y la riqueza económica del país, entre otros. Afortunadamente, uno de mis estudiantes de posgrado, Hunjoon Kim, había estudiado mucho el tema de la justicia de transición y también tenía un excelente dominio del análisis cuantitativo. Se encontraba preparando un estudio sobre los orígenes y los efectos de la justicia de transición, basada en un detallado estudio tanto cuantitativo como cualitativo sobre los orígenes de las Comisiones de la Verdad en Corea del Sur. Así, aceptó trabajar conmigo en un artículo cuantitativo conjunto sobre el efecto de los juicios por delitos de lesa humanidad en el mundo porque le interesaba perfeccionar y utilizar nuestra base de datos de juicios tanto para nuestro proyecto conjunto como para su trabajo.

Este capítulo resume los resultados de ese extenso estudio estadístico que realicé junto con Hunjoon Kim, el cual se publicó hace poco tiempo en el *Inter-*

© gedisa

national Studies Quarterly.[10] Hunjoon y yo decidimos estudiar exhaustivamente muchos países para poner a prueba cuatro proposiciones distintas surgidas de investigaciones anteriores. En primer lugar, queríamos poner a prueba la proposición de que los juicios relativos a los derechos humanos están asociados con mejoras generales en materia de derechos humanos. En segundo lugar, queríamos analizar si los procesos judiciales contribuyen con la lucha por la defensa de los derechos humanos por imponer un castigo a los funcionarios de alto rango o por comunicar y poner en evidencia las normas. En tercer lugar, queríamos comprobar si los juicios de un país pueden contribuir con las mejoras en otros países, es decir, si la disuasión puede cruzar fronteras. Finalmente, queríamos responder a la pregunta principal formulada por los detractores de los juicios: ¿los procesos judiciales iniciados en lugares en donde hay guerras internas o civiles empeoran la situación de los derechos humanos?

Proposición N°1: Los juicios por delitos de lesa humanidad se asocian con mejoras en la lucha por la defensa de los derechos humanos

Con el objeto de poner a prueba todas estas proposiciones, Hunjoon Kim y yo utilizamos una versión extendida de la misma base de datos que yo había elaborado con Carrie Booth Walling. Queríamos examinar la incidencia en las prácticas relativas a los derechos humanos tanto de los juicios nacionales como de la sumatoria de los efectos de todas los juicios extranjeros e internacionales. A fin de recabar información sobre este último aspecto, tuvimos que complementar los datos provistos por el Departamento de Estado de Estados Unidos con los brindados por grupos de defensa de los derechos humanos, organizaciones no gubernamentales e instituciones intergubernamentales. Dado que sólo se han realizado juicios extranjeros e internacionales en un número relativamente bajo de países, no logramos comprobar si tenían un efecto separado e independiente en los derechos humanos. Por el contrario, ubicamos los juicios internacionales y extranjeros en una única categoría llamada "internacional" y sumamos los juicios internacionales a los juicios por delitos de lesa humanidad nacionales. Aun así, los juicios nacionales conforman la mayoría del total de los procesos judiciales que figuran en la base de datos.

Esta información nos sirvió para analizar el efecto de los juicios por crímenes contra la humanidad. Pusimos a prueba el argumento propuesto por las posiciones realistas en los últimos debates sobre los juicios que tuvieron lugar recientemente, en particular, la idea de que los juicios traen aparejado un mayor

[10] Hunjoon Kim y Kathryn Sikkink, "Explaining the deterrence effect of human rights prosecutions for transitional countries", *International Studies Quarterly* 54, n° 4 (diciembre de 2010), págs. 939-963.

[11] Jack Snyder y Leslie Vinjamuri, "Trials and errors: Principle and pragmatism in strategies of international justice", *International Security* 28, n° 3 (invierno de 2003-2004), págs. 5-44.

número de violaciones.[11] A su vez, examinamos el análisis alternativo de disuasión que se basa en que el desarrollo de juicios nacionales implica un incremento en la probabilidad de castigo a los responsables de crímenes de lesa humanidad y, por lo tanto, sería esperable que tales violaciones disminuyeran.

Proposición N°2: Los juicios producen mejoras en las prácticas relacionadas con la lucha por la defensa de los derechos humanos, tanto a través del castigo (disuasión) como por la comunicación de las normas (socialización)

Hunjoon y yo no sólo queríamos averiguar *si* los juicios por delitos de lesa humanidad tenían un efecto sobre las prácticas relacionadas con la lucha por la defensa de los derechos humanos, sino que también queríamos saber más acerca de *por qué* y *cómo* marcan una diferencia. Queríamos comprender los mecanismos teóricos a través de los cuales los juicios pueden generar un cambio. Existen varias teorías sobre por qué este tipo de procesos judiciales pueden contribuir con los cambios, pero se los puede agrupar en función de dos argumentos generales: las teorías racionales que se concentran en el rol de la disuasión o la aplicación de medidas, y las teorías socio-psicológicas que analizan la influencia de los juicios en la socialización de las fuerzas de seguridad y los funcionarios de alto rango y la internalización de nuevas normas.

Muchos defensores de los juicios subrayan que con ellos se podrían evitar futuras violaciones a los derechos humanos. En otras palabras, un juicio no necesariamente es pensado como un modo de retribución, sino para evitar futuros delitos. Sin embargo, estos defensores no suelen aclarar a través de qué mecanismos esperan que funcione la justicia de transición. A veces, se supone que el solo hecho de decir la verdad y revelar los acontecimientos pasados debe tener un efecto en sí mismo. El informe de la Comisión de la Verdad de Argentina se llamó *Nunca más*, en parte, para transmitir la idea de que decir la verdad podía ayudar a prevenir posibles crímenes similares en el futuro. Sin embargo, es más habitual que los defensores acepten una determinada versión de la teoría de disuasión: de manera explícita o implícita, creen que es más probable que los castigos –del tipo que sean– sirvan para evitar futuras violaciones a los derechos humanos.

Esta proposición está vinculada con muchos debates más amplios relativos a la necesidad de aplicar leyes o determinadas sanciones para que se cumplan

[12] Véanse Abram Chayes y Antonia Handler Chayes, *The New Sovereignty* (Cambridge, MA: Harvard University Press, 1995); George W. Downs, David M. Rocke y Peter N. Barsoom, "Is the good news about compliance good news about cooperation?", *International Organization* 50, n° 3 (1996), págs. 379-406, y Beth Simmons, "International law and state behavior: Commitment and compliance in international monetary affairs", *American Political Science Review* 94, n° 4 (2000), págs. 819-835.

© gedisa

las normas internacionales.[12] Durante mucho tiempo, se ha afirmado que no debemos esperar que las normas relativas a los derechos humanos tengan consecuencias significativas porque no se aplican de ninguna manera ni tienen ningún sustento. Aun así, yo creo que los juicios por delitos de lesa humanidad pueden ser entendidos como una forma de aplicación o de sanción de las leyes internacionales y nacionales de Derecho penal y de derechos humanos. Si es necesario aplicar ciertos mecanismos para que los países cumplan con la ley, sería esperable que los juicios sirvieran para mejorar las prácticas.

Este argumento se basa en una importante bibliografía sobre la disuasión en los sistemas legales nacionales que analiza si el aumento de los castigos sirve para reducir el número de delitos comunes. Dentro de ese marco, hay arduos debates sin resolver entre los criminólogos. Una de las cuestiones más polémicas se refiere a la pena de muerte y, en particular, a si la pena de muerte es un elemento disuasivo del delito. De hecho, al menos en Estados Unidos, el debate sobre la pena de muerte es tan álgido que muchas personas creen que los argumentos de disuasión no tienen sustento porque hay pocas evidencias que demuestren que las penas severas desalienten el delito. Sin embargo, la disuasión se centra en dos factores distintos: 1) la probabilidad del castigo, y 2) la severidad del castigo. Los argumentos sobre la pena de muerte sólo se refieren a la severidad del castigo. No hay suficientes evidencias de que un castigo más severo afecte niveles más bajos de delito. De todos modos, los estudios demuestran que el aumento de la *probabilidad* de castigo *puede* desalentar el delito dentro de un país.[13]

Hasta la fecha, existen pocos estudios paralelos que pongan a prueba estos argumentos referidos a la disuasión en el sistema internacional. Hunjoon y yo los aplicamos a la política internacional para ver si los juicios por delitos de lesa humanidad pueden contribuir con una reducción de las violaciones a estos derechos. No examinamos la cuestión de la severidad del castigo, aunque muchas personas, como Cristina Moustaklis y las víctimas de Portugal, consideran que el principal indicador de la seriedad de los juicios es la duración de las condenas. Así, por ejemplo, algunas organizaciones que luchan por la defensa de los derechos humanos que siguieron el juicio al ex presidente de Perú, Alberto Fujimori, en 2009, decidieron que protestarían si Fujimori recibía una pena inferior a veinticinco años de prisión. En algunas oportunidades, los juicios por delitos de lesa humanidad concluyeron en penas bastante severas. Al final, Fujimori fue condenado a veinticinco años de prisión y el argentino Adolfo Scilingo recibió una condena de más de seiscientos años en el juicio que enfrentó en España. Los

[13] Véase, por ejemplo, Johannes Andenaes, *Punishment and Deterrence* (Ann Arbor: University of Michigan Press, 1974); Alfred Blumstein, Jacqueline Cohen y Daniel Nagin, comps., *Deterrence and Incapacitation: Estimating the Effects of Criminal Sanctions on Crime Rates* (Washington, DC: National Academy of Sciences, 1978); Daniel Nagin, comp., *Criminal Deterrence Research at the Outset of the Twenty-First Century* (Chicago: University of Chicago Press, 1998); Bill McCarthy, "New economics of sociological criminology", *Annual Review of Sociology* 28 (2002), págs. 417-442; y Ross Matsueda, David Huizinga y Derek Kreager, "Deterring delinquents: A rational choice model of theft and violence", *American Sociological Review* 71 (2006), págs. 95-122.

juicios por delitos de lesa humanidad casi nunca incluyen la pena de muerte, ya que es cada vez más frecuente que se la considere contraria a la ley de derechos humanos. Dado que las investigaciones de los índices de delito a nivel nacional no demostraron con claridad que una mayor severidad en las penas desaliente el delito, es poco probable que las penas severas desalienten las violaciones a los derechos humanos. En efecto, creo que los militantes hacen demasiado hincapié en la severidad de las penas de estos juicios. A mí me parece que el hecho de que se haya imputado la responsabilidad legal de Fujimori es más importante que el hecho de que la condena sea de quince o de veinticinco años de prisión.

Según nuestra base de datos, en la esfera de los derechos humanos a nivel internacional, la probabilidad del castigo individual para funcionarios de alto rango responsables de violaciones ha experimentado un cambio radical. Antes de la década de 1970, las posibilidades de que los ex mandatarios y funcionarios de alto rango fueran declarados responsables –tanto durante el régimen represivo como luego de la transición hacia la democracia– eran casi nulas. De hecho, en el ámbito internacional, podemos ver una especie de experimento natural para la teoría de la disuasión, dado que una variable fundamental, la probabilidad del castigo, en muchos países pasó de ser cero a un número positivo en un período de tiempo relativamente corto de tiempo. La probabilidad de que exista un castigo varía de país en país y de región en región, y sería esperable que en aquellos países en los que se llevan a cabo más juicios se observara un efecto mayor de la disuasión.

La aplicación del modelo de disuasión en los derechos humanos implica asumir de manera racional que los líderes de Estado deciden ejercer la represión después de haber considerado sus costos y beneficios.[14] En un primer momento, puede resultar extraño pensar que hay funcionarios que participan de atrocidades inimaginables como actores racionales que sopesan los costos y beneficios de su conducta. Por supuesto, existen sádicos, psicópatas e ideólogos extremos que colaboran con la represión, aunque los estudios realizados a los represores sugieren que, en su gran mayoría, se trata de personas corrientes con motivaciones comunes. Algunos funcionarios de alto rango colaboran con la represión, les sirve para obtener beneficios específicos de índole política, ideológica y económica: por ejemplo, muchas veces, la represión les permite confrontar y castigar a sus oponentes políticos y, de ese modo, prolongar sus propios regímenes y carreras políticas. La represión también les sirve para destacar su papel como salvadores de la nación ante las amenazas internas o externas y, así, acrecentar su poder político y su reputación. Por último, la represión puede generar recom-

---

[14] La idea de que los líderes de Estado deciden ejercer la represión después de considerar sus posibles costos y beneficios se refleja también en la bibliografía sobre las causas de la represión. Véanse Steven C. Poe, Neal Tate y Linda Camp Keith, "Repression of the human right to personal integrity revisited: A global cross-national study covering the years 1976-1993", *International Studies Quarterly* 43, n° 2 (1999); y Steven C. Poe, "The decision to repress: An integrative theoretical approach to research on human rights and repression", en Sabine C. Carey y Steven C. Poe, comps., *Understanding Human Rights Violations: New Systematic Studies* (Burlington, VT: Ashgate Publishing, 2004).

© gedisa

pensas económicas para los represores. Los nazis confiscaron las riquezas y las posesiones de los judíos que asesinaron, al punto tal que hasta la actualidad las familias continúan trabajando para recuperar las obras de arte robadas o las cuentas bancarias de sus familiares. Los informes sobre las desapariciones en Argentina revelan que, cuando los funcionarios secuestraban a sus oponentes, solían saquear sus hogares, robando dinero y bienes que luego repartían entre sí. Los estudios sobre el genocidio de Ruanda también documentan que los vecinos muchas veces se valieron de la excusa de las matanzas étnicas para cobrarse viejas cuentas y confiscar tierras y propiedades. En aquellas situaciones en las que las violaciones a los derechos humanos otorgan beneficios importantes para los represores con costos bajos, no hay que ser un defensor a ultranza de las elecciones racionales para entender que detener la represión puede resultar ser una tarea muy difícil.

Las alternativas al modelo de disuasión racionalista son los modelos social, psicológico y normativo, que postulan que, a veces, tanto la represión como la aplicación de ciertos mecanismos obedecen principalmente a motivos que están más vinculados con una cultura y ciertas creencias que con un cálculo racional de costos y beneficios. Estos modelos psicológicos y normativos subrayan la lógica de "lo apropiado" y la obediencia a la autoridad. Los funcionarios de menor rango pueden cometer delitos de lesa humanidad porque alguien les ordena que lo hagan, y pueden carecer de una moral rectora o de una respuesta que les permita negarse. La famosa afirmación sobre la banalidad del mal que Hannah Arendt publicó en su libro sobre el juicio contra Adolf Eichmann, el burócrata alemán que deportó a millones de personas a los campos de la muerte de la Alemania nazi, decía que Eichmann no era un monstruo, sino un hombre "irreflexivo", tan preocupado por el progreso de su carrera que era incapaz de diferenciar el bien del mal.[15] De la misma manera, el psicólogo de Yale, Stanley Milgram, descubrió en los experimentos que realizó en la década de los años sesenta que la mayoría de las personas estaba dispuesta a aplicar una descarga eléctrica a desconocidos que se encontraban en otra habitación si recibían la orden de hacerlo. Se les daba sólo cinco dólares por participar del proyecto y, si decidían abandonarlo, no se les imponía ningún castigo. Aun así, muchos participantes administraron lo que ellos creían que eran descargas eléctricas a otras personas, al parecer, porque pensaban que era lo apropiado en el contexto del experimento y porque no encontraban una razón ni una manera para negarse.

No se trata de que Adolf Eichmann fuera un hombre irreflexivo que no podía diferenciar el bien del mal. En realidad, como nos dice Arendt, "su conciencia hablaba con una voz respetable, con la voz de la sociedad respetable que lo rodeaba". La sociedad respetable de la Alemania nazi apoyaba la Solución Final y, por eso, su conciencia estaba tranquila. En un determinado momento del juicio que se realizó en su contra, Eichmann afirmó que nunca nadie le había dicho que lo que hacía estaba mal: "El factor más poderoso para tranquilizar su

---

[15] Hannah Arendt, *Eichmann in Jerusalem: A Report on the Banality of Evil* (1963; Nueva York: Penguin Books, 1994).

propia conciencia era el simple hecho de que él veía que nadie, absolutamente nadie, se manifestaba en contra".[16]

Un experto en Relaciones Internacionales diría que Eichmann y los participantes de los experimentos de Milgram seguían la "lógica de lo apropiado", es decir que no analizaban los costos y los beneficios para decidir cómo actuar, sino que se preguntaban a sí mismos "en esta situación, ¿qué clase de conducta es apropiada?" y actuaban en consecuencia. Bajo condiciones extremas, incluso el genocidio puede parecer una conducta adecuada.

Los juicios por delitos de lesa humanidad le permiten a una sociedad respetable hablar con una voz diferente. No sólo constituyen instancias de castigo o de aplicación de mecanismos, sino también eventos simbólicos de alto perfil que comunican y escenifican normas, al mismo tiempo que socializan a los actores para aceptar esas normas. Después de los juicios, ningún responsable de crímenes futuro podría asegurar que no sabía que lo que hacía estaba mal. Los juicios son una expresión de condena social y las sanciones sociales informales que siguen a las sanciones formales legales pueden tener repercusiones importantes en la esfera política, donde la reputación juega un papel fundamental.[17] Dado que los funcionarios se preocupan por su reputación y estima, y por la reputación y legitimidad de sus Estados, pueden modificar sus conductas en respuesta a los procesos que supongan la movilización de la vergüenza por parte de grupos de defensa y organizaciones internacionales.[18] A medida que las normas están más internalizadas en la sociedad, ciertas opciones ya ni siquiera son consideradas.

Mi colega, el sociólogo legal y criminólogo Joachim Savelsburg, sostiene que el principal mecanismo de la ley para surtir efecto es el registro en la memoria colectiva. "La ley dirige la memoria colectiva", afirma, y lo hace de manera "directa pero selectiva". "Los juicios muestran imágenes del pasado", pero esas imágenes no son una representación objetiva de la verdad, sino una presentación ritualizada de las evidencias que el sistema legal necesita. Savelsburg estudia esta memoria colectiva analizando los medios de comunicación y los libros de texto para ver cómo se registra el pasado.[19] En un libro de reciente publicación, *Crimen y derechos humanos: Criminología del genocidio y las atrocidades*,[20] sostiene que los analistas muchas veces ignoramos la vasta bibliografía sobre criminología en el momento de pensar y escribir acerca de los derechos humanos. Cuando me interesé por primera vez por la teoría de la disuasión, Joachim me orientó acerca de los estudios pertinentes referidos a la disuasión

---

[16] *Ibíd.*, págs. 126, 131.

[17] Thomas Risse, Stephen Ropp y Kathryn Sikkink, comps., *The Power of Human Rights: International Norms and Domestic Change* (Cambridge, UK: Cambridge University Press, 1999). Ryan Goodman y Derek Jenks, "How to influence states: Socialization and international human rights law," *Duke Law Journal* 54 (2004).

[18] Risse, Ropp y Sikkink, comps., *The Power of Human Rights*.

[19] Joachim Savelsburg y Ryan King, "Law and collective memory," *Annual Review of Law and Social Sciences* 3 (2007), págs. 189-211.

[20] Joachim Savelsburg, *Crime and Human Rights: Criminology of Genocide and Atrocities* (Nueva York: Sage Publications, 2010).

© gedisa

en criminología. En la actualidad, su preocupación radica en que me concentro demasiado en el aspecto de la disuasión y que no le presto la debida atención a la manera en que los juicios pueden incidir en la cultura y en la sociedad, en especial, a través de la memoria colectiva.

En esta bibliografía de tipo sociológico y psicológico se sugiere que la aplicación de mecanismos tal vez no sea necesaria en todas las circunstancias y que el cambio de conductas puede ser posible ante la ausencia de instrumentos fuertes de aplicación de mecanismos. *No se dice necesariamente* que la aplicación más rígida de los mecanismos sea contraproducente para el cumplimiento, sino que tal vez no sea necesaria. De esta forma, mientras los sociólogos y los teóricos de las Relaciones Internacionales no se ponen de acuerdo sobre si la aplicación es necesaria para el cumplimiento o no, pocos sostienen que una aplicación más rígida sea contraproducente.

Existe una determinada bibliografía de corte psicológico desarrollada por analistas legales que sugiere que los incentivos materiales, como el castigo, pueden llegar a tener efectos negativos o involuntarios en las conductas porque "desplazan" a otros procesos de cambio más positivos.[21] Sin embargo, si este argumento fuera válido en los casos que nos atañen, habríamos observado que los juicios por delitos de lesa humanidad empeoran la situación, en vez de mejorarla.

Para comprender mejor los mecanismos mediante los cuales los juicios afectan las prácticas de derechos humanos, Hunjoon Kim y yo decidimos comparar la influencia de los juicios por delitos de lesa humanidad con la influencia de las Comisiones de la Verdad. Estas últimas son procesos de alto perfil sobre violaciones a los derechos humanos cometidas en el pasado que rara vez traen aparejado algún castigo. En los informes de las Comisiones de la Verdad no se suele revelar los nombres de los autores de los crímenes y, aun en los casos contrarios, no se producen sanciones materiales. Dado que una Comisión de la Verdad no conlleva ningún castigo material para los responsables de los crímenes, si sólo importan los costos materiales, es improbable que las Comisiones de la Verdad tengan un efecto independiente sobre las prácticas relativas a la defensa de los derechos humanos. Si, por el contrario, los costos sociales y materiales son considerables, es esperable que tanto los juicios como las Comisiones de la Verdad tengan una influencia positiva.

Si Joachim Savelsburg está en lo cierto y los juicios funcionan primero a través de sus efectos en la memoria colectiva, no deberíamos esperar que tengan un efecto rápido o directo en los autores de crímenes futuros. Las consecuencias de un juicio dependerán de la forma en que éste quede grabado en la memoria colectiva. Por ejemplo, como casi nadie recuerda los juicios de Portugal, no es esperable que influyan en nada. Por el contrario, los juicios en Argentina o Chile tendrán un efecto mucho mayor porque están grabados en la memoria colectiva gracias a los medios de comunicación, libros de texto, películas y obras de ficción.

---

[21] Véase Ryan Goodman y Derek Jinks, *Socializing States: Promoting Human Rights Through International Law* (Nueva York: Oxford University Press, en prensa).

Proposición N°3: Los juicios por delitos de lesa humanidad contribuyen con la "disuasión más allá de las fronteras"

Si bien es probable que los juicios tengan un mayor poder de disuasión en el país donde se llevan a cabo, también existe la posibilidad de encontrar un mayor grado de prevención o disuasión generales. Si consideramos que los actores represivos están atentos a la probabilidad del castigo en sus propias sociedades *y además* a la posibilidad del castigo en los países vecinos, un aumento de los juicios en la región en su conjunto podría causar una disminución de la represión en los países vecinos. Dado que los individuos prestan más atención al desarrollo de las causas en los países más cercanos, sería esperable que los juicios en un país tuvieran influencia sobre la represión en otros países de la misma región.

Decidimos poner a prueba este argumento analizando si en los países de las regiones con más juicios por delitos de lesa humanidad se registra una mayor influencia en la represión que en los países de las regiones con un bajo nivel acumulativo total. De esta manera, por ejemplo, era probable que los juicios de 1985 a los miembros de la Junta militar argentina repercutieran en Chile y Uruguay, si bien para ese momento no se habían realizado juicios en esos países. Existen suficientes similitudes entre estos países para que los responsables de los crímenes pudieran considerar seriamente que la suerte de sus colegas de Argentina podría incidir de alguna manera en su propia situación. Los juicios extranjeros e internacionales de alto perfil que tienen cobertura de la prensa internacional pueden tener un mayor efecto general en un amplio rango de países en todo el mundo. Aun en este caso, las similitudes regionales siguen siendo importantes. Si bien las audiencias por la extradición de Pinochet en Londres tal vez hayan tenido un efecto disuasivo a nivel mundial, creo que los militares latinoamericanos, en particular, se vieron influenciados por la experiencia de Pinochet. Como resultado de una historia y un lenguaje en común, otros latinoamericanos se identificaron con Pinochet y, por ende, vieron que su destino se vinculaba al de él. Yo encontré ciertas pruebas anecdóticas relativas a este fenómeno en las entrevistas que realicé en Guatemala poco después de la detención de Pinochet en Londres. Los guatemaltecos que entrevisté eran plenamente conscientes del arresto de Pinochet y enseguida hicieron conexiones con los autores de crímenes de lesa humanidad en su propio país, en particular, entre el ex presidente Ríos Montt y Pinochet. Ríos Montt, que fue presidente en la época del genocidio a comienzos de la década de 1980, también había sido procesado en una corte española. Al poco tiempo de iniciarse el juicio, declaró públicamente que no temía la orden de arresto española y que tenía intenciones de continuar viajando como en el pasado. Sin embargo, todas las personas a las que entrevisté señalaron que Ríos Montt no había puesto un pie fuera de Guatemala desde que se inició el juicio en España.

En la bibliografía sobre el tema, hay pocas referencias a la disuasión por castigos que ocurren fuera de los límites de un país. Esto tiene sentido para los delitos comunes porque es poco probable que un delincuente común lea el periódico y preste atención a los arrestos y castigos que ocurren en otro lugar. Es más lógico pensar que los funcionarios de alto rango prestan atención a lo que les sucede a sus pares de los países vecinos. Hay dos clases posibles de "disuasión transfronteriza". En primer lugar, un potencial autor de crímenes puede ver los juicios en los países vecinos y modificar su conducta porque teme que en su propio país se puedan llevar a cabo juicios similares en un corto plazo. Tal es el caso de los uruguayos que observan lo que sucede en Argentina y cambian su conducta en función de ello. Es más fácil encontrar esta forma de disuasión transfronteriza en las regiones o áreas con culturas o idiomas en común. Al hablar el mismo idioma, los uruguayos pueden escuchar los programas de noticias de Argentina y estar informados sobre lo que sucede allí. Dado que ambos países comparten una frontera y tuvieron gobiernos militares al mismo tiempo, es factible que lo que ocurre en Argentina en algún momento se produzca en Uruguay.

Una segunda clase de disuasión más allá de las fronteras se da en el caso de los juicios extranjeros, donde las fuerzas de seguridad o los funcionarios de gobierno observan un juicio en otro país y se imaginan que ellos también, en el futuro, podrían ser arrestados y procesados en el extranjero. Pueden imitar al general guatemalteco Ríos Montt y decidir no viajar para protegerse de los juicios extranjeros, pero no pueden descartar de raíz que sus propios gobiernos algún día cedan a los pedidos de extradición y que, de hecho, los arresten y extraditen para ser enjuiciados en otra nación.

Si existen efectos disuasivos del otro lado de la frontera, el sistema de aplicación de mecanismos descentralizado será más efectivo que si los efectos se limitan al país de origen del autor de los crímenes. Esta situación puede causar un efecto multiplicador en aquellas regiones en donde hay más juicios y el efecto positivo es mayor en materia de derechos humanos más allá de sus fronteras. De hecho, algunos países pueden "aprovecharse" de los juicios de la región y beneficiarse de su efecto disuasivo, sin tener que asumir los riesgos o costos políticos que el desarrollo de los procesos judiciales implica.

Podemos evaluar si existe un efecto disuasivo transfronterizo observando si el número total de acusaciones en una región tiene un efecto visible en las prácticas de otros países de esa región. Aunque varios mecanismos pueden llegar a ese resultado, es factible que se esté dando una reducción del delito transfronterizo.

Proposición N°4: Los juicios realizados durante las guerras civiles e internas exacerban las prácticas de derechos humanos

Aunque si los efectos disuasivos realmente puedan atravesar las fronteras, otros efectos transfronterizos son factibles en la misma medida. Por ejemplo, es igual de probable que los miembros de los gobiernos militares, en función de lo que les ocurre a sus colegas juzgados en los países cercanos, se resistan a dejar el poder ante el temor a ser juzgados. Así, los juicios por delitos de lesa humanidad en un país pueden tener como consecuencia una mayor duración en el poder de los regímenes dictatoriales de otros países. Esto fue sugerido por diversos analistas, como Jack Snyder y Stephen Krasner. No sólo los gobiernos dictatoriales estarían más arraigados, sino que lo mismo sucedería con los grupos rebeldes que cometen violaciones a los derechos humanos. Cuando estos grupos ven los juicios contra los rebeldes de los países vecinos, pueden tomar la decisión de no participar en las negociaciones de paz ni abandonar las armas por miedo a ser juzgados por delitos de lesa humanidad y a ser condenados ellos también. Resulta difícil poner a prueba este argumento porque supone basarse en un criterio contrafáctico acerca de cuánto tiempo podría haber durado una dictadura si no hubiera habido una amenaza de juicios, en comparación con su duración real.

Al menos en América Latina, en donde la amenaza de procesos judiciales fue mayor, no existen evidencias de que el riesgo de un juicio haya generado la perpetuación del poder de los líderes autoritarios o la actividad de los grupos rebeldes. Sin embargo, esos temores tienen un gran fundamento en la actualidad para el caso de un grupo de países africanos en los cuales las guerras civiles siguen arrasando, como Sudán, República Democrática del Congo (RDC) y Uganda. Estos casos son muy distintos a los de América Latina. En los casos latinoamericanos, se realizaron juicios después de la transición hacia la democracia por los crímenes ocurridos durante un régimen dictatorial anterior, mientras que en los casos de Uganda y RDC se presentan cargos a nivel internacional durante una guerra civil contra grupos rebeldes que no pertenecen al país y en Sudán se presentan cargos por genocidio y crímenes de lesa humanidad contra el presidente y otros funcionarios de alto rango de una dictadura. Muchos analistas y abogados criticaron a la Corte Penal Internacional por presentar cargos contra personas sospechadas de haber cometido crímenes de guerra en esos países. Si la amenaza de enfrentar un juicio prolonga las guerras civiles, Krasner y Goldsmith afirman que esos cargos, en realidad, podrían estar generando más violaciones a los derechos humanos que las que evitan. Intentamos abordar estas cuestiones a partir del análisis de los datos cuantitativos que disponíamos, con el fin de comprobar si una guerra civil puede aumentar el efecto de los juicios.

Estadísticas

En este capítulo (y en el artículo en el que nos basamos) utilizamos la información que recopilamos sobre juicios por delitos de lesa humanidad en los países en transición durante el período 1980-2004 para analizar las cuatro proposiciones ya mencionadas. Nos concentramos en los países de transición porque en toda la bibliografía sobre el tema se afirma que las sociedades en transición se encuentran en un estado de inestabilidad y cambio. De ese modo, las decisiones sobre la imputación de la responsabilidad penal tomadas en esos periodos podrían tener un efecto duradero en el tiempo. Un importante trabajo de Beth Simmons de reciente publicación también demuestra que las leyes relativas a los derechos humanos tuvieron una mayor influencia en un subgrupo de sociedades

© gedisa

en transición que en los países con regímenes totalmente autoritarios o con democracia plena.[22] Sin embargo, Simmons no evalúa la influencia de los juicios por delitos de lesa humanidad, como sí hacemos nosotros en este trabajo. No existe ningún análisis teórico sobre el tema en el que se diga que los juicios tienen una influencia significativa en los ya elevados niveles de protección a los derechos humanos en las sociedades con regímenes plenamente democráticos, así como tampoco con regímenes dictatoriales.

Hemos incluido todos los países que han pasado por períodos de transición entre 1974 y 2004, incluso aquéllos se encontraban en los albores de lo que Huntington llamó "la tercera ola" de democratización.[23] Esto parece apropiado dado que los primeros casos de procesos judiciales nacionales luego de los juicios posteriores a la Segunda Guerra Mundial se produjeron en los países que encabezaron la tercera ola: Grecia y Portugal. Consideramos que todos los países atraviesan tres etapas de transición: transición democrática, transición después de una guerra civil y transición por la creación de un Estado. Hablamos de transición democrática cuando un país pasa de un régimen represivo y cerrado a un gobierno abierto y descentralizado. Por su parte, la transición de una guerra civil ocurre cuando un Estado se recupera de la inestabilidad y la agitación de un conflicto armado a nivel local. Y, por último, la transición por la creación del Estado ocurre cuando un nuevo país (como aquellos surgidos tras la disolución de la Unión Soviética) también pasa de un régimen represivo y cerrado a un gobierno más abierto y democrático. Observamos que hay cien países de transición entre 1980 y 2004. (En el Anexo 3 incluimos una lista de esos países.)[24]

Hemos creado dos medidas para los juicios: la primera se llama "juicios por delitos de lesa humanidad" (por sus siglas en inglés, HRP) y registra si en un país se realizaron procesos judiciales en algún momento posterior a la transición. La segunda, llamada "juicios totales por delitos de lesa humanidad (por sus siglas en inglés, CHRP), mide el número total de años acumulados en los que se realizaron juicios en todos los países y recopila la constancia y frecuencia de los juicios. Nuestro análisis abarca cuarenta y ocho países en los que, como mínimo, hay un juicio por delitos de lesa humanidad, y en treinta y tres de ellos se realizaron juicios durante dos o más años. (En los Anexos 3 y 4 incluimos la lista de los países, junto con una gran cantidad de información estadística.)

El Gráfico 6.1 nos brinda un panorama de nuestra muestra y de variables independientes. La línea gris señala nuestra muestra completa, con todos los países que estaban en transición entre 1980 y 2004. Observamos un aumento sostenido del número antes de 1989 y un incremento repentino entre 1989 y

[22] Beth Simmons, *Mobilizing for Human Rights: International Law in Domestic Politics* (Nueva York: Cambridge University Press, 2009).

[23] Samuel Huntington, *The Third Wave: Democratization in the Late Twentieth Century* (Norman: University of Oklahoma Press, 1991), pág. 21.

[24] Para definir la transición, usamos el régimen de transición variable (Regtrans), derivado de los primeros puntajes de Polity. Excluimos a treinta y dos países con poblaciones de menos de quinientos mil habitantes.

1992 que refleja el colapso de la Unión Soviética y de los regímenes de Europa del Este. La línea negra inferior muestra el crecimiento gradual de los países en los que se realizaron juicios por delitos de lesa humanidad después de 1980. Sobre todo, pudimos hacer un estudio sistemático porque no examinamos sólo los países que ya habían decidido llevar adelante juicios por delitos de lesa humanidad, sino todos los países que están representados por la línea gris (aquellos en transición que podrían haber iniciado procesos judiciales). En algunos se iniciaron los juicios y en otros no. Por lo tanto, pudimos comparar los países en los que se realizaron juicios con los países en donde eso no sucedió, además de los países con más juicios o menos.

Gráfico 6.1. Cantidad de países con transición y con juicios de lesa humanidad.

El Gráfico 6.2 describe el cambio en el promedio de años totales con juicios a través del tiempo a nivel mundial y por región. Se trata de otra versión de la tabla del Capítulo 1 que muestra un aumento en los juicios por delitos de lesa humanidad pero, en esta oportunidad, también incluimos un desglose por región a través del tiempo. El gráfico más grande ubicado en el margen izquierdo muestra la cantidad de años totales en los que se realizaron juicios en todo el mundo, y los gráficos más pequeños de la derecha discriminan esa tendencia según cada región. Se puede apreciar que América Latina encabeza la tendencia, aunque el promedio total de años de juicios en África y Europa también creció con el correr del tiempo.

Luego analizamos la incidencia de los juicios por delitos de lesa humanidad y las Comisiones de la verdad en un grupo fundamental de violaciones, tales como tortura, ejecuciones sumarias, desapariciones y encarcelamientos por motivos políticos, al cual nos referimos como "represión" o "violaciones al derecho a la integridad física". Los juicios por delitos de lesa humanidad abordan principalmente los casos de ejecuciones, tortura, desapariciones y genocidio, por lo que deberíamos buscar la influencia sobre estos derechos a la integridad física. Medimos la influencia utilizando un índice de derechos a la integridad física desarrollado por David Cingranelli y David Richards.[25] También verificamos nuestros hallazgos con una medida alternativa, la Escala de Terror Político (ETP) mencionada en el capítulo anterior, codificada a partir de los informes de Amnistía Internacional y del Departamento de Estado.[26] Obtuvimos los mismos resultados tanto con el índice de integridad física como con el ETP.

Gráfico 6.2. Cambios en el promedio de años acumulativos de los juicios (APTA) a través del tiempo, por región.

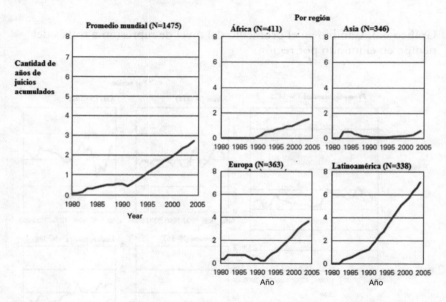

El Gráfico 6.3 resume las medidas para la integridad física a través del tiempo a nivel mundial y en diferentes regiones. La escala de integridad física va de 0 a 8, donde "8" representa el nivel más elevado de violaciones a los derechos humanos y "0", el nivel más bajo, y nos muestra los cambios en la puntuación media de la represión de los derechos a la integridad física en las sociedades en transición a través del tiempo. Así, tenemos un panorama de los niveles cam-

[25] David R. Cingranelli y David. L. Richards, *The Cingranelli-Richards (CIRI) Human Rights Database Coder Manual* (2004). También invertimos la tabla original con una escala de nueve puntos, en donde "ocho" es el nivel más alto de represión (sin respeto por los derechos de integridad física) y "cero" la ausencia de represión (el respeto total de los derechos).

[26] M. Gibney y M. Dalton, "The political terror scale", *Policy Studies and Developing Nations* 4 (1996), págs. 73-84, y M. Gibney, "Political terror scale" (2004), en http://www.politicalterrorscale.org.

biantes de violaciones básicas en todos los países en transición en el mundo y en las distintas regiones. El gráfico que se encuentra en el panel izquierdo representa la puntuación media de todos los países en transición. El nivel promedio de represión es bastante estable, pero podemos observar una leve caída a través del tiempo. Por otra parte, existen discrepancias visibles cuando nos detenemos en el nivel medio de represión por región. Mientras que los países europeos muestran niveles de represión considerablemente estables y bajos, observamos un descenso sustancial con el correr del tiempo en los niveles de represión de los países latinoamericanos. Los niveles de represión en África también parecen disminuir de forma leve.

Gráfico 6.3. Cambio en el promedio del nivel de represión a través del tiempo en el mundo por región.

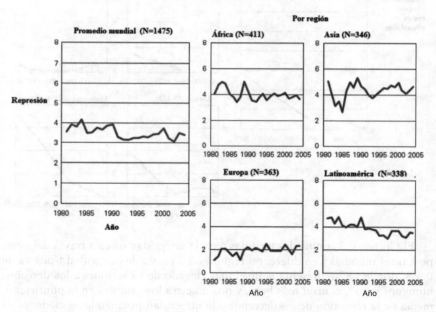

Una vez que recabamos la información correspondiente, Hunjoon utilizó tres métodos estadísticos distintos para analizar las interacciones entre la variable independiente (juicios por delitos de lesa humanidad) y la variable dependiente (el nivel de violaciones a los derechos humanos). Este tipo de análisis, a diferencia del estudio más sencillo del capítulo anterior, nos permitió controlar muchos otros factores y, así, aislar mejor los efectos de los juicios de cualquier otro factor que podría afectar el nivel de represión. Los estudios previos señalan otros ocho factores que suelen influir en el nivel de violaciones a los derechos humanos. Entre ellos se encuentran, como más relevantes, el nivel de democracia, el nivel de desarrollo y la existencia de guerras internacionales o civiles. En otras palabras, gracias a estudios previos, sabemos que en los países más ricos y democráticos se producen menos violaciones a los derechos humanos que en los países más pobres y no democráticos. También sabemos que uno de los aspectos que mejor indica si en un país se van a violar los derechos humanos es si ese país está envuelto en una guerra civil o internacional. Durante las guerras, los gobiernos de sienten más amenazados y pueden responder a tales amenazas con violaciones a los derechos, invocando la defensa de la seguridad nacional. Algunos otros estudios demostraron que el hecho de que un país haya ratificado un tratado internacional sobre derechos humanos, al igual que el tamaño y el crecimiento de la población del país, también puede afectar las prácticas relativas a los derechos humanos. Tuvimos en cuenta estos factores porque esperamos que sigan siendo importantes. Los estudios previos no examinaron la influencia de los juicios por delitos de lesa humanidad y, por este motivo, nuestro estudio agrega una nueva dimensión a los análisis estadísticos en el campo. A su vez, estudiamos la influencia de las Comisiones de la Verdad, ya que son el mecanismo alternativo para la justicia de transición más citado, además de los juicios.[27] Las Comisiones de la Verdad publican mucha información sobre crímenes de lesa humanidad cometidos en pasados pero, como no inciden en ningún castigo, nos permiten ver el efecto independiente del proceso normativo de denunciar y avergonzar.

Uno de los desafíos del análisis estadístico es comprender qué factores ocurrieron primero y son los que realmente generan aquellos efectos que nos interesa estudiar. En el caso de los países de transición, tantas cosas ocurren al mismo tiempo que es difícil ver con claridad qué es lo más importante. Muchos países experimentan una transición hacia la democracia de manera simultánea, con lo cual se observan mejoras en cuestiones referidas a la libertad y en los sistemas judiciales, además de los juicios por delitos de lesa humanidad. Por esta razón, comparamos los países de transición en los que no hubo procesos judiciales con aquellos en los que sí los hubo, y utilizamos técnicas estadísticas que intentan abordar una posible relación recíproca entre nuestras variables, además de precisar cuáles son los factores que ayudan a socavar la represión.

Evidencias

El Gráfico 6.4 nos brinda una representación visual simple de los hallazgos básicos del estudio: los países en donde se realizan juicios por delitos de lesa humanidad tienden a presentar menores niveles de represión que los países en los que no se realizan estos juicios. También muestra los cambios en el puntaje promedio de represión en los países que tienen distintas experiencias sobre los juicios. A la izquierda, se encuentra la medida de la represión: cuanto más elevado es el número, mayor es el nivel de violaciones. Dentro de ambos gráficos,

[27] Hunjoon Kim, "Expansion of transitional justice measures: A comparative analysis of its causes", tesis de doctorado, University of Minnesota, 2008.

una línea negra indica el promedio mundial, es decir, los cambios en el promedio anual del puntaje de represión de todos los países mencionados en el análisis (tanto aquellos en donde se realizaron juicios como en los demás). En el gráfico superior, comparamos el puntaje promedio de represión mundial de los países con procesos judiciales (línea gris clara) y aquellos sin juicios (línea gris oscura). La distinción entre las dos líneas es evidente y se mantiene estable después de 1994. El promedio de los puntajes de represión del grupo de países sin juicios se encuentra sistemáticamente por encima del nivel mundial promedio de violaciones, mientras que el promedio de los puntajes de represión del grupo de países con juicios está debajo del promedio. El Gráfico 6.4 compara el promedio de puntajes de represión en los países en los que se realizaron juicios durante un año (línea gris oscura) con los países en donde se realizaron juicios durante muchos años (2 a 20, línea gris clara). Mientras que los países en los que se observa un año de juicios la mayoría de las veces tienen un nivel de represión inferior al promedio, los países en los que se llevaron a cabo procesos judiciales durante muchos años tienden a obtener puntajes de represión más estables y más bajos que el promedio después de 1994. Aun así, se trata sólo de promedios, y los lectores que deseen ver las tablas de regresión deberían consultar el Anexo 4. Nuestros hallazgos son similares a los del capítulo anterior, pero esta vez pudimos controlar otros factores importantes que también pueden influir en la represión.

Gráfico 6.4. Cambios en el promedio de represión por la experiencia de los juicios por delitos de lesa humanidad.

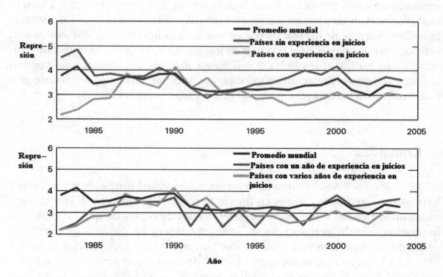

En muchos sentidos, nuestras conclusiones son coherentes con los estudios previos. La democracia, las guerras civiles, la situación económica, el tamaño de la población y los niveles pasados de represión tienen significancia estadística y una gran influencia en el nivel de represión. No obstante, además, los juicios por delitos de lesa humanidad tienen una gran influencia y son relevantes desde el punto de vista estadístico para su descenso. Cuando está controlado por todos los demás factores pertinentes, el nivel de represión en los países en los que se realizaron juicios es menor que en el resto de los países. Por otra parte, no sólo la experiencia de los juicios es importante, sino también su constancia y frecuencia. El nivel de represión en un país disminuye a medida que crece la cantidad de años de juicios por delitos de lesa humanidad. Si un país pasara del mínimo (0) al máximo posible de años con acusaciones (20), se produciría una disminución de 3,8 por ciento en la escala total de represión.

La variable de la Comisión de la Verdad estaba incluida en el modelo como variable de control para calcular el verdadero efecto de los juicios por delitos de lesa humanidad y como variable independiente para poner a prueba si las Comisiones de la Verdad tienen un efecto independiente sobre la represión. La presencia de una Comisión de la Verdad también contribuye con la protección mejorada de los derechos humanos en las sociedades en transición. Nuestro modelo demuestra que la existencia de una comisión genera una caída de 0,19 en el puntaje de represión a corto plazo y de 0,43 a largo plazo. Si un país pudiera tener procesos judiciales por delitos de lesa humanidad y una Comisión de la Verdad, después del período de transición, el resultado sería un descenso del puntaje de la represión de 0,35 a corto plazo y de 0,80 a largo plazo. Así, las explicaciones sociales y psicológicas para el descenso en los niveles de represión quedan fundamentadas. Llegamos a la conclusión de que no sólo es importante impartir castigos, sino también conocer la verdad. Esto puede insinuar que los juicios son efectivos como disuasivos racionales y también en la comunicación y representación de las normas sociales.

En resumen, consideramos que los países en los que se realizan juicios por delitos de lesa humanidad cuentan con mejores prácticas relativas a la defensa de los derechos humanos que los países en donde no hay juicios de ese tipo. Por otra parte, los países en transición en los que hubo más juicios a lo largo del tiempo y que, por ende, tienen una mayor probabilidad de impartir castigos por las violaciones ocurridas en el pasado, tienen mejores prácticas que los países en los que se realizaron pocos juicios o ninguno. A diferencia de los argumentos postulados por algunos estudiosos, los juicios por delitos de lesa humanidad no tienden a exacerbar las violaciones a los derechos humanos.

La principal crítica que algunos analistas hacen a estos juicios es que pueden ayudar a incrementar la represión, en especial, en situaciones de guerra civil, ya que el reclamo de los procesos judiciales puede demorar un acuerdo de paz. Dado que la guerra civil, en particular, está vinculada con las violaciones a los derechos humanos, cualquier elemento que prolongue la guerra puede tener el efecto de exacerbar esos crímenes. En nuestra muestra, se registró que en cincuenta y tres países (doscientos sesenta y cinco años en países, el 18%) se

---

[28] Esos países son: Afganistán, Algeria, Angola, Azerbaiyán, Bangladesh, Bosnia y Herzegovina, Burkina Faso, Burundi, Camboya, Chad, Comores, Costa de Marfil, Croacia, El

produjeron revueltas civiles de menor o mayor magnitud después de un período de transición.[28] Además, dieciséis países (ciento veinticuatro años países, con 8,4 por ciento) habían atravesado la transición después de una guerra civil. Logramos usar estas variaciones en nuestra muestra para examinar los distintos efectos de los juicios en el contexto de guerras civiles pasadas o actuales.

Descubrimos que los efectos independientes de los juicios sobre la represión son todavía más significativos en situaciones de guerra civil. Las guerras civiles se siguen asociando al poco cuidado hacia los derechos humanos, tal como demostraron estudios previos, pero los juicios por delitos de lesa humanidad realizados durante una guerra civil no hacen que la situación empeore. En definitiva, controlados en función de una guerra, nuestros resultados demuestran que los juicios realizados en los países en transición después de una guerra civil no influyen en la represión ni más ni menos que aquellos países con otras clases de transiciones.

Esto nos brinda una evidencia contraria al argumento de que los juicios ocurridos en contextos de guerras civiles son menos efectivos. Si bien no hay dudas de que una guerra civil exacerba la represión gubernamental, la experiencia de los juicios parece tener una influencia positiva sobre la defensa de los derechos humanos en esa coyuntura, en comparación con otros países que presentan conflictos civiles sin tales juicios. Además, el efecto independiente de las Comisiones de la Verdad también es válido en distintos escenarios relacionados con guerras civiles.

Asimismo, pusimos a prueba si los juicios por delitos de lesa humanidad podían tener un efecto disuasivo transfronterizo. Ya sabemos que es más probable que en los países se den procesos judiciales si ya los hay en otros países de la región.[29] Por este motivo, los juicios demuestran un fuerte agrupamiento regional. Sin embargo, ¿qué sucede si en un país de la región no se realizan juicios, aunque ése sea el caso en muchos de sus vecinos? ¿Se beneficia del efecto disuasivo de los juicios en sus vecinos?

Nuestro análisis demuestra que la presencia de juicios por delitos de lesa humanidad en países vecinos a un determinado país disminuye significativamente el nivel de represión en ese país, lo que sugiere un posible efecto disuasivo más allá de las fronteras. Un país en transición en donde no haya habido ningún juicio por delitos de lesa humanidad puede alcanzar un efecto similar al de un país que llevó a cabo acciones judiciales, si en cuatro o más de sus vecinos ya hubo juicios.

Salvador, España, Etiopía, Filipinas, Georgia, Ghana, Guatemala, Guinea-Bissau, Haití, Indonesia, Irán, Kenia, Kirguistán, Liberia, Macedonia, Malí, México, Moldavia, Nepal, Níger, Nigeria, Pakistán, Panamá, Paraguay, Perú, República Centroafricana, República de Yibuti, República del Congo, Rumania, Rusia, Ruanda, Senegal, Serbia y Montenegro, Sierra Leona, Tailandia, Tayikistán, Turquía, Uganda, Uzbekistán y Yemen.

[29] Hunjoon Kim, "Why and when do States use human rights trials and truth commissions after transition? An event history analysis of 100 countries covering 1974-2004", manuscrito inédito, 2007.

La presente investigación pone en tela de juicio la afirmación postulada por quienes no creen en los juicios, en el sentido de que los juicios por delitos de lesa humanidad empeoran las prácticas ya deficientes relacionadas con los derechos humanos. Cabe recordar que nosotros consideramos los juicios como un crecimiento de la aplicación de normas de derechos humanos ya existentes. Esta clase de aplicación supone sanciones individuales por los delitos para los funcionarios de alto rango que participen de las violaciones. La base de datos de los juicios muestra un incremento en la aplicación y en los costos de la represión, y es probable que los ex mandatarios que deciden cuánta represión aplicar lo tengan en cuenta. No podemos precisar estos costos, pero creemos que incluyen tanto los costos económicos como políticos de las sanciones formales (los sueldos perdidos, los gastos de los juicios, la inhabilitación para participar de elecciones mientras dure el proceso o la condena, etc.), y los costos sociales y políticos informales que surgen de la publicidad que rodea a los juicios (pérdida de reputación o legitimidad y la consiguiente pérdida de apoyo político y social). Al mismo tiempo, no existe razón alguna para creer que los beneficios de la represión sean mayores. Por ende, si los beneficios de la represión se mantienen constantes y los costos formales e informales de la represión aumentan, la teoría económica del delito predice una disminución del delito, y eso es lo que vemos en los países que experimentaron un total mayor de años de juicios por país. También descubrimos que la experiencia de las Comisiones de la Verdad tiene un efecto positivo sobre los derechos humanos. De este modo, los mecanismos que la justicia de transición utiliza para medir la influencia de los derechos humanos no sólo sugiere el cálculo de la posibilidad de castigo, sino también la respuesta a los procesos que brindan información y comunican normas.

La mejora y defensa de las prácticas relativas a los derechos humanos supone que los países en transición realicen cambios estructurales sustanciales en la naturaleza de las instituciones nacionales. Tales cambio no son fáciles de llevar a cabo. Los juicios por delitos de lesa humanidad constituyen sólo una de las muchas fuerzas que pueden contribuir a un cambio positivo. No son una panacea para los problemas relacionados con los derechos humanos, sino que parecen ser una forma de sanción que puede ayudar a lograr los cambios institucionales y políticos necesarios para poner un límite a la represión.

Estas conclusiones todavía son preliminares y han sido refutadas por algunos analistas. Tal como hemos visto, Leigh Payne y su equipo también crearon una base de datos de juicios por delitos de lesa humanidad, amnistías y Comisiones de la Verdad, utilizando codificaciones de distintas fuentes de información. No tuvieron en cuenta la totalidad del proceso de los juicios, como fue nuestro caso, sino que los veredictos reales de juicios por delitos de lesa humanidad ya fueran absoluciones como condenas. También utilizaron métodos estadísticos diferentes de los nuestros. El equipo de Leigh considera que los veredictos de casos de violaciones a los derechos humanos, en sí mismos, no conducen a una mejora estadística significativa en las prácticas relativas a la defensa de los derechos humanos, y que las Comisiones de la Verdad, en sí mismas, se vinculan con un empeoramiento de las prácticas relativas a los derechos humanos, y no con la mejora. Sin embargo, descubrieron que, cuando los veredictos se combinan con leyes de amnistía, hay mejoras con respecto al respeto de los derechos humanos, y cuando se combinan los tres factores (veredictos, amnistías y Comisiones de la Verdad) también existen mejoras. En este sentido, Leigh y su equipo coinciden con Hunjoon y conmigo en que los juicios pueden producir mejoras en las prácticas relativas a los derechos humanos, aunque discrepamos en las condiciones en las que esto sucede.

Con el fin de resolver estas diferencias, Leigh y yo hemos comenzado a fusionar nuestras bases de datos para seguir analizando *cómo* la justicia de transición puede ayudar a mejorar las prácticas relativas a los derechos humanos y, en particular, *qué procesos o mecanismos* utilizados por los juicios y las Comisiones de la Verdad pueden crear un mayor respeto por los derechos humanos.

Todos coincidimos en que los juicios parecen producir algún efecto, pero no comprendemos lo suficientemente bien cómo es su funcionamiento. Cuestionamos la idea de que los juicios por delitos de lesa humanidad exacerban las violaciones en todo el mundo, postulada por quienes no creen en los juicios. Por el contrario, consideramos que parecen crear *mejoras* en las prácticas asociadas a los derechos humanos. Sin embargo, sólo tendremos declaraciones teóricas más precisas ni recomendaciones políticas más claras cuando zanjemos algunas de nuestras diferencias. Todavía no hemos podido aclarar si los juicios funcionan, sobre todo, por medio de la disuasión y el castigo o por medio de la socialización y la memoria colectiva. Tampoco podemos decir aún si es mejor combinar los juicios con amnistías o anular estas últimas. Creemos que las respuestas, como sucede con la mayoría de los temas pertenecientes al ámbito social, son complicadas: que los juicios funcionan tanto a través de la disuasión como de la socialización, que los juicios, combinados con algunas formas de amnistías parciales, pueden ser una buena solución, y que habría que evitar todo tipo de amnistía general.

En los últimos dos capítulos intento brindar una respuesta empírica a quienes fomentan una lectura generalmente negativa de los desarrollos en el terreno de los derechos humanos y su expresión en la acción legal, y lo hice sobre la base de evidencias en distintos países alrededor del mundo. Sin embargo, hasta este momento, no respondí una pregunta que se hacen muchos analistas y políticos: ¿Qué sucede con los países poderosos, como Estados Unidos, Rusia o China? ¿La cascada de justicia alguna vez marcará una diferencia en ese plano? En un intento por responder a esta pregunta, nos ocuparemos ahora del caso de Estados Unidos.

7. ¿ESTADOS UNIDOS ES INMUNE A LA CASCADA DE LA JUSTICIA?

Los analistas de las relaciones internacionales y la sociedad civil mundial hace mucho tiempo dicen que la verdadera prueba del Derecho internacional y las nuevas normas será su capacidad para influir en las acciones hasta de los países más poderosos. Por ende, ningún debate sobre la influencia de la cascada de justicia estaría completo sin una consideración sobre sus implicancias en Estados Unidos. En particular, quiero concentrarme en el incumplimiento de Estados Unidos de la prohibición de la tortura y del trato cruel y degradante durante el gobierno de George W. Bush. ¿Qué incidencia tuvo la historia previa de la cascada de la justicia en la política del gobierno de Bush, si es que incidió? ¿Las exigencias nacionales e internacionales en pos de la imputación de la responsabilidad penal y el inicio de los juicios nacionales y extranjeros por delitos de lesa humanidad influyeron de alguna manera en quienes toman decisiones en los estratos más altos del gobierno estadounidense? En el corto plazo, el caso de Estados Unidos ilustra un tema central de la teoría realista de la política internacional: los países con mayor poder pueden ignorar las normas internacionales a voluntad. Sin embargo, a más largo plazo este caso demuestra que ni siquiera Estados Unidos está completamente más allá del alcance de las leyes internacionales de derechos humanos y de las leyes humanitarias en cuya elaboración participó.

Yo ya había comenzado la investigación para este libro cuando empecé a interiorizarme en cuestiones de violaciones a los derechos humanos del gobierno de Bush después del 09/11: todavía recuerdo el correo electrónico de una colega argentina en el que me preguntaba si ya habían empezado a "desaparecer" personas en Estados Unidos. En ese momento, pensé que se refería a las personas de Medio Oriente con residencia en Estados Unidos que eran detenidas sin cargo alguno por períodos prolongados después del 11/9. Le respondí que, si bien se trataba efectivamente de detenciones arbitrarias sin un juicio, esas personas no estaban desaparecidas. Ahora sabemos que estaba equivocada. De hecho, alrededor del año 2002, la Agencia Central de Inteligencia estaba trasladando a los detenidos a "agujeros negros", centros secretos de detención en donde eran torturados e interrogados. Los funcionarios estadounidenses negaban cualquier conocimiento sobre el paradero de esos detenidos y tampoco permitían que la Cruz Roja Internacional los visitara. Esto se adapta a la definición técnica de desaparición.[1] Los expertos de la ONU aclararon que el Derecho Internacional prohíbe terminantemente tales detenciones secretas.[2]

En la primavera de 2004, tras la publicación de las fotografías de tortura y trato degradante a los internos de la cárcel de Abu Ghraib en Irak y de la filtración a la prensa del informe del general Antonio Taguba, en el que investigaba el abuso, entré a la última clase de derechos humanos del semestre y les dije a mis alumnos: "Hace más de diez años que enseño esta materia y hoy tengo que pararme frente a ustedes para decir algo que nunca antes dije. Tenemos una prueba clara de que el gobierno de Estados Unidos participó de casos de tortura y castigos crueles e inusitados a detenidos".

La prueba surgió del Informe Taguba, un documento interno del Ejército de Estados Unidos. Según este informe, "varios soldados del ejército de Estados Unidos participaron de actos atroces y de violaciones graves al derecho internacional". Y continuaba: "Entre octubre y diciembre de 2003, en el establecimiento de reclusión de Abu Ghraib (ECRB), se infligieron numerosos actos de abusos de carácter delictivo sádicos, flagrantes y excesivos en varios detenidos. Este abuso sistemático e ilegal de los detenidos fue perpetrado de forma intencional por varios miembros de la fuerza de seguridad militar [...]. Las denuncias se corroboraron con las declaraciones detalladas de los testigos y con el descubrimiento de evidencia fotográfica explícita".[3] Más tarde, nos enteramos de que las prácticas descritas en el Informe Taguba iban mucho más allá de las acciones de un puñado de individuos, en tanto eran el resultado de una política concertada establecida en los niveles más elevados del gobierno estadounidense.

En 2005, comencé a exponer los resultados de mis investigaciones en una serie de ponencias, conferencias y, finalmente, en el capítulo de un libro llamado *Bringing Human Rights Home*.[4] En todas estas versiones previas daba por

---

[1] Según la Convención para la protección de las personas víctimas de desaparición forzada, se considera "desaparición forzada", a "un arresto, detención, secuestro o cualquier otra forma de privación de la libertad por parte de funcionarios del Estado o personas o grupos de personas que actúan con el permiso, apoyo o consentimiento del Estado, seguidos de una privación de informaciones sobre la detención o el ocultamiento de la suerte y el paradero de las personas desaparecidas que quedan sin el amparo de la ley". Véase Asamblea General de la ONU, 6ª Sección datos oficiales, A/C.3/61/L.17, 2006.

[2] Naciones Unidas, "Joint study on global practices in relation to secret detention in the context of countering terrorism of the Special Rapporteur on the promotion and protection of human rights and fundamental freedoms while countering terrorism, the Special Rapporteur on torture and other cruel, inhuman or degrading treatment or punishment, the Working Group on Arbitrary Detention and the Working Group on Enforced or Involuntary Disappearances", copia inédita, 26 de enero de 2010, A/HRC/13/42 .

[3] Antonio M. Taguba, "The Taguba Report: Article, 5-6 investigation of the 800th military police brigade", Department of Defense, Washington, DC, junio de 2004.

[4] Kathryn Sikkink, "Bush administration noncompliance with the prohibition on torture and cruel and degrading treatment", en Cynthia Soohoo, Catherine Albisa, y Martha F. Davis, comps., *Bringing Human Rights Home: From Civil Rights to Human Rights*, vol. 2 (Westport, CT: Praeger, 2008), págs. 187-208.

sentado que los funcionarios de alto rango del gobierno *no podían* comprender cabalmente las implicancias de la cascada de justica porque, *si* las hubieran comprendido, no habrían adoptado políticas consideradas delictivas, tanto por la legislación estadounidense como internacional. Desde ese momento, otras entrevistas y una gran cantidad de publicaciones nuevas me ayudaron a darme cuenta de que los funcionarios del gobierno de Bush conocían las prácticas legales. No usaron ese saber para garantizar su cumplimiento con buena fe, sino para diseñar las estrategias legales necesarias para protegerse, ante la posibilidad de una acusación futura.

Entre 2002 y 2008, Estados Unidos violó la prohibición de la tortura y de los tratos crueles y degradantes establecidos en la Convención para la Tortura.[5] En los últimos años, nuevos libros escritos por analistas del gobierno de Bush y periodistas revelaron de manera más completa los manejos internos de la política de tortura y detención del gobierno. Esos trabajos confirman que el abordaje a la tortura posterior al 9/11 fue el producto de un grupo relativamente pequeño de políticos aliados en el poder ejecutivo, liderados por el vicepresidente Dick Cheney, su asesor legal, David Addington, y un equipo de abogados que ocupaban lugares clave en el gobierno, en especial, John Yoo, subdirector de la Oficina de Asesoramiento Legal del Departamento de justicia. Addington y Yoo escribieron informes legales pertinentes que justificaban las políticas y, por lo general, adoptaban posturas legales extremas. Casi desde el principio –y durante todo el proceso–, tanto sus aliados como abogados militares y otros individuos les advirtieron que su política era ilegal dentro y fuera del sistema de gobierno y que, probablemente, tuviera consecuencias serias para el Estado de derecho, para la imagen de Estados Unidos y para ellos mismos. Aun así, hicieron caso omiso a las advertencias e ignoraron a los mensajeros.[6]

Los informes legales resultan desconcertantes. ¿Por qué el gobierno de Estados Unidos pondría por escrito justificaciones polémicas para prácticas que se consideran violaciones a los derechos humanos? Los llamados "informes de tortura" casi no tienen precedente en la historia mundial contemporánea. Si el gobierno de Estados Unidos deseaba llevar adelante actividades ilegales, ¿por qué no lo hizo sin más, sin dejar un "rastro escrito" de sus justificaciones legales? ¿Los documentos escritos no generarían polémicas internas? ¿No sería más difícil para los funcionarios de alto rango negar en un momento posterior que habían aprobado prácticas ilegales?

---

[5] A partir de la implementación de la política de "rendición excepcional" de 1995, Estados Unidos violó el Artículo 3 de la Convención sobre la Tortura, en donde se establece que las partes no pueden hacer regresar a los detenidos a los países en donde tienen fundamentos para considerar que pueden ser objeto de torturas. Véase Jane Mayer, "Outsourcing torture", *The New Yorker*, 14 y 21 de febrero de 2005.

[6] Véanse Jane Mayer, *The Dark Side: The Inside Story of How the War on Terror Turned into a War on American Ideals* (Nueva York: Doubleday, 2008); Jack Goldsmith, *The Terror Presidency: Law and Judgment Inside the Bush Administration* (New York: W. W. Norton & Company, 2007), y Barton Gellman, *Angler: The Cheney Vice Presidency* (Nueva York: Penguin, 2008).

© gedisa

Ahora pienso que la creación misma de estos informes fue una respuesta al aumento de los juicios por delitos de lesa humanidad a nivel nacional e internacional. El punto de inflexión en la cascada de la justicia mundial ocurrió en algún momento entre 1998, cuando el Estatuto de Roma de la CPI quedó completo y listo para firmar y Pinochet fue arrestado en Londres, y 2001, cuando Milošević fue entregado al TPIY y la CPI entró en vigor. Los agentes de campo de Estados Unidos comenzaron a darse cuenta de que podrían ser acusados de violaciones a los derechos humanos y solicitaron cobertura legal y garantías políticas que los protegieran de tales acusaciones. En este sentido, los informes mismos son indicadores, aunque perversos, de la influencia de la cascada de justicia. Antes del comienzo de la cascada, los funcionarios de alto rango del gobierno y los defensores de los derechos humanos, literalmente, no podían imaginar la imputación de la responsabilidad penal individual por delitos de lesa humanidad. Sin embargo, en 2002, los oficiales de la CIA buscaron una y otra vez la información relativa a los funcionarios de alto rango del gobierno de Bush sobre las técnicas de interrogatorio legalmente aceptables. En una declaración bajo juramento en un tribunal federal, un oficial de la CIA dijo que "los pedidos de asesoramiento tuvieron el objetivo de preparar a la CIA para defenderse de futuros procesos judiciales penales, civiles y administrativos que la CIA consideraba *prácticamente inevitables*".[7] ¿Qué ocurrió entre la década de 1970, cuando semejante resultado era inimaginable, y 2002, cuando se empezó a considerar prácticamente inevitable?

La política de tortura de Estados Unidos tuvo un efecto particularmente virulento y no sólo a causa de sus víctimas. Como consecuencia del poder y la influencia del gobierno de Estados Unidos, los gobiernos represivos de todo el mundo observan y toman como modelo sus prácticas para justificar las propias. En los últimos años de su segundo período, el gobierno de Bush se vio obligado a moderar algunos elementos de su política y eliminar los informes legales más controvertidos. Sin embargo, hasta los últimos días del mandato del ex presidente, se siguió buscando modos para lograr la inmunidad de los funcionarios de alto rango del gobierno en caso de enfrentar acusaciones. Desde que llegó al poder, el gobierno de Obama se concentró en detener el uso de la tortura, pero evitó imputar la responsabilidad penal. El presidente Barack Obama, como tantos otros líderes que hemos visto en este libro, quería mirar hacia adelante, no hacia atrás. De todos modos, como otros gobiernos alrededor del mundo, el de Obama descubrió que las exigencias legales por la imputación de la responsabilidad penal quizás no sean tan fáciles de ignorar.

© gedisa

[7] Citado por Gellman, *Angler*, pág. 177 (cursivas agregadas).

Compromisos legales de Estados Unidos respecto de la prohibición de la tortura

¿Quiere esto decir que Estados Unidos no "cumplía" con las prohibiciones respecto de la tortura? El cumplimiento incluye tanto qué hacen los países (conducta) como qué dicen sobre su conducta. ¿Son conscientes de las normas y las leyes, y se refieren a ellas para justificar sus conductas?[8] Por ende, una evaluación del cumplimiento de Estados Unidos de la prohibición de la tortura debe observar tanto la conducta estadounidense como las justificaciones estadounidenses de sus conductas. Existen muchas razones por las que podríamos esperar que un país poderoso como Estados Unidos no cumpla con las normas del Derecho internacional. Se trata de una superpotencia del sistema internacional, por lo cual a otros Estados les resulta difícil sancionar a Estados Unidos por desobedecer la ley. En Estados Unidos, además, hay reglas particularmente difíciles de ratificar por medio de acuerdos, así como una tradición ideológica de aislacionismo y escepticismo hacia las instituciones internacionales. Por otra parte, con un gobierno federal y un sistema de Derecho anglosajón, puede enfrentar obstáculos procedimentales e institucionales extras para ratificar e implementar las normas del Derecho internacional.[9]

Si bien existen estos problemas, existe una larga historia de compromiso con los derechos humanos en el país, que goza de un sistema democrático que permite los controles y contrapesos de los sistemas judicial y legislativo frente a los excesos del poder ejecutivo y una sociedad civil fuerte, con muchas organizaciones no-gubernamentales que trabajan por los derechos humanos y civiles. El ejército de Estados Unidos tiene una tradición de preocupación por los derechos de guerra que se remonta al Código Lieber, de los tiempos de la guerra civil, y emplea abogados militares bien preparados, como los del Cuerpo de Abogacía General de la Marina de Estados Unidos (JAG). Es más probable que las democracias sufran la presión internacional generada por los lobbies, la exposición a los medios y los procesos judiciales para respetar sus compromisos con los tratados internacionales. Si estos países no cumplen, pueden enfrentar las sanciones de su electorado y de la comunidad internacional. Por este motivo, una vez que las democracias se comprometen a cumplir con las obligaciones legales internacionales, estos procesos internos deberían producir un mayor cumplimiento de sus compromisos.[10]

Estados Unidos aceptó hace mucho tiempo la prohibición de la tortura y de los castigos crueles e inusitados, tanto en la legislación nacional como dentro

---

[8] Benedict Kingsbury, "The concept of compliance as a function of competing conceptions of international law", *Michigan Journal of International Law* 19, n° 2 (1998).

[9] Beth Simmons, *Mobilizing for Human Rights: International Law in Domestic Politics* (Nueva York: Cambridge University Press, 2010).

[10] Oona Hathaway, "The cost of commitment", *Stanford Law Review* 55, n° 5, mayo de 2003.

del marco del Derecho internacional. La octava enmienda de la Constitución de Estados Unidos, parte de nuestra Carta de Derechos, prohíbe al gobierno federal infligir "un castigo cruel e inusitado". Existen numerosos debates sobre qué se entiende por castigo cruel e inusitado, pero nunca hubo dudas sobre la prohibición de la tortura. En el caso *Furman vs. Georgia*, de 1972, el Juez William J. Brennan escribió que la "afirmación fundamental" de la prohibición era que "el castigo no debe, por su severidad, ser degradante de la dignidad humana".

Estados Unidos ratificó varios acuerdos que establecen claramente su obligación legal internacional de no recurrir jamás a las torturas ni tratos inhumanos y degradantes bajo ninguna circunstancia, por ejemplo, en las Convenciones de Ginebra de 1949, el Acuerdo Internacional sobre Derechos Civiles y Políticos de 1976 y la Convención contra la Tortura. Su participación en el proceso de redacción de estos tratados fue muy importante y actuó para lograr que la prohibición de la tortura y de los tratos crueles y degradantes fuera más precisa y ejecutable. Durante la redacción de la Convención contra la Tortura, la delegación estadounidense apoyó con claridad las provisiones del tratado sobre la jurisdicción universal con respecto a la tortura.[11] En cierto momento de las negociaciones, Argentina, todavía bajo la dictadura, se opuso a la provisión referida a la jurisdicción. El delegado de Estados Unidos respondió:

> Esta jurisdicción fue creada en un principio para lidiar con situaciones en las que la tortura es una política de Estado y, por lo tanto, el Estado en cuestión, por definición, no acusa a los funcionarios que la llevan a cabo. Si la comunidad internacional dejara el cumplimiento de la convención en manos de tal país, sería la fórmula perfecta para no hacer nada. Por lo tanto, en esos casos, la jurisdicción internacional sería el arma más efectiva contra la tortura.

El delegado agregó que "se la podría utilizar contra oficiales torturadores que viajan a otros Estados, una situación que no era del todo hipotética".[12]

Al mismo tiempo que se realizaban las negociaciones relativas a la Convención contra la Tortura a comienzos de la década de los años ochenta, la idea de que la tortura era una violación del Derecho internacional que podía ser denunciada en cualquier lugar del mundo quedó de manifiesto con el caso *Filártiga vs. Peña-Irala* en Estados Unidos. El caso involucró a un joven, Joelito Filártiga, torturado hasta la muerte por Américo Norberto Peña-Irala, jefe de policía en Asunción, Paraguay, en 1976. El caso fue presentado por el padre de Joelito, el doctor Joel Filártiga, y su hermana, Dolly, quien rastreó a Peña-Irala hasta Brooklyn, Nueva York, donde había rebasado la estadía que permite la visa de turista. Los Filártigas pensaban que debía de existir alguna manera de buscar justicia y, por eso, se comunicaron con los abogados del Centro para los

---

[11] Jan Herman Burgers y Hans Danelius, *The United Nations Convention against Torture: A Handbook on the Convention against Torture and Other Cruel, Inhuman or Degrading Treatment or Punishment* (Dordrecht, Países Bajos Martinus Nijhoff, 1988); págs. 78-79, 58 y 62-63.

[12] *Ibíd.*, págs. 78-79.

Derechos Constitucionales (CDC), una ONG que se dedica a litigios en defensa de los derechos civiles. Los abogados del CDC tuvieron la idea innovadora de utilizar un estatuto jurisdiccional llamado Estatuto de Alien Tort, redactado en 1789, más que nada, para combatir la piratería, como base para demandar a un torturador paraguayo en Estados Unidos. El argumento fue aceptado en 1980 en la instancia de apelación por un juez federal del tribunal norteamericano, quien decidió que en 1980 existía una prohibición legal internacional consuetu-dinaria contra la tortura y declaró que "el torturador se ha convertido, al igual que el pirata y el esclavista que lo precedieron, en un *hostis humani generis*, un enemigo de toda la humanidad".[13] Este caso abrió la puerta para los pleitos civiles de derechos humanos en las cortes estadounidenses, y el Estatuto Alien Tort se convirtió en el mecanismo primario para que los extranjeros pudieran entablar demandas por daños en las cortes de Estados Unidos por violaciones a los derechos humanos.

En 1990, el gobierno de George H. W. Bush presentó el tratado CAT en el Senado y apoyó su ratificación. Una coalición bipartidista del Senado, en-tre quienes se encontraba el senador conservador Jesse Helms de Carolina del Norte, trabajó para garantizar que el Senado diera su consejo y consentimiento para la ratificación. El Comité de Relaciones Internacionales del Senado aprobó por 10 a 0 informar la convención de manera favorable al Senado completo. Cuando habló en favor de la ratificación, la senadora por Kansas, la republi-cana Nancy Kassembaum dijo: "Creo que no hay nada que temer con respecto a nuestro cumplimiento con los términos del tratado. Este país no acepta las torturas y nunca lo hará".[14]

Cuando Estados Unidos ratificó la Convención contra la Tortura en 1994, los abogados estadounidenses la examinaron con gran minuciosidad. Así, ma-nifestaron sus reservas contra varias provisiones de la convención que podrían entrar en conflicto con el Derecho nacional. Sin embargo, no presentaron reser-vas contra la provisión que instaba a la jurisdicción universal.

Cada vez más, los juristas estadounidenses afirman que los tratados en de-fensa de los derechos humanos no tienen aplicación automática, de manera tal que deben quedar implementados en la legislación nacional para tener efecto en los tribunales del país. Las Convenciones de Ginebra quedaron implemen-tadas en la legislación local en 1996, cuando una abrumadora mayoría en el Congreso aprobó la Ley contra crímenes de guerra, según la cual la violación de las Convenciones de Ginebra de 1949, como la tortura y el trato cruel y degradante, por parte del personal militar de Estados Unidos y sus habitantes constituye un delito. El Congreso aprobó la ley, principalmente, para garantizar que Estados Unidos pudiera juzgar a criminales de guerra de otros países, en

[13] *Filártiga vs. Peña-Irala*, 630 F.2d 876, 890 (2d Cir. 1980). Para profundizar el tema de la legislación interacional y las torturas, véase también Andrew McEntree, "Law and torture", in Duncan Forrest, comp., *A Glimpse of Hell: Reports on Torture Worldwide* (Nueva York: New York University Press, 1996), págs. 1-20.

[14] Registros de la Cámara de Senadores estadounidense, 27 de octubre de 1990, pág. S17491.

© gedisa

particular, de Vietnam del Norte, quienes habían torturado a soldados estadounidenses durante la guerra de Vietnam. El impulsor del proyecto de ley, uno de los miembros de la Cámara de Representantes más conservadores, el republicano de Carolina del Norte Walter B. Jones, también quería que la ley fuera aplicada contra futuros abusadores de las tropas estadounidenses capturadas en países como Bosnia o Somalia. En ese momento, el Pentágono recomendó que la legislación también incluyera las violaciones de la ley humanitaria por parte de los soldados estadounidenses, ya que Estados Unidos, en general, respetaba las Convenciones de Ginebra y ello establecería una norma elevada para que siguieran los demás. El estatuto les permite a los civiles víctimas de crímenes de guerra acceder a los tribunales y contempla penas severas para esos crímenes, como la pena de muerte.[15] Dado que no establece la jurisdicción universal, los tribunales estadounidenses tendrían jurisdicción de manera más estandarizada, ya sea porque las víctimas o los acusados son estadounidenses o porque los crímenes tuvieron lugar en territorio de Estados Unidos.

Una vez que el Senado ratificó la Convención contra la Tortura en 1994, el Congreso promulgó un nuevo estatuto federal contra la tortura, con el fin de implementar los requerimientos de la convención.[16] El estatuto convierte a la tortura en un delito y permite el proceso penal contra los supuestos torturadores en un tribunal federal en determinadas circunstancias. Si se declara culpable a una persona, según la ley, ésta puede recibir una pena de hasta veinte años de cárcel o la pena capital, si la tortura provoca la muerte de la víctima. No es de extrañar que los funcionarios del gobierno de Bush estuvieran especialmente intranquilos ante la posibilidad de enfrentar un proceso judicial consecuencia de los dos estatutos. Sin embargo, esto no es muestra de que sólo se preocupara por las la legislación nacional y olvidara el Derecho internacional. Por el contrario, lo que más le preocupaba eran aquellos aspectos del Derecho internacional que tenían implementación plena en el derecho estatutario nacional de Estados Unidos.

En 1999, en su informe inicial ante el Comité contra la Tortura de la ONU, el gobierno estadounidense afirmó que:

La tortura está prohibida por ley en todo el territorio de Estados Unidos. Se denuncia categóricamente como cuestión política y como herramienta de la autoridad del Estado. Todos los actos que constituyan tortura bajo la Convención son un delito criminal según la ley estadounidense. Ningún funcionario de gobierno, ya sea nacional, estadual o local, civil o militar está autorizado a cometer o a instruir a otra persona a cometer actos de tortura. Asimismo, ningún funcionario podrá condonar o tolerar ninguna forma de tortura. *No se podrá invocar ninguna circunstancia extraordinaria como justificativo para la tortura. Las leyes de Estados Unidos no tienen ninguna provisión que permita actos de tortura, o de trato o castigo cruel, inhumano o degradante que de otro modo estén prohibidos porque las circunstancias así lo exijan, por ejemplo, durante un "estado*

---

[15] R. Jeffrey Smith, "Detainee abuse charges feared", *The Washington Post*, 28 de julio de 2006, pág. A1

[16] 18 U.S.C. § 2.340 y siguientes.

© gedisa

de emergencia pública", o porque lo ordena un funcionario de mayor rango o una autoridad pública, y los mecanismos de protección de la justicia independiente no están sujetos a suspensión. Estados Unidos se compromete a implementar de manera plena y efectiva sus obligaciones previstas por esta Convención en todo su territorio.[17]

Como queda claro en esta declaración, la implicación legal y ética de Estados Unidos en la prohibición de la tortura y de los castigos crueles e inusitados antes de 2002 eran algo ambiguos. Si bien existe evidencia de que algunos sectores del gobierno condonaron la tortura en los programas de entrenamiento de Estados Unidos en el pasado, existen diferencias importantes entre las prácticas del pasado y las actuales.[18] Antes de 2002, los políticos de alto rango no justificaron ni condonaron en público aquellas prácticas que pueden considerarse tortura y trato cruel, inhumano o degradante. A modo de ejemplo, en la década de los años setenta, cuando los miembros del Congreso se enteraron de los juicios que establecían que el personal de Estados Unidos era cómplice de la tortura en Brasil y Uruguay mediante un proyecto de USAID llamado "Programa de Seguridad Pública", el ejecutivo accedió a cerrarlo.[19] Por fin, en la década de los años noventa, cuando se encontraron manuales de entrenamiento utilizados en la Escuela de las Américas que daban luz verde al uso de la tortura, el Pentágono decidió suspender el uso de los manuales.[20] Sin embargo, el ejército no tomó medidas disciplinarias contra ninguno de los responsables de haber redactado o diseñar los planes de estudio, así como los alumnos tampoco recibieron entrenamiento nuevo.

Después del 9/11, varios estadounidenses comenzaron a utilizar argumentos similares a los esgrimidos con anterioridad por los gobiernos de Grecia, Portugal y Argentina para justificar el uso de la tortura y la represión. Aquellos regímenes vieron que los grupos de izquierda y comunistas representaban la mayor amenaza a la seguridad de la nación y dijeron que la represión era necesaria para confrontar la subversión. Hoy en día, muchos afirman que el terrorismo islámico era la mayor amenaza a la seguridad de la nación y que la tortura estaba justificada para confrontar el terrorismo: no son conscientes de que la historia nos muestra que, mediante tales justificaciones, se produjeron crímenes contra la humanidad a gran escala.

[17] www.state.gov/documents/organization/100296.pdf (énfasis agregado).

[18] Véase Kathryn Sikkink, *Mixed Signals: U.S. Human Rights Policy and Latin America* (Ithaca, NY: Cornell University Press, 2004).

[19] U.S. Congress, House, *The Status of Human Rights in Selected Countries and the United States Response; Report Prepared for the Subcommittee on International Organization of the Committee on International Relations of the United States House of Representatives by the Library of Congress*, Congreso 95 avo, primera sesión, 25 de julio de 1977 (Washington, DC: GPO, 1977), pág. 2.

[20] U.S. Department of Defense, "Memorandum for the Secretary of Defense", "Improper material in Spanish language intelligence training manuals", 10 de marzo de 1992.

Si bien el conocimiento general del uso de la tortura por parte de Estados Unidos comenzó tras la publicación de las fotografías de los prisioneros de Abu Ghraib en abril de 2004, el uso de la tortura y del trato cruel y degradante empezó en los llamados "agujeros negros" de la CIA y en el centro de detención de Estados Unidos en la Bahía de Guantánamo en 2002. Muchos informes oficiales y estudios secundarios documentaron el uso generalizado de tales prácticas directamente a manos de la CIA y de las tropas y el personal estadounidenses.[21] Tal vez nunca antes en la historia de los debates sobre la tortura y el trato cruel y degradante se contó con tanta información respecto de las diferentes técnicas utilizadas por individuos y unidades específicas. Gran parte de esta información proviene de fuentes dentro del gobierno de Estados Unidos, aunque también existen numerosos informes de organizaciones no gubernamentales nacionales e internacionales.

Cuando las fotografías sobre la prisión de Abu Ghraib se difundieron por primera vez, los funcionarios describieron las imágenes como correspondientes a actos aberrantes aislados llevados a cabo por unos pocos soldados de bajo rango durante un breve período de tiempo. Sin embargo, desde que la historia se dio a conocer, los informes de la Cruz Roja Internacional y una lluvia de informes filtrados desde dentro del gobierno de Estados Unidos revelan que las prácticas de tortura y trato cruel y degradante eran mucho más generalizadas y de larga data, y que sucedieron no sólo en Abu Ghraib, sino también en otros centros de detención en Irak, Afganistán y en la Bahía de Guantánamo, incluyendo los agujeros negros. De este modo, una práctica generalizada en varios sitios supone una política institucional, no un error humano.[22] Los investigadores del Comité Internacional de la Cruz Roja (CICR) visitaron Guantánamo en junio de 2004 y, en un informe confidencial publicado más tarde, se describía cómo las fuerzas militares de esos lugares utilizaban técnicas coercitivas que eran "equivalentes a la tortura". En particular, el CICR decía que sus investigadores encontraron un sistema de "actos humillantes, confinamiento solitario, exposición a temperaturas extremas, uso de posiciones forzadas... La construc-

---

[21] Véanse "Article 15-6 Investigation of the 800th military police brigade" (The Taguba Report); "Final report of the independent panel to review DOD detention operations" (The Schlesinger Report), agosto de 2004; LTG Anthony R. Jones, "AR 15-6 Investigation of the Abu Ghraib prison and 205th military intelligence brigade", MG George R. Fay; "AR 15-6 Investigation of the Abu Ghraib detention facility and 205th military intelligence brigade"; y "Report of the international committee of the red cross (ICRC) on the treatment by the coalition forces of prisoners of war and other protected persons by the Geneva Conventions in Iraq during arrest, internment and interrogation", febrero de 2004. Todos estos informes pueden consultarse en los apéndices del libro de Mark Danner, *Torture and Truth: America, Abu Ghraib, and the War on Terror,* Human Rights and Global Justice, Human Rights First, and Human Rights Watch, (Nueva York: New York Review of Books, 2004).

[22] Véase "By the numbers: Findings of the detainee abuse and accountability project" (2006), en: http://www.chrgj.org/docs/Press%20Release%20-%20By%20The%20Numbers.pdf.

ción de semejante sistema, cuyo propósito establecido es obtener información, no puede ser considerada sino un sistema intencional de trato cruel, inusitado y degradante, y una forma de tortura".[23]

Alrededor del año 2004, el Departamento de Defensa había identificado veintiséis casos específicos en los que los detenidos habían fallecido bajo la custodia de Estados Unidos y catorce casos en los que la causa de muerte no había sido "natural". Estas cifras están fundamentadas por medio de documentos, entre ellos informes de autopsia, que el Departamento de Defensa ha dado a conocer hace muy poco tiempo.[24] No obstante, el gobierno de Estados Unidos todavía no ha permitido que se realice una investigación completa e independiente para establecer a ciencia cierta las circunstancias que rodearon estas muertes y quiénes son sus responsables. Los periodistas y las organizaciones de defensa de los derechos humanos documentaron que en muchos casos los individuos fallecieron como resultado de la tortura.[25]

El debate sobre qué técnicas concretas implican la aplicación de torturas y cuáles constituyen trato cruel, inhumano y degradante, y sobre a qué se refieren las Convenciones de Ginebra por "trato humano" continúa abierto. Sin embargo, la existencia de muertes documentadas de detenidos que se encuentran bajo la custodia estadounidense como resultado de la tortura es una prueba irrefutable de que los funcionarios de alto rango violaron las leyes tanto internacionales como nacionales que prohíben la tortura y los crímenes de guerra.

El gobierno de Bush y sus intentos por evadir la prohibición de la tortura

Mucho se ha escrito sobre las políticas de interrogatorio del gobierno de Bush. Aquí me concentro en una pregunta que no fue abordada por completo en otros trabajos: ¿Qué influencia, de existir, tuvo el conocimiento de la posibilidad de enfrentar una acusación criminal individual en los funcionarios del gobierno de Bush cuando comenzaron y ejecutaron esta política? A primera vista, tal parece que los funcionarios estaban ajenos al desarrollo mundial de la tipificación de la tortura como delito. Sin embargo, si observamos con más detenimiento, muchas decisiones cruciales con respecto a esta política sólo tienen sentido cuando se las concibe como una respuesta directa a la amenaza de futu-

---

[23] Neil A. Lewis, "Red Cross finds detainee abuse in Guantánamo: U.S. Rejects 300 accusations: Confidential report calls practices tantamount to torture", *New York Times*, 30 de noviembre, 2004, págs. A1, A14.

[24] Jameel Jaffer y Amrit Singh, *Administration of Torture: A Documentary Record from Washington to Abu Ghraib and Beyond* (Nueva York: Columbia University Press, 2007), pág. 29.

[25] Véanse, por ejemplo, Mayer, *The Dark Side*, págs. 148, 224-225 y 238; Scott Horton, "The Guantánamo 'suicides': A Camp Delta sergeant blows the whistle", revista *Harper's*, 18 de enero de 2010: www.harpers.org/archive/2010/01/hbc-90006368.

© gedisa

ras acusaciones. En particular, los políticos del gobierno de Bush temían la posibilidad de enfrentar acusaciones a nivel nacional bajo el Estatuto de Crímenes de Guerra de Estados Unidos de 1996 y el Estatuto contra la Tortura de 1994, más que la posibilidad de enfrentar acusaciones extranjeras. Jack Goldsmith, quien trabajó en el Departamento de Justicia del gobierno de Bush, confirma que los funcionarios del gobierno estaban muy preocupados por "el derecho penal, las investigaciones y, tal vez, la cárcel".[26] El debate que sigue analiza cronológicamente cuatro decisiones en la política que fundamentan el argumento de que la perspectiva de los juicios a nivel local fue determinante en la conducta del gobierno de Bush. Estas decisiones o planes en la política son: 1) el pedido temprano de la CIA al Departamento de Justicia por un "perdón anticipado" por casos de tortura, 2) la redacción de varios informes para definir la tortura de manera acotada y sobre la aplicabilidad de las Convenciones de Ginebra en el conflicto, 3) la insistencia para utilizar términos específicos en la legislación de Estados Unidos que protejan a los funcionarios que habían participado de los interrogatorios ante la posibilidad de enfrentar acusaciones; y 4) la destrucción de evidencia, por ejemplo, los videos de los interrogatorios de la CIA.

Plan A: Pedir un perdón anticipado

En marzo de 2002, sólo un par de meses después de que las fuerzas de la Coalición ocuparan Afganistán, los abogados de la CIA le hicieron una solicitud al Departamento de justicia, solicitud que demuestra que sabían que los interrogatorios que sus agentes tenían la orden de llevar a cabo podían ser ilegales. Estos abogados buscaron protección legal contra acusaciones para quienes representaban; solicitaron algo que se llama "declinación anticipada", o lo que podríamos llamar inmunidad o perdón futuro para las prácticas de los interrogatorios.

El investigador sobre derechos humanos John Sifton fue el primero en explicarme el perdón anticipado para la tortura, una historia que dio como primicia en marzo de 2010 en un artículo para la revista de Internet *Slate*. Sifton, quien trabajó para Human Rights Watch, creó su propia empresa de investigación legal. Lleva una mochila en vez de un maletín, pero su relativa juventud queda desmentida por la gran cantidad de información que acumuló sobre las políticas de interrogatorios del gobierno de Estados Unidos; parte de esta información fue obtenida gracias a entrevistas con fuentes estadounidenses. Sifton escribió que a comienzos de 2002, la CIA solicitó una "declinación anticipada" a la división de delitos del Departamento de Justicia "para las técnicas de interrogatorio propuestas para Abu Zubaydah, el primer detenido de la CIA, entre ellas enfrentar un simulacro de entierro, estar atado en posiciones dolorosas, ser privado del sueño por varios días, ser arrojado entre muros y sufrir simulacros de ahogamiento".[27] Las declinaciones se utilizaron a menudo en el caso de delitos

---

[26] Goldsmith, *The Terror Presidency*, pág. 69.
[27] John Sifton, "The get out of jail free card for torture: It's called a declination; just ask the CIA", *Slate* (marzo de 2010).

© gedisa

de guante blanco, en los que una empresa investigada que busca tranquilizar a sus accionistas le puede preguntar al Departamento de Justicia si va a presentar una acusación en su contra o no; se utiliza para situaciones pasadas, no futuras. Como Sifton explicó, "digamos que con un cliente que es investigado por utilizar un paraíso fiscal sospechoso, un abogado puede decir 'preguntémosles a los fiscales por ti, si van a *declinar* formalmente de la acusación, vamos a pedir algo por escrito, una carta de *declinación*, así puedes dormir tranquilo'".[28] Sifton señaló que el Departamento de justicia nunca había emitido una declinación anticipada, que podría haber sido efectivamente una invitación a salir de la cárcel o una promesa de inmunidad, gracias a la cual ningún agente de la CIA en el futuro sería acusado de participar de actividades delictivas.

La división de delitos del Departamento de Justicia se negó a firmar declinación anticipada alguna por razones de políticas; es que no había ningún precedente de una decisión semejante. Sin embargo, el hecho de que la CIA la solicitara nos dice algo sobre el estado de ánimo de la agencia a comienzos de 2002. Esto contradice a los funcionarios del gobierno de Bush que afirman que creían que lo que hacían era legal, y, por el contrario, sugiere que, desde un primer momento, los actores institucionales buscaron herramientas legales para protegerse de acusaciones por actos que ellos entendían que podían generar una responsabilidad legal potencial. El fracaso para asegurar la inmunidad anticipada por la comisión de delitos en los interrogatorios hizo que el "Plan B" para evitar los juicios fuera aún más importante.

Plan B: Intentar definir la tortura de manera tan acotada que ningún funcionario estadounidense pudiera ser acusado de cometerla

Los funcionarios del gobierno de Bush empezaron a ofrecer justificaciones y autorizaciones para la tortura a las agencias militares y de inteligencia. Estos documentos en su conjunto constituyen una serie de informes e informes legales ahora públicos, preparados por el Departamento de Justicia y el Departamento de Defensa entre enero de 2002 y septiembre de 2003. Estos informes daban señales generales sobre la necesidad y la aceptabilidad de recurrir a métodos de interrogatorio más rigurosos dadas por los altos niveles del gobierno. Las señales generales fueron "traducidas" en el campo en una gran variedad de técnicas, algunas aprobadas de manera explícita por los altos rangos de gobierno, y otras sin aprobación explícita.

John Yoo, profesor de derecho de la Universidad de Berkley, era el subdirector de la Oficina de Asesoramiento Legal del Departamento de Justicia responsable de escribir muchos de esos informes. Durante su estadía en Berkley, Yoo se había hecho conocido por su visión conservadora provocativa acerca de los crecientes poderes presidenciales durante la guerra. Él compartía esa opinión con quien sería el abogado más influyente en el gobierno de Bush, David

© gedisa

[28] *Ibíd.*

Addington, el asesor legal del vicepresidente Dick Cheney. Tanto Addington como Yoo creían que el presidente tenía una autoridad prácticamente ilimitada en tiempos de guerra, una autoridad que ni el Congreso ni la Corte Suprema podían desafiar de manera efectiva. Tal vez no resulte extraño que los abogados que opinaban así tampoco creyeran que el derecho internacional podía poner límites a la discreción presidencial.

En estos informes y documentos, el gobierno de Bush expuso tres argumentos importantes que ayudaban a justificar y a autorizar la tortura y el trato cruel y degradante. El primero era que las Convenciones de Ginebra relativas al Tratamiento de los Prisioneros de Guerra no se aplicaban al conflicto con Al Qaeda y el conflicto con los talibanes en Afganistán; por ende, los detenidos a causa de esos conflictos no serían considerados prisioneros de guerra sino "combatientes ilegales", un término que no existe en las Convenciones de Ginebra. Esta decisión es problemática con respecto al derecho de la guerra, y trajo aparejadas implicancias que abrían la puerta a la tortura. Las Convenciones de Ginebra protegen por completo a *cualquier* detenido de ser torturado. De esta forma, podría entenderse que si una decisión señala que las Convenciones de Ginebra no se aplican a un conflicto, la tortura está entonces permitida. Queda claro que algunos soldados estadounidenses interpretaron estas señales de esa manera, según sus comentarios y testimonios. Dos periodistas del *New York Times* mencionaron en mayo de 2004 que "un miembro de la Compañía 377 dijo que el hecho de que los prisioneros de Afganistán hubieran sido catalogados 'combatientes enemigos' no sujetos a las Convenciones de Ginebra había generado una actitud poco saludable en el centro de detención". Públicamente, el soldado aseveró: "Nos dijeron que no eran nadie, sólo combatientes enemigos. Creo que haberles dado la distinción de soldados hubiera modificado nuestra actitud hacia ellos".[29] Los funcionarios de inteligencia militar y los interrogadores de Guantánamo dijeron que "cuando llegaban nuevos interrogadores, les decían que tenían gran flexibilidad para extraer información de los detenidos porque las Convenciones de Ginebra no se aplicaban en la base".[30]

Sin embargo, el argumento de que las Convenciones de Ginebra no se aplicaban es importante en igual medida para limitar la posibilidad de enfrentar acusaciones. El Estatuto de Crímenes de Guerra de 1996 específicamente criminalizaba las violaciones graves de las Convenciones de Ginebra bajo las leyes de Estados Unidos. Es por eso que uno de los primeros informes confidenciales, fechado el 25 de enero de 2002, citaba la amenaza de acusación bajo esta ley como motivo para declarar que los detenidos capturados en Afganistán no estaban protegidos por las Convenciones de Ginebra. Si los detenidos no estaban protegidos por las Convenciones, el informe insinuaba, pero no decía,

[29] Douglas Jehl y Andrea Elliot, "Cuba base sent its interrogators to Iraqi prison", *New York Times*, 29 de mayo de 2004; www.nytimes.com/2004/05/29/world/the-reach-of-war-gi-instructors-cuba-base-sent-its-interrogators-to-iraqi-prison.html.

[30] Neil A. Lewis, "Fresh details emerge on harsh methods at Guantánamo, *New York Times,* 1º de enero de 2005; www.nytimes.com/2005/01/01/national/01gitmo.html.

que torturarlos no representaba una violación grave de las Convenciones y, en consecuencia, el Estatuto de Crímenes de Guerra no se aplicaría y no se lo podía utilizar para acusar a los funcionarios de alto rango del gobierno.

Un periodista del *Washington Post* se refería al Estatuto para los Crímenes de Guerra cuando afirmó en julio de 2006 que "esta ley obscura aprobada hace una década por un Congreso en manos de los republicanos puso nervioso al gobierno de Bush porque los funcionarios y las tropas involucradas en el manejo de los temas relacionados a los detenidos pueden ser acusados de cometer crímenes de guerra y enfrentar cargos en algún momento en las cortes de Estados Unidos". Desde septiembre de 2001, los funcionarios del gobierno de Bush "consideran que el derecho es una amenaza potencial contra el personal estadounidense involucrado en los interrogatorios".[31]

En segundo lugar, el gobierno de Bush hizo todo lo posible para reinterpretar la definición de tortura y para redefinir las obligaciones de Estados Unidos bajo las Convenciones de Ginebra y el Tratado contra la Tortura de manera tal que Estados Unidos pudiera utilizar las técnicas de interrogatorio que quisieran. En el ya infame informe, firmado por el procurador general adjunto Jay Bybee, pero escrito, principalmente, por John Yoo, se utilizó una definición de tortura que no se atenía a ninguna definición estándar, como la del estatuto federal contra la tortura. Primero, sugería que "el dolor físico que constituía tortura debía tener una intensidad equivalente al dolor que acompaña las lesiones físicas graves, como las fallas en los órganos vitales, las alteraciones funcionales del organismo o incluso la muerte". En ningún momento en la historia de la redacción de la Convención contra la Tortura, ni en la legislación estadounidense que implementa la convención aparece esta conceptualización: que para ser considerado tortura, el dolor debe equivaler a la muerte o a la falla de los órganos vitales. Segundo, el informe Bybee decía que a fin de ser definido como tortura, "el objetivo preciso del acusado debe ser infligir ese dolor".[32] El informe Bybee intenta crear una definición de tortura tan acotada que sólo un sádico (para quien el dolor es el "objetivo preciso") que lleve adelante una práctica que provoque un dolor equivalente a la muerte o la falla de órganos vitales sea un torturador.[33] Dicho de otro modo, el informe crea una definición absurda e insostenible, y que resulta contraria al lenguaje del derecho y del sentido común. El informe buscaba tal definición no sólo para permitir el uso de ciertas técnicas, sino, y más importante aún, para que fuera casi imposible acusar y condenar a alguien por tortura.

En tercer lugar, los informes aseguraban que el rol del presidente en cuanto comandante en jefe de las Fuerzas Armadas le otorgaba la autoridad para sustituir el derecho nacional e internacional y autorizar la tortura. Una vez más,

---

[31] R. Jeffrey Smith, "Detainee abuse charges feared", *The Washington Post*, 28 de julio de 2006, pág. A1.

[32] "Memorandum for Alberto R. Gonzales, Re: Standards of conduct for interrogation under 18 U.S.C. 2340-2340A", U.S. Department of Justice, Office of Legal Counsel, Office of the Assistant Attorney General, 1° de agosto de 2002.

[33] Le agradezco a Nigel Rodley este comentario.

© gedisa

esto va contra los términos del artículo 2 de la Convención contra la Tortura, que afirma claramente: "No se puede invocar ninguna circunstancia extraordinaria de ninguna índole, ya sea un estado de guerra o de amenaza de guerra, inestabilidad política o emergencia pública, como justificación de la tortura" y "No puede invocarse una orden de un funcionario superior u otra autoridad pública como justificación de la tortura".[34] Asimismo, es contrario a las prácticas constitucionales estándares de Estados Unidos, que nunca permitieron al Poder Ejecutivo deshacerse del límite impuesto por los otros poderes, ni siquiera en tiempos de guerra. Sin embargo, el informe podría haber brindado una cobertura adicional contra los juicios, dado que los acusados podían argumentar que ni el derecho nacional ni el internacional se aplicaban bajo estas circunstancias.

El gobierno de Bush no podía convencer de sus interpretaciones, en los informes legales, a los principales asesores legales de su propio Departamento de Estado ni a los muchos expertos en cuestiones legales que se encontraban en el Ejército. El desacuerdo con la decisión de que las Convenciones de Ginebra no se aplicaban en Afganistán y la revisión de las técnicas de interrogatorio aparecieron más tarde. Un día después de que el informe emitido por el procurador general Alberto Gonzales recomendaba que el gobierno no utilizara el tratamiento de Prisionero de Guerra bajo las Convenciones de Ginebra con los combatientes talibanes o de Al Qaeda, el secretario de Estado Colin Powell le escribió a Gonzales para instarlo en los términos más enérgicos posibles que se reconsiderara esta política.[35] Los abogados del gobierno de Bush advirtieron sobre las posibles consecuencias legales que los funcionarios podían enfrentar si insistían con estas políticas. En un informe fechado el 11 de enero de 2002, el asesor legal del Departamento de Estado William Taft IV mencionó que "si Estados Unidos llevaba la guerra contra el terrorismo fuera de los confines de las Convenciones de Ginebra, no sólo los soldados estadounidenses no contarían con la protección de las Convenciones, y por lo tanto enfrentarían acusaciones por delitos, entre ellos el homicidio, sino que el presidente Bush podría ser acusado de 'violaciones graves' por otros países y enfrentar cargos por crímenes de guerra". Taft también envió una copia del informe a Gonzales, con la esperanza de que le llegara a Bush.[36] Alberto Mora, director general de las Fuerzas Armadas de Estados Unidos, también advirtió a sus superiores acerca de la posibilidad de enfrentar acusaciones si continuaban ignorando la prohibición de la tortura y del trato cruel y degradante, pero sus advertencias no fueron escuchadas.[37] El gobierno de Bush no consideraba que esas exhortaciones fueran motivo para rever sus políticas. Sin embargo, hubo miembros que al pare-

[34] UN General Assembly, 51st sess., Convention Against Torture and Other Cruel, Inhuman or Degrading Treatment or Punishment, Article 2, A/39/51 (1984).

[35] "Memorandum from Secretary of State Colin Powell to counsel to the President, Re: Draft decision memorandum for the President on the applicability of the Geneva Convention to the conflict in Afghanistan", 26 de enero de 2002, disponible en www.gwu.edu/~nsarchiv/NSAEBB/NSAEBB127/02.01.26.pdf.

[36] Mayer, "Outsourcing torture", pág. 82.

[37] Jane Mayer, "The Memo", The New Yorker, 27 de febrero de 2006.

© gedisa

cer prestaron suficiente atención y diseñaron una estrategia legal que pudiera abordar la posibilidad de acusaciones futuras por violaciones a los derechos humanos. Esto puede explicar por qué los informes subsiguientes se leían como informes de abogados por la defensa, defendiendo a su cliente de manera preventiva contra el cargo de tortura.

Los informes de tortura revelan que no existía ningún compromiso por cuestión de principios o legales con la prohibición de la tortura. No fue sino hasta veintinueve meses después del primer informe, en un informe preparado a último momento explícitamente para ser publicado justo antes de la audiencia de confirmación de Alberto Gonzales como procurador general de Estados Unidos, que el gobierno de Bush afirmó que "la tortura es abominable tanto para el derecho estadounidense como para los valores y las normas internacionales".[38] Hasta ese momento, la principal preocupación en todos los informes se refería a cómo proteger a los funcionarios estadounidenses de posibles juicios futuros, y no cómo adherir a los principios del Derecho.

Los informes fueron una respuesta directa a los pedidos de la CIA para recibir instrucciones sobre los límites de los interrogatorios, a modo de cobertura legal para los actos por los que los funcionarios sabían que podían ser acusados. A comienzos de enero de 2002, la CIA ya se estaba reuniendo con funcionarios del gobierno de Bush para exigir una orientación. En esas primeras reuniones, Addington hizo alusión al hecho de que "cruzar esa línea peligrosa" podría generar acusaciones futuras y traer aparejados cargos penales contra los interrogadores. Un abogado de alto rango del Pentágono compartía estas preocupaciones. De todos modos, George Tenet, el jefe de la CIA en ese momento, quería "un respaldo político y legal" y, desde 2002 hasta 2005, Tenet mantuvo reuniones con Cheney, Condoleezza Rice, Donald Rumsfeld, Colin Powell y John Ashcroft a fin de decidir qué tormentos se infligirían a detenidos específicos de gran valor. Los militares hicieron pedidos de cobertura legal similares. Un comandante de Guantánamo completó una solicitud de doce páginas con el objeto de obtener un permiso para utilizar formas de interrogatorio más agresivas, incluyendo el simulacro de ahogamiento. Su abogado mencionó que los miembros de las Fuerzas Armadas que utilizaban estas técnicas podían estar cometiendo un delito según el código de justicia militar uniforme, pero que esto se podía solucionar con un permiso legal o inmunidad de alguien de alto nivel.[39]

De esta manera, la cascada de la justicia estaba muy presente para los funcionarios del gobierno de Bush mientras preparaban sus informes. Pero en vez de decidir cómo podían cumplir con el derecho nacional e internacional, creían que podían diseñar opiniones legales que les permitirían evitarlas. Uno de los principios fundamentales de la ideología neoconservadora que prevalecía en este gobierno era el desprecio y el escepticismo por las instituciones internacio-

[38] "Memorandum for James B. Comey, Deputy Attorney General, Re: Legal standards applicable Under 18 U.S.C. 2340-2340A", U.S. Department of Justice, Office of Legal Counsel, Office of the Assistant Attorney General, 30 de diciembre de 2004.

[39] Gellman, *Angler*, págs. 176-80.

nales y por el derecho internacional.[40] Ellos creían que el derecho es voluntario y maleable, y que no se aplicaba a los Estados poderosos como Estados Unidos.

Algunos funcionarios fueron un paso más allá, al plantear que el derecho internacional era parte del problema. Para ellos, el derecho internacional que restringía la soberanía de Estados Unidos no sólo debía ser ignorado sino resistido de manera activa y, de ser posible, eliminado. El informe del Departamento de Defensa [traducido al castellano], *Estrategia de Defensa Nacional de Estados Unidos*, publicado en marzo de 2005, mencionaba que "nuestra fortaleza como Estado Nacional seguirá siendo desafiada por aquellos que emplean una estrategia de los débiles al utilizar los foros internacionales, los procesos judiciales y el terrorismo".[41] Jack Goldsmith, quien se desempeñaba como director de la Oficina de Asesoramiento Legal en los últimos tiempos del gobierno de Bush, pregunta: "¿Por qué el poderoso Departamento de Defensa de Estados Unidos incluye a las organizaciones internacionales y a los jueces en la amenaza a la par del terrorismo? ¿Quiénes son 'los débiles' y por qué el Departamento tendría que preocuparse tanto por sus tácticas legales?".[42] Él aclara que los funcionarios estadounidenses usaban el término "guerra jurídica" para describir "la estrategia de hacer uso o mal uso del derecho como sustituto de los medios militares tradicionales para alcanzar un objetivo operativo". Goldsmith atribuye esta hostilidad a la jurisdicción universal a Henry Kissinger. En varios de sus libros y artículos, Kissinger había sido acusado de ser el autor intelectual de muchas violaciones a los derechos humanos y crímenes de guerra, y se pidió su acusación. Algunos jueces de Francia y España lo habían citado como testigo en varias acusaciones extranjeras, en especial por la Operación Cóndor, citaciones que evitó al abandonar esos países y tomar decisiones cuidadosas acerca del destino de sus viajes.[43]

Sin embargo, Kissinger estaba "lívido" cuando discutía el tema con un viejo amigo del gobierno de Ford, el entonces secretario de defensa del gobierno de Bush, Donald Rumsfeld. Rumsfeld veía los reclamos de jurisdicción universal como tan sólo otra forma de guerra jurídica utilizada por el "enemigo" contra Estados Unidos. Pero en este caso, los "enemigos" eran aliados europeos y sudamericanos y el movimiento de derechos humanos. Rumsfeld lo tomó de manera personal porque se encontraba cerca de la cima de la cadena de mando en una guerra no tradicional contra el terror que utilizaba métodos cuestionables. Él quería encontrar una solución para lo que llamaba "la judicialización de las políticas internacionales", utilizando un término común en los escritos académicos sobre el tema.[44]

Así, un efecto importante de la cascada de la justicia es que llevó al gobierno de Bush a instruir a sus abogados para diseñar informes legales que trata-

---

[40] Véase Francis Fukuyama, *American at the Crossroads: Democracy, Power, and the Neoconservative Legacy* (New Haven: Yale University Press, 2006).

[41] Departement of Defense, *National Defense Strategy of the United States* (marzo de 2005), pág. 5.

[42] Goldsmith, *The Terror Presidency*, pág. 53

[43] *Ibíd.*, pág. 58.

[44] *Ibíd.*, pág. 59.

© gedisa

ran de proteger a los funcionarios estadounidenses de los juicios. Los políticos comprendieron que existía la amenaza de los juicios, pero creían que estaban protegidos de ellos, gracias a las acciones legales secretas y, a menudo, extremas de un pequeño grupo de abogados. Resulta irónico que el cuidado que tuvieron para evitar los juicios generó la producción sin precedentes de evidencia referida a la complicidad directa de funcionarios estadounidenses de alto rango en las decisiones para torturar. Las cortes de Argentina, Chile o España se hubieran sorprendido por tener la cantidad de documentación acerca de la participación directa de estos políticos de alto rango en las decisiones sobre la tortura que finalmente fue recopilada en los primeros años de la llamada "guerra al terror" en Estados Unidos.

Sin embargo, la estrategia de los informes se topa con algunos problemas tanto dentro como fuera del gobierno. Hacia el año 2005, estaba comenzando a surgir un claro consenso entre los juristas en el sentido de que los informes eran defectuosos como cuestión de derecho, y no podrían resistir el escrutinio legal. Este miedo no hizo que el gobierno cambiara sus políticas de interrogatorio sino que diera inicio a lo que yo llamo el Plan C en sus maniobras legales para evitar los juicios.

Plan C: Aprobar leyes para garantizar la inmunidad retroactiva de los juicios

El vicepresidente Cheney encabezó personalmente un movimiento para exigir y asegurar una legislación que brindara inmunidad retroactiva para delitos en los interrogatorios pasados para todos los funcionarios estadounidenses. La Casa Blanca primero insistió para que se incluyeran términos que hicieran referencia a la inmunidad en la Ley para el trato hacia los detenidos de 2005, posteriormente modificada en la Ley para comisiones militares de 2006.[45] La Ley para el trato hacia los detenidos fue diseñada originalmente por John MCain y otros miembros del Congreso con miras a la prohibición de los tratos crueles, inhumanos y degradantes de las personas que se encuentran bajo la custodia estadounidense. Esta legislación fue una respuesta legal de principio a las violaciones a los derechos humanos del gobierno de Bush. La Casa Blanca peleó amargamente contra la legislación, y en un determinado momento Bush amenazó con vetarla cuando llegara a su despacho, en lo que hubiera sido el primer veto de su presidencia. Sin embargo, el Senado aprobó la ley por un margen de 90-9, lo que significó una derrota para la política de interrogatorio del gobierno. De todos modos, la versión final de la ley utilizaba términos impuestos en un pacto con la Casa Blanca. A cambio de asegurar la prohibición de ciertas formas de interrogatorio, el Congreso aceptó incluir la protección legal legislativa explícita ante los juicios para el personal estadounidense que participara de los interrogatorios.

[45] Mayer, *The Dark Side*, pág. 323.

La legislación prevé "la protección del personal del gobierno de Estados Unidos" ante cualquier acción civil o proceso penal que sea resultado de su detención e interrogatorio de extranjeros "sospechados de estar involucrados o vinculados con actividades terroristas". Especifica que los funcionarios de alto rango del gobierno no pueden ser acusados en tanto y en cuanto ellos creyeran que las prácticas de interrogatorio que utilizaban eran lícitas. ¿Cómo pueden saber que lo que están haciendo es lícito? La legislación explica: "La dependencia en buena fe del asesoramiento de un abogado debería ser un factor importante". De esta forma, la legislación hace alusión indirecta a los informes de tortura. Al fin y al cabo, la Oficina de Asesoramiento Legal es la rama ejecutiva de mayor rango para determinar el derecho y, entre 2002 y 2008, fueron los "asesores" quienes les dijeron a los funcionarios que sus actos eran lícitos.[46]

John Sifton describió estos términos legislativos poco notados como "muy inteligentes, muy astutos". Explica que si uno fuera un fiscal en Estados Unidos que intenta iniciar una acusación contra los funcionarios que participan en las torturas, "sabría cuán difícil va a ser conseguir una condena, porque según el derecho positivo mientras ellos pensaran que estaban respetando la ley, no pueden ser condenados".[47]

Aproximadamente al mismo tiempo, en una serie de decisiones cruciales, la Corte Suprema de justicia de Estados Unidos defendió los derechos de los detenidos a recibir un trato humano y a las protecciones ofrecidas por el estado de derecho, tanto nacional como internacional. En junio de 2006, en el caso Hamdan vs. Rumsfeld, la Suprema Corte reprendió las políticas del gobierno de Bush y sus interpretaciones legales. La Corte determinó que el sistema de comisiones militares establecido para juzgar a los acusados de cometer crímenes de guerra en la Bahía de Guantánamo violaba no sólo las leyes de Estados Unidos sino también las Convenciones de Ginebra. En lo que ahora se considera una decisión histórica sobre los límites del Poder Ejecutivo, la Corte dijo que aun durante la guerra, el presidente debe respetar no sólo las leyes de Estados Unidos establecidas por el Congreso sino también el derecho internacional.[48] La Corte contradijo directamente las teorías legales presentadas por los asesores legales del presidente Bush, que afirmaban que el presidente tiene amplia discreción para tomar decisiones en temas relacionados con la guerra, que a su vez utilizaron para asegurar que el presidente podía autorizar la tortura. En este sentido, si bien el caso Hamdan no se refirió directamente a la tortura, sí abordó los reclamos legales en los informes de tortura de dos maneras centrales. En primer lugar, determinó que las Convenciones de Ginebra se aplicaban a los detenidos en Guantánamo y, en segundo lugar, socavó el reclamo de la autoridad ejecutiva exclusiva sobre el que se basaban los argumentos para la tortura. En un caso posterior de un detenido, Boumedienev vs. Bush, en 2008, la Corte Supre-

---

[46] Sección 1004(b) del Detainee Treatment Act de 2005 (42 U.S.C. 2000dd-1(b).

[47] Entrevista a John Sifton, Nueva York, NY, 13 de mayor de 2010.

[48] U.S. Supreme Court, "Hamdan vs. Rumsfeld", www.supremecourtus.gov/opinions/05pdf/05-184.pdf.

© gedisa

ma dictaminó que los prisioneros de Guantánamo tenían derecho a presentar un recurso de habeas corpus y podían cuestionar la legalidad de su detención en las cortes federales de Estados Unidos.

Tanto el ejército como la sociedad civil tuvieron una participación activa para presentar estos casos ante la Corte Suprema. Por ejemplo, en el caso Hamdan, Salim Hamdan fue defendido con éxito por el abogado defensor que le asignó el ejército, en conjunto con abogados voluntarios del mundo académico y de bufetes privados de abogados. Alrededor de cuarenta informes *amicus curiae* fueron presentados a favor del informe Hamdan por las organizaciones de derechos humanos, funcionarios militares retirados, diplomáticos y expertos en derecho.[49] Los causas Hamdan y Boumediene no fueron acusaciones humanitarias sino casos que se referían al derecho a desafiar sus detenciones en el tribunal. Hannah Arendt dijo que el derecho más importante es "el derecho a tener derechos". En esencia, lo que la Corte Suprema de Estados Unidos estaba decidiendo era el derecho de los detenidos estadounidenses a tener derechos. La decisión en el caso Hamdan, que las Convenciones de Ginebra se aplicaban al trato hacia los detenidos, intensificó aún más la ansiedad del gobierno de Bush con respecto a los juicios. Si las Convenciones de Ginebra se aplicaban a los detenidos, las "técnicas de interrogatorio mejoradas" podían constituir crímenes de guerra, y los funcionarios estadounidenses podrían ser acusados según el Estatuto contra los Crímenes de Guerra.

Después de la decisión en el caso Hamdan, una vez más, el gobierno no respondió con un cambio en sus políticas de interrogatorio, sino con un incremento en sus esfuerzos para otorgar una protección legal férrea a fin de evitar los juicios. Los funcionarios del gobierno de Bush presionaron al Congreso para sancionar la Ley para las Comisiones Militares de 2006, escrita con términos que reforzaban la protección ya incluida en la Ley para el Trato a los Detenidos. La nueva legislación también requería que el gobierno brindara asesoramiento legal y pagara los costes jurídicos, la fianza y cualquier otro gasto incurrido en una acusación contra un funcionario de gobierno por las prácticas de interrogatorio. Dejaba en claro que el derecho correspondía a los juicios o investigaciones en las cortes o agencias de Estados Unidos, a las cortes o agencias extranjeras, o a las cortes o agencias internacionales", y definió que se aplicaba a cualquier acto ocurrido entre el 11 de septiembre de 2001 y el 30 de diciembre de 2005, cuando la Ley para el Trato a los Detenidos original fue firmada.

Plan D: Cuando todo lo demás falla, destruyan la evidencia

Por último, el temor a los juicios llevó a la destrucción de la evidencia que hubiera podido ser utilizada en acusaciones futuras. La CIA destruyó cientos de horas de grabaciones de video de la probable tortura de tres hombres, supues-

---

[49] Nina Totenberg, "Hamdan vs. Rumsfeld: Path to a landmark ruling", National Public Radio, 29 de junio de 2006; www.npr.org/templates/story/story.php?storyId5751355.

tamente vinculados con Al Qaeda, mediante un simulacro de ahogamiento a manos de sus agentes en 2002. Michael Ratner, presidente del Centro para los Derechos Constitucionales, sostiene que "este temor a los juicios por tortura es la mejor explicación de por qué los videos fueron destruidos: hubieran sido ejemplos vívidos y convincentes de la violación de las leyes contra la tortura, leyes cuya violación en Estados Unidos es castigada con prisión perpetua o la pena de muerte si la víctima fallece. Para las leyes de la mayoría de los países europeos, la violación de las convenciones contra la tortura constituye un delito universal, es condenable sin importar dónde tuvo lugar la tortura o dónde residen los torturadores".[50]

Los políticos más duros del gobierno de Bush estaban orgullosos de su entendimiento realista de la política internacional. Creían que su estrategia de buscar informes legales y protección en la legislación protegería a los funcionarios estadounidenses de los juicios a nivel nacional. Sin embargo, aunque pensaban que el derecho tiene escasa influencia autónoma, y que el poder puede definir el derecho, minimizaron los riesgos al tomar todas las medidas necesarias para frenar las posibilidades de enfrentar acusaciones.

La efectividad de las respuestas a los juicios nacionales y extranjeros del gobierno de Bush

Inicialmente, la visión del mundo de los neoconservadores del gobierno de Bush quedó confirmada. Parecía haber pocos costos políticos nacionales o internacionales para sus violaciones del derecho nacional e internacional. La publicidad negativa generada por la divulgación de las fotografías de Abu Ghraib no alcanzó para terminar con las prácticas. El público estadounidense no exigió más imputación de la responsabilidad penal por el uso de la tortura. A pesar de que las revelaciones gráficas aparecieron en un año electoral, la tortura no se convirtió en un tema de campaña en las elecciones que siguieron en 2004 o 2006.

El gobierno no sólo se mantuvo impertérrito ante la crítica nacional e internacional a sus prácticas, sino que promovió activamente a muchos de los individuos más íntimamente relacionados con la política de torturas. El señor Bybee, cuyo nombre aparecía en el primer informe de tortura controvertido (si bien en realidad fue escrito por Yoo), fue asignado al Noveno Circuito de la Corte de Apelaciones. El asesor legal de la Casa Blanca, Alberto Gonzales, quien solicitó y aprobó los informes, fue nominado y confirmado para el cargo de fiscal general de Estados Unidos. John Yoo dijo que la victoria del presidente Bush en las elecciones de 2004, junto con la falta de oposición a la confirmación de Gonzales, fue "prueba de que el debate estaba terminado", y declaró: "Este tema está desapareciendo. El público tuvo su referéndum".[51]

---

[50] Michael Ratner, "The fear of torture: Tape destruction or prosecution", 14 de diciembre de 2007; http://michaelratner.com/blog/?p=26.

[51] Mayer, "Outsourcing torture", pág. 82.

No obstante, a diferencia de lo predicho por Yoo, el tema no desapareció. Las estrategias no consiguieron que el tema desapareciera. Algunos de los informes legales secretos eran tan alarmantes que generaron una oposición feroz incluso dentro del gobierno. Cuando Jack Goldsmith asumió el control de la Oficina de Asesoramiento Legal, se dio cuenta de que tendría que retirar algunos de los informes de esa oficina, una decisión casi sin precedentes. Esto merece especial atención dado que Goldsmith es un pensador legal conservador que había apoyado muchas de las políticas de Bush.

Las personas asociadas con el Ejército acusaron a los miembros del gobierno de Bush de "poner a las tropas en peligro", "socavar los esfuerzos de la guerra", "alentar las represalias" y "desmotivar", por no mencionar "perder los estándares morales elevados". Las fuentes militares criticaron al gobierno por no buscar el asesoramiento de las máximas autoridades legales militares, el Cuerpo de Abogacía General de la Marina.[52] Los oficiales militares y los oficiales de la CIA no sólo estaban en desacuerdo con los informantes del gobierno de Bush sobre la legalidad de la tortura sino también sobre su *efectividad*. Toda la estrategia del gobierno de Bush estaba basada en la idea de que la tortura es una herramienta necesaria y efectiva en la guerra contra el terrorismo. La periodista de investigación Jane Mayer dijo en un artículo para *The New Yorker* que "la resistencia interna más feroz" a las políticas del gobierno provino de las personas que habían estado directamente involucradas en los interrogatorios, entre ellos los agentes veteranos del FBI y el personal militar. "Sus inquietudes son prácticas además de ideológicas. Los años de experiencia en los interrogatorios los llevaron a dudar sobre la efectividad de la coerción física como medio para extraer información confiable".[53] Las quejas del FBI con respecto a las prácticas de interrogatorio severas comenzaron en diciembre de 2002, según documentos internos que fueron difundidos. A fines de 2003, un agente se quejó de que "hasta ahora, estas tácticas no produjeron ninguna información que ayudara a neutralizar ninguna amenaza".[54]

Precisamente a causa de la oposición extrema que generaron los informes dentro del gobierno de Bush, finalmente fueron filtrados a la prensa. Una vez que públicos, crearon una controversia y se convirtieron en una fuente de información detallada que alimentó la oposición a la política del gobierno de Bush. Sin los informes, el gobierno tal vez hubiera podido mantener su historia inicial de que el maltrato hacia los detenidos era el resultado de unas pocas "manzanas podridas". Sin embargo, los informes y otros documentos filtrados dejaron en claro que el ímpetu por los interrogatorios severos provenía de los más altos niveles.

[52] Declaración de brig. gen. James Cullen, Press conference by Human Rights First and Retired Military Leaders, 4 de enero de 2005; audio at www.humanrightsfirst.org. Trascripción con comentarios de la autora.

[53] Mayer, "Outsourcing torture", pág. 108.

[54] FBI, Criminal Justice Information Services, "E-mail from REDACTED to Gary Bald, Frankie Battle, Arthur Cummings Re: FWD: Impersonating FBI Agents at GIT-MO", 5 de diciembre de 2003; www.aclu.org/torturefoia/released/122004.html.

© gedisa

Como resultado de estas políticas, el gobierno de Bush dio señales y asesoramiento condenatorios a los agentes de campo. Los funcionarios les hicieron creer que estaban operando bajo la protección del derecho y que el poder del gobierno los podía proteger de las represalias. El gobierno estadounidense sigue intentando proteger de los juicios a las personas involucradas en los casos de tortura, y en muchos casos tendrá éxito, pero es poco probable que el éxito lo acompañe en todos los casos.

Juicios nacionales

A comienzos del proceso, las ONG con sede en Estados Unidos hicieron un llamado en pos de la imputación de la responsabilidad penal de los funcionarios del gobierno de Bush que condonaron o participaron de la tortura. La primera exigencia del movimiento de derechos humanos fue revocar y repudiar todas las órdenes existentes y las opiniones legales que autorizaban los interrogatorios crueles o las detenciones secretas. La segunda exigencia importante fue cerrar el centro de detención de la Bahía de Guantánamo. Sin embargo, las organizaciones de derechos humanos también pidieron imputación de la responsabilidad penal. Elisa Massimino, directora en Washington de Human Rights First, sostuvo que "sin una *imputación de la responsabilidad penal* que llegara hasta los puestos más altos de la cadena de mando, no habrá disuasión, y es probable que las torturas y abusos que documentamos continúen".[55] Mientras las organizaciones de defensa de los derechos humanos convencionales como Human Rights First hicieron hincapié en la imputación de la responsabilidad penal, dos organizaciones de derechos civiles nacionales con vasta experiencia en litigios en las cortes estadounidenses tomaron la delantera en la realización de demandas a nivel nacional: la Unión Estadounidense por las Libertades Civiles y el Centro para los Derechos Constitucionales. En términos generales, estas demandas eran procedimientos civiles por daños y no causas penales porque el derecho de Estados Unidos no permite la acusación privada de causas criminales. Ninguna de esas causas se ha desarrollado en su totalidad. Los jueces de primera instancia usaron varias justificaciones para desestimarlas. Dado que el presente libro se ocupa de la imputación de la responsabilidad penal individual, no voy a incluir aquí un largo debate sobre estas causas civiles. No obstante, estos grupos resultaron fundamentales para presentar causas de habeas corpus y algunas de ellas lograron llegar a la Corte Suprema y tuvieron gran repercusión.

Por otra parte, el Ejército de Estados Unidos continúa los juicios en una serie de causas que involucran el abuso de detenidos. Desde 2006, Human Rights Watch descubrió que las autoridades estadounidenses habían abierto investigaciones en el 65% de los seiscientos casos que involucraban al personal estadounidense implicado en alrededor de trescientos treinta casos de abusos de

[55] Obtenido de www.chrgj.org/docs/Press%20Release%20-%20By%20The%20Numbers.pdf.

detenidos en Irak, Afganistán y la Bahía de Guantánamo. De las setenta y nueve cortes marciales, cincuenta y cuatro terminaron en condenas o declaración de culpabilidad; otras cincuenta y siete personas enfrentaron procedimientos extrajudiciales con penas mínimas o sin encarcelamiento.[56] Si bien muchos casos no fueron investigados, y ningún oficial superior fue declarado responsable, no es un grado insignificante de *imputación de la responsabilidad penal* y castigo.

La definición de tortura de la Convención contra la Tortura se concentra en el dolor o el sufrimiento "infligido por un funcionario público o una persona con funciones oficiales, o con su instigación o con su consentimiento o aquiescencia". En la redacción del tratado, Estados Unidos mismo propuso los términos "o con el consentimiento o aquiescencia de un funcionario público".[57] Hasta el día de hoy, las sanciones de Estados Unidos se centraron solamente en la tortura cometida "por" los funcionarios públicos, y desestimaron los casos de instigación, consentimiento o aquiescencia de otros funcionarios públicos de mayor nivel. Casi todo el personal militar (95%) que fue investigado hasta ahora son soldados alistados, no oficiales. Tres oficiales fueron condenados por cortes marciales a causa de su participación directa en abusos a los detenidos, pero ningún oficial militar fue considerado responsable de los actos delictivos cometidos por subordinados.[58]

Juicios extranjeros

Los creadores de políticas de Estados Unidos están aprendiendo la misma lección que antes habían aprendido los chilenos y los argentinos: los intentos internos para proteger a los funcionarios del Estado de los juicios no pueden atar las manos de los órganos judiciales extranjeros. Por eso, mientras que los informes y la legislación podrían proteger temporalmente a los funcionarios de alto rango del gobierno de los juicios a nivel nacional, no pueden necesariamente protegerlos de las cortes extranjeras como aquellas de Italia, que se convirtieron en las primeras cortes en condenar a los ciudadanos estadounidenses por delitos cometidos como parte de la guerra contra el terror durante el gobierno de Bush.

En noviembre de 2009, un juicio en Italia terminó en la condena en rebeldía de veintitrés estadounidenses y dos italianos por el secuestro en la calles de Milán de una persona egipcia sospechada de terrorista. Un juez italiano decidió que lo que el gobierno de Estados Unidos llamó "rendición extraordinaria" se ajustaba a la descripción de "secuestro" del código penal italiano. El fiscal milanés Armando Spataro fue el hombre detrás del primer golpe legal importante al programa de rendición extraordinario de la CIA. La Convención contra la Tortura deja en claro que los Estados no pueden "expulsar, devolver (*refouler*)

---

[56] "By the numbers", págs. 3, 7.

[57] Jan Herman Burgers y Hans Danielius, *The United Nations Convention Against Torture* (Dordrecht, Países Bajos: Martinus Nijhoff, 1998), pág. 41.

[58] "By the numbers", pág. 7.

© gedisa

o extraditar a una persona a otro Estado cuando existen motivos suficientes para creer que esa persona correría el riesgo de ser torturada". Sin embargo, la política de "rendición extraordinaria", tal como era puesta en práctica por el gobierno de Bush, era precisamente eso: se enviaba a las personas a otros Estados, con la complicación adicional de que estos individuos, en algunos casos, en verdad fueron secuestrados en un país para ser luego enviados a un tercero. Según los defensores de los derechos humanos, las rendiciones eran el mecanismo de la CIA para la "tercerización" de la tortura de los sospechosos de terrorismo.

Para el fiscal Spataro, sin embargo, el secuestro de un hombre en las calles de Milán es un delito que merece ser investigado, como cualquier otro delito, aun si fue cometido por la CIA en colaboración con el Servicio Secreto italiano. El gobierno italiano de Silvio Berlusconi fue uno de los principales aliados del gobierno de Bush, y llamó a Spataro "túnica roja" o juez de izquierdas. No obstante ello, Spataro considera que el derecho es una de las herramientas primarias en la lucha contra el terrorismo. Armando Spataro es un caballero locuaz, con cabello canoso y modales corteses. Se mezcla con los empresarios italianos que lo rodean en sus largas pausas para almorzar al tiempo que come sus espaguetis carbonara en un café a la calle. Pero mientras relata su historia queda claro que uno no debería subestimar su determinación ni su experiencia. Spataro comenzó a trabajar en la división antiterrorista de la Oficina de la Fiscalía de Milán en 1978, cuando Italia estaba acosada por el terrorismo interno de las Brigadas Rojas y otros grupos insurgentes violentos de izquierdas cuyas bombas y asesinatos crearon caos y miedo en todo el país. Luego del 9/11, los funcionarios estadounidenses a veces actuaron como si fueran los primeros en tener que lidiar con los problemas del terrorismo. Sin embargo, Spataro ha dedicado su vida profesional entera a la lucha contra el terrorismo y la mafia. Cuando escucha que los funcionarios estadounidenses y los miembros del gobierno italiano afirman que la única forma de luchar contra el terrorismo es fuera de la ley, Spataro recuerda sus encuentros tempranos con el terrorismo de izquierdas.

Cuando era un joven fiscal de la oficina de Milán, Spataro trabajó con su colega, el juez Guido Galli, en la acusación contra las Brigadas Rojas y otros grupos terroristas. Además de su labor como juez, Galli también enseñaba derecho en la Universidad de Milán. El 19 de marzo de 1980 (Spataro recuerda la fecha con exactitud, sin tener que pensar), Galli fue baleado y asesinado por terroristas de izquierdas cuando se retiraba de la universidad tras dar una clase sobre derecho penal. Spataro, quien debido a su cargo a tiempo completo como magistrado tenía una escolta policial que Galli compartía cuando estaban juntos, había rechazado una oferta para hablar en la clase de Galli de ese día.[59] En cambio, llegó a la escena del crimen para ver el cuerpo de Galli en el piso, con múltiples heridas de bala en la cabeza y una copia del código penal italiano que había utilizado en la clase todavía en sus manos. Spataro piensa en Galli cada vez que alguien dice que no se puede luchar contra el terrorismo con las leyes. Él

[59] Entrevista a Armando Spataro, Roma, Italia, 14 de octubre de 2008. Para un análisis más profundo sobre el tema, véase Steven Hendricks, *A Kidnapping in Milan: The CIA on Trial* (Nueva York: W. W. Norton & Company, 2010).

© gedisa

recuerda desafiante: "En Italia, nosotros derrotamos al terrorismo usando el derecho". El último juicio contra un miembro de las Brigadas Rojas fue en 1990, e Italia no volvió a ser acosada por el terrorismo interno desde ese momento. Después de 1990, Spataro fue transferido a la división antimafia de la Oficina de la Fiscalía de Milán, donde utilizó las mismas herramientas para enfrentar a otro grupo secreto y violento de distinta naturaleza.

Ernesto Sabato, el escritor que encabezó la Comisión de la Verdad en Argentina, escribió en el prólogo del informe de la comisión, *Nunca más*, sobre la lucha del gobierno italiano contra los grupos violentos como las Brigadas Rojas: "Sin embargo, nunca, en ningún momento, ese país abandonó los principios del derecho en su lucha contra estos terroristas, y logró resolver el problema mediante las cortes normales, garantizando los derechos de los acusados en un juicio justo. Cuando [el ex primer ministro] Aldo Moro fue secuestrado, uno de los miembros de las fuerzas de seguridad le sugirió al general Della Chiesa torturar a un sospechoso que parecía tener mucha información. El general le respondió con las palabras memorables: 'Italia puede sobrevivir a la pérdida de Aldo Moro. No sobreviviría la introducción de la tortura'.[60] Spataro comparte los sentimientos del general Della Chiesa. Para Spataro, se trata de una cuestión de principios, y también de eficacia. El gobierno de Bush piensa que "los juicios son un obstáculo para luchar contra el terrorismo", dijo Spataro. "Creemos que debemos utilizar el mismo sistema, los mismos métodos que utilizamos contra la mafia en Italia. Para combatir el terrorismo, necesitamos la cooperación de la comunidad islámica en nuestros países democráticos. A fin de obtener su cooperación, tenemos que demostrarles que somos una democracia plena y que las mismas reglas se aplican para todos".[61]

Para el gobierno de Bush, el trabajo de Spataro estaría dentro de la rúbrica de guerra jurídica, utilizada por los débiles para desafiar la fortaleza estadounidense. Sin embargo, para Spataro el derecho es una de las herramientas primarias contra el terrorismo, y su experiencia en la lucha contra las Brigadas Rojas a través del derecho lo respalda. Cuando Spataro dice que las mismas reglan se aplican para todos, se refiere al gobierno de Estados Unidos, el gobierno italiano y la CIA. Entonces, si el código penal italiano prohíbe el secuestro, eso incluye a la CIA. Es indistinto si la víctima, en este caso Nasr Osama Mostafa Hassan, alias Abu Omar, era un refugiado egipcio que ya era sospechoso de terrorismo en un caso seguido con gran atención por la Oficina de la Fiscalía de Milán. De hecho, la razón por la que la Oficina de la Fiscalía supo de inmediato que Abu Omar había sido secuestrado fueron las escuchas a su teléfono como parte de su propia investigación por terrorismo. Después del secuestro, interceptaron una llamada de su esposa a un amigo para decirle que él había desaparecido. Al principio, la Oficina de la Fiscalía no sabía que la CIA estaba involucrada; les llevó años armar el caso, gracias a los registros de llamadas de teléfonos ce-

---

[60] Prólogo, *Nunca Más: The Report of the Argentine National Commission on the Disappeared* (Nueva York: Farrar, Straus & Giroux, 1986), pág. 1.

[61] Entrevista a Armando Spataro, Roma, Italia, 14 de octubre de 2008.

lulares, correos electrónicos, reservas de hotel y alquiler de autos, entre otra información que los agentes de la CIA dejaron en un sendero relativamente claro.

Finalmente, la oficina de Spataro determinó el 17 de febrero de 2003 que Abu Omar fue secuestrado alrededor del mediodía en Milán, por un grupo de agentes de la CIA que utilizaron una furgoneta y lo llevaron a Aviano, una base aérea a casi cuatro horas de Milán utilizada por la Fuerza Aérea de Estados Unidos. Mientras los agentes de la CIA estaban en camino a Aviano, utilizaron un teléfono celular para llamar a Robert Lady, jefe de la estación de la CIA en Milán, a la base aérea de Aviano, y al cuartel general de la CIA en Langley, Virginia. En Aviano, Abu Omar fue transferido a un avión privado que a veces es alquilado a la CIA, que luego voló a la base aérea de Ramstein, en Alemania, y finalmente al El Cairo, donde Abu Omar fue entregado a las autoridades egipcias. Según su abogado, durante las casi cuatro horas en las que Abu Omar estuvo bajo custodia egipcia, fue sometido a tortura, incluyendo violación, descargas eléctricas y golpes repetidos.

La parte más sorprendente de toda esta historia es la independencia con la que operó la Oficina de la Fiscalía de Milán. Desde luego, tal como admite Spataro, hay jueces en Italia que no son tan independientes y, como dice una expresión en italiano, podrían "poner el expediente bajo la arena". Uno sospecha que Spataro está describiendo el sistema con un dejo demasiado positivo, que las presiones para abandonar la causa deben de haber sido intensas. Esta causa tranquilamente podría haberse perdido en la burocracia, como es evidente que sucedió durante el primer año antes de que Spataro la tomara. Pero no es el estilo de Spataro. Al preguntarle si le preocupan los problemas creados por una causa contra la CIA y el gobierno italiano, Spataro se ríe y dice que después de juzgar las causas contra las Brigadas Rojas y la mafia no es factible que la CIA lo asuste.

Spataro necesitó la mayor independencia posible porque el primer ministro Berlusconi lo presionó para detener la acusación. El gobierno solicitó una moción para detener el juicio porque esta cuestión está cubierta por las leyes del secreto de Estado italiano; el Tribunal Constitucional estuvo de acuerdo con que algunos de los testimonios obtenidos por Spataro estaban cubiertos por las leyes y no podían ser utilizados. El hecho de que relativamente pocos italiano hayan sido condenados es el resultado de que Spataro no pudiera usar esos testimonios. Mientras tanto, un miembro del Parlamento, y abogado de Berlusconi, le pidió al Consejo Superior de la Judicatura que castigara a Spataro, y otro senador, ex presidente de Italia, acusó a la oficina de Spataro de estar infiltrada por terroristas y solicitó que se investigara la existencia de una red de agentes terroristas detrás de los juicios.

Se cree que todos los condenados estadounidenses son agentes de la CIA, pero Spataro ni siquiera sabe a ciencia cierta si, en todos los casos, usaron sus nombres verdaderos, dado que utilizaron nombres falsos como parte de sus actividades encubiertas en Italia. Los estadounidenses fueron juzgados en rebeldía, una clase de juicio penal permitido por el sistema judicial italiano pero no en Estados Unidos. Fueron juzgados en rebeldía porque el gobierno italiano se negó a dar lugar a los pedidos de extradición del fiscal. De todos modos, aun en el caso de que el gobierno italiano hubiera emitido un pedido de extradición, Estados Unidos no hubiera extraditado a los agentes para ser juzgados. Es muy probable que ninguno de los estadounidenses condenados vaya a prisión. Aun así, el proceso de la acusación en esta causa constituye una forma de castigo significativa. Como mínimo, estos oficiales tendrán que ser muy cuidadosos en sus viajes, en especial a través de Europa. Un ex agente de la CIA dijo que si los fiscales italianos lograran conseguir una orden de arresto internacional, "es probable que los espías condenados corran el riesgo de ser arrestados en cualquier lugar fuera de Estados Unidos por el resto de sus vidas".[62] Asimismo, podemos suponer que los juicios afectaron de manera drástica sus carreras. Resulta difícil desempeñarse como agente encubierto tras haber sido objeto de una acusación tan pública. Muchos de los oficiales acusados y condenados se han retirado de la CIA tras el juicio.

Estos costos se reflejan en la decisión de uno de los oficiales condenados, Sabrina De Sousa, de demandar al Departamento de Estado de Estados Unidos por su incapacidad de otorgarle inmunidad diplomática. De Sousa fue acusada de haber trabajado en estrecha colaboración con Robert Lady, el jefe de la estación de la CIA en Milán. Sin embargo, Estados Unidos sólo tiene un consulado en Milán, no una embajada, y los funcionarios consulares no tienen inmunidad diplomática. Como tal, ni Lady ni De Sousa estaban protegidos contra los juicios. El abogado de De Sousa que ella iba a modificar la demanda contra el Departamento de Estado e incluir al señor Lady y a la CIA como demandados porque, "según los informes periodísticos, ellos fueron los responsables de la supuesta abducción".[63] Además del daño a sus carreras, estas acusaciones tuvieron costos personales y sociales. Robert Lady, quien a decir de todos era un hombre afable y relajado durante su mandato como jefe de la CIA en Milán, perdió su casa de campo en Italia, atravesó una separación difícil y se instaló silenciosamente en Abita Springs, Luisiana. Cuando un periodista italiano le preguntó cómo lo había afectado el fallo de la CIA, Lady respondió: "Amo Italia. Tomé la decisión de vivir en Italia. Toda mi familia ama Italia. Pensé que podía desempeñarme profesionalmente allí y luego, a los sesenta y cinco años estaría desarrollando mi propio Barbera* en mi gran casa cerca de Asti: diez acres de viñedos, un lugar estupendo. En cambio, tuve que huir". Con respecto a su separación, "Lady dijo que no podía culpar a su ex esposa: él se sentía indefenso, frustrado, y tenía poco para ofrecer".[64]

Otros crímenes por delitos de lesa humanidad contra funcionarios de alto rango del gobierno por torturas fueron propuestas pero no tuvieron un gran desarrollo. A finales de octubre de 2007, Donald Rumsfeld aceptó hablar en un desayuno cerrado y confidencial organizado por la revista *Foreign Policy* en Francia. La reunión se desarrolló en un edificio lindero con la embajada de

---

[62] Citado en el *New York Times*, 5 de noviembre de 2009.

[63] Rachel Donadio, "Italy convicts 23 Americans for CIA renditions", *New York Times*, 4 de noviembre de 2009.

* Un tipo de vino italiano que se elabora en el Piamonte. [T.]

[64] Citado por Hendricks, *A Kidnapping in Milan*, págs. 271-273.

Estados Unidos en París. El día previo a la reunión, el Centro para los Derechos Constitucionales, con sede en Estados Unidos, y la Federación Internacional para los Derechos Humanos, con sede en París, presentaron una denuncia por torturas contra Rumsfeld ante un fiscal de París. A la mañana siguiente, Rumsfeld se dirigía a su conferencia caminando tranquilamente por la calle, quizás, sin saber aún que se había iniciado una causa en su contra. Sin embargo, nunca volvió a aparecer para enfrentar a los periodistas y a los defensores de los derechos humanos que se congregaron afuera del edificio durante ese día. Michael Ratner explica: "La gran diferencia entre este caso y otros casos es en realidad que Rumsfeld se encuentra en Francia. Y cuando un supuesto torturador ingresa a un país, pero en particular a Francia, la obligación que tiene el fiscal de iniciar una investigación es mucho más fuerte que en otros casos de la llamada 'jurisdicción universal'. Nosotros iniciamos dos causas en Alemania, y una de ellas todavía está en la instancia de apelación. Hay una causa en Argentina y otra en Suecia. Creo que el objetivo de todo esto es que Rumsfeld no tenga dónde ocultarse".[65]

Ratner exagera la posibilidad de una acusación en este caso. Después de que un juez francés desestimó la denuncia en noviembre de 2007, el Centro para los Derechos Constitucionales apeló la decisión ante el fiscal general de París, quien la desestimó en febrero de 2008, alegando que Rumsfeld tenía inmunidad por acciones que había llevado a cabo mientras ocupaba su cargo. En Francia, más tarde, en el mismo año en el que se desestimó la causa contra Rumsfeld, un juez condenó a un ex diplomático tunecino por torturas cometidas mientras se desempeñaba como jefe policial en Túnez en la década de los años noventa. El contraste entre ambas causas sugiere que los jueces de Francia tal vez midan con distintas varas, una para los funcionarios de bajos rangos de países más débiles y otra para los funcionarios de alto nivel de un país poderoso como Estados Unidos. De todos modos, Rumsfeld tendrá que mantenerse al tanto de estas causas, evaluar la probabilidad de que avancen y planificar sus próximos viajes en consecuencia. Para un hombre poderoso como Rumsfeld, debe de ser exasperante, al igual que lo es para su amigo Henry Kissinger.

Una causa similar contra Rumsfeld y otros en Alemania también fue desestimada por los jueces alemanes, quienes dijeron que la investigación del tema le correspondía a Estados Unidos. El Centro para los Derechos Constitucionales y sus aliados iniciaron las demandas bajo una ley alemana especial promulgada para cumplir con el Estatuto de Roma de la CPI. La ley otorga jurisdicción universal para los crímenes de guerra, genocidio y crímenes de lesa humanidad, y le permite al fiscal federal alemán investigar y acusar tales delitos sin importar la ubicación o la nacionalidad del acusado o del demandante. En abril de 2009, un tribunal de apelaciones regional desestimó la apelación y en mayo de 2009 los grupos presentaron una moción para que se la reconsidere. Aparte de Rumsfeld, la demanda alemana también incluía al ex director de la CIA George Tenet y a otros funcionarios estadounidenses de alto nivel, además de los abogados que redactaron los informes que justificaban la tortura.

[65] Entrevista a Michael Ratner y Jeanne Sulzer hecha por Juan González, Information Clearing House; www.informationclearinghouse.info/article18633.html.

En la actualidad, otra causa extranjera está investigando a los funcionarios públicos que "instigaron" la política. En marzo de 2009, la Audiencia Nacional, la corte española que inició la causa contra Pinochet, dio los primeros pasos para abrir una causa contra seis abogados del gobierno de Bush que escribieron los informes que le daban justificación legal al uso de la tortura: Alberto Gonzales, John Yoo, Jay Bybee, David S. Addington, William Haynes y Douglas Feith. La demanda, presentada por un grupo defensor de los derechos humanos español, la Asociación para la Dignidad de los Prisioneros, se basa en el testimonio de cinco ciudadanos o residentes españoles que estuvieron detenidos en la Bahía de Guantánamo. La corte le asignó la causa al juez Baltasar Garzón, quien la aceptó y la asignó a un fiscal.[66]

No es frecuente que se presenten cargos contra abogados por las políticas de sus gobiernos. La mayoría de las causas por torturas apuntan contra quienes, en realidad, cometieron los actos de tortura o sus superiores en la cadena de mando. En algunos casos, corresponde el principio de responsabilidad de mando, por medio del cual se considera que los líderes que dan las órdenes tienen un mayor nivel de imputación de la responsabilidad penal que quienes en efecto llevan a cabo los delitos. Por ejemplo, Donald Rumsfeld, y no Dick Cheney, es el blanco de las causas en Francia y Alemania porque se encuentra en la cadena de mando directa; John Yoo y Alberto Gonzales nunca estuvieron en la cadena de mando. Muchas personas sienten la acusación de un abogado por dar asesoramiento legal que sentaría un precedente negativo. Aun así, la voluminosa evidencia documental en la forma de varios informes filtrados y dados a conocer le podrían permitir a la corte española pensar seriamente sobre lo que quiere decir la Convención contra la Tortura cuando insta a los Estados miembros a garantizar que los actos que constituyen "complicidad" con la tortura sean delitos según el derecho penal y estén sujetos a la jurisdicción universal.

Sin embargo, el juez Garzón enfrenta la oposición no sólo del gobierno de Estados Unidos sino también de su propio gobierno, en la actualidad en manos del Partido Socialista. En 2009, el Parlamento español aprobó leyes que limitan la amplia jurisdicción española sobre los actos extraterritoriales al introducir el requerimiento de "un vínculo o conexión con España", ya sea porque los acusados se encuentran en el territorio español o porque las víctimas son españolas. No obstante, la nueva legislación no es aplicada con retroactividad, y hubo víctimas españolas en Guantánamo, por lo que el futuro de las causas contra los abogados de Bush es incierto.[67] Es poco probable que el gobierno de Estados Unidos alguna vez extradite a sus funcionarios a España, pero las órdenes de arresto españolas obligarían a Gonzales y a otros abogados a no viajar por algunas partes de Europa.

---

[66] Marlise Simons, "Spanish Court weighs inquiry on torture for 6 Bush-era officials", *New York Times*, 28 de marzo de 2009.

[67] Kai Ambos, "Prosecuting Guantánamo in Europe: Can and shall the masterminds of the torture memos be held criminally responsible on the basis of universal jurisdiction?" *Case Western Research Journal of International Law* 42 (2009); www.case.edu/orgs/jil/vol.42.1.2/42_Ambos.pdf.

En 2011, algunos grupos políticos y organizaciones de derechos humanos, entre ellos Amnistía Internacional y el Centro para los Derechos Constitucionales, presionaron al gobierno suizo para abrir una investigación penal contra el ex presidente Bush por haber autorizado personalmente la aplicación de simulacros de ahogamiento a sospechosos de terrorismo. Si bien la causa todavía no había sido abierta, el ex presidente canceló un viaje a Suiza para ser el ponente principal en una cena de caridad en febrero de 2011. Un vocero del grupo que invitó a Bush afirmó que la cancelación se debió a las preocupaciones en materia de seguridad a causa de las protestas previstas, pero los grupos de derechos humanos dijeron que no tienen ninguna duda de que Bush canceló su viaje para eludir el proceso judicial penal.[68]

Michael Ratner reconoció que sería difícil condenar a Rumsfeld, pero también dijo que el objetivo de las demandas legales era demostrar "que no descansaremos hasta que los funcionarios estadounidenses involucrados en los programas de tortura sean llevados ante la justicia".[69] Aunque muchos de estos procesos judiciales, al final, queden estancados o sean desestimados o los acusados sean absueltos por razones legales o políticas, de todos modos, pueden socavar la tranquilidad, la seguridad financiera y la reputación de los sospechados de ser perpetradores. En las próximas décadas, el ex secretario de Defensa Donald Rumsfeld, John Yoo y las otras personas que defendieron la política de incumplimiento explícito de las Convenciones de Ginebra y de la Convención contra la Tortura al menos se pueden hallar en problemas cuando viajen al exterior. Antes de iniciar un viaje al extranjero, tal vez necesiten averiguar el estado de los juicios en cualquier país que deseen visitar. Por otra parte, existe cierta evidencia de que los abogados involucrados en las decisiones sobre la tortura vieron sus oportunidades laborales limitadas.[70]

En su segundo día al frente de la presidencia, Barack Obama le ordenó a la CIA el cierre de las cárceles secretas de ultramar e invocó al Pentágono a cerrar la cárcel de la Bahía de Guantánamo al término de un año. El presidente también revocó las órdenes y regulaciones del gobierno de Bush referidas a los interrogatorios que fueran contrarias a las obligaciones de Estados Unidos con los tratados y al derecho. En abril de 2009, el gobierno de Obama divulgó cuatro informes secretos de la era Bush en el que se detallaban las justificaciones legales de la CIA para el programa de interrogatorios. Y, al mismo tiempo en que divulgó los informes, el presidente también emitió un comunicado en el que garantizaba que ningún empleado sería acusado por el rol desempeñado en el programa de interrogatorios, siempre y cuando no hubieran excedido las técnicas autorizadas en los informes.

[68] Dapo Akande, "George Bush cancels visit to Switzerland as human rights groups call for his arrest", *EJIL: Talk!* Blog of the *European Journal of International Law*, 6 de febrero de 2011; http://www.ejiltalk.org/george-bush-cancels-visit-to-switzerland-as-human-rights-groups-call-for-his-arrest/.

[69] Citado por el *New York Times*, 26 de octubre de 2007.

[70] "Terror-war fallout lingers over Bush lawyers", *New York Times*, 9 de marzo de 2009, pág. A13.

El gobierno de Obama revirtió la política de torturas de Estados Unidos, aunque al no lograr reducir la práctica de la rendición extraordinaria ni hacer acusaciones en Estados Unidos, sigue violando ciertas provisiones de la Convención contra la Tortura. Sobre la negativa a llevar adelante los juicios, el presidente Obama dijo que desea mirar hacia adelante, no hacia atrás. Estados Unidos se han sumado al debate que lleva ya treinta años en el resto del mundo acerca de la conveniencia de la imputación de la responsabilidad penal. Sin embargo, dado que las acciones de Estados Unidos involucraron a ciudadanos de muchos países y se llevaron a cabo a una escala mundial, el debate sobre la imputación de la responsabilidad penal es un debate mundial. En el caso de Estados Unidos, no sólo no se produjo una transición "rota" que socavara el poder de los líderes del régimen anterior, sino que los funcionarios del gobierno de Bush, en particular el ex vicepresidente Cheney, continúan siendo actores poderosos en la política y en los medios. Los juicios por delitos de lesa humanidad tuvieron el mayor apoyo en aquellos lugares donde hay una gran cantidad de víctimas nacionales, dispuestas a marchas por las calles exigiendo imputación de la responsabilidad penal por los crímenes de lesa humanidad. En Estados Unidos, nadie marchó por las calles. Las víctimas de las violaciones de los delitos de lesa humanidad cometidos por el gobierno de Bush fueron, en su mayoría, extranjeras, con nombres extranjeros, y sin un electorado numeroso o activo en Estados Unidos.

Aun los defensores y expertos más comprometidos creen que las posibilidades de que los funcionarios del gobierno de Estados Unidos sean declarados legalmente responsables de las torturas son escasas. "Creo que estos tipos hicieron cosas no autorizadas, violaron la Ley sobre crímenes de guerra, y deberían ser acusados", dijo Michael Ratner, pero agregó que los juicios son improbables porque no es factible que el Departamento de Justicia, que afirmó de manera sistemática que los interrogatorios severos son legales, las lleve adelante. Los funcionarios estadounidenses podrían argumentar que estaban implementando políticas que creían que eran legales, dijo Ratner, y "un juez seguramente diría que eso constituye una defensa decente".[71]

Una de las periodistas que más luchó para revelar la verdadera historia de las torturas, Jane Mayer, dijo que "tal vez esté equivocada, pero no creo que haya repercusiones legales a gran escala dentro de Estados Unidos" para quienes concibieron e implementaron la política de torturas. "Al menos, como periodista, espero que los registros sean dados a conocer, y todos los informes legales sean publicados (muchos de los cuales son cruciales y permanecen en secreto) para que el país pueda conocer su propia historia. Supongo que veremos la imputación de la responsabilidad penal del presidente Bush en los libros de historia, no en un tribunal". Mayer basaba sus predicciones para el futuro en lo

---

[71] Citado por R. Jeffrey Smith, "Detainee abuse charges feared", *The Washington Post*, 28 de julio de 2006, pág. A1.

que ha visto en el pasado, como alguien que "cubrió la política de Washington D.C. durante dos décadas".[72]

Algunos aspectos del sistema legal de Estados Unidos hacen que los juicios sean menos factibles que en otros países. En el sistema penal, no existen provisiones para los juicios privadas de las víctimas que les permitan presentar una demanda penal; en otras palabras, las victimas individuales no tienen la capacidad jurídica para iniciar una demanda penal en Estados Unidos. En consecuencia, es más probable que veamos más causas civiles por daños en Estados Unidos, donde los demandantes individuales pueden entablar una demanda, que causas penales, dado que el inicio de tal acusación queda en manos de la fiscalía. Aun así, existen motivos para ser cuidadosos. La Suprema Corte de Estados Unidos recientemente rechazó los esfuerzos de Maher Arar, un canadiense cuya rendición a Siria fue ampliamente comentada.[73] Los miembros de los gobiernos de Bush y de Obama intentaron evitar que esta causa fuera tratada.

La pregunta interesante es si la carencia a largo plazo de *imputación de la responsabilidad penal* para los funcionarios de alto rango que condonaron o instigaron la tortura finalmente llevará a que se produzcan más casos de acusaciones extranjeras. Por el momento, con la excepción del caso de Italia, los juicios extranjeros contra Rumsfeld y otros funcionarios no han sido exitosos, en parte porque los jueces extranjeros argumentaron que Estados Unidos están haciendo esfuerzos en pos de la *imputación de la responsabilidad penal* y deberían tener la posibilidad de hacerlo ellos primero.

Sin embargo, esta cuestión no ha desaparecido; de hecho, ha comenzado a generar costos significativos para los individuos asociados con la política y para el gobierno de Estados Unidos. Los juicios por delitos de lesa humanidad en otros países revelan que la demanda de justicia no desaparece con el paso del tiempo. Por el contrario, muchos políticos que creían que no serían, y que no podrían ser declarados responsables, a menudo descubrieron décadas más tarde, para su sorpresa, que estaban equivocados.

Las personas cuyas opiniones se impusieron dentro del gobierno de Bush creían que estaban actuando en un mundo realista donde el Derecho internacional y las instituciones son muy maleables a los ejercicios del poder hegemónico. En el corto plazo, sus creencias quedaron confirmadas. En el largo plazo, descubrirán que esta mala interpretación de la naturaleza del sistema internacional tiene costos personales y profesionales para ellos, sin mencionar los costos para la reputación del gobierno de Estados Unidos. Ya quedó demostrado que esta política tuvo un precio para el poder blando de Estados Unidos y para su pretensión de liderazgo en el campo de la democracia y los derechos humanos.

---

[72] Scott Horton, entrevista a Jane Mayer, revista *Harper's*, 14 de julio de 2008; www.harpers.org/archive/2008/07/hbc-90003234.

[73] "No price to pay for torture", *New York Times*, 16 de junio de 2010, pág. A30.

PARTE IV

POLÍTICA, TEORÍA Y CASCADA DE LA JUSTICIA

8. POLÍTICAS, TEORÍA Y LA CASCADA DE LA JUSTICIA

En la primavera del año 2010, viajé a Uruguay poco después de la elección del nuevo presidente, José Mujica. Era ex líder del movimiento de guerrilla tupamaro, perteneciente al Frente Amplio, la misma coalición de izquierda de la que formó parte Zelma Michelini, asesinado en 1976. Mujica es parte de la generación de líderes políticos latinoamericanos que sufrieron la represión en carne propia, como Michelle Bachelet, la ex presidente de Chile e hija de un ex general del ejército que murió torturado durante la dictadura de Pinochet. Si existe alguien en el mundo que podría querer vengarse y que se encuentra en una posición en donde podría lograrlo, ése es Mujica. Durante la dictadura, estuvo trece años en prisión, donde fue torturado, aislado y donde ni siquiera podía satisfacer sus necesidades básicas.

Poco antes de las elecciones, el ex presidente Bordaberry, quien estuvo al mando del gobierno cuando detuvieron a Mujica y durante el período en que lo trataron con mayor crueldad, fue sentenciado a veinticinco años de prisión por los crímenes de lesa humanidad cometidos durante la dictadura. Además, Juan María Bordaberry, un anciano enfermo de ochenta y un años, es el padre del principal oponente político de Mujica, Pedro Bordaberry, del Partido Colorado. A pesar de todo, Mujica, un político corpulento de setenta y cinco años que demuestra la perspicacia propia de los hombres que conocen la calle, dijo que tenía la esperanza de llevar al Congreso un proyecto de ley para garantizar que todos los criminales condenados que tuvieran más de setenta años contaran con la posibilidad de cumplir la sentencia en arresto domiciliario, en lugar de en la cárcel. Si se sancionaba, Bordaberry sería uno de los primeros prisioneros que se beneficiarían por la nueva ley. La propuesta de Mujica sirve para recordar que el perdón y la compasión pueden ir de la mano con la justicia y que, a veces, aparecen en los lugares menos esperados. Una vez más, los abogados latinoamericanos se posicionan a la vanguardia del pensamiento acerca de las nuevas etapas de la cascada de la justicia.

En este momento, es apropiado dar algunas recomendaciones políticas, aunque no cuento con una receta simple para dar frente a las dificultades de la justicia de transición. En primer lugar, recurrir a los juicios extranjeros y a los tribunales internacionales es una práctica poco costosa y una buena alternativa a la intervención militar. Los políticos y todo el mundo, en general, llegaron a ver la intervención militar como un método excelente para lidiar con las violaciones a los derechos humanos en otros países. Sin embargo, utilizar la intervención militar para defender los derechos humanos es sumamente costoso, tanto en términos económicos como humanos. Además, los sociólogos cuentan con pocas evidencias que indiquen que la intervención militar produce mejoras en materia de derechos humanos. Los juicios no pueden detener los crímenes por lesa humanidad a corto plazo, pero a largo plazo resultan una solución mucho más asequible y menos violenta. Es necesario señalar que los procesos judiciales internacionales y extranjeros no funcionan de manera aislada, sino que representan un sistema que respalda los tribunales nacionales, en los cuales se desarrolla la mayor parte del proceso de imputación de la responsabilidad penal.

En lo que respecta a los juicios nacionales, cada país encuentra su propio camino y modela su respuesta particular, como ocurre actualmente en el caso de Uruguay. Yo puedo dar un consejo preliminar, que es el resultado del análisis de muchos años de las decisiones tomadas por los diferentes países para resolver el conflicto de los crímenes por lesa humanidad que ocurrieron en el pasado y del estudio de la efectividad de los juicios.

Creo que este consejo es directamente relevante para Estados Unidos, ahora que el país se enfrenta con el problema de señalar a los responsables de las torturas cometidas. Éste es un caso excepcional sólo en el sentido de que su sistema político y judicial es mucho menos frágil que el de los países en los que se concentra este libro. En esta investigación, destacamos que los reclamos de justicia fueron extremadamente firmes y, sin embargo, a ningún país le resultó fácil confrontar su pasado. Casi todos los líderes que se enfrentaron en un principio con el dilema de la responsabilidad penal quisieron evadir el tema y mirar hacia adelante, no hacia atrás. Incluso en países como Grecia y Argentina, donde había fuertes reclamos populares de imputación de la responsabilidad penal, tuvieron que hacer frente a decisiones amenazadoras que hacían temer la posibilidad de golpes de Estado.

Ahora que Estados Unidos se enfrenta al legado de las violaciones llevadas a cabo durante el gobierno de Bush, a veces los estadounidenses actuamos como si fuéramos el primer país del mundo que tiene este problema y creemos que nuestro sistema político es demasiado frágil para salir ileso del proceso de imputación de la responsabilidad penal. Muchos sostienen que cualquier intento de responsabilizar a los culpables de los abusos sólo complace a los terroristas. Estos dilemas son exactamente los mismos que tuvieron los gobiernos de todo el mundo cuando llevaron a cabo procesos judiciales por delitos de lesa humanidad. El sistema político de Estados Unidos es mucho menos vulnerable, a la vez que el sistema judicial es mucho más eficaz que los de las nuevas democracias que tuvieron que lidiar con problemas similares. Los reclamos de justicia son firmes y los demás países que enfrentaron estos mismos problemas se volvieron más fuertes. Los verdaderos juicios por crímenes de lesa humanidad, en los cuales se protege tanto los derechos de las víctimas como los de acusados sin importar su popularidad, nunca son sencillos. Como aprendieron los uruguayos, los juicios por la defensa de los derechos humanos no ganan plebiscitos.

Cuando los gobiernos toman decisiones difíciles acerca de la responsabilidad penal, deben tener en cuenta los resultados de una investigación empírica sistemática. En primer lugar, en la actualidad hay fuertes razones para creer que los juicios realizados en los países de transición están asociados con una mejora en la defensa de los derechos humanos. Los analistas aún no se ponen de acuerdo acerca de cuáles son las condiciones necesarias para que ocurran estas mejoras, pero en gran parte de las investigaciones se encontró una correspondencia entre los juicios y el avance en materia de los derechos humanos. En segundo lugar, los gobiernos no deberían basarse en la "sabiduría" poco confiable que suele regir las decisiones acerca de la justicia de transición. Al mismo tiempo que definen su respuesta propia a los crímenes cometidos en el pasado, deben tener la libertad de pasar por alto supuestas verdades evidentes poco confiables pero repetidas hasta el cansancio. Muchas de estas verdades toman la forma de argumentos que sostienen que ciertos mecanismos de la justicia de transición son mutuamente excluyentes. Sin temor a equivocarme, puedo afirmar que los gobiernos *no* tienen por qué elegir entre la verdad y la justicia. Muchos de los países que mejor se recuperaron de la dictadura son, precisamente, como dijo Juan Méndez en un importante informe, aquellos que se concentraron en la parcialidad de la verdad y la justicia, así como también en la compensación de las víctimas y en los métodos más diversos de recuperación de la memoria histórica. En principio, la mayoría de las políticas de justicia de transición son complementarias, no mutuamente excluyentes. Sin embargo, eso *no* significa que los gobiernos puedan o deban crear de inmediato Comisiones de la Verdad y llevar a cabo juicios masivos, sino que, a lo largo del tiempo, las sociedades de transición fueron capaces de combinar diferentes formas de justicia restauradora y retributiva, y que estas estrategias se complementaron, en lugar de excluirse mutuamente.

En segundo lugar, la idea arcaica de que si no se hace justicia enseguida no llegará nunca es errada en todo sentido y debemos refutarla de una vez por todas. Los casos presentados demuestran que el deseo de obtener justicia se mantiene durante mucho tiempo y que, si no se dan las condiciones políticas adecuadas inmediatamente después de la recuperación de la democracia, es posible realizar los juicios más tarde. Los países (y las víctimas) no tiene que elegir entre el perdón *o* el castigo. De hecho, para muchos sobrevivientes de delitos de lesa humanidad, como José Mujica, es más fácil perdonar cuando se imputa la responsabilidad penal de alguna manera. Lo más importante es que aún no contamos con evidencias claras de que los gobiernos deban elegir entre la paz y la justicia, que es la discusión más polémica que se refleja en la bibliografía sobre este tema. Conviene destacar que quienes afirman que la justicia y la paz son mutuamente excluyentes se basan en argumentos contrafácticos, los cuales, a su vez, se refutan con otros del mismo tipo que resultan igual de convincentes o más. En lo que respecta a la Corte Penal Internacional, es demasiado pronto para saber cuál de los argumentos contrafácticos es el más acertado. En Latinoamérica, por lo menos, está demostrado que los juicios no fomentan atrocidades, no incrementan los delitos por lesa humanidad, no agravan los conflictos armados ni amenazan la democracia. Es hora de olvidarnos de las falsas dicotomías y de comenzar un debate profundo acerca de las condiciones que se tienen que dar para que los juicios contribuyan a mejorar la defensa de los derechos humanos y a fortalecer el sistema del Estado de derecho, así como también de ver qué combinación de mecanismos de transición es la más eficaz para reconstruir la democracia y resolver los distintos conflictos.

Durante mucho tiempo, para los gobiernos, los acuerdos referidos a los derechos humanos eran un mero "blablablá" que podían apoyar para ganar legitimidad o para conseguir tiempo y después dejarlos de lado cuando les resultara conveniente. El desarrollo de los juicios extranjeros e internacionales implicó el uso de métodos menos discrecionales para lograr el cumplimiento los mecanismos, por lo que los gobiernos saben bien cómo actuar frente al compromiso legal de defender las leyes de derechos humanos internacionales, de la misma forma que cumplen el resto de sus compromisos legales. En otras palabras, deben leer la letra chica y evitar firmar convenios que no tengan intenciones de cumplir. Ésta fue la lección que la Cámara de los lores de Inglaterra le enseñó a Pinochet, quien había ratificado un tratado que establecía la jurisdicción universal por casos de tortura, pero, luego, cuando fue detenido en Londres, pareció haberse sorprendido. Estados Unidos se encuentra en una situación similar, ya que ratificó la Convención Contra la Tortura, no se negó a la jurisdicción universal, implementó la ley en todo el territorio nacional y luego, sencillamente, la quebrantó. En esta misma situación también se encuentran varios regímenes de África que ratificaron el estatuto de la Corte Penal Internacional, iniciaron procesos legales en dos ocasiones y ahora parecen estar anonadados y furiosos porque los abogados cumplen con su trabajo. Estos acuerdos establecen que, si en el país no se realizan juicios en los tribunales nacionales, siempre existirá la posibilidad de que se puedan realizar en tribunales extranjeros.

Ética y los juicios por crímenes de lesa humanidad

En el debate acerca de los juicios por delitos de lesa humanidad, la pregunta empírica acerca del efecto de los procesos tiene implicaciones éticas y políticas muy profundas. Sin embargo, muchas veces, es difícil hablar de ética tanto para los politólogos como para cualquier otro tipo de analista teórico. A veces, se cree que, si un autor demuestra una postura ética específica sobre un hecho, se pone en duda su objetividad científica y, por lo tanto, su investigación pasa a tener menor credibilidad, pero también rehúyen la teoría normativa porque aún no se ha encontrado una manera eficaz de combinar los compromisos éticos con la investigación empírica. Nunca me pareció interesante que el tratamiento de temas éticos se redujera al lema "Abandona tu labor de investigación y conviértete en un filósofo moral". De este modo, como yo no tenía ni el entrenamiento necesario ni ninguna motivación para estudiar filosofía moral abstracta, decidí tratar cuestiones de tipo ético sólo en los casos en que el enfoque que me permitiera combinar lo normativo con los resultados de una investigación empírica.[1]

---

[1] Estoy en deuda con el trabajo de mis colegas que también delinearon este enfoque: Michael Barnett, *Eyewitness to Genocide: The United Nations and Rwanda* (Ithaca, NY: Cornell University Press, 2002), Joseph Nye, *Nuclear Ethics* (Nueva York: Free Press,

© gedisa

En general, los estudios de corte ético suelen dividirse en dos corrientes: la normativista y la consecuencialista. En otras palabras, cuando analizamos cuestiones éticas, ¿deberíamos concentrarnos en cuánto se ajustan a reglas morales o legales preexistentes nuestras acciones y las de los demás o deberíamos tener en cuenta las consecuencias de esas acciones? En un enfoque normativista puro, el deber de garantizar justicia para las víctimas de crímenes de lesa humanidad e imputar la responsabilidad penal de los responsables es un principio tan importante que deberían realizarse juicios en todos los países sin importar sus consecuencias. Si bien comprendo y respeto ese argumento, no lo apoyo. Estoy de acuerdo con que garantizar la justicia y la imputación de la responsabilidad penal es un objetivo digno. Sin embargo, en este caso, creo que estar al tanto de las consecuencias posibles es importante a la hora de tomar decisiones éticas tan complejas.

En el caso de los juicios por crímenes contra la humanidad, no basta con preguntar si es correcto realizarlos. También necesitamos saber qué efecto tienen en la protección y defensa de los derechos humanos. La respuesta a la segunda pregunta (¿qué efecto tienen los juicios en la protección de los derechos humanos?) puede afectar la respuesta de la primera pregunta (¿está bien realizar juicios por delitos de lesa humanidad?).[2]

Si los críticos están en lo cierto y, en determinadas circunstancias, existe la posibilidad de que los juicios ayuden a que se cometan más atrocidades, agraven los conflictos y debiliten la democracia, la interpretación de la ética consecuencialista radicaría en que no debería haber juicios en ningún país.[3] En cambio, si, como sostuve anteriormente, contamos con pocas evidencias empíricas que apoyen este argumento, la balanza se inclinaría hacia el lado contrario.

Esto puede servir para entender por qué, desde mi punto de vista, realizar una investigación empírica profunda en la que se utilicen las mejores herramientas a nuestra disposición no sólo es una obligación profesional, sino también ética. La mayoría de los análisis éticos requiere un conocimiento acerca de las posibles consecuencias que sólo se logra con una buena investigación. En este sentido, considero que para realizar análisis éticos se requiere una investigación empírica de gran calidad.

1986); y J. L Holzgrefe y Robert O. Keohane, comps., *Humanitarian Intervention: Ethical, Legal, and Political Dilemmas* (Cambridge UK: Cambridge University Press, 2003).

[2] Véase Richard Price, comp., *Moral Limit and Possibility in World Politics* (Cambridge, UK: Cambridge University Press, 2008), y Richard Price, "Moral limit and possibility in world politics", *International Organization* 62, n° 2 (2008).

[3] Véase Jack Snyder y Leslie Vinjamuri, "Trials and errors: principle and pragmatism in strategies of international justice", *International Security* 28, n° 3 (invierno de 2004).

© gedisa

Tres preguntas surgidas a partir de la investigación

En esta última parte del libro, vuelvo a las tres preguntas principales que propuse en un comienzo: 1) ¿Cómo se originan las nuevas ideas y las nuevas prácticas de responsabilidad pena individual por violaciones a los derechos humanos?; 2) ¿cómo y por qué estas ideas y prácticas se convierten en normas y se difunden en el ámbito nacional e internacional?; y 3) ¿qué efectos tienen los juicios por crímenes de lesa humanidad? Cada una de estas preguntas requiere una explicación diferente, aunque ciertos factores están presentes en todas las respuestas, como, por ejemplo, la importancia de la militancia política. En última instancia, se debe considerar la relación que tienen las respuestas con temas internaciones y con la teoría de la Ciencia Política, especialmente, en los casos en que afectan la política internacional.

Ya he dicho que la emergencia y la expansión de la cascada de la justicia es el resultado del poder intrínseco de una nueva norma que forma parte de la ley y de las instituciones y que es apoyada por una coalición de países y ONG que comparten una misma perspectiva y están a favor del cambio. Para explicar todos los afluentes que convergen en la cascada de la justicia, resulta fundamental comprender que hay que imputar la responsabilidad penal de los individuos que cometieron delitos de lesa humanidad. Esta norma es poderosa y convincente por sí misma, no sólo por el poder de los Estados que la apoyan ni por el poder económico de las organizaciones que financian las ONG, sino porque la idea en sí misma resulta atractiva para mucha gente. Algunos países pequeños que compartían puntos de vista similares, como Suecia, los Países Bajos, Argentina, Alemania, Canadá y Jordania, y que trabajan junto con comunidades epistémicas legales y redes de ONG para exigir la imputación de la responsabilidad penal formaron una "coalición para el cambio" apropiándose de estos conceptos. A veces, contaban con el apoyo de países poderosos, como Estados Unidos o el Reino Unido, pero otras se oponían por completo a ellos. Además, trabajaron durante décadas para desarrollar una red de acuerdos en defensa de los derechos humanos junto a las organizaciones correspondientes encargadas de proveer las bases legales e institucionales para llevar a cabo juicios penales individuales, con el objetivo de imputar la responsabilidad penal de los autores de los crímenes.

En otro contexto, pese a su poder intrínseco, las nuevas normas no podrían haber triunfado frente a la poderosa ortodoxia de la inmunidad. Así, la coalición se vio favorecida por los cambios estructurales del sistema mundial, en especial, la "tercera ola" de democracia y el final de la Guerra Fría.

En términos de eficacia, considero que los juicios por crímenes de lesa humanidad van de la mano con mejoras en materia de derechos humanos, probablemente por la combinación de la prevención y la socialización. Algunos actores cambian su conducta porque los juicios evidencian y comunican las nuevas normas, pero la difusión masiva de la norma de responsabilidad penal individual, al formar parte de las leyes y las instituciones, también altera la estrategia de juego de los actores porque impone nuevas consecuencias sobre quienes violan

© gedisa

los derechos humanos. De este modo, los nuevos incentivos ayudan a prevenir o evitar futuras violaciones.

Es posible que estos argumentos parezcan demasiado simples y lineales, pero se oponen a las principales teorías sobre relaciones internacionales que se basan en que el poder, el constructivismo y el interés son las principales causas del cambio político. En el apartado siguiente, analizaremos esas alternativas.

Poder coercitivo

El poder es una parte esencial de la historia de la cascada de la justicia porque es el principal factor que explica por qué debió pasar tanto tiempo hasta que fue posible procesar a los funcionarios de alto rango. Como vimos al comienzo del libro, una de las grandes cuestiones sin resolver es que, durante siglos, dentro del sistema judicial de los distintos países de todo el mundo, se realizaron juicios para imputar la responsabilidad penal de los individuos que habían cometido asesinatos, secuestros o agresiones graves, pero si esos mismos delitos eran cometidos por funcionarios de alto rango en una escala mucho mayor, casi nunca se los procesaba. El poder y la coerción sirven para resolver este enigma. La idea de inmunidad se convirtió en la ortodoxia reinante porque a los funcionarios de alto rango les convenía estar protegidos de los procesos judiciales y utilizaban su propio poder para evitar responsabilidad penal. En ocasiones, utilizaban la coerción de manera explícita o amenazaban con utilizarla para protegerse. Por ejemplo, el general Pinochet advirtió al nuevo gobierno democrático de Chile que "el día que toquen a mis hombres, se acaba el Estado de derecho".[4] En 1993, las Fuerzas Armadas chilenas, ante la posibilidad de ser investigadas por corrupción y violaciones a los derechos humanos, simularon un golpe de Estado durante el cual algunos soldados armados rodearon el edificio de las Fuerzas Armadas, mientras Pinochet y los generales de su entorno, vestidos con uniformes militares, discutían en una reunión de alto nivel. Aunque estos ex represores rechazaron cualquier forma de responsabilidad penal, se negaron con mucha más vehemencia a la imputación de la responsabilidad penal individual que a la de la responsabilidad penal del Estado. Si bien es posible que sus motivos incluyan una mezcla de preocupaciones ideológicas y materiales, no resulta difícil entender por qué estos funcionarios de alto rango preferían evitar los procesos judiciales y el castigo individual.

El poder, cuando es claramente coercitivo, sirve para explicar por qué se tardó tanto en procesar a los funcionarios de alto rango. También es relevante para sustentar mis argumentaciones, ya que sólo es posible realizar los primeros juicios por crímenes de lesa humanidad cuando se debilita el poder de los responsables de los crímenes. Sin embargo, no nos explica las causas originales del cambio. No explica cómo y por qué la idea de la responsabilidad penal indi-

---

[4] Citado por Tina Rosenberg, "Overcoming the legacies of dictatorship", *Foreign Affairs*, mayo-junio de 1995, pág. 134.

vidual logró difundirse en un mundo en donde tantos autores de crímenes aún monopolizan la violencia.

Los países más poderosos no fueron los que lideraron el movimiento de imputación de la responsabilidad penal y, en momentos cruciales, se opusieron de forma activa. Con algunas pocas excepciones, como es el caso de la ex Yugoslavia, los países con más poder tampoco obligaron a otros a recurrir a juicios nacionales ni promovieron la tendencia de realizar juicios extranjeros e internacionales. Estados Unidos apoyó la Convención Contra la Tortura y la ratificó, pero no fue una de las principales fuerzas que impulsó la creación de ese acuerdo. Ese papel le correspondió a Suecia y los Países Bajos, a la vez que países como Grecia y Argentina desempeñaron importantes papeles secundarios. Estados Unidos respaldó de forma crucial la creación del Tribunal Internacional para la ex Yugoslavia y del Tribunal Penal Internacional para Ruanda, pero fue el país que más se opuso a la creación de la Corte Penal Internacional, que impuso el nuevo modelo de responsabilidad penal.

El poder es útil para entender por qué la imputación de la responsabilidad penal se aplica de manera irregular, pero no por qué surgió el concepto de responsabilidad penal individual. Sirve para comprender por qué los jueces franceses declararon culpables a ex mandatarios de Argentina y Túnez por crímenes de lesa humanidad en tribunales extranjeros, pero se negaron a seguir adelante con el proceso en contra de Donald Rumsfeld. Sin embargo, esto no sirve para comprender por qué fue posible que se realizaran esos juicios en Francia.

El punto culminante de la cascada de la justicia fue la creación de la Corte Penal Internacional, un cuerpo legal al que se opusieron, en un primer momento, los cinco miembros permanentes con mucho poder del Consejo de Seguridad de las Naciones Unidas (Estados Unidos, Rusia, China, Francia y Reino Unido), así como nuevos países industrializados e influyentes, como India, México e Indonesia. Después de todo, la CPI se creó gracias a una campaña liderada por países pequeños y ONG que formaban la coalición para el cambio. Gran parte de estos países eran europeos, pero también había otros de distintas partes del mundo, y ciertos países en donde las dictaduras habían caído, como Argentina y Sudáfrica, tuvieron un papel relevante. China y Estados Unidos votaron en contra del Estatuto de Roma. En toda la historia de la legislación relativa a la defensa de los derechos humanos, sin lugar a dudas, el momento más coercitivo se vivió en un momento bastante tardío, cuando Estados Unidos se opuso, primero, a muchos incisos del Estatuto de Roma de la CPI y, después, trató de socavar el documento intentando llegar a acuerdos bilaterales con tantos países como fuera posible y afirmando que no sometería a los ciudadanos estadounidenses a la jurisdicción de la Corte. En ese momento, Estados Unidos gastó una enorme cantidad de recursos del Estado para asegurar el apoyo de los acuerdos bilaterales (por ejemplo, proporcionando más ayudas, amenazando con dejar de proporcionar ayudas económicas y entrenamiento militar), y luego cumplió su amenaza. Que yo sepa, no hay otro ejemplo en la historia de la legislación relativa a la defensa de los derechos humanos en el que se vea mejor que un país poderoso invierte tantos recursos para lograr un resultado específico. No obstante, es importante destacar que este ejemplo va *en contra* de la noción de que los países poderosos imponen las leyes internacionales. En este caso, el país con mayor poder del sistema trató de bloquear la implementación de una ley para la defensa de los derechos humanos, justamente, porque no había podido controlar el proceso de creación. Además, la compaña de Estados Unidos en contra de la CPI fue poco efectiva y Estados Unidos la dio por finalizada admitiendo que había resultado contraproducente para los intereses del país.

Poder estructural

El poder se aplica de diferentes maneras y el uso directo de la coerción o la coacción es sólo su forma más evidente. Michael Barnett y Raymond Duvall nos recordaron que las cosmovisiones del mundo también responden a un poder estructural y que las cosmovisiones de los diferentes actores muchas veces están moldeadas por sus roles sociales, como la clase social a la que pertenecen o la ubicación geopolítica de un país rico.[5] Por ejemplo, los conceptos y las perspectivas que sustentan la cascada de la justicia se basan en el poder del individuo frente a la sociedad y al Estado. De hecho, la perspectiva individualista es inherente a la tradición liberal legal y filosófica de Occidente y hegemónica, no sólo en la actualidad, sino también en el momento de creación de gran parte de las leyes que promueven la defensa de los derechos humanos. Así, el proceso de imputación de la responsabilidad penal individual se podría interpretar como el resultado del poder estructural de la cosmovisión occidental hegemónica. Ahora bien, el hecho de darle poder al individuo frente al Estado se contradice profundamente con el poder estructural de los países dentro del sistema estatal. Por lo tanto, las leyes que promueven la defensa de los derechos humanos representan un dilema para los especialistas en poder estructural. Sería esperable que cuando el poder del Estado triunfara, al entrar en conflicto con ideas liberales que defienden los derechos individuales frente al Estado. Sin embargo, como vimos en este libro, a veces, la defensa del individuo triunfa sobre la habilidad que tienen los funcionarios de alto rango de defenderse de los juicios.

Algunos especialistas en poder estructural sostienen que el concepto del poder del individuo surgió por asociación con la cosmovisión capitalista, cada vez más dominante, mientras que otros llegan a atribuirle a la ideología capitalista

---

[5] Véase Michael Barnett y Raymond Duvall, "Power in international politics," *International Organization 59*, diciembre de 2005, pág. 53. Afirman: "Los analistas que se centran en el poder estructural conciben la estructura como una relación interna: es decir, relaciones directas en las cuales la posición A existe sólo en virtud de su relación con la posición estructural B. Los clásicos ejemplos del caso son los del amo-esclavo y capital-relaciones laborales. Desde esta perspectiva, los tipos de entes sociales que se constituyen mutuamente están relacionados de forma directa o interna. Por ende, las capacidades sociales relacionales, las subjetividades y los intereses de los actores están moldeadas de forma directa por las posiciones sociales que éstos ocupan".

el surgimiento de los juicios por delitos de lesa humanidad, aunque, en mi época de estudiante universitaria, se consideraba que el capitalismo era el responsable del aumento de los golpes militares y de los gobiernos dictatoriales.[6] No creo que nadie pueda sostener que el capitalismo se halla detrás de ambas cosas, es decir, del incremento de las dictaduras y del movimiento en defensa de la democracia y los juicios por crímenes contra la humanidad. De hecho, en el sistema económico capitalista coexistieron la represión en el ámbito laboral y los procesos judiciales en defensa de los derechos humanos. Por lo tanto, es necesario encontrar mejores argumentos para explicar el surgimiento del concepto de responsabilidad penal individual.

Desde mi punto de vista, el poder, tanto en su forma coercitiva como estructural, es la mejor explicación de por qué no se pensaba que fuera posible imputar la responsabilidad penal de los autores de los crímenes durante tantos años y por qué incluso las víctimas de los delitos de lesa humanidad casi no consideraban la posibilidad de demandar a funcionarios de alto rango de la represión. ¿Por qué Wilson Ferreira, al ver que sus más allegados colegas habían sido torturados y asesinados, y cuando él mismo estuvo a punto de ser asesinado, le escribió al general Videla una carta en la que ni siquiera menciona la posibilidad de imputación de la responsabilidad penal? ¿Por qué Ferreira no dijo, por ejemplo, que había que procesarlo en Uruguay o que extraditarlo para que lo procesaran los tribunales argentinos, sino que le propuso la clase de juicio justo que Videla les negaba a sus víctimas? La respuesta a esta pregunta radica en que Ferreira no podía imaginarse ese escenario debido al poder estructural, que defendía la cosmovisión de los funcionarios de alto rango: ellos, simplemente, estaban más allá del alcance de la ley. ¿Por qué, en un primer momento, los compañeros de Carlos Acuña del movimiento argentino en defensa de los derechos humanos pensaban que él y su grupo SERPAJ estaban locos por querer usar la palabra "justicia" en las peticiones y los eslóganes? Porque sabían que esa palabra, por sí misma, implicaba una provocación directa a los funcionarios de alto rango que aún detentaban el poder en el país y que, por ende, ellos harían todo lo posible para evitar la imputación de la responsabilidad penal.

Las asociaciones argentinas en defensa de los derechos humanos fueron capaces de comenzar a imaginar la justicia y, tal como dijo Carlos, sabían que eso significaba "meter a esos sujetos en la cárcel", pero en la escena política se filtraba el poder del régimen, por lo que la palabra "justicia" resultaba ser una idea peligrosa que todavía no se podía mencionar. ¿Cuándo pudieron empezar a mencionarla los argentinos? Recién cuando los militares fueron derrotados en la Guerra de las Malvinas, momento en el cual, si bien no perdieron por completo su poder, su accionar se vio limitado por un tiempo. Por último, ¿cómo es posible que el poder estructural de la cosmovisión franquista sea tan fuerte en la actualidad en algunas partes de España que la gente aún habla en voz baja y con las puertas cerradas cuando se menciona el tema de las fosas comunes en las que se enterraron a sus seres queridos durante la guerra civil, hace sesenta años?

---

[6] Stephen D. Krasner, *Sovereignty: Organized Hypocrisy* (Princeton: Princeton University Press, 1999).

© gedisa

Uno de los ejemplos más claros del poder ideológico es el caso del fascismo español. Dado que la guerra civil y la dictadura duraron tantos años, infundieron un miedo tan profundo en las familias de las víctimas que la abuela de Emilio Silva jamás mencionó lo que le había ocurrido a su marido, ni siquiera dentro del ámbito íntimo familiar.

Constructivismo estructuralista

El poder explica por qué se tardó tanto en adoptar el sistema de responsabilidad penal individual, pero no ayuda a entender por qué surgió y se expandió esa nueva tendencia. El constructivismo es un enfoque teórico que se basa en el papel que juega en la vida social la conciencia humana, que tiene que ver con creencias, ideas y normas. La corriente más importante dentro de este enfoque es lo que llamo "constructivismo estructuralista", que se centra en las estructuras ideológicas profundas que guían la conducta del Estado. No obstante, el constructivismo estructuralista tampoco explica por qué nació la cascada de la justicia ni pretende que las cosmovisiones deriven de la clase social del individuo o la posición geopolítica del país en el que vive, como sostienen los argumentos del poder estructuralista. En muchas situaciones, los constructivistas estructurales afirman que un país no toma decisiones racionales acerca de sus próximas acciones, sino que se deja guiar por lo que entiende, casi de forma automática, como el comportamiento apropiado en determinadas circunstancias. Así, denominan este accionar la "lógica de lo apropiado", que se la puede contrastar con un modelo de comportamiento alternativo: la "lógica de las consecuencias", en la que los agentes racionales deciden tomar ciertas decisiones en función de un análisis de los costos y beneficios de sus acciones.

Este enfoque revela cómo no sólo el poder material o la riqueza son los factores que condicionan distintos hechos internacionales, sino también las ideas que se dan por sentado y, aun así, modelan las políticas internacionales tanto como ellos. Al igual que los argumentos acerca del poder mencionados más arriba, el constructivismo estructural ofrece algunas razones para explicar por qué fue tan difícil que en el mundo se iniciara el proceso de imputación de la responsabilidad penal individual, pero no explica cómo y por qué fue posible el cambio. El cambio se bloqueó por culpa de ciertos preconceptos que dieron por sentado los funcionarios de alto rango del gobierno, así como también la población, en general, para la cual era inimaginable juzgar legalmente a sus líderes políticos. Por lo tanto, este enfoque sirve para entender por qué el concepto de responsabilidad penal individual tardó tanto tiempo en desarrollarse, pero no resulta de utilidad para discernir cómo y por qué ocurrieron los cambios en las estructuras y normas.

Es imposible comprender el proceso de cambio sin analizar cómo surgieron y se difundieron las nuevas ideas que, en la mayoría de los casos, entran en conflicto con viejos conceptos del sistema internacional. Si se toman los juicios como ejemplo, en función de los viejos conceptos acerca de la soberanía y de

© gedisa

la inmunidad de los soberanos, los funcionarios de alto rango del gobierno no podían ni debían ser procesados. Las nuevas ideas acerca de la responsabilidad penal individual por crímenes de lesa humanidad afirman que los funcionarios de alto rango pueden y deben asumir las consecuencias de sus acciones. Éstas se propagan mediante lógicas que no están contenidas ni en la "lógica de las consecuencias" ni en la "lógica de lo apropiado". Cuando los defensores de los derechos humanos de Argentina comenzaron a presionar para que se realizaran juicios penales, no se regían por la lógica de lo apropiado, sino que se comportaban "inapropiadamente" de manera explícita y consciente, lo cual explica por qué fue una idea tan aterradora en un comienzo.

Las nuevas lógicas se pueden explicar mediante el constructivismo "agentivo", que es el enfoque básico que utilizo en este libro. Al igual que el constructivismo, pero de forma más amplia, estudia el papel que tiene la conciencia humana en la política internacional. Sin embargo, a diferencia del constructivismo estructural, no sólo se concentra en las viejas nociones que restringen la imaginación y las acciones de los individuos, sino que analiza cómo los agentes –es decir, las personas reales y las organizaciones– promueven conceptos y prácticas novedosas. Si tienen éxito, las nuevas ideas se popularizan y, con el paso del tiempo, se crean nuevas lógicas de lo apropiado y de las consecuencias. En otras palabras, se crean nuevos conceptos sobre cómo debe comportarse un Estado y sobre sus intereses nacionales.

Competición/Interés

Bajo ningún punto de vista, los intereses quedan afuera de mi argumento constructivista-representativo pero, para poder entenderlos, es necesario analizar cada país en detalle y considerar cómo el contexto y las ideologías modelan la manera en que los diferentes actores interpretan sus intereses. Los intereses no son abstractos, sino que varían con el correr del tiempo, en función de los cambios producidos en el contexto institucional e ideológico. Si las víctimas no son capaces de imaginar los procesos judiciales, no pueden pensar que les convendría exigirlos. Se deben tener en cuenta los intereses del país, de los organismos gubernamentales –que incluyen el poder judicial y los militares y policías que cometieron crímenes de lesa humanidad–, las víctimas de los crímenes y las ONG aliadas que las apoyan. Más adelante veremos cómo los cambios en un determinado contexto modifican la percepción de los intereses de algunos grupos.

Como nos recordó Stephen Krasner, la ratificación de los acuerdos en defensa de los derechos humanos implica el ejercicio de una forma de soberanía, ya que es algo que sólo pueden hacer los estados soberanos, pero también es una manera de socavar otra forma de soberanía.[7] En este sentido, podría decirse

---

[7] Algunas corrientes sobre teoría de la dependencia apoyan esta argumentación, así como las teorías del "autoritarismo burocrático". Noam Chomsky y Edward Herman formularon este argumento, que siguen desarrollando en la actualidad.

que los países "propusieron" la tendencia hacia la responsabilidad penal, pese a que, en muchos casos, las consecuencias de sus acciones terminaran siendo sorpresas pocos gratas. Tal vez el mayor enigma de esta historia es por qué motivo los funcionarios de alto rango (de forma más o menos voluntaria) decidieron renunciar al privilegio de la inmunidad.

En primera instancia, debemos hacer una distinción en las motivaciones de los diferentes tipos de actores estatales. En el caso de los miembros del gobierno y de las fuerzas de seguridad que ya han violado los derechos humanos, la primera estrategia que deberían seguir presenta pocas complicaciones: deben evitar que se realicen juicios por crímenes de lesa humanidad. Estos actores gubernamentales están dispuestos a hacer todo lo que esté en sus manos para evitar que los juicios se lleven a cabo. Si se les da la posibilidad de elegir, siempre preferirán que no exista una justicia de transición en absoluto o que, si eso es necesario, se les garantice la amnistía. En muchas ocasiones, logran evitar los juicios nacionales –por lo menos, en un primer momento–, mediante amenazas, intentos de golpes de Estado o alteraciones de la paz.[8]

Aunque los funcionarios de alto rango acusados de haber cometido crímenes de lesa humanidad se oponen a los juicios, algunos países democráticos y de transición ayudaron a crear leyes y a ratificar acuerdos que afianzaron la idea de la responsabilidad penal individual. Las motivaciones de otros países son más complejas. El mayor interés de los gobiernos que acaban de superar la etapa de transición hacia el sistema democrático es la estabilidad, la continuidad y la supervivencia política. Frente a las amenazas de Pinochet y sus aliados, el reciente gobierno democrático de Chile creyó que los juicios por delitos de lesa humanidad generarían inestabilidad política y promoverían un golpe militar. Sin embargo, es de suponer que el presidente griego Karamanlis consideró que iniciar los procesos judiciales enseguida limitaría el poder de los opositores y, como consecuencia, promovería la estabilidad política, por lo cual decidió apoyar los juicios contra los militares. Además, los nuevos gobiernos necesitan satisfacer al cuerpo electoral interno y externo, que está compuesto por personas que pueden estar a favor o en contra de los juicios. Por lo tanto, las diversas motivaciones de los nuevos gobiernos no logran explicar por completo las decisiones tomadas relativas a los procesos judiciales.

Los distintos países redactaron y ratificaron los principales acuerdos que sentaron las bases legales de la responsabilidad penal por crímenes de lesa humanidad. De los tres tratados principales, ciento cuarenta y seis países ratificaron la Convención contra la Tortura, ciento treinta y seis, la Convención para la Prevención y la Sanción del Delito de Genocidio, y ciento diez, el Estatuto de la CPI, que no fue posible ratificar hasta 1998. En este caso, el número total de países que firmaron los tratados es menor que cuando se trata de acuerdos en defensa de los derechos humanos que no incluyen cláusulas que garanticen la imputación de la responsabilidad penal individual, como la Convención sobre

[8] Snyder y Vinjamuri, "Trials and errors," págs. 5-44, y Leslie Vinjamuri y Jack Snyder, "Advocacy and scholarship in the study of international war crimes tribunals and transitional justice", *Annual Review of Political Science* 7 (mayo de 2004), págs. 345-362.

© gedisa

los Derechos del Niño, que fue apoyada por ciento noventa y tres países. Aun así, solo diecinueve países no ratificaron ni siquiera uno de los tres tratados antes mencionados[9] y muchos más ratificaron los tratados más importantes que los obligan a asegurar que se respeten los derechos humanos y se proporcionen soluciones, dos cuestiones que tienen que ver, cada vez más, con la obligación de realizar investigaciones y juicios.

La cantidad relativamente alta de ratificaciones de la CPI es muy importante porque durante el gobierno de Bush el gobierno de Estados Unidos realizó una campaña en contra de la Corte en la que se valió de sanciones políticas y económicas para dañar a los países que ratificaban el tratado y que se negaban a firmar acuerdos bilaterales en los que se prometía que no se enjuiciaría al personal estadounidense. Por lo tanto, se podría afirmar que a los distintos países les convenía no ratificar el Estatuto de la CPI para evitar posibles sanciones.[10]Algunos de ellos no lo ratificaron por esta razón y, si bien lo hicieron, luego firmaron acuerdos bilaterales con Estados Unidos.

Es posible que no todos los países hayan comprendido que la ratificación de la Convención contra la Tortura y la Convención para la Prevención y la Sanción del Delito de Genocidio fue propicia para establecer las condiciones legales necesarias para desarrollar el concepto de responsabilidad penal individual en casos de delitos de lesa humanidad. Sin embargo, éste ya no es el caso de la CPI, dado que la Corte sólo se centra en la imputación de la responsabilidad penal individual, y la campaña de Estados Unidos en contra de la CPI no podía dejar dudas para ningún país respecto de las consecuencias para sus ciudadanos.

Al parecer, la gran mayoría de los países apoyó las bases legales generales que permitieron el desarrollo del modelo de imputación de la responsabilidad penal individual. Pero ¿por qué lo hicieron? ¿Por qué querían acabar de forma voluntaria con la protección histórica de la imputación a los funcionarios de alto rango del gobierno? Es posible que creyeran que la responsabilidad penal quedaría reservada para individuos de otros países, y no el suyo (por ejemplo, ésta fue la posición que tuvo Estados Unidos durante la creación de la Convención contra la Tortura). Además, dado que la CPI sólo puede investigar violaciones que ocurrieron posteriormente a la ratificación del Estatuto por parte del país en cuestión, los mandatarios de alto rango en funciones saben que están a salvo de que la CPI los juzgue por crímenes cometidos en el pasado. Por lo tanto, los miembros de las Fuerzas Armadas argentinas respaldaron a la CPI porque les daba la oportunidad de apoyar la causa por la defensa de los derechos humanos, sin ningún temor de ser procesados por los crímenes cometidos en el pasado.[11]

[9] La lista de países que no ratificaron ni siquiera un acuerdo de los tres principales se entiende más como un inventariado de países pequeños aislados con poco poder estatal que como el de un movimiento coherente en contra de la imputación de la responsabilidad penal.

[10] Para profundizar el tema, véase Judith Kelly, "Who keeps international commitments and why? The International Criminal Court and bilateral non-surrender agreements", *American Political Science Review* 101, n° 3, agosto de 2007, págs. 573-589.

[11] Entrevista a Silvia Fernández, Buenos Aires, Argentina, 11 de diciembre de 2002.

© gedisa

Aun así, resulta difícil encontrar por qué los distintos países apoyaron el proceso de imputación de la responsabilidad penal individual en casos de crímenes de lesa humanidad. Algunos funcionarios de alto rango tenían determinados ideales acerca de la justicia y otros quizás creyeron que los costos de la ratificación de los acuerdos serían relativamente bajos. Cuando se observa la lista de los primeros países que ratificaron los tratados, es fácil identificar los países que entendían y aceptaban por completo las consecuencias de sus actos. Toda cascada de una norma incluye varios países que ratifican tratados porque están de acuerdo con ellos, pero también existe otro grupo de países que los apoyan porque creen que no tendrán grandes consecuencias y, luego, para su consternación, se dan cuenta de que estaban equivocados y de que ya es demasiado tarde para modificar el camino recorrido. En otro texto, junto con Thomas Risse llamamos a este proceso "autoaprisionamiento".

¿Por qué algunos gobernantes subestimarían las consecuencias y los posibles costos de sus actos? Todos calculan lo que pasará en el futuro basándose en lo que ha ocurrido en el pasado. Por ende, en un proceso de cambio, existe la posibilidad de que se cometan errores. No estoy diciendo que ésta sea una característica consistente del sistema internacional. Por lo general, los países demuestran una gran habilidad a la hora de interpretar sus intereses pero, en un período en que las normas y las prácticas cambian rápidamente, no se puede esperar que los países sepan anticipar las consecuencias de sus actos. Nadie entendía del todo lo que implicaba el artículo acerca de la jurisdicción universal incluido en la Convención contra la Tortura. Algunos, como Jan Herman Burgers, tenían la esperanza de que favoreciera el desarrollo de juicios por tortura. Otros, como Augusto Pinochet, no eran capaces de imaginar que alguna vez serían procesados y, mucho menos, en un tribunal extranjero. Por ese motivo, considero que el autoaprisionamiento es un fenómeno característico de las primeras etapas de la cascada de una norma, cuando todavía no queda claro cuáles serán las consecuencias de los diferentes actos. Casi ningún país comprendió la relevancia de la ratificación de la Convención contra la Tortura hasta que, en 1999, el poder judicial de Reino Unido basándose explícitamente en la jurisdicción universal de la Convención, estableció que Pinochet sería extraditado a España para que lo juzgaran allí. Del mismo modo, las consecuencias posibles de la ratificación del Estatuto de Roma no fueron claras hasta el año 2007 o 2008, cuando la CPI comenzó a procesar a distintos individuos y a emitir órdenes de arresto a sospechosos de haber participado en crímenes de guerra y delitos de lesa humanidad. Así, varios líderes de países africanos que habían sido unos de los primeros en ratificar el Estatuto de Roma se vieron auto-aprisionados cuando se dieron cuenta de las consecuencias de sus actos.

Si bien es posible que se hayan malinterpretado las posibles consecuencias de la ratificación de determinados acuerdos, por lo general, siempre se consideró que los juicios extranjeros e internacionales contra los propios funcionarios de alto rango de un gobierno eran contrarios a sus intereses. En la mayoría de los procesos judiciales extranjeros e internacionales, los gobiernos afectados sostuvieron –casi siempre con vehemencia– que tales procesos eran ilegales, innecesarios o ambas cosas. Existen diversas argumentaciones al respecto pero, por lo general, los países *no* se opusieron al *concepto* de la imputación de la responsabilidad penal individual en sí, sino a que los juicios se realizaran en tribunales extranjeros e internacionales. En muchos casos, como consecuencia de ello, los gobiernos de esos países prefirieron que la imputación de la responsabilidad penal quedara en manos de tribunales nacionales, aunque su postura inicial hubiera sido la contraria. Una vez que Pinochet fue detenido en Londres, el gobierno chileno sostuvo con gran ímpetu que el ex dictador podía y debía ser enjuiciado en Chile, aunque, al principio, existían leyes de amnistía nacionales que impedían el desarrollo de los procesos judiciales. Si bien, en un primer momento, el gobierno de Uganda presentó ante la CPI el caso por los crímenes de guerra cometidos por el Ejército de Resistencia del Señor, más tarde formó un sector especial dentro del tribunal nacional para los crímenes de guerra y sancionó leyes que le permitían procesar a los criminales de guerra del país, en especial, los funcionarios de bajo rango que no eran relevantes para la CPI. Tanto en Chile como en Uganda, las posibilidades de llevar a cabo juicios nacionales fueron mayores una vez que se iniciaron los juicios por delitos de lesa humanidad correspondientes en tribunales extranjeros o internacionales.

De esta manera, en muchos casos, los intereses de los países actores cambiaron cuando la imputación de la responsabilidad penal individual dejó de ser un juego de un solo nivel y se convirtió en uno de dos niveles.[12] Supongamos que los ex miembros de un gobierno represivo creen que están sentados en una mesa de negociaciones con sus opositores locales. Si estos últimos les proponen procesarlos, tal vez, los militares tengan la oportunidad de amenazarlos con un golpe de Estado. De hecho, así obraron las Fuerzas Militares argentinas para convencer al presidente Alfonsín para que sancionara las leyes de amnistía. Cuando Pinochet pensaba que sólo era parte de un juego de un nivel (el nacional), era evidente que sus intereses (y los de sus colegas militares) eran obstaculizar los procesos judiciales nacionales a cualquier precio, lo cual hizo mediante amenazas de golpes de Estado y ostentación del poder militar. Ahora bien, cuando lo detuvieron en Londres por la orden de arresto emitida en España, quedó claro que era parte de un juego más complicado de dos niveles. El gobierno chileno se había sentado en dos mesas de negociaciones diferentes –una, con opositores nacionales, y otra, con actores internacionales–, y la amenaza de un golpe de Estado no provocó el mismo efecto en ambas. De hecho, cuando Pinochet fue arrestado en Londres, si sus partidarios hubieran intentado hacer un golpe militar, lo único que habrían conseguido habría sido aumentar las probabilidades de que Pinochet fuera extraditado, procesado y encarcelado en España. El ministro de Relaciones Exteriores de Chile no logró su liberación por medio del recurso clásico de la diplomacia y, en este momento, los intereses de ciertos detractores

---

[12] Al respecto, véanse Robert D. Putnam, "Diplomacy and domestic politics: The logic of two-level games", *International Organization* 42, verano de 1988, págs. 427-460; Lisa Martin y Kathryn Sikkink, "U.S. policy and human rights in Argentina and Guatemala, 1973-1980", en Peter Evans, Harold Jacobson y Robert Putnam, comps., *Double-Edged Diplomacy: International Bargaining and Domestic Politics* (Berkeley: University of California Press, 1993), págs. 330-362

© gedisa

de los juicios comenzaron a cambiar. Ya no se trataba de elegir entre el inicio de los procesos judiciales o no (en Chile), sino que ahora había que decidir si los procesos se realizarían en España, el Reino Unido o en el propio país. En estas circunstancias, realizar los juicios en Chile comenzó a parecer una mejor opción que antes. Por esta razón, el hecho de poder recurrir a procesos judiciales extranjeros e internacionales es el respaldo necesario para la imputación de la responsabilidad penal. La regla legal que entra en juego consiste en que los países deben elegir procesar o extraditar a los acusados, ya que es difícil que en un país en donde se ratificaron los acuerdos relativos a los derechos humanos se sostenga que sus funcionarios de alto rango no deben ser enjuiciados en ningún sitio.

Esta situación hace que el juego de un solo nivel ahora sea de dos, lo cual complejiza la situación y hace *cambiar los intereses* de los jugadores en cuestión. En estas circunstancias, los juicios extranjeros e internacionales pueden alterar los cálculos hechos por miembros actuales o ex líderes de las fuerzas de seguridad, de modo tal que se inclinan más a favor de los juicios nacionales que en otros momentos.

La amenaza de extradición a España fue el motor de nuevos procesos judiciales argentinos y, a partir de eso, surgió la posibilidad de extraditar uruguayos a Argentina, lo cual sirvió para que se realizaran los primeros juicios por crímenes de lesa humanidad en Uruguay. En enero de 2008, un juez italiano emitió una orden de arresto para, al menos, ciento cuarenta ex funcionarios latinoamericanos acusados de asesinar a veinticinco ciudadanos italianos en el marco de la Operación Cóndor. Estos juegos de dos niveles también alientan a los propulsores de los juicios nacionales. Por ejemplo, el secretario de Derechos Humanos de Brasil, Paulo Vannuchi, dijo que aceptaba con agrado las acusaciones hechas en Italia y las utilizó como argumento para pedirle al gobierno que apelara la ley de amnistía sancionada en 1979, según la cual, a partir de la interpretación del momento, se les otorgaba total impunidad a los ex mandatarios que habían cometido crímenes de lesa humanidad durante la dictadura militar.[13] Ya sea como producto de las órdenes de arresto italianas o no, después de la decisión del juez italiano, se activaron en Brasil varios juicios civiles en contra de los torturadores.[14]

La tendencia a la imputación de la responsabilidad penal trajo aparejado el recurso a los tribunales penales nacionales e internacionales y los juicios personales. El papel de los abogados, jueces y tribunales en la cascada de la justicia es complejo. Dado que se trata de actores que están interesados en fortalecer el Estado de derecho, sería esperable que apoyaran la imputación de la responsabilidad penal en el marco legal más que de otro tipo. La resolución de los problemas relacionados con la imputación de la responsabilidad penal en el seno de los tribunales podría servir para acrecentar el poder, la riqueza y la influencia

---

[13] "Los militares brasileños desdeñan su participación en la Operación Cóndor". Reuters, 4 de enero de 2008; www.reuters.com/article/latestCrisis/idUSN04288185. Consultado el 14 de agosto de 2008.

[14] Se trata de una apreciación personal, basada en entrevistas y trabajos de campo que realicé en Brasil en agosto de 2008.

del sector judicial y también para reforzar la independencia del poder ejecutivo. Pese al recelo originado por las órdenes de arresto en el gobierno conservador de España, el juez Garzón se convirtió en una estrella internacional por haber defendido los juicios por crímenes de lesa humanidad. En general, los jueces están de acuerdo con que los tribunales nacionales se ocupen de la imputación de la responsabilidad penal, pero existen siempre factores institucionales que afectan sus acciones. En algunos países, participar en juicios por crímenes de lesa humanidad podría poner en peligro una carrera profesional. Por ejemplo, durante y después de la dictadura chilena, estar involucrado en esos procesos judiciales afectaba de forma negativa la carrera de los profesionales del Derecho y, por eso, muchos actores legales trataban de evitarlo.[15] En este sentido, resulta más difícil aún entender por qué los abogados y los jueces apoyarían los juicios extranjeros e internacionales, ya que no cuidan los intereses de los sectores judiciales locales, excepto por el hecho de que pueden servir como primer paso hacia el desarrollo de los juicios nacionales.

Para simplificar, podríamos decir que las víctimas de crímenes de lesa humanidad suelen apoyar la imputación de la responsabilidad penal de los torturadores. Las víctimas son importantes porque, en muchas ocasiones, son las que luchan para llevar a los tribunales casos de violaciones a los derechos humanos, por lo menos, en los países en donde la ley civil tiene cláusulas que garantizan los procesos judiciales privados en el marco del Derecho penal. En la mayoría de los países, sin su participación, habría habido pocos casos de este tipo en los tribunales nacionales.[16] Tanto las víctimas como sus familiares están a favor de la imputación de la responsabilidad penal, pero no es tan evidente el motivo por el cual prefieren el modelo de imputación de la responsabilidad penal individual al de imputación de la responsabilidad del Estado. Desde el punto de vista de las ganancias materiales, hay más posibilidades de que el modelo de imputación de responsabilidad del Estado les otorgue una compensación económica. Sin embargo, en la mayoría de los países en los que realicé investigaciones de campo, como, por ejemplo, Argentina, Chile, Grecia, Guatemala, Portugal y Uruguay, tanto las víctimas como sus familiares promulgaban la defensa vanguardista de la imposición de responsabilidad *penal* individual, a la vez que algunos rechazaron las retribuciones de tipo económico o la aceptaron con recelo y culpa. Por el contrario, en ciertos países, como Brasil, las víctimas, desde un primer momento, no reclamaron que la imputación intensiva de la responsabilidad penal. Tal vez las preferencias de las víctimas están relacionadas con diferencias culturales o regionales, como mencioné con anterioridad, pero no hay pruebas empíricas sistemáticas que lo fundamenten. Desde mi punto de vista, las víctimas suelen preferir la responsabilidad penal o la justicia retributiva por cuestiones ideoló-

---

[15] Véase, por ejemplo, Lisa Hilbink, *Judges Beyond Politics in Democracy and Dictatorship: Lessons from Chile* (Nueva York: Cambridge University Press, 2007).

[16] Esto es parecido a lo que argumentan Mattli y Slaughter acerca de la función de los casos de juicios personales en Estados Unidos. Véase Walter Mattli y Anne-Marie Slaughter, "Revisiting the European Court of Justice", *International Organization* 52, n° 1 (1988), pág. 186.

© gedisa

gicas, y no económicas: actúan en función de sus creencias, no a partir de lo que les brindaría un mayor beneficio económico.

Por su parte, las víctimas tenían como aliadas a distintas ONG que también mostraban una marcada tendencia por la imputación de la responsabilidad penal. En muchos países, existió una red de abogados asociados con ONG que luchan por la defensa de los derechos humanos y de abogados militantes que fue el motor de los juicios. Todos ellos demostraban fuertes preferencias ideológicas por la imputación de la responsabilidad de los autores de los crímenes, aunque no necesariamente penal. Se sentían igual de cómodos trabajando en tribunales nacionales dedicados a los derechos humanos (imputación de la responsabilidad del Estado) como en los tribunales extranjeros en donde se realizaban juicios por crímenes de lesa humanidad. No obstante, como lo que querían era lograr una mayor imputación de los crímenes, el nuevo modelo de responsabilidad penal les permitió expandir su alcance legal de forma radical. Debido a que la supervivencia de estos grupos dependía de que se siguieran realizando procesos legales por delitos de lesa humanidad, podríamos decir que los abogados no sólo creían con vehemencia que los juicios eran la mejor opción posible, sino que, además, tenían un interés económico.

Lo más importante de este apartado es que los intereses son relevantes, ya que, al igual que el poder, permiten explicar las razones fundamentales del tiempo que se requirió para adoptar el modelo de responsabilidad penal. Además, es necesario desglosar nuestra visión sobre los intereses para poder analizar el papel que juegan los diversos actores tanto dentro como fuera del Estado. Las víctimas, las ONG que luchan por la defensa de los derechos humanos, parte de algunos gobiernos y parte de ciertas organizaciones internacionales y tribunales formaron la "alianza para el cambio", que promulgaba una mayor imputación de la responsabilidad penal en casos de delitos contra la humanidad. La inclusión de los abogados defensores, de los demandantes particulares y de algunos jueces y tribunales dentro de la alianza multiplicó el gran número de actores potenciales que intervienen en los casos más importantes relacionados con la defensa de los derechos humanos. Pese a eso, aun considerando este incremento de la cantidad de miembros, la alianza sigue siendo una coalición relativamente débil, si pensamos en la postura tradicional de los politólogos acerca del poder, y se basa, sobre todo, en ciertas ideas sobre lo que debe ser la justicia y en el deseo de cambiar los intereses en juego, en función de esas ideas. Por este motivo, toda explicación de la cascada de la justicia debe ir más allá de una comprensión limitada acerca de los intereses que hay en juego. Ya es momento, entonces, de retomar las tres preguntas principales de nuestra investigación para responderlas con mayor detalle.

Primera pregunta: ¿Cuáles son los orígenes de las nuevas ideas y prácticas que entran en juego en el proceso de imputación de la responsabilidad penal individual en casos de delitos de lesa humanidad?

En la primera parte del libro, demostré que la cascada de la justicia se rige por el patrón común del "ciclo de vida de una norma".[17] Las principales normas que nos interesan provienen directamente de los sistemas jurídicos nacionales, en donde predomina el modelo de responsabilidad penal. Por eso, el modelo no se propagó de país en país, sino que las ideas de los sistemas penales nacionales que se ocupan de crímenes comunes se están aplicando, cada vez con mayor frecuencia, a los casos de los crímenes extraordinarios cometidos por los funcionarios de alto rango. Hace mucho tiempo que se reconoce el peso de las normas nacionales más relevantes, las cuales, en algunos casos, pueden llegar a ser el origen de normas internacionales.[18] Las nuevas normas que se analizan en este libro se originaron en el marco de tribunales nacionales de países semi-periféricos, gracias a la acción de figuras tales como ONG, organizaciones regionales en defensa de los derechos humanos y miembros de los gobiernos de transición. Sin embargo, el modelo existía desde hacía mucho tiempo. ¿Qué ocurrió a mediados de la década de los años setenta para que fuera posible imaginar la imputación de la responsabilidad penal de los funcionarios de alto rango de un gobierno?

Ante todo, los propulsores de los juicios, en un primer momento, chocaron violentamente contra la ortodoxia reinante del modelo de impunidad. En los regímenes autoritarios anteriores, los países respectivos fueron testigo de las violaciones a los derechos humanos más graves de toda su historia. En muchos casos latinoamericanos, como el de Argentina o Guatemala, no había habido tantos asesinatos por parte de un gobierno desde el período colonial como en la década de 1970 y principios de 1980. Estas violaciones a los derechos humanos provocaron *estupor* en la población, que respondió con presiones para crear nuevas formas de imputación de los crímenes. En muchas ocasiones, las emociones violentas sirven para romper las cadenas que la ortodoxia reinante le impone a la imaginación y, gracias a ellas, es posible llevar a cabo nuevos procesos de aprendizaje en los se exploran nuevas alternativas.

En este caso, cuando la gente buscó alternativas, encontró un modelo similar al de su propio sistema judicial, que existía para imputar la responsabilidad

---

[17] Martha Finnemore y Kathryn Sikkink, "International norm dynamics and political change", *International Organization* 52, n° 4 (1998).

[18] Véanse Peter Katzenstein, *Cultural Norms and National Security: Police and Military in Postwar Japan* (Ithaca, NY: Cornell University Press, 1996); Ann Florini, "The evolution of international norms", *International Studies Quarterly* 40, n° 3 (1996); David H. Lumsdaine, *Moral Vision in International Politics: The Foreign Aid Regime* (Princeton: Princeton University Press, 1993), y Finnemore y Sikkink, "International norm dynamics," pág. 906.

© gedisa

penal individual de los autores de los crímenes cometidos. Concuerdo con Gary Bass en que no se puede entender cómo surgió el modelo de imputación de la responsabilidad penal individual "sin hacer referencia a las ideas tomadas de la política nacional".[19] Bass también afirma que los juicios nacionales representan el índice más claro del peso de las ideas y normas, ya que es más difícil procesar a los líderes y soldados propios que a los de otros países, en especial, si perdieron una guerra.[20]

En segundo lugar, el poder de los líderes del régimen dictatorial anterior y del nuevo régimen de transición afecta las decisiones del gobierno acerca de los juicios. Los países que experimentaron una transición "de ruptura", que debilitó el poder de los militares y otros grupos asociados con el régimen represivo, al principio, tenían más posibilidades de llevar adelante juicios por crímenes de lesa humanidad. Sin embargo, a medida que esos procesos judiciales se volvían más relevantes, fue posible que, con el correr del tiempo, se realizaran juicios incluso en algunos de los países con transiciones pactadas, como pudieron observar Pinochet y Bordaberry en los casos de Chile y Uruguay respectivamente. De todos modos, el equilibrio entre la nueva y la vieja elite política seguía siendo importante, ya que, en muchas ocasiones, los procesos judiciales no concretaron hasta que los ex mandatarios abandonaron sus posiciones de poder y perdieron la capacidad de derrocar a los nuevos gobiernos democráticos.

Los primeros propulsores de los juicios y de los cambios en las prácticas judiciales no eran conscientes de que había otras personas en el mundo haciendo lo mismo que ellos ni tampoco se basaban en modelos internacionales. Decidieron apoyar los procesos judiciales a causa de las presiones nacionales existentes, y no porque países con mayor poder o instituciones del Norte los hubieran obligado a hacerlo. Tanto en Grecia como en los primeros países de Latinoamérica que adoptaron ese modelo, las comisiones de derechos humanos publicaron informes cruciales acerca de la realidad de los países en materia de crímenes contra la humanidad durante las dictaduras que fueron de vital importancia para los juicios, tanto en lo que respecta a las pruebas proporcionadas como para su motivación, aunque bajo ningún concepto dichos informes determinaron los resultados. Estos países actuaron como "laboratorios de justicia", pues generaron cambios y experimentaron prácticas nuevas y diversas de justicia de transición.[21] En último término, algunas prácticas sirvieron de modelo para otros países, pero, en esos casos, no se adoptaron de forma pasiva, sino que sufrieron modificaciones sustanciales para solucionar lo que se consideraban problemas o errores de los modelos precedentes.

© gedisa

[19] Gary Bass, *Stay the Hand of Justice: The Politics of War Crimes Tribunals* (Princeton: Princeton University Press, 2000), pág. 12.

[20] *Ibíd.*, pág. 14.

[21] Esta metáfora está tomada de una corriente norteamericana muy difundida en Estados Unidos que se refiere a los países como "laboratorios de la democracia".

Segunda pregunta: ¿Cómo se transforman en normas estas ideas y prácticas y se difunden a nivel regional e internacional?

Los estudios del caso y la evidencia cuantitativa presentados en este libro indican que los espíritus emprendedores *nacionales* fueron esenciales para la emergencia de la norma, así como una combinación de imitaciones *transnacionales* y normas transnacionales de espíritus emprendedores contribuyen a la difusión.[22] No obstante, antes de que esta norma del espíritu emprendedor pueda imponerse, tienen que darse ciertas condiciones, como la tercera ola de democracia, el fin de la Guerra Fría y la inclusión forzosa de ciertas herramientas legales fundamentales para la imputación de la responsabilidad penal.

Como hemos visto, la difusión o el período de cascada coincide con el fin de la Guerra Fría y el florecimiento de la tercera ola de democracia. La caída de la Unión Soviética generó la creación de un nuevo grupo de Estados democráticos en Europa del Este que adoptaron medidas propias de la justicia de transición, incluidos los juicios. Si nos olvidamos de la batalla en la polarización entre el comunismo y el anticomunismo, es más importante aún el fin de la Guerra Fría que también creó un clima más permisivo para procesar a los ex mandatarios represores, de cualquier ideología, como responsables de los crímenes de lesa humanidad cometidos en el pasado.

La tercera ola de democracia es un factor necesario para explicar tanto la emergencia como la difusión de la norma de la responsabilidad penal individual.[23] Sin embargo, la democracia, bajo ningún concepto, es una condición suficiente, ya que en períodos anteriores, como la segunda ola de democracia, no se recurrió a los juicios por crímenes de lesa humanidad. Por lo tanto, las tendencias democráticas y el fin de la Guerra Fría son fundamentales para comprender la cascada de la justicia, aunque sólo representan las condiciones de base y no la explican por completo.

Otro factor de suma importancia fue el crecimiento gradual de los cauces de los afluentes de la cascada de la justicia. Durante muchas décadas, se desarrolló la legislación relativa a los casos de delitos de lesa humanidad en el seno de los distintos gobiernos y ONG, pero el desarrollo de la cascada de la justicia recién fue posible cuando tanto la legislación como de las instituciones correspondientes alcanzaron un cierto grado de madurez. Alrededor del año 1990, cuando comenzó el período de difusión, las cuestiones relativas a la defensa de los derechos humanos se hallaban en un grado de gran legalización e institucionalización.

---

[22] Este argumento se refiere a que algunos estudios sobre la difusión en los Estados norteamericanos que consideran que la adopción de políticas se basa en determinantes internos y difusión externa. Dorothy Daley y James Garand, "Horizontal diffusion, vertical diffusion, and internal pressure in state environmental policymaking", *American Politics Research* 33, n° 5 (2005).

[23] Samuel Huntington, *The Third Wave: Democratization in the Late Twentieth Century* (Norman: University of Oklahoma Press, 1991).

Cuando las prácticas relacionadas con la responsabilidad penal individual surgieron y luego comenzaron a expandirse, se empezó a gestar el indicador más importante de la adopción de procesos judiciales en los países vecinos. Así, por ejemplo, Hunjoon Kim descubrió que el determinante de mayor relevancia para predecir si en un país se crearían Comisiones de la Verdad o se realizarían juicios por delitos de lesa humanidad es la cantidad de países de la misma región en los que previamente había habido Comisiones de la Verdad o juicios.[24] La adopción temprana de las normas es el resultado de una batalla entre las políticas a nivel nacional y los propulsores de las normas, pero en una etapa posterior la implementación es el resultado de una combinación de reclamos internos y de la propagación externa de los modelos.[25] Esto es lo que, en un primer lugar, se propuso el ciclo de vida de la norma, pero las investigaciones relativas a los juicios por delitos de lesa humanidad y Comisiones de la Verdad le dieron una fuerte dimensión regional a la teoría. En primer término, las normas salen a la luz y se expanden dentro de una región, y recién después son capaces de saltar de una región a otra y, así, por todo el mundo.

Por eso, la difusión de la norma de la justicia ha sido –y seguirá siendo– desigual en las distintas regiones. Dado que la cascada de la justicia ha seguido la ola mundial de las tendencias democráticas, *no se expandirá* a otras regiones del mundo en donde la transición hacia la democracia aún no está arraigada, como, por ejemplo, en Medio Oriente o en donde la democracia ha sufrido reveses, como en Rusia o Asia Central. Después de Europa y Latinoamérica, espero que en África sea la región mundial en donde se lleven adelante los procesos judiciales de forma significativa, aunque la justicia no será ni rápida ni sencilla allí, como no lo fue en el caso europeo ni latinoamericano. En nuestra base de datos, África revela tener más casos de juicios nacionales que cualquier otra región, salvo Europa y Latinoamérica. Esta tendencia debería mantenerse, en parte porque África es la otra región del mundo en la que hay una legislación específica referida a la defensa de los derechos humanos, que va acompañada de la acción de las instituciones. Éstas juegan un papel relevante en el respaldo de los procesos judiciales tanto en Latinoamérica como en Europa, a la vez que pueden ser las mejores representantes de la conciencia regional relativa a los derechos humanos. La Comisión Africana de Derechos Humanos fue creada en 1987. La Corte Africana de Derechos Humanos y de los Pueblos se creó en 2004 y comenzó a operar en 2006. En este sentido, se parece a la Comisión Interamericana de Derechos Humanos, que originalmente se creó en 1959, y el Tribunal Interamericano, creado veinte años después, en 1979. Pese a que

---

[24] Hunjoon Kim, "Why and when do States use human rights trials and truth commissions after transition? An event history analysis of 100 countries covering 1974-2004", artículo inédito, 2007.

[25] Esta situación es similar a los procesos que se están expandiendo en la actualidad en los países de América, en donde tanto los determinantes internos como la difusión externa permiten explicar las políticas de cambios. Véase, por ejemplo, Daley y Garand, "Horizontal diffusion, vertical diffusion, and internal pressure in State environmental policymaking".

el sistema africano difiere del europeo e interamericano, sobre todo, en lo que atañe a la relevancia de los derechos de los pueblos en su conjunto, es probable que en el futuro influya en el proceso de responsabilidad penal, pero seguramente eso no sucederá enseguida, puesto que tanto en el caso europeo como en el interamericano pasaron décadas hasta que las instituciones correspondientes se establecieron y pudieron ejercer influencia en las prácticas relativas a la defensa de los derechos humanos en la región.

Además, en África hay instituciones que se ocupan de ello, a diferencia de lo que sucedía en el caso de Europa del Este y Latinoamérica cuando esos países atravesaban los períodos de transición hacia la democracia, en especial, la Corte Penal Internacional y una serie de tribunales híbridos internacionales como el Tribunal Penal Internacional para Ruanda y el Tribunal Especial para Sierra Leona. Los países africanos han ratificado ampliamente el Estatuto de Roma de la CPI y, pese a que se sienten cada vez más decepcionados, eso ha tenido un efecto notable en las acciones relativas a la imputación de la responsabilidad penal en la región. Por ejemplo, Uganda presentó el primer caso a la CPI que atañía al Ejército de Resistencia del Señor, pero luego reconsideró su decisión en el contexto de una guerra civil. Sin embargo, pese a las presiones nacionales, en Uganda se creó la primera división de crímenes de guerra para su Corte Suprema, que está a punto de iniciar un proceso en contra de un oficial de rango bajo del ERS que ya está detenido. El nuevo tribunal de crímenes de Uganda se creó en 2010 y, al momento de la publicación de este libro, aún no se había realizado el primer juicio. En Argentina y Chile, hubo causas judiciales que se reabrieron veinte años después de la transición hacia la democracia y lograron grandes avances en materia de juicios por delitos de lesa humanidad. Podemos anticipar que el proceso de imputación de la responsabilidad civil será arduo en Uganda y en el resto de los países africanos.

Durante la tercera ola, en Asia hubo pocos casos de transición hacia la democracia, no hay instituciones regionales que luchen por la defensa de los derechos humanos y muy pocos países asiáticos ratificaron el Estatuto de Roma. Como consecuencia de ello, sería esperable que los procesos de imputación de la responsabilidad penal sean más lentos en Asia que en Europa, Latinoamérica y África. En nuestra base de datos, hay pocos ejemplos de juicios por crímenes contra la humanidad en Asia, y Ellen Lutz y Caitlin Reiger registraron sólo dos casos de ex mandatarios de Estado que fueron procesados por haber violado los derechos humanos, ambos en Corea del Sur. La tradición cultural de cada región respecto de la responsabilidad penal también es un factor para tener en cuenta. En el artículo de Hunjoon Kim sobre las Comisiones de la Verdad hay una excelente discusión sobre las Comisiones de la Verdad en Corea del Sur a partir de la cual me convencí de que, de algún modo, por su cultura, las víctimas de los delitos de lesa humanidad en ese país tenían una actitud diferente hacia la responsabilidad penal que en Latinoamérica. En concreto, Hunjoon demostró que en Corea del Sur el honor de las familias era fundamental, por lo cual en ese país se hicieron determinadas acciones para recuperar el honor de las víctimas, en lugar de promover la disuasión o las retribuciones.

© gedisa

Las ideas y prácticas de la justicia de transición han ido en múltiples direcciones. Las prácticas relacionadas con la imputación de la responsabilidad penal individual utilizadas por los sistemas legales nacionales para tratar los delitos comunes se aplicaron en esos mismos sistemas nacionales para procesar a los funcionarios de alto rango acusados de haber cometido crímenes de lesa humanidad. Así, estas prácticas se fueron difundiendo en distintos países, en un proceso que los analistas denominan "difusión horizontal". Por lo tanto, cuando los uruguayos comenzaron los juicios, muchas veces se basaron en modelos que se habían difundido horizontalmente a partir de sus países vecinos, Argentina y Chile.

También existe la "difusión vertical" y se puede dar de dos formas diferentes: "de abajo hacia arriba y de arriba hacia abajo".[26] La primera ocurre cuando un concepto o una práctica salta de un país a una organización o una ONG internacional. De esta manera, por ejemplo, la redacción del estudio de Juan Méndez sobre los procesos judiciales argentinos cuya información utilizó para elaborar el informe sobre el proceso de imputación de la responsabilidad penal que presentó ante la organización Human Rights Watch es un ejemplo de difusión vertical de abajo hacia arriba. El otro tipo de difusión vertical se da cuando las prácticas relativas a la imputación de la responsabilidad penal pasan de actores internacionales a nacionales, como, por ejemplo, cuando los tribunales regionales o internacionales motivan a los países en los que no se han hecho juicios para imputar la responsabilidad penal a que lo hagan en el marco de sus sistemas nacionales.[27]

En este libro, me refiero a algunos procesos de difusión vertical, pero mi argumentación principal se basa en que la cascada de la justicia surge dentro del marco de la política nacional en sitios semiperiféricos y se expande hacia afuera y hacia arriba, por medio de difusiones horizontales entre los distintos países y luego de abajo hacia arriba, por medio de una difusión vertical que va desde un país en particular a las organizaciones y ONG internacionales. Otra argumentación de peso es que los individuos puntuales que trabajan en redes difunden los conceptos de la cascada de la justicia. "Difundir" no es una acción pasiva en este libro. Las ideas no se contagian por el aire como los virus, sino que los individuos las difunden de forma activa a través de sus redes. Como vimos en el Capítulo 3, los conceptos relativos a la justicia de transición en Argentina se expandieron a partir de acciones concretas de individuos particulares, en el exilio en o en el ámbito laboral, para construir y conectar nuevas redes. Las ONG que luchan por la defensa de los derechos humanos trabajan a nivel local y entran en contacto con redes transnacionales y han promovido el nuevo modelo de responsabilidad penal individual.

Distintos analistas de la política internacional, sociólogos y abogados especializados en Derecho Internacional le han prestado mucha más atención a

[26] Erin Graham, Charles Shipan y Craig Volden, "The diffusion of policy diffusion research", artículo inédito de diciembre de 2008; Daley y Garand, "Horizontal diffusion, vertical diffusion, and internal pressure in state environmental policymaking".

[27] Agradezco a Sidney Tarrow y Andrew Karch por incentivarme a leer la bibliografía acerca de la difusión horizontal y vertical.

la difusión vertical de arriba hacia abajo. De hecho, hay toda una escuela de pensamiento en Sociología llamada "institucionalismo sociológico" que se basa en la difusión vertical de arriba hacia abajo que va de la cultura mundial a las sociedades locales. Algunos analistas parecen tener "anteojeras" respecto de las disciplinas y la geografía que les permiten pensar que todas las difusiones ocurren de arriba hacia abajo, y que van desde una cultura mundial o institución internacional hacia las políticas nacionales, o que todos los procesos de difusión van del Norte hacia el Sur. Como los abogados internacionales se especializan en materia de Derecho Internacional, y no en la comparación de las legislaciones nacionales, no suelen prestar atención a los procesos judiciales que no se dan en un marco internacional. En la mayoría de los casos, se pierden las otras formas de difusión que hemos abordado en este trabajo.[28] Para ellos, toda la historia de la cascada de la justicia se desplaza de Núremberg al TPIY a la CPI y luego llega hasta los sistemas legales nacionales por medio de los cambios en el ámbito del Derecho realizados para implementar el Estatuto de Roma. Desde mi punto de vista, éste es sólo uno de los "afluentes" que genera la cascada de la justicia, pero hay más cuestiones para tener en cuenta. El movimiento originado a partir de Núremberg hacia la imputación de la responsabilidad penal individual por delitos de lesa humanidad comenzó veinte años *antes* del TPIY en el seno de tribunales nacionales de países individuales semi-preiféricos en donde se habían cometido crímenes contra la humanidad.

Por lo tanto, la teoría de la cascada de la justicia debe interesarse *tanto* por los avances a nivel internacional *como* por las cuestiones nacionales. Dentro del ámbito nacional, primero, en Europa del Este y, luego, en Latinoamérica, gracias a los avances en el marco de la legislación regional y de las políticas nacionales, los defensores de los derechos humanos pudieron ejercer una mayor presión para imputar responsabilidad penal individual y, en determinadas situaciones fortuitas, lograron sus objetivos. Así, una gran cantidad de experiencias relativas a la imputación de la responsabilidad penal individual sirvieron de telón de fondo para que la comunidad internacional desarrollara nuevas doctrinas legales y creara nuevos tribunales internacionales, como, en especial, la CPI.

La difusión horizontal se da de modo más forzado dentro de las distintas regiones que entre ellas. De este modo, a los defensores de los derechos humanos les resulta más sencillo difundir conceptos en un plano horizontal, desde Argentina a Uruguay, que de Argentina a Camboya. La difusión vertical de abajo hacia arriba se da a partir de zonas innovadoras y llega hasta las instituciones internacionales. En cierta medida, la propiedad de generar cambios de una región depende del contexto regional: en el marco de la justicia de transición, Latinoamérica ha sido una de las regiones más innovadoras del mundo. En ese

---

[28] Sin embargo, hay algunas excepciones importantes. Yo me he enterado de una gran cantidad de ellas al leer el trabajo de Naomi Roht-Arriaza y Ellen Lutz, entre otros. Véase, por ejemplo, Naomi Roht-Arriaza, *The Pinochet Effect: International Justice in the Age of Human Rights* (Filadelfia: University of Pennsylvania Press, 2005) y Ellen Lutz y Caitlin Reiger, comps., *Prosecuting Heads of State* (Nueva York: Cambridge University Press, 2009).

© gedisa

sentido, yo mantendría la idea de que los procesos judiciales por crímenes de lesa humanidad se difundieron de forma vertical de abajo hacia arriba, desde Latinoamérica hacia ONG y organizaciones internacionales, las cuales extendieron las prácticas aprendidas a países de regiones menos innovadoras o con contextos políticos más complejos.

Los especialistas en relaciones internacionales se han dedicado cada vez más a estudiar la función de una región en la política mundial,[29] a la vez que algunos analistas han identificado impactos muy fuertes de la difusión a nivel regional.[30] Pero el peso de las regiones no tiene mayor relevancia dentro de la teoría de las normas ni la teoría de la difusión hasta que no se comprenden bien los mecanismos que operan en la difusión regional. En general, las regiones suelen explicar las diferencias de los modelos cuantitativos, pero aquí el término "región" puede aludir a algo más, como a un lenguaje en común, una religión, una cultura o una historia. El concepto de cambios tempranos o tardíos depende de cada región, no del mundo en general. Los modelos, primero, se difunden entre las distintas regiones. Luego, existen casos de países que permiten la difusión horizontal de una región a otra. Por una parte, los procesos judiciales griegos no se transformaron en un modelo que pudiera traspasar las fronteras. Por la otra, la Comisión de la Verdad y la Reconciliación de Sudáfrica dan cuenta de una difusión horizontal entre las distintas regiones africanas y también de otras difusiones horizontales en otras regiones.

Aparte de eso, también hubo una difusión vertical completa de Sudáfrica a las ONG internacionales. Por ejemplo, la Comisión de la Verdad sudafricana tuvo un papel decisivo en la aparición y el desarrollo de las prácticas de las principal ONG del mundo que se ocupa de la justicia de transición, el Centro Internacional para la Justicia Transicional (ICTJ), en 2001. Alex Boraine y Paul van Zyl, dos de los tres fundadores de dicho centro, eran el vicepresidente y el secretario general de la Comisión de la Verdad y la Reconciliación de Sudáfrica, durante la presidencia del arzobispo Desmond Tutu. Alex Boraine fue la primera persona que fue a visitar a Patricia Valdez a Argentina para informarse acerca de la justicia de transición argentina y quien luego la invitó, junto con Catalina Smulovitz y José Zalaquett de Argentina y Chile, a compartir sus experiencias con los sudafricanos para elaborar proyectos de justicia de transición.

Hay quienes consideran que el ICTJ es un ejemplo de difusión de arriba hacia abajo, en donde se exporta de las oficinas de Nueva York a las ONG a todos los países del mundo un modelo de justicia de transición en el que "la misma medida vale para todos". No obstante, olvidan el verdadero camino recorrido del modelo de Comisiones de la Verdad en relación con el ICTJ. Las Comisiones de la Verdad se originaron en Argentina en 1983 como iniciativa autónoma

[29] Véase Emanuel Adler y Michael Barnett, comps., *Security Communities* (Cambridge, UK: Cambridge University Press, 1998), y Peter J. Katzenstein, *A World of Regions: Asia and Europe in the American Imperium*, Cornell Studies in Political Economy (Ithaca, NY: Cornell University Press, 2005).

[30] Beth Simmons, *Mobilizing for Human Rights: International Law in Domestic Politics* (Nueva York: Cambridge University Press, 2009).

producto de una combinación entre el gobierno y los movimientos de defensa de los derechos humanos del país. A su vez, la experiencia argentina influyó sobre la Comisión de la Verdad en Chile, y tanto argentinos como chilenos viajaron a Sudáfrica para hablar de sus experiencias, pero las nuevas comisiones nunca fueron una copia textual de lo que había habido antes, sino que, por el contrario, se crearon pensando especialmente en los errores cometidos en otros casos o en adaptarse a la situación concreta de un determinado país en transición. Los sudafricanos crearon su propia versión de la Comisión de la Verdad, sobre la base del modelo de Argentina y Chile, pero agregando importantes herramientas nuevas, como, por ejemplo, el hecho de que los responsables de los crímenes pudieran gozar de una amnistía si proporcionaban testimonios verídicos. Este modelo fue muy llamativo en todo el mundo, en parte porque encarnaba el espíritu de la justicia de reparación pero no descartaba la posibilidad de procesar a los criminales que no estaban arrepentidos.[31] En la práctica, los procedimientos sudafricanos no sirvieron para alentar el desarrollo de los juicios, pero no por eso se limitó su poder de influencia.

Al final, los actores trasnacionales terminan involucrándose de forma muy profunda con la cascada de la justicia. Éstos pueden ser asociaciones de defensa de los derechos humanos o diversas ONG internacionales que crean redes de lucha.[32] Muchas veces, los miembros de dichos grupos actúan como "comerciantes" que unen dos o más redes o sitios que antes no tenían relación,[33] aunque la red de la justicia trasnacional no fue un movimiento común y corriente, dado que sus miembros eran abogados con gran experiencia en el ámbito legal nacional e internacional, los cuales habían estudiado de forma sistemática las tácticas de los juicios por delitos de lesa humanidad.[34] A menudo, las asociaciones en defensa de los derechos humanos buscan hacer justicia ante la indiferencia de los gobiernos o las posturas recalcitrantes, mientras que en otros momentos se alían

[31] Al afirmar que un modelo resulta "llamativo" en todo el mundo no queremos decir que esté exento de críticas generalizadas. De hecho, se criticó mucho las prácticas de la Comisión para la Verdad y la Reconciliación de Sudáfrica. Para ampliar información y encontrar una revisión histórica de esas críticas, véase Madeleine Fullard y Nicky Rousseau, "Uncertain borders: The TRC and the (un)making of public myths," *Kronos* 34 (noviembre de 2008), págs. 215-239

[32] Margaret E. Keck y Kathryn Sikkink, *Activists Beyond Borders: Advocacy Networks in International Politics* (Ithaca, NY: Cornell University Press, 1998), pág. 2.

[33] Véase Graham, Shipan y Volden, "The diffusion of policy diffusion research".

[34] En este sentido, la red de justicia trasnacional también tiene características propias de las que los politólogos denominan *comunidad epistémica*, es decir, una red de profesionales que trabajan en pos de una política común con "reconocida experiencia y competencia en el campo específico y un conocimiento reconocido sobre las políticas significativas de ese campo". Sin embargo, a diferencia de lo que la bibliografía dedicada a las comunidades epistémicas plantean, los países no se interesan por las redes de justicia de transición en contextos complicados e inciertos para buscar informaciones que les sirvan para entender la situación en la que se encuentran y cuáles son sus intereses. Peter Haas, "Introduction: epistemic communities and international policy coordination", *International Organization* 46 (1992), pág. 3.

con funcionarios del gobierno interesados en defender el Estado de derecho y los derechos humanos. Estos últimos, a quienes Anne-Marie Slaughter definió como "redes transgubernamentales" suelen ser jueces y abogados de facciones del gobierno.[35] Las autoridades judiciales nacionales cooperan tanto con las ONG que defienden los derechos humanos como con los tribunales internacionales y regionales. Estas conexiones fueron especialmente fuertes en Europa y Latinoamérica. Así, lo que he definido como "coalición para el cambio" reúnen grupos de abogados trasnacionales, grupos de abogados especialistas y grupos trasgubernamentales con ideologías afines a los funcionarios de alto rango del gobierno.

No hay una única red de justicia trasnacional, sino varias redes regionales que pueden superponerse y conectarse mediante redes mundiales. En general, los países o las regiones en donde hay pocas ONG de defensa de los derechos humanos o aquellos que tienen muy pocas conexiones internacionales suelen estar ausentes. En la mayor parte de los casos, la red de justicia trasnacional latinoamericana comparte una lengua común (el español) y, en ocasiones, organiza talleres y encuentros informales en todo el hemisferio, así como también la reunión anual de la Asamblea General de la OAS, sobre todo, cuando se proponen revisar los informes importantes publicados por la Comisión Interamericana de Derechos Humanos. La red latinoamericana tiene un vínculo muy estrecho con ONG estadounidenses y europeas que abogan por la defensa de los derechos humanos y la justicia de transición, pero no tiene demasiada relación con las ONG de Europa del Este, África, Asia y Medio Oriente. Asimismo, existe una red de justicia europea que se centra, sobre todo, en los asuntos que incumben a Europa.

La función de dichas redes de fomentar la cascada de la justicia y contribuir con la difusión se ve de forma muy clara en todos los análisis de tipo cualitativo sobre el tema, como hemos visto en el Capítulo 3 y 4 de este libro. Es difícil realizar un estudio de tipo cuantitativo porque casi no contamos con índices de medición de las redes trasnacionales y transgubernamentales. Pese a ello, Hunjoon Kim demostró que la presencia de grupos de defensa de los derechos humanos a nivel nacional tienen un efecto positivo y altamente significativo en el recurso multiplicado a los juicios por delitos de lesa humanidad.[36]

El proceso de aprendizaje se da tanto en la etapa de adopción como de difusión de la norma de la cascada. Para que haya una difusión más generalizada, el modelo existente sobre el tratamiento de los crímenes, en alguna medida, contra la humanidad debe ser visto como inadecuado o quebrado. Antes de la Segunda Guerra Mundial, nunca había habido juicios por delitos de lesa humanidad. El Holocausto puso en evidencia las terribles fallas del modelo de inmunidad para los soberanos y colaboró con el desarrollo de los regímenes de derechos humanos en los diferentes países, que adoptaron un propio modelo de imputación

[35] Anne-Marie Slaughter, *A New World Order* (Princeton: Princeton University Press, 2004).

[36] Kim, "Why and when do States use human rights trials and truth commissions after transition?".

© gedisa

de la responsabilidad penal. Ahora bien, pese a que la identificación, la puesta en evidencia y el modelo de imputación de la responsabilidad penal gozaron de un cierto éxito, en general, no sirvieron para luchar contra los regímenes más represivos.

Todo esto fue más problemático en el caso de la guerra de los Balcanes, por cuanto el impacto producido por la noticia sobre la existencia de campos de concentración y del genocidio en el corazón de Europa cincuenta años después de la Segunda Guerra Mundial fue un índice de que el modelo de responsabilidad penal había fracasado. La ineficacia de la respuesta internacional al genocidio de Ruanda de 1994 fue otro ejemplo de las falencias de la vieja ortodoxia en materia de la defensa de los derechos humanos. Estas crisis o escándalos cuestionaron *tanto* el reinado de la ortodoxia de la inmunidad estatal *como* el nuevo modelo de imputación de la responsabilidad del Estado, y originaron un movimiento hacia el desarrollo de un modelo de imputación de la responsabilidad penal individual a nivel internacional, cuando el Consejo de Seguridad de la ONU creó el TPIY y el TPIR. La cascada de la norma de la responsabilidad penal surgió en la década de los años noventa como respuesta a esas falencias percibidas de la ortodoxia reinante. Los políticos suelen ser muy abiertos a las nuevas ideas después de situaciones graves, como, por ejemplo, guerras o crisis económicas. El argumento de que se adoptan nuevas políticas cuando hay crisis o cuando se advierte que los modelos existentes han fracasado ha sido fundamental en la bibliografía sobre el tema.[37] En el caso de la cascada de la justicia, parece ser que la percepción de las fallas del pasado, más que la percepción de los logros o la esperanza de obtener alguna ventaja favorable, es lo que genera las innovaciones políticas. El mayor eslogan del movimiento de justicia de transición, *Nunca más*, alude a la percepción de los errores cometidos que no deben repetirse.

Ahora bien, es evidente que ningún error ni ningún logro son completamente obvios, de modo que la percepción de las falencias del modelo anterior son, en parte, una reacción a la propaganda de los movimientos que luchan por la defensa de los derechos humanos, que se interesaron por los problemas de Ruanda, la ex Yugoslavia y de otros lugares del mundo. El trabajo de los defensores de las normas también fue crucial, primero, para poder imaginar que era posible procesar a los autores de los crímenes de lesa humanidad y, luego, luchar para crear instancias de imputación de la responsabilidad penal en tribunales locales y extranjeros y, quizás, en los recién creados tribunales internacionales.

La ideología que sustentan los juicios tanto internacionales como nacionales tiene un claro corte liberal respecto de los derechos humanos, los juicios justos y, en particular, el asumir la responsabilidad de los crímenes cometidos. Así, estos conceptos se asocian con el liberalismo y con Occidente, pero de ningún modo se limitan a ellos. La concepción de que los crímenes violentos que incluyen daños físicos, como los asesinatos, están mal, se puede ver en todos los sistemas legales y culturales del mundo. Pese a que todos los países y culturas

---

[37] Véanse, por ejemplo, en la bibliografía, Odell (1982), Kowert y Legro (1996), y McNamara (1998).

© gedisa

difieren mucho entre sí, en casi todos ellos se prohíben los asesinatos, las violaciones y otras formas de violencia. No sólo se prohíben los crímenes violentos, sino que, a nivel mundial, también se comparte el concepto de que las víctimas tienen derecho a una reparación y que debería haber algún tipo de sanción para los criminales por parte de la sociedad.[38] Margaret Keck y yo afirmamos hace unos diez años en nuestro libro *Activist Beyond Borders* que es probable que los daños físicos den lugar a campañas trasnacionales de difusión, dado que las injusticias tienen un gran impacto en las distintas culturas y sociedades. Los crímenes que conllevan la imputación de la responsabilidad penal involucran exactamente el mismo tipo de daños físicos, que son producto de agresiones violentas.

En la cascada de la justica se pone en evidencia que tales crímenes no sólo son condenables, sino que sus autores deberían ser juzgados y castigados, incluso aunque sean funcionarios de alto rango del gobierno. Una vez más, se ha hecho un estudio cultural en el que se aprecia que la idea de lo que es "justo" está en casi todas las sociedades y culturas. El psicólogo Stephen Pinker afirma que los seres humanos tienen un "instinto moral" común con una "marca distintiva básica de razonamiento moral por medio del cual los criminales merecen ser castigados por quebrantar las reglas morales". En la medida en la legislación de casi todas las culturales y sociedades prohíbe los asesinatos, violaciones y crímenes violentos de otro tipo, hay reglas morales evidentes por las cuales se considera que los criminales deben ser castigados. Por un lado, no sólo se piensa que quienes cometieron actos inmorales merecen un castigo, sino que, además, es común oír que hay que "evitar que sigan haciéndolo".[39] El peso de esas creencias transculturales (es decir, tanto la prohibición universal de los asesinatos, violaciones y otros crímenes violentos como la idea de que sus autores deben ser castigados) sirve para explicar por qué la cascada de la justicia se expandió tan rápido. Durante mucho tiempo, se creyó que todo el mundo, incluso los funcionarios de alto rango, merecían ser castigados si quebrantaban una regla moral o legal, pero el poder imperante de los funcionarios de alto rango (y las doctrinas legales sobre la inmunidad de los soberanos) los protegía de los procesos judiciales y de los castigos.

Ahora bien, existe un tercer concepto clave en la cascada de la justicia: que los sospechosos de los crímenes, al mismo tiempo, son portadores de derechos y se les debe garantizar un juicio justo y, cada vez más, la prohibición de la pena de muerte. Este tercer grupo de ideas que atañe la protección de los acusados es lo que separa la cascada de la justicia de los juicios políticos efectuados en tiempos pasados. Los actos violentos por parte del aparato del Estado siempre han causado indignación y, en ocasiones, en momentos de crisis, se consideró a los mandatarios como "responsables", pero la imputación de la responsabilidad era entendida, más que nada, en términos de venganza y hasta de linchamientos

---

[38] Véase Donald E. Brown, "Human universals, human nature and human culture", *Daedalus* 133, n° 4 (2004).

[39] Steven Pinker, "The moral instinct", *New York Times Magazine*, 13 de enero de 2008.

porque los acusados no estaban amparados por ningún tipo de derecho. Esta tercera y última pieza de la cascada de la justicia es la menos aceptada y la menos arraigada. Los griegos que salieron a la calle a protestar estaban furiosos con Karamanlis cuando éste quitó la pena de muerte para los líderes de la Junta. Los derechos humanos siempre son menos aceptados cuando se ejercen, según muchos brasileños, "para proteger a los criminales". Y, si estamos hablando de juicios por delitos de lesa humanidad verdaderos, también hay que respetar los derechos del acusado.

Ahora bien, incluso este tercer grupo de conceptos poco aceptados sobre la imparcialidad de los juicios está presente tanto en la legislación moderna relativa a los derechos humanos como en la mayor parte de las leyes penales de todos los países del mundo. Los distintos sistemas judiciales del mundo reflejan distintas concepciones sobre lo que debe ser un juicio justo. Sin embargo, existe un común denominador en todos ellos que incluye la protección de los derechos del acusado y que es coherente con la legislación internacional.[40]

Se han dado muchos argumentos contradictorios respecto de la jurisdicción penal individual. Ante todo, la ortodoxia reinante, el modelo de inmunidad/impunidad, no desapareció, sino que siguió existiendo junto con el nuevo modelo de responsabilidad penal. Aunque la impunidad cada vez ha sido más cuestionada, el incremento del recurso a las leyes de amnistía en todo el mundo demuestra que la inmunidad se mantiene viva y sana. No obstante, el cambio de ideas acerca del deseo y de la probabilidad de procesar a los responsables de los crímenes de lesa humanidad hizo que fuera más difícil defender la impunidad, a la vez que en la actualidad la inmunidad suele combinarse con distintos modos de justicia de reparación. Tampoco se ha eliminado el modelo de imputación de la responsabilidad del Estado, sino que, por el contrario, sigue siendo el más usado en el marco de la ONU y en los tribunales regionales que enfrentan juicios por crímenes contra la humanidad y muchas veces complementa la imputación de la responsabilidad penal. Por ende, en este momento *no* nos hallamos ante el reemplazo de un modelo por otro, sino ante la superposición de distintos modelos.

La mayor contradicción al respecto sobre responsabilidad penal individual radica en que los países deben concentrarse en la "justicia reparadora", mediante Comisiones de la Verdad y reparaciones a las víctimas, pero deberían evitar la "justicia retributiva" recurriendo a juicios por delitos de lesa humanidad. Los defensores de la justicia reparadora afirman que ayuda a la reconciliación y satisface a las víctimas con la verdad y las compensaciones, sin causar divisiones ni rencores con juicios retributivos. A veces, se dice que el caso sudafricano, con su Comisión de la Verdad y la Reconciliación, es el paradigma sobre cómo debería funcionar la justicia reparadora.

Una de las características más interesantes de la cascada de la justicia es el enfrentamiento y la convergencia de dos nuevas y poderosas normas interna-

---

[40] David S. Weissbrodt, *The Right to a Fair Trial Under the Universal Declaration of Human Rights and the International Covenant on Civil and Political Rights: Background, Development, and Interpretations* (Cambridge, MA: Martinus Nijhoff, 2001).

cionales: la responsabilidad penal individual y la justicia de reparación. Esta última tiene fuertes aliados detrás, militantes como José Zalaquett que temían que las represalias contra quienes aún poseían una capacidad de veto poderosa podrían poner en peligro la democracia. El modelo de justicia reparadora también es apoyado por militantes y analistas que criticaron durante mucho tiempo los duros castigos de la justicia retributiva dentro de sus sistemas judiciales, considerándolos contraproducentes. Pero lo que nos interesa destacar aquí es que, en la práctica, las justicias retributiva y reparadora no son mutuamente excluyentes. Al contrario, la justicia reparadora, como las Comisiones de la Verdad y las compensaciones, muchas veces han sido muy efectivas en combinación con la justicia retributiva, como en los juicios nacionales y extranjeros. Por eso, aunque algunos prefieren resaltar sus diferencias, es perfectamente legítimo tanto desde un punto de vista teórico como práctico concebirlas como ideas complementarias que forman parte de un movimiento mayor de imputación de la responsabilidad penal de los delitos de lesa humanidad.

Tercera pregunta: ¿Qué efectos producen los juicios por crímenes de lesa humanidad?

En la primera parte de este libro, se describe la historia del surgimiento de una norma, poniendo énfasis en las explicaciones relacionadas con la acción individual, las ideas y el aprendizaje. En cambio, en la segunda parte, que trata sobre la eficacia, la racionalidad tuvo un papel protagónico. Una vez que los procesos se empezaron a llevar a cabo, alteraron el mapa estratégico con el que trabajaban los funcionarios de alto rango y, así, comenzó a desarrollarse una historia más estratégica junto a la normas.

Los resultados del análisis resumidos en el Capítulo 6 proporcionan la primera evidencia cuantitativa de la existencia de un efecto de disuasión en el terreno de los derechos humanos. La investigación demuestra que tanto los juicios como las Comisiones de Verdad se relacionan con mejoras en materia de defensa de los derechos humanos, y la disuasión que provocan los juicios realizados en países vecinos repercute más allá de los límites de un solo país.

Nuestra investigación, en general, coincide con las teorías acerca de la disuasión que sostienen que la consecuencia natural de un aumento de la aplicación de las normas y de la posibilidad del castigo es una disminución en la cantidad de las violaciones a los derechos humanos. En tiempos pasados, los funcionarios de alto rango sufrían pocas consecuencias por los delitos cometidos. Ahora, las consecuencias son más relevantes, en especial, en los países que fueron persistentes a la hora de llevar a cabo los juicios. A partir de lo anterior, se considera que ha habido un aumento en la aplicación de los mecanismos, lo cual eleva el costo esperado como consecuencia de la represión que los funcionarios de alto rango calculan de manera individual. Durante el período examinado aquí, los beneficios que los funcionarios de alto rango recibieron de la represión fueron siempre los mismos, pero las consecuencias formales e informales aumentaron. En ese sentido, los procesos judiciales tienden a evitar futuras violaciones a los derechos humanos, al elevar el costo de la represión calculado por los funcionarios de alto rango del gobierno.

Sin embargo, nuestra investigación también es consistente con la bibliografía relativa al estudio de las normas, que pone el énfasis en que tanto los factores normativos como los coercitivos son importantes para que haya cambios en el campo de los derechos humanos.[41] Los procesos judiciales no sirven sólo para castigar o aplicar la ley, sino que también actúan como sucesos de gran divulgación que comunican y evidencian las normas. Dado que, en los juicios, el castigo y la comunicación se producen de manera simultánea, resulta difícil saber cuál de los dos provoca las mejoras en materia de defensa de los derechos humanos. ¿Los futuros autores de crímenes temen el castigo o han superado un proceso normativo de sociabilización a partir del modelo de los juicios? Para abordar este problema, analizamos los efectos que tienen las Comisiones de la Verdad. Si sólo lo único importante fueran los castigos, teniendo en cuenta que las Comisiones de la Verdad no pueden aplicarlos, no servirían para producir ninguna mejora en materia de derechos humanos. A partir de la investigación, se demuestra que tanto las Comisiones de la Verdad como los procesos judiciales comportan mejoras, lo cual indica que la justicia de transición se produce gracias a un mecanismo normativo, como la socialización, y también la disuasión.

La amenaza de la posibilidad de realizar nuevos juicios emite un mensaje carente de toda ambigüedad. Precisamente porque el modelo de responsabilidad penal individual deriva de sistemas judiciales nacionales, el significado de la amenaza de un juicio es claro para todos los involucrados, ya que se asocian las violaciones a los derechos humanos con los crímenes comunes. Como tal, esa amenaza es una forma de comunicación más efectiva que las declaraciones de política exterior hechas por otros países.

Gran parte de los trabajos producidos con anterioridad acerca de la aplicación de las leyes de derechos humanos, incluyendo los de mi autoría, analizaron el papel que tuvieron los Estados y las ONG como entidades que ejercían presión sobre los países en donde ocurrían las violaciones a los derechos humanos. No obstante, la política exterior de los países más importantes tiene múltiples objetivos y, con frecuencia, refleja ciertas contradicciones acerca del compromiso que tiene el país con la causa. Muchas veces, la represión de los regímenes dictatoriales está basada en una ideología, de modo tal que los funcionarios de alto rango se basan en pensamientos de tipo étnico o político para posicionarse como salvadores de la nación. Cuando reciben mensajes contradictorios, se inclinan por "escuchar" las palabras que se adecuan más a su cosmovisión y auto-percepción del mundo.[42] Sin embargo, la amenaza de un proceso judicial

---

[41] Thomas Risse, Stephen Ropp y Kathryn Sikkink, comps., *The Power of Human Rights: International Norms and Domestic Change* (Cambridge, UK: Cambridge University Press, 1999).

[42] Kathryn Sikkink, *Mixed Signals: U.S. Human Rights Policy and Latin America* (Ithaca, NY: Cornell University Press, 2004).

por crímenes de lesa humanidad es más difícil de malinterpretar que las declaraciones comunes del ámbito de la política exterior. Cuando el Tribunal Penal Internacional para la ex Yugoslavia emitió una orden de arresto para Milošević, el mensaje fue mucho más claro que cuando los países europeos reprobaron su comportamiento por los crímenes que había cometido en Bosnia.

Incluso frente a mensajes tan poco ambiguos, los líderes y las fuerzas de seguridad que ya cometieron delitos de lesa humanidad continúan teniendo un mapa estratégico muy claro: su objetivo es evitar que se sepa la verdad y, sobre todo, que se realicen juicios por crímenes contra la humanidad. De hecho, como proponen los teóricos realistas, la amenaza de los procesos judiciales podría inducirlos a mantenerse en sus posiciones de poder a la fuerza, pero la única forma de modificar sus conductas es sacándolos físicamente de sus puestos mediante la detención o el encarcelamiento.[43] Los dictadores represivos siempre preferirán que no haya ningún tipo de justicia de transición y que, de ser posible, exista una amnistía que los proteja. Muchas veces logran bloquear los procesos judiciales nacionales mediante amenazas, intentos de golpes de Estado, obstrucción de acuerdos de paz y demás. Este grupo ha sido la principal preocupación de intelectuales como Snyder y Vinjamuri, que señalan las claras dificultades de semejante posición estratégica, aunque no alcanzan a ver el juego estratégico de normas que pueden activar los juicios.

A largo plazo, las futuras violaciones a los derechos humanos se pueden prevenir mediante el efecto de los procesos en las nuevas generaciones de militares, miembros de la policía y líderes políticos civiles. Los jóvenes funcionarios que no estuvieron involucrados en la última ola de represión pueden mirar a los líderes anteriores y sacar conclusiones acerca de sus decisiones futuras. Observan a los ex mandatarios y ven en ellos personas que, probablemente, fueron encarceladas después de enfrentar procesos judiciales nacionales o cuya reputación nacional e internacional está hecha añicos. Es posible que los líderes militares futuros consideren que los juicios sirvieron para que se piense que la represión y los golpes de Estado pueden tener consecuencias peligrosas. Por supuesto, la forma de medir esas consecuencias puede variar. Algunos interpretarán las consecuencias de los procesos judiciales, sobre todo, en relación a cuánto se daña la reputación y el honor de los militares, la policía o el partido político como institución. Otros, tal vez, tengan una perspectiva más individualista. A partir de los juicios y de las Comisiones de la Verdad, se crearon sanciones que antes no existían, ya que no sólo se incorporó la posibilidad de encarcelamiento para los acusados, sino también la posibilidad de manchar su reputación y el honor nacional e internacional. Algunos de ellos experimentarán un proceso de socialización, y otros, uno de disuasión. En este momento, es difícil discernir qué mecanismo es el más relevante, pero lo más importante es que algunos líderes futuros podrán y serán reintegrados en la sociedad, mientras que otros sólo serán disuadidos. De esta manera, cualquier sistema creado para prevenir futuras violaciones a los derechos humanos debe incluir la posibilidad de que

© gedisa

---

[43] David Mendeloff, "Truth-seeking, truth-telling, and postconflict peacebuilding: curb the enthusiasm?", *International Studies Review* 6, n° 3 (2004).

se imponga un castigo que disuada a quienes sólo se guían por la lógica de las consecuencias.

Los juicios para imputar la responsabilidad penal individual de los autores de los crímenes *divulgan* las nuevas normas, pero no todos lo hacen de la misma manera. Los juicios contra los mandatarios con más poder y más conocidos tienen un mayor efecto divulgativo que los que se realizan contra funcionarios de rangos menores, desconocidos. Por esta razón, los casos de Pinochet, Milošević y las Juntas militares de Argentina tuvieron un efecto mayor que los procesos judiciales a policías de bajo rango realizados en Portugal después de la revolución de 1974. El impacto que tuvieron los procesos de los funcionarios inferiores en la Corte Penal Internacional por la ex Yugoslavia fue menor que el del juicio contra Milošević o Karadžić. De esta manera, al parecer, este tipo de juicio es menos importante que la fama o el rango del funcionario acusado, lo cual no quiere decir que los juicios contra funcionarios de bajo o medio rango sean insignificantes, sino que son menos importantes a la hora de divulgar nuevas normas en el ámbito nacional e internacional. De hecho, los procesos judiciales y la privación de su cargo a funcionarios de bajo a medio rango pueden cambiar las dinámicas de poder y divulgar las normas a un público local que está muy lejos de las políticas nacionales.[44]

Para lograr la divulgación del efecto, el receptor potencial del mensaje debe ser alguien parecido al individuo que está siendo procesado. Por esta razón, el juicio al general Pinochet tuvo un mayor impacto en otros funcionarios de alto rango militares de Latinoamérica que en los funcionarios estadounidenses. La proximidad geográfica, cultural y lingüística contribuye a que los actores perciban a los acusados como individuos parecidos a ellos.

Creo que la historia teórica acerca del surgimiento de las normas y sus efectos resulta relevante para el estudio de otras situaciones de cambio que se producen en el mundo de la política. En este libro, se consideran diversos enfoques del estudio de las relaciones internacionales y se tratan teorías ya existentes acerca del surgimiento de las normas, su difusión y el comportamiento racional. En lugar de luchar constantemente en las guerras paradigmáticas entre modelos teóricos, debemos preguntarnos qué mecanismo teórico es apropiado para el momento político determinado que estamos estudiando.[45] Ahora bien, más que mezclar modelos teóricos, propongo adoptar una secuencia específica de mecanismos, conectada al ciclo de vida de la norma en cuestión. Por lo general, la política es una "política normalizada", en la que hay normas y claros incentivos, en lugar de acciones racionales. La política normalizada se produce tanto dentro de estructuras normativas profundas (aceptadas e internalizadas) como en las reglas comunes del juego de la acción racional. Las teorías clásicas acerca

[44] Véase Laura Arriaza y Naomi Roht-Arriaza, "Social reconstruction as a local process", *International Journal of Transitional Justice* 2, n° 2 (julio de 2008).

[45] Este enfoque es similar al del Peter Katzenstein y Rudra Sil cuando se refieren a las "teorías eclécticas":"Eclectic theorizing in the study and practice of international relations", en *The Oxford Handbook of International Relations* (Nueva York: Oxford University Press, 2008).

de las Relaciones Internacionales tienen mucho para aportar acerca de cómo analizar estas situaciones. Las decisiones racionales proporcionan medios para analizar las interacciones a corto plazo, a la vez que el constructivismo estructural sirve para entender cómo las distintas ideologías modelan la compresión de los hechos que posibilitan el juego.

Sin embargo, ni las decisiones racionales ni el constructivismo estructural explican cómo ni por qué se dan ciertos cambios drásticos en el mundo de la política. ¿Cómo surgen, se aceptan y popularizan las nuevas ideas? Una manera de hacer que las nuevas ideas se acepten es mediante lo que Thomas Risse llamó la "lógica de la argumentación", según la cual el mejor argumento aducido es el que más posibilidades de prevalecer tiene. Aunque algunas de las nuevas ideas se aceptan mediante el proceso cerebral que consiste en evaluar el mejor argumento, otras son aceptadas a través de la lucha, la presión y el seguimiento de tendencias.

Una situación más difícil de explicar es por qué determinadas ideas resuenan, llaman la atención y se vuelven posibles en determinados momentos y determinados lugares. Creo que nunca podremos contestar a esta pregunta, a menos que estemos preparados para ir más allá de las explicaciones que ponen énfasis en los procesos cerebrales de la lógica de la argumentación y de las políticas que hacen de los juicios una respuesta racional a la presión del pueblo. En mi opinión, la aceptación de determinadas ideas está relacionada con instintos imaginativos profundos del cerebro humano. La idea de justicia y de la necesidad de imponer un castigo a quienes violan las normas sociales es un elemento intrínseco de las sociedades de todo el mundo, por lo que a todos los individuos les afectan los reclamos de justicia. Si bien los psicólogos hablan del "instinto moral", los politólogos consideran que ese término es una herejía. Para este último grupo de intelectuales, es perfectamente aceptable considerar que todos los seres humanos tienen un deseo innato de poder y de riqueza, pero muchos se oponen a la idea de que los hombres se sienten intrínsecamente atraídos por determinadas ideas acerca de los derechos humanos. De todos modos, para mí no es extraño sostener que casi todos los individuos preferirían estar vivos que muertos, estar libres que presos, sentir algún tipo de protección antes que ser víctimas de tortura, estar bien alimentados antes que pasar hambre. En cierta medida, las principales normas en defensa de los derechos humanos resonaron con tanta fuerza en todo el mundo por su atractivo intrínseco. Resulta sorprendente observar cómo los seres humanos creen uniformemente que merecen algo mejor, incluso cuando en el escenario cultural en el que están inmersos se refleja lo contrario.

Hacia fines del año 2009, ciertos sectores de la red de justicia internacional parecían estar en una situación más precaria que en el pasado. El Centro Internacional para la Justicia Transicional recortó el personal y el programa debido a una reducción del presupuesto provocada por la crisis económica de Estados Unidos. La Corte Suprema de España trató de disminuir el poder de jueces vanguardistas como Baltasar Garzón, al mismo tiempo que Luis Moreno Campo sufrió ataques constantes por su desempeño como abogado en el seno de la CPI. A su vez, todavía no se ha podido revertir del todo la reacción negativa del gobierno estadounidense frente al concepto de responsabilidad penal. La rápida expansión de la doctrina de la responsabilidad penal individual parece estar perdiendo fuerza. Tal vez la cascada de la justicia sólo sea recordada como una breve llamada de esperanza entre el final de la Guerra Fría y el principio de la guerra contra el terrorismo. Por otro lado, a fines de 2010, en Internet y en medios de comunicación de todo el mundo se publicaban casi todos los días casos que demostraban una evolución de los juicios por delitos de lesa humanidad. Cuando, en octubre de 2010, un juez argentino dijo que si los tribunales españoles no eran capaces o no estaban interesados en investigar los crímenes de la guerra civil española, las cortes argentinas podían asumir los juicios, se produjo un giro interesante en el patrón establecido.[46] En noviembre de 2010, la Corte Suprema uruguaya declaró una vez más que la Ley de amnistía del país era inconstitucional y que los casos relativos a los derechos humanos por el asesinato de diecinueve individuos podían continuar llevándose a cabo en los tribunales de Uruguay. En diciembre de 2010, un tribunal de apelaciones italiano condenó a agentes de la CIA por el secuestro de Abu Omar y decretó sentencias aún más duras.

El hecho de que la cascada de la justicia forme parte de la legislación y de las instituciones nacionales e internacionales hace que sea poco probable la tendencia se revierta. La posibilidad de imputar la responsabilidad penal proporcionó herramientas útiles pero imperfectas para que los defensores de los derechos humanos, las víctimas y los países hicieran lo posible por evitar las violaciones futuras. Los juicios por delitos contra la humanidad continuarán sin satisfacer por completo nuestros ideales acerca de la justicia, pero representan una mejora con respecto a situaciones del pasado, ya que el mundo que conocimos en el cual no existía ningún tipo de imputación de la responsabilidad por los crímenes contra la humanidad más graves, por fin, está desapareciendo. Este nuevo mundo, en el que hay mayor responsabilidad penal, si bien es problemático, nos da esperanzas de que la violencia mundial puede reducirse.

---

[46] "Argentianian judge petitions Spain to try civil war crimes of Franco", guardian.co.uk, 26 de octubre de 2010; www.guardian.co.uk/world/2010/oct/26/argentina-spain-general-franco-judge.

APÉNDICES

APÉNDICE 1

Países latinoamericanos de transición con juicios por delitos de lesa humanidad y comisiones de la verdad

Países (en orden cronológico desde el primer juicio)	Fechas de los juicios	Años de juicios acumulados	Fechas de las Comisiones de la Verdad
Argentina	1983-1990 1993-1996 1998-2006	21	1983
Bolivia	1983 1993 1995	3	1982
Perú	1985 1990 1993-1995 2001-2006	11	2001
Guatemala	1988 1991-1994 1996-2003	13	1997
Paraguay	1989 1991-1992 1994-1999 2002-2004	12	2003
El Salvador	1990-1992 1998	4	1992
Chile	1991-2006	16	1990
Panamá	1991-1999 2002 2004	11	2001
Ecuador	1992-1995	4	1996
Honduras	1992-1993 1996-1997 1999-2002 2004-2005	10	—
Nicaragua	1992-1996	5	—
Haití	1995-1997	3	1995
México	2002-2004	3	—
Uruguay	2002 2006	2	1985

Fuente: Base de datos de la autora.

APÉNDICE 2

Lista de países con transiciones

Transiciones democráticas (66 países)

Portugal 1974-
Grecia 1974-
España 1975-
Tailandia 1977-1991, 1992-
Burkina Faso 1977-1980
Perú 1978-1992, 1993-
Ghana 1978-1981, 1996-
República Dominicana 1978-
Nigeria 1978-1984, 1998-
Uganda 1979-1985
Ecuador 1979-
El Salvador 1979-
Honduras 1980-
Bolivia 1982-
Argentina 1983-
Turquía 1983-
Guatemala 1984-
Brasil 1985-
Uruguay 1985-
Haití 1986-1991, 1994-
Filipinas 1986-
República de Corea 1987-
Hungría 1988-
Chile 1988-
Camboya 1988-1997
Pakistán 1988-1999
Polonia 1989-
Paraguay 1989-
Checoslovaqnia 1989-1992
Panamá 1989-
Rumania 1989-
Benín 1990-
Nicaragua 1990-

Comoras 1990-1995, 1996-
Bulgaria 1990-
Fiji 1990-
Mongolia 1990-
Nepal 1990-2002
Albania 1990-1996, 1997-
República del Congo 1991-1997
Mali 1991-
República Centroafricana 1991-
Nigeria 1991-1996, 1999-
Bangladcsh 1991-
Madagascar 1991-
Zambia 1991-1996
Guinea-Bissau 1991-1998, 1999-
Azerbaiyán 1992-
Guyana 1992-
Sudáfrica 1992-
Taiwán 1992-
Lesotho 1993-1998, 1999-
Malawí 1993-
México 1994-
Mozambique 1994-
Sierra Leona 1996-1997, 2001-
Irán 1997-2004
Armenia 1998-
Indonesia 1998-
Yibuti 1999-
Costa de Marfil 1999-2002
Senegal 2000-
Serbia y Montenegro 2000-
Kenya 2002-
Macedonia 2002-
Argelia 2004-

Transiciones a partir de guerras civiles (16 países)

Chad 1984-
Líbano 1990-
Etiopía 1991-
Angola 1993-
Ruanda 1994-
Bosnia y Herzegovina 1995-
Burundi 1996-
Comoras 1996-

Liberia 1996-
Afganistán 1996-
Guinea-Bissau 1999-
Lesotho 1999-
Sierra Leona 2001-
Irak 2003-
República Democrática del Congo 2003-
Islas Salomón 2003-

Transiciones hacia la creación de un Estado (28 países)

Namibia 1990-
Yemen 1990-
Alemania 1990-
Georgia 1991-
Croacia 1991-
Eslovenia l991-
Serbia y Montenegro 1991-
Bielorusia 1991-
Moldavia 1991-
Azerbaiván 1991-
Kirguistán 1991-
Uzbekistán 1991-
Estonia 1991-
Letonia 1991-

Lituania 1991-
Tayikistán 1991-
Macedonia 1991-
Armenia 1991-
Turkmenistán 1991-
Ucrania 1991-
Kazajtán 1991-
Bosnia y Herzegovina 1992-
Rusia 1992-
República Checa 1993-
Eslovaquia 1993-
Etiopía 1993-
Eritrea 1993-
Timor del Este 2002-

APÉNDICE 3

Lista de países con juicios por delitos de lesa humanidad y Comisiones de la Verdad

Países con juicios transicionales por delitos de lesa humanidad (48 países)

Argentina 1983-1990, 1993-2004
Benín 1991-1993
Bolivia 1983, 1995
Bosnia y Herzegovina 1993-2004
Bulgaria 1993, 1994, 1996
Burundi 1996
Camboya 2003-2004
Chad 2000-2003
Chile 1989, 1991-2004
Croacia 1992-2004
Ecuador 1992-1995, 1997
El Salvador 1990-1992, 1998
Eritrea 1991, 1993
Eslovenia 1993-2004
España 1982, 2000
Etiopía 1991-1992, 1994-2003
Guatemala 1988, 1991-1994, 1996-2003
Haití 1986-1987, 1989, 1995-1997
Honduras 1992-1993, 1996-2002, 2004
Hungría 1993, 1999, 2000-2001
Indonesia 2000-2004
Irak 2003-2004
Lituania 1997-2002
Macedonia 1993-2004
Malawí 1995

Malí 1991, 1993
México 2002-2004
Namibia 1990
Nicaragua 1992-1996
Nigeria 1992
Panamá 1991-1999, 2002, 2004
Paraguay 1989, 1991-1992, 1994-1999, 2002-2004
Perú 1985, 1990, 1993-1995, 2001-2004
Polonia 1990, 1993-1994, 1996-2001
Portugal 1980
República Checa 1997, 1998, 2001
República de Corea 1996
República Democrática del Congo 2004
Rumania 1990
Ruanda 1994-2004
Senegal 2000-2004
Serbia y Montenegro 2000-2004
Sierra Leona 2002-2004
Sudáfrica 1992
Tailandia 1998
Timor del Este 2002-2004
Turquía 1983
Uruguay 1998-2000, 2002, 2004

© gedisa

Países con Comisiones de la Verdad (28 países)

Alemania 1992
Argentina 1983
Bolivia 1982
Burundí 1996
Chad 1990
Chile 1990
Ecuador 1996
El Salvador 1992
Filipinas 1986
Ghana 2002
Guatemala 1997
Haití 1995
Indonesia 1999
Liberia 2003

Nepal 1990
Níger 1999
Panamá 2001
Paraguay 2003
Perú 2001
República Centroafricana 2003
República de Corea 2000
República Democrática del Congo 2004
Serbia y Montenegro 2002
Sierra Leona 2002
Sudáfrica 1995
Uganda 1986
Uruguay 1985

APÉNDICE 4

Resumen estadístico y fuentes de la base de datos

Resumen estadístico

Variable	N	Promedio	SD	Min.	Máx.
Variable dependiente					
Represión	1.393	3,45	2,19	0	8
Variable independiente					
Juicios por delitos de lesa humanidad	1.475	0,39	0,49	0	1
Cantidad de años de juicios acumulados (*In*)	1.475	0,51	0,75	0	3,04
Juicios de lesa humanidad en países vecinos	1.475	2,46	2,14	0	7
Juicios por delitos de lesa humanidad en países vecinos (*Ir*)	1.475	1,56	1,32	0	4,23
Variable de control					
Comisiones de la verdad	1.475	0,18	0,38	0	1
Represión t-1	1.353	3,45	2,21	0	8
Democracia	1.434	4,08	5,50	-9	10
Conflictos internacionales	1.475	0,06	0,37	0	3
Conflictos civiles	1.475	0,35	0,82	0	3
Ratificación de acuerdos	1.475	2,06	1,04	0	3
PBI per capita (*In*)	1.470	6,92	1,27	4,02	10,4
Crecimiento de la economía	1.471	2,71	7,99	-50,2	106,3
Población (*In*)	1.471	7,03	0,55	5,66	8,34
Cambio demográfico	1.446	1,56	1,49	-6,13	10,7
África	1.475	0,28	0,45	0	1
Oceanía	1.475	0,01	0,11	0	1
Asia	1.475	0,23	0,42	0	1
Europa	1.475	0,25	0,43	0	1
Cantidad de años	1.475	15,93	5,79	0	24

Fuentes de los datos

Variable	Fuentes de los datos
Represión	Base de datos de derechos humanos de CIRI
Democracia	Proyecto Polity IV
Conflictos civiles e internacionales	Base de datos de coaflictos armados PRIO-Uppsala
Ratificación de acuerdos de derechos humanos	ACNUDH (ONU)
PBI per cápita, tasa de crecimiento del PBI anual, tasa de crecimiento demográfico anual	Base de datos de la ONU (excepto en el caso de Tahván, para el cual utilicé los datos del Instituto de Estadística Nacional http. eng.stat.gov.tw mp.asp?mp=5)

Fuentes: Hunjoon y Kathryn SikJank "Explaining the deterrence effect of human rights prosecutions for transitional countries", *International Studies Quaterh* 54 (diciembre de 2010), pág. 960.

Tabla 1. Modelos de referencia: efecto de los juicios por delitos de lesa humanidad en la represión.

	Modelo 1 (Base) Coef. Valor (Err. est.)	Modelo 2 (JLH) Coef. (Err. est.)	p-Valor	Modelo 2b (CDH) Coef. (Err. est.)	p- Valor
Experiencia de juicios		-0,160 (0,079)	0,041		
Años de juicios acumulados (Irí)				-0,113 (0,055)	0,038
Experiencia de comisiones de la verdad		-0,186 (0,098)	0,065	-0,175 (0,098)	0,074
Represión t-J	0,569 (0,024)	0,562 (0,024)	<0,001	0,562 (0,024)	<0,001
Democracia	-0,058 (0,008)	-0,055 (0,008)	<0,001	-0,056 (0,008)	<0,001
Conflictos internacionales	-0,162 (0,087)	-0,164 (0,086)	0,057	-0,593 (0,087)	0,068
Conflictos civiles	0,458 (0,052)	0,478 (0,053)	<0,001	0,474 (0,052)	<0,001
Ratificaciones de acuerdos sobre derechos humanos	0,068 (0,046)	0,079 (0,047)	0,092	0,083 (0,047)	0,073
PBI per cápita (/«)	-0,089 (0,041)	-0,075 (0,042)	0,079	-0,078 (0,042)	0,064
Tasa de crecimiento del PBI anual	-0,008 (0,006)	-0,009 (0,006)	0,130	-0,009 (0,006)	0,130
Población (Iri)	0,541 (0,075)	0,563 (0,076)	<0,001	0,563 (0,078)	<0,001
Tasa anual de cambio demográfico	0,013 (0,038)	0,026 (0,039)	0,501	0,028 (0,039)	0,474
África	-0,430 (0,136)	-0,489 (0,135)	<0,001	-0,533 (0,137)	<0,001
Oceanía	-0,481 (0,206)	-0,633 (0,212)	0,003	-0,647 (0,214)	<0,001
Asia	-0,208 (0,118)	-0,312 (0,118)	0,008	-0,347 (0,122)	0,004
Europa	-0,501 (0,120)	-0,598 (0,125)	<0,001	-0,621 (0,125)	<0,001
Año	0,010 (0,007)	0,014 (0,007)	0,050	0,017 (0,008)	0,030

Constante	$-1,671$ (0,493)	0,001	$-1,872$ (0,502)	<0,001	$-1,863$ (0,502)	<0,001
R^2	0,686		0,688		0,688	
X^2	3.509,76		3.519,46		3.520,71	
N	1.314		1.314		1.314	
Cantidad de países	95		95		95	

Nota: Los datos de la tabla son regresión MCO revisados por un equipo específico de auto-correlación y p-valores en Stata 9.2/SE. Se ponen entre paréntesis las correcciones realizadas: t-1=h; lu=h.

Fuente: Hunjoon Kim y Kathryn Sikkink, "Explaining the deterrence effect of human rights prosecutions for transitional countries", *International Studies Quaterfy 54 (diciembre de 2010), pág. 952.*

Tabla 2. Efectos fijos de los modelos: impacto de los juicios por delitos de lesa humanidad en la represión

	Modelo 3a (JLH)		Modelo 3b (CDH)	
	Coef. (Err est.)	p- Valor	Coef. (Err est.)	p- Valor
Experiencia en juicios	-0,425 (0,153)	0,006		
Años de juicios acumulados (I n)			-0,383 (0,102)	<0,001
Experiencia en comisiones de la verdad	-0,514 (0,175)	0,003	-0,445 (0,176)	0,012
Represión t-1	0,279 (0,026)	<0,001	0,272 (0,026)	<0,001
Democracia	-0,048 (0,013)	<0,001	-0,047 (0,013)	<0,001
Conflictos internacionales	-0,345 (0,096)	0,001	-0,333 (0,096)	0,068
Conflictos civiles	0,535 (0,069)	<0,001	0,524 (0,069)	<0,001
Human Rights Treaty Ratification	0,154 (0,068)	0,024	0,133 (0,068)	0,052
PBI per cápita (*In*)	-0,043 (0,141)	0,761	-0,004 (0,141)	0,979
Tasa de crecimiento del PBI anual	-0,016 (0,005)	0,003	-0,016 (0,005)	0,003
Población (*In*)	-3,793 (1,434)	0,008	-3,555 (1,428)	0,013
Tasa anual de crecimiento demográfico	-0,049 (0,052)	0,337	-0,046 (0,051)	0,370
Año	0,038 (0,015)	0,011	0,044 (0,015)	0,003
Constant	29,051 (10,358)	0,005	27,082 (10,315)	0,000
R^2 N Cantidad de países	0,255 1.314 95		0,259 1.314 95	

Nota: Los datos son producto de efectos de regresión fijos con indicaciones de los errores tradicionales entre paréntesis y p-valores en Stata 9.2/SE.

Fuente: Hunjoon Kimoy Kathryn Sikkink, "Explaining the deterrence effect of human rights prosecutions for transitional countries", *International Studics Quarterly* 54 (diciembre de 2010), pág. 954.

Tabla 3. Efecto de los juicios por delitos de lesa humanidad en la represión (dos etapas estimadas)

	JLH realizados Modelo 4a (2SPLS) Coef. p-valor (Err est.)		CDH creadas Modelo 4b (G2SLS) Coef. p-valor (Err est.)	
Experiencia en juicios	-0,209	0,009		
(realizados)	(0,079)			
Años de juicios acumulados			-0,476	0,010
(realizados In)			(0,184)	
Experiencia en comisiones de	-0,139	0,165	-0,103	0,036
la verdad	(0,099)		(0,112)	
R^2	173,19		2.273,20	
N	1.281		1.281	
Cantidad de países	94		94	

Nota: Los datos de la tabla son regresión MCO revisados por un equipo específico de auto-correlación y p-valores en Stata 9.2/SE. Se ponen entre paréntesis las correcciones realizadas. Por cuestiones de espacio, no se incluyen las variables de control ni los términos constantes de las regresiones.

Fuente: Hunjoon Kim y Kathryn Sikkink, "Explaining the deterrence effect of human rights prosecutions for transitional countries", *International Studies Quarterly* 54 (diciembre de 2010), pág. 954.

Tabla 4. Efecto de los juicios por delitos de lesa humanidad en la represión en contextos de conflictos civiles

	Modelo 5a (JLH) Coef. (Err. est.)	p-valor	Modelo 5b (CDH) Coef. (Err. est.)	p-valor
Experiencia en juicios	-0,166 (0,087)	0,055		
Experiencia en juicios por guerra civil	-0,059 (0,090)	0,509		
Transición de guerra civil por experiencia de juicios	0,139 (0,329)	0,674		
Años de juicios acumulados (In)			-0,113 (0,058)	0,049
Guerra civil por años de juicios acumulados			-0,159 (0,076)	0,038
Transición de guerra civil por años de iuicios acumulados			0,168 (0,188)	0,369
Experiencia en comisiones de la verdad	-0,215 (0,117)	0,067	-0,215 (0,118)	0,068
Guerra civil por comisiones de la verdad	-0,064 (0,106)	0,549	-0,085 (0,106)	0,422
Transición de guerra civil por comisiones de la verdad	0,282 (0,354)	0,425	0,244 (0,340)	0,474
Conflicto civil	0,501 (0,072)	<0,001	0,542 (0,069)	<0,001
Transición de guerra civil	0,296 (0,153)	0,153	0,325 (0,208)	0,119
R^2 X^2 N Número de países	0,691 3.606,59 1.314 95		0,692 3.595,06 1.314 95	

Nota: Los datos de la tabla son regresión MCO revisados por un equipo específico de autocorrelación y p-valores en Stata 9.2/SE. Se ponen entre paréntesis las correcciones realizadas. Por cuestiones de espacio, no se incluyen las variables de control ni los términos constantes de las regresiones.

Fuente: Hunjoon Kim y Kathryn Sikkink, "Explaining the deterrence effect of human rights prosecutions for transitional countries", *International Studies Quarterly* 54 (diciembre de 2010), pág. 955.

Tabla 5. Efectos de los juicios en la represión en diversos contextos de guerras civiles

	Efectos en juicios de LH			
	Coef.	Err. est.	p-valor	Cantidad de casos* (país-año)
Sin transición de guerra civil y sin guerra civil	-0,16	0,09	0,005	1.106
Sin transición de guerra cnil con una guerra crvü menor	-0,23	0,10	0,029	61
Sin transición de guerra civil y con una guerra civfl mayor	-0,35	0,26	0,179	57
Transición de guerra cr.il sin guerra civil	-0,03	0,33	0,933	104
Transición de guerra crvü con una guerra crvü menor	-0,09	0,31	0,775	32
Transición de guerra civil con guerras civiles mayores	-0,21	0,34	0,544	19

Nota: Se indican coeficientes condicionales y errores tradicionales de los efectos de los juicios por delitos de de lesa humanidad provenientes del Modelo 3a.

Fuente: Hunjoon Kim y Kathryn Sikkink, "Explaining the deterrence efject of human rights prosecutions for transitional countries", *International Studies Quarterly* 54 (diciembre de 2010), pág. 956.

Tabla 6. Efecto de los juicios por delitos de lesa humanidad en los países vecinos con regímenes represivos

	Modelo 6a (JLH) Coef. (Err. est.)	p-valor	Modelo 6b (CDH) Coef. (Err. est.)	p-valor
Experiencia en juicios	-0,160 (0,079)	0,041		
JLH en países vecinos	-0,043 (0,023)	0,068		
Años de juicios acumulados			-0,103 (0,055)	0,062
Años de juicios acumulados en los países vecinos (*In*)			-0,093 (0,044)	0,034
Experiencia en comisiones de la verdad	-0,204 (0,097)	0,036	-0,205 (0,098)	0,037
R^2 X^2 N Cantidad de países	0,689 3.515,35 1.314 95		0,689 3.518,41 1.314 95	

Nota: Los datos de la tabla son regresión MCO revisados por un equipo específico de autocorrelación y p-valores en Stata 9.2/SE. Se ponen entre paréntesis las correcciones realizadas. Por cuestiones de espacio, no se incluyen las variables de control ni los términos constantes de las regresiones.

Fuente: Hunjoon Kim y Kathryn Sikkink, "Explaining the deterrence effect of human rights prosecutions for transitional countries", *International Studies Quarterly* 54 (diciembre de 2010), pág. 957.

BIBLIOGRAFIA

Acuña, Carlos, "Transitional justice in Argentina and Chile: A never-ending story?" en Jon Elster (comp.), *Retribution and Reparation in the Transition to Democracy*. Nueva York, Cambridge University Press, 2006.

— , González Bombal, Inés; Jelin, Elizabeth; Landi, Oscar; Quevedo, Luis Alberto; Smulovitz Catalina y Vacchieri Adriana, *Juicio, castigos y memorias: Derechos humanos y justicia en la política argentina*. Buenos Aires, Nueva Visión, 1995.

Acuña, Carlos y Smulovitz, Catalina, "Guarding the guardians in Argentina: Some lessons about the risks and benefits of empowering the courts", en A. James McAdams (comp.), *Transitional Justice and the Rule of Law in New Democracies*. Notre Dame (IN), University of Notre Dame Press, 1997.

— , "Adjusting the Armed Forces to democracy: Successes, failures and ambiguities in the Southern Cone", en Elizabeth Jelin y Eric Hersberg (comps.), *Constructing Democracy: Human Rights, Citizenship, and Democracy in Latin America*. Boulder (CO), Westview Press, 1996.

Adler, Emanuel y Barnett, Michael (comps.), *Security Communities*. Cambridge (UK), Cambridge University Press, 1998.

Akande, Dapo, "George Bush cancels visit to Switzerland as human rights groups call for his arrest", *EJIL: Talk!*. Blog of the *European Journal of International Law*, 6 de febrero de 2011; http://www.ejiltalk.org/george-bush-cancels-visit-to-switzerland-as-human-rights-groups-call-for-his-arrest/.

Akhaven, Payam, "Are international criminal tribunals a disincentive to peace?: Reconciling judicial romanticism with political realism". *Human Rights Quarterly* 31, 2009, págs. 624-654.

— , "Beyond impunity: Can international criminal justice prevent future atrocities?". *American Journal of International Law* 95, n° 1, 2001, págs. 7-31.

Alfonsín, Raúl, *Democracia y consenso*. Buenos Aires, Ediciones Corregidor, 1996.

— , *Inédito: Una batalla contra la dictadura: 1966-1972*. Buenos Aires, Editorial Legasa, 1986.

Alivizatos, Nicos, *Les institutions politiques de la Grèce à travers les crises 1922-1974*. París, Librairie Générale de Droit et de Jurisprudence, 1979.

— y Diamandouros, P. Nikiforos, "Politics and the judiciary in the Greek transition to democracy", en A. James McAdams (comp.), *Transitional Justice and the Rule of Law in New Democracies*. Notre Dame (IN), University of Notre Dame Press, 1997.

Ambos, Kai, "Prosecuting Guantánamo in Europe: Can and shall the master-minds of the torture memos be held criminally responsible on the basis of universal jurisdiction?". *Case Western Research Journal of International Law* 42, 2009; http://www .case.edu/orgs/jil/vol.42.1.2/ 42 _ Ambos.pdf.

Amnesty International, "Torture in Greece", reimpreso en *Hellenic Review,* 1968, pág. 22.

— , "Amnesty International conference for the abolition of torture: Final report", París, 10-11 de diciembre de 1973.

— , "Publicity for Greek report", Memo interno fechado el 19 de abril de1977.

— , *Torture in Greece: The First Torturers' Trial 1975.* Londres, Amnesty International, 1977.

— , "Common Article III of the Geneva Conventions"; http://www.amnestyusa.org/war-on-terror/torture/common-article-iii-of-the-geneva-conventions/page.do?id=1351086, consultado el 28 de junio de 2010.

Andenaes, Johannes, *Punishment and Deterrence.* Ann Arbor, University of Michigan Press, 1974.

Arendt, Hannah, *Eichmann in Jerusalem: A Report on the Banality of Evil* (1963). Nueva York, Penguin, 1994.

Barahona de Brito, Alexandra; González-Enríquez, Carmen y Aguilar, Paloma (comps.), *The Politics of Memory: Transitional Justice in Democratizing Societies.* Oxford, Oxford University Press, 2001.

Barnett, Michael, *Eyewitness to Genocide: The United Nations and Rwanda.* Ithaca (NY), Cornell University Press, 2002.

— y Duvall, Raymond, "Power in international politics". *International Organization 59,* n° 1, 2005, págs. 39-75.

Bass, Gary, *Stay the Hand of Vengeance.* Princeton, Princeton University Press, 2000.

Bassiouni, M. Cherif, *International Criminal Law: International Enforcement,* vol. 3. Dordrecht (Países Bajos), Martinus Nijhoff, 2008, 3ª ed.

— , *The Legislative History of the International Criminal Court,* vol. I: *Introduction, Analysis, and Integrated Text of the Statute, Elements of Crimes and Rules of Procedure and Evidence.* Ardsley (NY), Transnational Publishers, 2005.

— y Manikas, Peter, *The Law of the International Criminal Tribunal for the Former Yugoslavia.* Irvington-on-Hudson (NY), Transnational Publishers, 1996.

Becu, Nuria, "El filósofo y el politico: Consideraciones morales y políticas en el tratamiento a los autores de crímenes de lesa humanidad bajo la presidencia de Raúl Alfonsín (1983-1989)". Universidad Torcuato de Tella, Departamento de Ciencias Politicas, 2004.

Beddard, Ralph, *Human Rights and Europe.* Londres, Sweet & Maxwell, 1980.

Blumstein, Alfred; Cohen, Jacqueline y Nagin, Daniel (comps.), *Deterrence and Incapacitation: Estimating the Effects of Criminal Sanctions on Crime Rates.* Panel on Research on Deterrent and Incapacitative Effects, National Research Council, Washington DC, National Academy of Sciences, 1978.

Bordaberry, Juan María, "Documentos: Para el juicio de la historia", fin de año, discurso citado en *Brecha*, 20 de octubre de 2006, pág. 5, traducción de la autora.

Branch, Adam, "Uganda's civil war and the politics of ICC intervention". *Ethics and International Affairs* 21, n° 2, 2007, págs. 179-198.

Brienen, M. E. I. y Hoegen, E. H., "Victims of crime in 22 European justice systems: The implementation of recommendation (85) 11 of the council of Europe on the position of the victim in the framework of criminal law and procedure", conferencia en la Universidad de Tilburg. Nijmegen (Países Bajos), Wolf Legal Productions, 2000.

Broomhall, Bruce, *International Justice and the International Criminal Court: Between Sovereignty and the Rule of Law.* Oxford, Oxford University Press, 2003.

Brown, Donald E., "Human universals, human nature and human culture". *Daedalus* 133, n° 4, 2004, págs. 47-54.

Brysk, Alison, *The Politics of Human Rights in Argentina: Protest, Change, and Democratization.* Stanford (CA), Stanford University Press, 1994.

Burgers, Jan Herman y Danelius, Hans, *The United Nations Convention against Torture: A Handbook on the Convention against Torture and Other Cruel, Inhuman or Degrading Treatment or Punishment.* Dordrecht (Países Bajos), Martinus Nijhoff, 1988.

"By the numbers: Findings of the detainee abuse and accountability project". Human Rights and Global Justice, Human Rights First, and Human Rights Watch, 2006; http://www.chrgj.org/docs/Press%20Release%20-%20By%20The%20 Numbers.pdf.

Caldeira, Teresa P. R., "Crime and individual rights: Reframing the question of violence in Latin America", en Elizabeth Jelin y Eric Hershberg (comps.), *Constructing Democracy.* Boulder (CO), Westview Press, 1996.

Call, Charles, "Is transitional justice really just?". *Brown Journal of World Affairs* 11, n° 1, 2004, págs.101-113.

Carothers, Thomas, "The many agendas of rule of law reform in Latin America", en Pilar Domingo y Rachel Sieder (comps.), *Rule of Law in Latin America: The International Promotion of Judicial Reform.* Londres, University of London, 2001.

"Carta de Wilson Ferreira Aldunate a Jorge Rafael Videla". Buenos Aires, 24 de mayo de 1976, reimpreso en *Brecha*, "Documentos: Para el juicio de la historia", 20 de octubre de 2006, págs. 31-39, traducción de la autora.

Cavallo, Gabriel, "Resolución del juez Gabriel Cavallo". *Juzgado Federal* 4, Caso Poblete-Hlaczik, 6 de marzo de 2001.

Chayes, Abram y Handler Chayes, Antonia, *The New Sovereignty: Compliance with International Regulatory Agreements.* Cambridge (MA), Harvard University Press, 1995.

Cingranelli, David R. y Richards, David L., *The Cingranelli-Richards (CIRI) Human Rights Database Coder Manual,* 2004.

Clark, Ann Marie, *Diplomacy of Conscience: Amnesty International and Changing Human Rights Norms.* Princeton, Princeton University Press, 2001.

Clark, Ian, *Globalization and International Relations Theory.* Oxford, Oxford University Press, 1999.

Cobban, Helena, "Think again: International courts". *Foreign Policy,* marzo-abril de 2006.

Comisión Nacional Sobre la Desaparición de Personas (CONADEP), *Nunca más: Informe de la Comisión Nacional Sobre la Desaparición de Personas.* Buenos Aires, Editorial Universitaria, 1984.

— , *Nunca Más: The Report of the Argentine National Commission of the Disappeared,* edición en inglés. Nueva York, Farrar, Straus & Giroux, 1986.

Committee of Experts, "Committee of Experts on Torture". Siracusa (Italia), 16-17 de diciembre de 1977, publicado en *Revue International de Droit Pénal* 48, n° 3 y n° 4, 1977.

"Como se preparó la acusación", *Diario del Juicio* 1, 27 de mayo de 1985.

Congressional Record. U.S. Senate, 27 de octubre de 1990, pág. S17.491.

Conte, Augusto, memo sin publicar para la Asamblea Permanente por los Derechos Humanos. Buenos Aires, 3 de marzo de 1980, CELS Library, traducción de la autora.

Costa Pinto, Antonio, "Authoritarian legacies, transitional justice and State crisis in Portugal's democratization". *Democratization* 13, n° 2, 2006, págs. 173-204.

—, "The radical right in contemporary Portugal", en Luciano Cheles; Ronnie Ferguson y Michalina Vaughan (comps.), *Neo-Fascism in Europe.* Londres y Nueva York, Longman, 1991.

Council of Europe, European Commission on Human Rights, *The Greek Case, Report of the Commission.* Estrasburgo, 1970.

Crenzel, Emilio Ariel, "Génesis, usos y resignificaciones del *Nunca más:* La memoria de las desapariciones en Argentina", tesis de doctorado. Facultad de Ciencias Sociales de la Universidad de Buenos Aires, 2006.

Cullen, brig. gen. James, "Statement at press conference by Human Rights First and Retired Military Leaders", 4 de enero de 2005; audio en www.humanrightsfirst.org, trasncripción revisada por la autora.

Daley, Dorothy y Garand, James, "Horizontal diffusion, vertical diffusion, and internal pressure in State environmental policymaking". *American Politics Research* 33, n° 5, 2005, págs. 615-644.

Danner, Mark, *Torture and Truth: America, Abu Ghraib, and the War on Terror.* Nueva York, New York Review of Books, 2004.

Davenport, Christian, *State Repression and the Domestic Democratic Peace.* Nueva York, Cambridge University Press, 2007.

Diamond, Larry, *The Spirit of Democracy: The Struggle to Build Free Societies Throughout the World.* Nueva York, Holt Publishers, 2009.

Della Porta, Donatella y Tarrow, Sidney (comps.), *Transnational Protest and Global Activism.* Lanham (MD), Rowman & Littlefield, 2005.

di Candia, César, "Angustias y tensiones de tres políticos uruguayos condenados a muerte", reimpreso en "Qué Pasa", suplemento de *El País,* 13 de noviembre de 2004, en *Brecha,* "Documentos: Para el juicio de la historia", 20 de octubre de 2006, págs. 7-8, traducción de la autora.

Dickenson, Laura, "Accountability for war crimes: What role for national, international and hybrid tribunals?". *American Society for International Law Proceedings,* 2004.

Domingo, Pilar y Sieder, Rachel (comps.), *Rule of Law in Latin America: The International Promotion of Judicial Reform.* Londres. University of London Press, 2001.

Downs, George W.; Rocke, David M. y Barsoom, Peter N., "Is the good news about compliance good news about cooperation?". *International Organization 50,* nº 3, 1996, págs 379-406.

Drumbl, Mark, *Atrocity, Punishment, and International Law.* Nueva York, Cambridge University Press, 2007.

Dykmann, Klaas, *Philanthropic Endeavors or the Exploitation of an Ideal? The Human Rights Policy of the Organization of American States in Latin America (1970-1991).* Fránkfort, Vervuert Verlag, 2004.

Elster, Jon, *Closing the Books: Transitional Justice in Historical Perspective.* Nueva York, Cambridge University Press, 2004.

Farer, Tom, "The rise of the inter-American human rights regime: No longer a unicorn, not yet an ox". *Human Rights Quarterly* 19, nº 3, 1997, págs. 510-546.

Federal Bureau of Investigation, Criminal Justice Information Services, "E-mail from REDACTED to Gary Bald, Frankie Battle, Arthur Cummings Re: FWD: Impersonating FBI Agents at GITMO", 5 de diciembre de 2003, en www.aclu.org/torturefoia/released/122004.html.

Feeley, Malcolm, *The Process Is the Punishment: Handling Cases in a Lower Criminal Court.* Nueva York, Russell Sage Foundation, 1979.

Filártiga vs. Peña-Irala, 630 F. 2d 876, 890, 2d Cir., 1980.

Filippini, Leonardo, "Truth trials in Argentina". Artículo inédito, 2005.

Finnemore, Martha y Sikkink, Kathryn, "Taking stock: The constructivist research program in international relations and comparative politics". *Annual Review of Political Science* 4, 2001, págs. 391-416.

—, "International norm dynamics and political change". *International Organization* 52, nº 4, 1998, págs. 887-917.

Fletcher, Laurel; Weinstein, Harvey M. y Rowen, Jamie, "Context, timing, and the dynamics of transitional justice: A historical perspective". *Human Rights Quarterly* 31, 2009, págs. 163-220.

Florini, Ann, "The evolution of international norms". *International Studies Quarterly* 40, nº 3, 1996, págs. 363-389.

Fukuyama, Francis, *America at the Crossroads: Democracy, Power, and the Neoconservative Legacy.* New Haven, Yale University Press, 2006.

Fullard, Madeleine y Rousseau, Nicky, "Uncertain borders: The TRC and the (un)making of public myths". *Kronos* 34, noviembre de 2008, págs. 215-239.

Gellman, Barton, *Angler: The Cheney Vice Presidency.* Nueva York, Penguin, 2008.

Georgakas, Dan, "Two Greek commentaries". *Chicago Review* 12, nº 2, 1969, págs. 109-114.

Gibney, Mark y Dalton, Matthew, "The political terror scale". *Policy Studies and Developing Nations* 4, 1996, págs. 73-84.

Gladwell, Malcolm, *The Tipping Point: How Little Things Can Make a Big Difference.* Nueva York, Little, Brown, 2000.

Gleditsch, Kristian Skrede y Ward, Michael D., "Diffusion and the international context of democratization". *International Organization* 60, n° 4, 2006, págs. 911-933.

Glendon, Mary Ann, "The forgotten crucible: The Latin American influence on the universal declaration of human rights idea". *Harvard Human Rights Journal* 16, 2003, págs. 27-39.

—. *A World Made New: Eleanor Roosevelt and the Universal Declaration of Human Rights.* Nueva York, Random House, 1999.

Goldsmith, Jack, *The Terror Presidency: Law and Judgment Inside the Bush Administration.* Nueva York, W. W. Norton & Company, 2007.

— y Krasner, Stephen D., "The limits of idealism". *Daedalus* 132, invierno de 2003, págs. 47-63.

Goldstone, Richard, *For Humanity: Reflections of a War Crimes Investigator.* New Haven, Yale University Press, 2000.

Goodman, Ryan y Jinks, Derek, "How to influence States: Socialization and international human rights law". *Duke Law Journal* 54, 2004, págs. 621-703.

— . *Socializing States: Promoting Human Rights Through International Law.* Nueva York, Oxford University Press, en prensa.

Graham, Erin; Shipan, Charles y Volden, Craig, "The diffusion of policy diffusion research". Artículo inédito, diciembre de 2008.

Grant, Ruth Keohane y Robert O., "Accountability and abuses of power in world politics". *American Political Science Review* 99, n° 1, 2005, págs. 29-43.

Greiff, Pablo de, "Vetting and transitional justice", en Alexander Mayer-Rieckh y Pablo de Greiff (comps.), *Justice as Prevention: Vetting of Public Employees in Transitional Societies.* Nueva York, International Center for Transitional Justice, Social Science Research Council, 2007.

"Guatemala massacre survivors use memorial quilt to seek reparations", AdvocacyNet, News Bulletin 174, 28 de enero de 2009; http://www.advocacynet. org/resource/1228.

Guembe, María José, "Economic reparations for grave human rights violations: The Argentinean experience", en Pablo de Greiff (comp.), *The Handbook of Reparations.* Nueva York, Oxford University Press, 2006.

Guest, Iain, *Behind the Disappearances: Argentina's Dirty War Against Human Rights and the United Nations.* Filadelfia, University of Pennsylvania Press, 1990.

Haas, Peter M., "Introduction: Epistemic communities and international policy coordination". *International Organization* 46, n° 1, 1992, págs. 1-35.

Hagan, John, *Justice in the Balkans: Prosecuting War Crimes in the Hague Tribunal.* Chicago, University of Chicago Press, 2003.

Hammarberg, Thomas, "The Greek case became a defining lesson for human rights policies in Europe". Council of Europe Commissioner for Human Rights; www.commissioner.coe.int.

Hathaway, Oona A., "The cost of commitment". *Stanford Law Review* 55, n° 5, 2003, págs. 1.821-1.862.

Hendricks, Steven, *A Kidnapping in Milan: The CIA on trial.* Nueva York, W. W. Norton & Company, 2010.

© gedisa

Hilbink, Elisabeth, *Judges Beyond Politics in Democracy and Dictatorship: Lessons from Chile.* Nueva York, Cambridge University Press, 2007.

Holston, James, *Insurgent Citizenship: Disjunctions of Democracy and Modernity in Brazil.* Princeton, Princeton University Press, 2007.

Holzgrefe, J. L. y Keohane, Robert O. (comps.), *Humanitarian Intervention: Ethical, Legal, and Political Dilemmas.* Cambridge (UK), Cambridge University Press, 2003.

Horton, Scott, "The Guantánamo 'suicides': A Camp Delta sergeant blows the whistle". Revista *Harper's,* 18 de enero de 2010; en línea en: www.harpers.org/archive/2010/01/hbc-90006368.

Huckerby, Jayne y Rodley, Nigel, "Outlawing torture: The story of Amnesty International's efforts to shape the UN Convention against torture", en Deena Hurwitz; Margaret L. Satterthwaite y Douglas B. Ford (comps.), *Human Rights Advocacy Stories.* Nueva York, Foundation Press, Thomson/West, 2009.

Huntington, Samuel, *The Third Wave: Democratization in the Late Twentieth Century.* Norman, University of Oklahoma Press, 1991.

Ingelse, Chris. *The UN Committee Against Torture: An assessment.* La Haya, Martinus Nijhoff, 2001.

Jaffer, Jameel y Singh, Amrit, *Administration of Torture: A Documentary Record from Washington to Abu Ghraib and Beyond.* Nueva York, Columbia University Press, 2007.

Jelin, Elizabeth, *State Repression and the Struggle for Memories.* Londres, Social Science Research Council, 2003.

— , "La política de la memoria, el movimiento de derechos humanos y la construcción democrática en la Argentina", en Carlos H. Acuña y otros (comps.), *Juicio, castigo y memoria: Derechos humanos y justicia en la política argentina.*

— y **Kaufman,** Susana G., "Layers of memory: Twenty years after in Argentina", en Graham Dawson; T. G. Dawson y Michael Roper (comps), *The Politics of War Memory and Commemoration.* Londres, Routledge, 2000.

"Jobim contesta Tarso e diz que não cabe ao executivo discutir anistia". *Estado de São Paulo,* 2 de agosto de 2008.

Kaleck, Wolfgang, "From Pinochet to Rumsfeld: Universal jurisdiction in Europe 1998-2008". *Michigan Journal of International Law* 30, 2009, págs. 927-980.

Katzenstein, Peter, *A World of Regions: Asia and Europe in the American Imperium.* Ithaca (NY), Cornell University Press, 2005.

— , *Cultural Norms and National Security: Police and Military in Postwar Japan.* Ithaca: Cornell University Press, 1996.

— (comp.), *Civilizations in World Politics: Plural and Pluralist Perspectives.* Nueva York, Routledge, 2010.

— (comp.), *The Culture of National Security: Norms and Identity in World Politics.* Nueva York, Columbia University Press, 1996.

— y **Sil,** Rudra, "Eclectic theorizing in the study and practice of international relations", en Christian Reus-Smit y Duncan Snidal (cmps.), *The Oxford*

Handbook of International Relations. Nueva York, Oxford University Press, 2008.

Kaye, David, "The torture commission we really need". *Foreign Policy,* marzo-abril de 2010.

Keck, Margaret E. y Sikkink, Kathryn, *Activists Beyond Borders: Advocacy Networks in International Politics.* Ithaca (NY), Cornell University Press, 1998.

Kelly, Judith, "Who keeps international commitments and why? The international criminal court and bilateral non-surrender agreements". *American Political Science Review* 101, n° 3, agosto de 2007, págs. 573-589.

Keohane, Robert O.; Moravcsik, Andrew y Slaughter, Anne-Marie, "Legalized dispute resolution: Interstate and transnational". *International Organization* 54, n° 3, 2000, págs. 457-488.

Kim, Hunjoon. "Expansion of transitional justice measures: A comparative analysis of its causes", defensa de doctorado, University of Minnesota, 2008.

— , "Why and when do States use human rights trials and Truth Commissions after transition? An event history analysis of 100 countries covering 1974-2004", artículo inédito. Minneapolis (MN), 2007.

— y Kathryn, Sikkink, "Explaining the deterrence effect of human rights prosecutions for transitional countries". *International Studies Quarterly* 54, n° 4, diciembre de 2010, págs. 939-963.

Kingsbury, Benedict, "The concept of compliance as a function of competing conceptions of international law". *Michigan Journal of International Law* 19, n° 2, 1998, págs. 49-80.

Koh, Harold, "Transnational legal order". *Nebraska Law Review* 75,1996, págs.181-207.

Kornbluh, Peter, *The Pinochet File: A Declassified Dossier on Atrocity and Accountability.* Nueva York, New Press, 2003.

Kowert, Paul y Legro, Jeffrey, "Norms, identity, and their limits: A theoretical reprise", en Peter J. Katzenstein (comp.), *The Culture of National Security.*

Krasner, Stephen D., "A world court that could backfire", *New York Times*, 15 de enero de 2001, pág. A15, última edición.

— , *Sovereignty: Organized Hypocrisy.* Princeton, Princeton University Press, 1999.

Krisch, Nico y Kingsbury, Benedict, "Introduction: Global governance and global administrative law in the international legal order". *European Journal of International Law* 17, n° 1, 2006, págs. 1-13.

Ku, Julian y Nzelibe, Jide, "Do international criminal tribunals deter or exacerbate humanitarian atrocities?". *Washington University Law Quarterly* 84, n° 4, 2006, págs. 777-833.

Landi, Oscar y González Bombal, Inés, "Los derechos en la cultura política", en Carlos H. Acuña y otros (comps.), *Juicio, castigo y memoria: Derechos humanos y justicia en la política argentina.*

Legro, Jeffrey, *Rethinking the World: Great Power Strategies and International Order.* Ithaca (NY), Cornell University Press, 2005.

Leonard, Eric K., *The Onset of Global Governance: International Relations*

Theory and the International Criminal Court, Aldershot (UK) y Burlington (NJ), Ashgate Publishing, 2005.

"Los testigos claves según Strassera". *Diario del Juicio* 3, 11 de junio de 1985.

Loveman, Brian, *For* la Patria: *Politics and the Armed Forces in Latin America.* Wilmington (DE), Scholarly Resources, 1999.

Lumsdaine, David Halloran, *Moral Vision in International Politics: The Foreign Aid Regime, 1949-1989.* Princeton, Princeton University Press, 1993.

Lutz, Ellen y Sikkink, Kathryn, "The justice cascade: The evolution and impact of foreign human rights trials in Latin America". *Chicago Journal of International Law* 2, n° 1, 2001, págs. 1-33.

— , "International human rights law and practice in Latin America". *International Organization* 54, n° 3, 2000, págs. 633-659.

Lutz, Ellen L. y Reiger, Caitlin (comps.), *Prosecuting Heads of State.* Nueva York, Cambridge University Press, 2009.

Macedo, Stephen (comp.), *Universal Jurisdiction: National Courts and the Prosecution of SeriousCrimes Under International Law.* Filadelfia, University of Pennsylvania Press, 2004.

Mainwaring, Scott y Pérez-Liñán, Aníbal, *The Emergence and Fall of Democracies and Dictatorships: Latin America Since 1900.* Cambridge, Cambridge University Press, de próxima aparición.

Manuel, Paul, *Uncertain Outcome: The Politics of the Portuguese Transition to Democracy.* Nueva York, University Press of America, 1994.

Martin, Lisa y Sikkink, Kathryn, "U.S. policy and human rights in Argentina and Guatemala, 1973-1980", en Peter Evans; Harold Jacobson y Robert Putnam (comps.), *Double-Edged Diplomacy: International Bargaining and Domestic Politics.* Berkeley, University of California Press, 1993.

Mateus, Dalila Cabrita, *A PIDE/DGS na Guerra Colonial (1962-1974).* Lisboa, Terramar, 2004.

Matsueda, Ross; Huizinga, David y Kreager, Derek, "Deterring delinquents: A rational choice model of theft and violence". *American Sociological Review* 71, febrero de 2006, págs. 95-122.

Mattli, Walter y Slaughter, Anne-Marie, "Revisiting the European court of justice". *International Organization* 52, n° 1, 1998, págs.177-209.

Mayer, Jane, *The Dark Side: The Inside Story of How the War on Terror Turned into a War on American Ideals.* Nueva York, Doubleday, 2008.

Mayorga, Rene Antonio, "Democracy dignified and an end to impunity: Bolivia's military dictatorship on trial", en A. James McAdams (comp.), *Transitional Justice and the Rule of Law in New Democracies.* Notre Dame (IN), University of Notre Dame Press, 1997.

McAdams, A. James (comp.), *Transitional Justice and the Rule of Law in New Democracies.* Notre Dame (IN), University of Notre Dame Press, 1997.

McCarthy, Bill, "New economics of sociological criminology". *Annual Review of Sociology* 28, 2002, págs. 417-442.

McCarthy, John D. y Zald, Mayer N., "The enduring vitality of the resource mobilization theory of social movements", en Jonathan H. Turner (comp.), *Handbook of Sociological Theory.* Nueva York, Springer, 2001.

McEntree, Andrew, "Law and torture", en Duncan Forrest (comp.), *A Glimpse of Hell: Reports on Torture Worldwide*. Nueva York, New York University Press, 1996.

McNamara, Kathleen, *The Currency of Ideas: Monetary Politics in the European Union*. Ithaca (NY), Cornell University Press, 1998.

"Memorandum from secretary of State Colin Powell to counsel to the President, Re: Draft decision memorandum for the President on the applicability of the Geneva Convention to the conflict in Afghanistan"; disponible en: www.humanrightsfirst.org/us_law/etn/gonzales/index.asp #memos.

Mendeloff, David, "Truth-seeking, truth-telling, and postconflict peacebuilding: Curb the enthusiasm?". International Studies Review 6, n° 3, 2004, págs. 355-380.

Méndez, Juan, "In defense of transitional justice", en A. James McAdams (comp.), *Transitional Justice and Rule of Law in New Democracies*.

Mignone, Emilio F., *Derechos humanos y sociedad: El caso argentino*. Buenos Aires, Centro de Estudios Legales y Sociales, 1991.

"Militares reagem a Tarso e criticam 'passado terrorista' do governo Lula". *Estado de São Paulo*, 4 de agosto de 2008.

Minotos, Marietta (comp.), *The Transition to Democracy in Spain, Portugal and Greece Thirty Years After*. Atenas, Karamanlis Foundation, 2006.

Moreno-Ocampo, Luis, *Cuando el poder perdió el juicio: Cómo explicar el "Proceso" a nuestros hijos*. Buenos Aires, Planeta, Espejo de la Argentina, 1996.

Nagin, Daniel (comp.), *Criminal Deterrence Research at the Outset of the Twenty-First Century*, vol. 23: *Crime and Justice: A Review of Research*. Chicago, University of Chicago Press, 1998.

"Não estamos sob tutela military", Estado de São Paulo, 9 de agosto de 2008.

"Na presence do comandante do Leste, militares fazem ato contra Tarso", *Estado de São Paulo,* 8 de agosto de 2008.

Neier, Aryeh, *Taking Liberties: Four Decades in the Struggle for Rights*. Nueva York, Public Affairs, 2003.

— , *War Crimes: Brutality, Genocide, Terror, and the Struggle for Justice*. Nueva York, Times Books, 1998.

— , "What should be done about the guilty?". *New York Review of Books* 37, n° 1, 1° de febrero de 1990.

Nettelfield, Lara J., *Courting Democracy in Bosnia and Herzegovina: The Hague Tribunal's Impact in a Postwar State*. Nueva York, Cambridge University Press, 2010.

Nino, Carlos, "Strategy for criminal law adjudication", tesis de doctorado inédita, 1977; traducción española revisada: "Los límites de la responsabilidad penal". Buenos Aires, 1980.

— , *Radical Evil on Trial*. New Haven, Yale University Press, 1996.

Novaro, Marcos y Palermo, Vicente, *La dictadura militar 1976-1983: Del golpe de Estado a la restauración democrática*. Buenos Aires, Paidós, 2003.

Nye, Joseph, *Nuclear Ethics*. Nueva York, Free Press, 1986.

Nzelibe, Jide y Julian Ku, Julian, "Do international criminal tribunals deter or

© gedisa

exacerbate humanitarian atrocities?". *Washington University Law Review* 84, nº 4, 2006, págs. 777-833.

Odell, John S., *U.S. International Monetary Policy: Markets, Power, and Ideas as Sources of Change.* Princeton, Princeton University Press, 1982.

O'Donnell, Guillermo y Schmitter, Philippe C., *Transitions from Authoritarian Rule: Tentative Conclusions about Uncertain Democracies.* Baltimore (MD), Johns Hopkins University Press, 1986.

OEA, Inter-American Commission on Human Rights, *Report on the Situation of Human Rights in Argentina.* OEA/Ser.L/V/II.49 d oc. 19, corr.1, 1980.

— , *Report on the Situation of Human Rights in Haiti,* 1979.

— , *Report on the Situation of Human Rights in El Salvador.* 1978.

— , *Third Report on the Situation of Human Rights in Chile.* 1977.

Olsen, Tricia D.; Payne, Leigh A. y Reiter, Andrew G.. *Transitional Justice in the Balance: Comparing Processes, Weighing Efficacy.* Washington, DC, USIP Press, 2010.

Orentlicher, Diane F., *That Someone Guilty Be Punished: The Impact of the ICTY in Bosnia.* Nueva York, Open Society Institute, 2010.

— , "Settling accounts: The duty to prosecute human rights violations of a prior regime". *Yale Law Journal* 100, 1990, págs. 2.537-2.615.

Pace, William R. y Thieroff, Mark, "Participation of non-governmental organizations", en Roy S. Lee (comp.), *The International Criminal Court: The Making of the Rome Statute: Issues, Negotiations, Results.* La Haya, Kluwer Law International, 1999.

Partridge, Ben, "Britain: Thatcher condemns 'kidnap' of Pinochet", *Radio Free Europe/ Radio Liberty,* 9 de octubre de 1999.

Pasik, Boris G., "Letter to Sr. don Jaime Schmirgeld, secretary of the Permanent Assembly for Human Rights", 3 de junio de 1979—CELS Library, Buenos Aires, traducción de la autora.

Pimentel, Irene Flunser, *A História da PIDE.* Lisboa, Circulo de Leitores, 2007.

Piniou-Kalli, Maria, "The big chill: 21st of April 1967—30 years after: How Is it possible to forget about the torturers?". 1997.

— , "Impunity and the tragedy goes on", trabajo escrito presentado en el 6º Simposio Internacional sobre Torture as a Challenge to the Medical and Other Health Professions, Buenos Aires, 20-22 de octubre de 1993.

Pinker, Steven, "The moral Instinct". *New York Times Magazine,* 13 de enero de 2008; www.nytimes.com/2008/01/13/magazine/13Psychology-t.html.

Poe, Steven C., "The decision to repress: An integrative theoretical approach to the research on human rights and repression", en Sabine C. Carey y Steven C. Poe (comps.) *Understanding Human Rights Violations: New Systematic Studies.* Burlington (VT), Ashgate Publishing, 2004.

— ; Carey, Sabine C. y Vázquez, Tanya C. , "How are these pictures different? A quantitative comparison of the U.S. State Department and Amnesty International Human Rights Reports, 1976-1995". *Human Rights Quarterly* 23, nº 3, 2001, págs. 650-677.

— y Tate, Neal C., "Repression of human rights to personal integrity in the 1980s: A global analysis". *American Political Science Review* 88, 1994, págs. 853-900.

— ; Tate, Neal C. y Camp Keith, Linda, "Repression of the human right to personal integrity revisited: A global crossnational study covering the years 1976-1993". *International Studies Quarterly* 43, n° 2, 1999, págs. 291-315.

Power, Samantha. *A Problem from Hell: America and the Age of Genocide.* Nueva York, Basic Books, 2002.

Price, Richard (comp.), *Moral Limit and Possibility in World Politics.* Cambridge (UK), Cambridge University Press, 2008.

— , "Moral limit and possibility in world politics". *International Organization* 62, n° 2, 2008, págs. 191-220.

"Procuradoria vai denunciar militares por sequestros". *Folha de São Paolo,* 22 de enero de 2009.

Putnam, Robert D., "Diplomacy and domestic politics: The logic of two-level games". *International Organization* 42, verano de 1988, págs. 427-460.

Raimundo, Filipa Alves, "The double face of heroes: Transitional justice towards the political police (PIDE/DGS) in Portugal's democratization, 1974-1976", tesis de maestría, University of Lisbon, Institute of Social Sciences, 2007.

Ratner, Michael, "The fear of torture: Tape destruction or prosecution". 14 de diciembre de 2007; http://michaelratner.com/blog/?p=26.

Ratner, Steven R. y Abrams, Jason S., *Accountability for Human Rights Atrocities in International Law: Beyond the Nuremberg Legacy.* Nueva York, Oxford University Press, 2001.

Rawls, John, *A Theory of Justice.* Cambridge (MA), Belknap Press/Harvard University Press, 1971.

Reydams, Luc, "The rise and fall of universal jurisdiction", en William Schabas y Nadia Bernaz (comps.), *Routledge Handbook of International Criminal Law.* Nueva York, Routledge, 2010.

Risse, Thomas; Ropp, Stephen y Sikkink, Kathryn (comps), *The Power of Human Rights: International Norms and Domestic Change.* Cambridge (UK), Cambridge University Press, 1999.

Roberts, Steven V., "Greece restores 1952 Constitution with civil rights". *New York Times,* 2 de agosto de 1972, pág. 57.

— , "Greece sees 'Z' and gets excited". *New York Times,* 14 de enero de 1975, pág.. 6.

— , "The Caramanlis way". *New York Times,* 17 de noviembre de 1974, pág. 326.

Robertson, A. H., *Human Rights in Europe.* Manchester, Manchester University Press, 1977, 2ª edición.

— y Merrills, J. G., *Human Rights in Europe: A Study of the European Convention on Human Rights.* Manchester, Manchester University Press, 1993.

Rodley, Nigel, *The Treatment of Prisoners Under International Law.* Oxford, Oxford University Press, 1999, 2ª edición.

Rodrigo, Javier, *Los campos de concentración franquistas: Entre la historia y la memoria.* Madrid, Siete Mares, 2003.

Roht-Arriaza, Naomi, *The Pinochet Effect: Transnational Justice in the Age of Human Rights.* Filadelfia, University of Pennsylvania Press, 2005.

— , "State responsibility to investigate and punish grave human rights violations in international law". *California Law Review* 78, n° 2, 1990, págs. 449-513.

— y **Mariezcurrena**, Javier (comps.), *Transitional Justice in the Twenty-First Century:Beyond Truth versus Justice.* Cambridge (UK), Cambridge University Press, 2006.

Rome Statute of the International Criminal Court. UN doc. 2.187 U.N.T.S. 90, inició las actvidades el 1° de julio de 2002.

Ropp, Stephen y **Sikkink,** Kathryn, "International norms and domestic politics in Chile and Guatemala", en T. Risse, S. Ropp y K. Sikkink (comps), *The Power of Human Rights: International Norms and Domestic Change.*

Rosenberg, Tina, "Overcoming the legacies of dictatorship". *Foreign Affairs,* mayo-junio de1995, págs. 134-153.

Santamaría, Julián, "Spanish transition revisited", en M. Minotos (comp.), *The Transition to Democracy in Spain, Portugal and Greece Thirty Years After.*

Savelsburg, Joachim, *Crime and Human Rights: Criminology of Genocide and Atrocities.* Nueva York, Sage Publications, 2010.

— y **King**, Ryan. "Law and collective memory". *Annual Review of Law and Social Sciences* 3, 2007, págs. 189-211.

Schabas, William A., *An Introduction to the International Criminal Court.* Cambridge (UK), Cambridge University Press, 2001.

Scharf, Michael, "Getting serious about an international criminal court". *Pace International Law Review* 6, 1994, pág. 103.

Schiff, Benjamin N., *Building the International Criminal Court.* Cambridge (UK), Cambridge University Pres, 2008.

Sen, Amartya, *The Idea of Justice.* Cambridge (MA), Belknap Press/ Harvard University Press, 2009.

Shaffer, Geoffrey, "Transnational legal process and State change: Opportunities and constraints". Minnesota Legal Studies, trabajo de investigación, n° 10-28, 2010, disponible en SSRN: http://ssrn.com/ abstract=1612401.

Shklar, Judith N., *Legalism: Law, morals, and political trials.* Cambridge (MA), Harvard University Press, 1986.

Sifton, John, "The get out of jail free card for torture: It's called a declination; just ask the CIA". *Slate,* marzo de 2010, disponible en: www.slate.com/ id/2249126.

Sikkink, Kathryn, "Bush administration noncompliance with the prohibition on torture and cruel and degrading treatment", en Cynthia Soohoo; Catherine Albisa y Martha F. Davis (comps.), *Bringing Human Rights Home: From Civil Rights to Human Rights,* vol. 2. Westport (CT), Praeger, 2008.

— , *Mixed Signals: U.S. Human Rights Policy and Latin America.* Ithaca (NY), Cornell University Press, 2004.

— y **Booth Walling**, Carrie, "The impact of human rights trials in Latin America". *Journal of Peace Research* 44, n° 4, 2007, págs 427-445.

— y **Booth Walling**, Carrie, "Argentina's contribution to global trends in transitional justice", en N. Roht-Arriaza y J. Mariezcurrena (comps.), *Transitional Justice in the Twenty-First Century: Beyond Truth versus Justice, págs.* 301-324.

Silva, Emilio y Macías, Santiago, *Las fosas de Franco: Los republicanos que el dictador dejó en las cunetas.* Madrid, Ediciones Temas de Hoy, 2003.

Simmons, Beth, *Mobilizing for Human Rights: International Law in Domestic Politics.* Nueva York, Cambridge University Press, 2010.

— , "International law and State behavior: Commitment and compliance in international monetary affairs". *American Political Science Review* 94, n°. 4, 2000, págs. 819-835.

— y Elkins, Zachary, "The globalization of liberalization: Policy diffusion in the international political economy". *American Political Science Review* 98, 2004, págs. 171-189.

— ; Dobbin, Frank y Garrett, Geoff, "The international diffusion of liberalism". *International Organization* 60, n° 4, 2006, págs. 781-810.

Slaughter, Anne-Marie, *A New World Order.* Princeton, Princeton University Press, 2004.

Smith, David, "Rwanda genocide conviction quashed leaving monsieur Z free". *The Guardian (Gran Bretaña),* 17 de noviembre de 2009, pág. 20.

Smulovitz, Catalina, "The discovery of law: Political consequences in the Argentine case", en Yves Dezalay y Bryant G. Garth (comps.), *Global Prescriptions: The Production, Exportation, and Importation of a New Legal Orthodoxy.* Ann Arbor, University of Michigan Press, 2002.

— , "Presentación en el aniversario del golpe". Buenos Aires, 2006.

Snyder, Jack y Vinjamuri, Leslie, "Advocacy and scholarship in the study of international war crime tribunals and transitional justice". *Annual Review of Political Science* 7, n° 1, 2004, pág. 345.

— , "Trials and errors: Principle and pragmatism in strategies of International justice". *International Security* 28, n° 3, invierno de 2004, págs. 5-44.

Stan, Lavinia, "Neither forgiving nor punishing? Evaluating transitional justice in Romania". Trabajo presentado para la conferencia *"Transitional justice and democratic consolidation,* Oxford University, 16-17 de octubre de 2008.

Starr, Harvey y Lindborg, Christina, "Democratic dominoes revisited: The hazards of governmental transitions, 1974-1996". *Journal of Conflict Resolution* 47, n° 4, 2003, págs. 405-519.

Stepan, Alfred, *Rethinking Military Politics.* Princeton, Princeton University Press, 1988.

Stolle, Peer y Singelnstein, Tobias, "On the aims and actual consequences of international prosecution", en Wolfgang Kaleck y otros (comps.), *International Prosecution of Human Rights Crimes.* Berlín, Springer, 2007.

Struett, Michael J., *The Politics of Constructing the International Criminal Court.* Nueva York, Palgrave Macmillan, 2008.

Subotić, Jelena, *Hijacked Justice: Dealing with the Past in the Balkans.* Ithaca (NY), Cornell University Press, 2009.

Sunstein, Cass, *Free Markets and Social Justice.* Nueva York, Oxford University Press, 1997.

Sweeney, Joseph M., *The International Law of Sovereign Immunity: Policy Research Study.* Washington, DC, External Research Staff, Bureau of Intelligence and Research, U.S. Dept. of State, 1963.

Taguba, Antonio M., "The Taguba Report: Article 15-6 investigation of the 800th military police brigade", Department of Defense, Washington, DC, junio de 2004.

Tarrow, Sidney, *The New Transnational Activism.* Nueva York, Cambridge University Press, 2005.

Teitel, Ruti, "Transitional justice genealogy", *Harvard Human Rights Journal* 16, 2003, págs. 69-94.

"Testimonio del señor Pablo A. Díaz", *Diario del Juicio* 3, 11 de junio de 1985, pág. 63.

Tetlock, Philip y Belkin, Aaron (comps.), *Counterfactual Thought Experiments in World Politics: Logical, Methodological, and Psychological Perspectives.* Princeton, Princeton University Press, 1996.

Thoms, Oskar N. T.; Ron, James y Paris, Roland, "Does transitional justice work? Perspectives from empirical social science", 19 de octubre de 2008, disponible en SSRN: http://ssrn.com/abstract=1302084.

United Nations, Asamblea General, sesión 51, «Convention against torture and other cruel, inhuman or degrading treatment or punishment». Artículo 2, A/39/51, 1984.

— , sesión 61, «Official records». A/C.3/61/L.17, 2006.

— , "Joint study on global practices in relation to secret detention in the context of countering terrorism of the special rapporteur on the promotion and protection of human rights and fundamental freedoms while countering terrorism». The special rapporteur on torture and other cruel, inhuman or degrading treatment or punishment, the working group on arbitrary detention and the working group on enforced or involuntary disappearances, copia inédita, 26 de enero de 2010, A/HRC/13/42.

United States Congress, House Committee on Foreign Affairs, *The Phenomenon of Torture: Hearings and Markup Before the Committee on Foreign Affairs and Its Subcommittee on Human Rights and International Organizations.* 98th Congress, 2nd. sess. on H.J. Res. 606, 15-16 de mayo; 6 de septiembre de 1984, Washington, DC, GPO, 1984, pág. 204.

— , House, *The Status of Human Rights in Selected Countries and the United States Response; Report Prepared for the Subcommittee on International Organization of the Committee on International Relations of the United States House of Representatives by the Library of Congress.* 95th Congress, 1st. sess., 25 de julio de 1977, Washington, DC, GPO, 1977, pág. 2.

United States Department of Defense, "Memorandum for the secretary of defense: Improper material in Spanish language intelligence training manuals", 10 de marzo de 1992.

— , *National Defense Strategy of the United States,* marzo de 2005.

— , Department of Justice, Office of Justice Programs, *The World Factbook of Criminal Justice System,* "Victims" section, part 3, "Role of victim in prosecution and sentencing"; http:// bjs.ojp.usdoj.gov.

— , Office of Legal Counsel, Office of the Assistant Attorney General, "Memorandum for James B. Comey, Deputy Attorney General, Re: Legal standards applicable under 18 U.S.C. 2.340-2.340A", 30 de diciembre de 2004.

© gedisa

— , Office of Legal Counsel, Office of the Assistant Attorney General, "Memo-randum for Alberto R. Gonzales, Re: Standards of conduct for interrogation under 18 U.S.C. 2.340-2.340A", 1º de agosto de 2002.

United States Supreme Court, "Hamdan *vs.* Rumsfeld"; www.supreme courtus. gov/opinions/05pdf/05-184.pdf.

Varouhakis, Miron, *Shadows of Heroes: The Journey of a Doctor and a Jour-nalist in the Lives of Ordinary People Who Became Victims of Torture.* LaVergne (TN), Xlibris Corp., 2010.

Verbitsky, Horacio. *Civiles y militares: Memoria secreta de la transición.* Bue-nos Aires, Sudamericana, 2006 reedición.

Vinjamuri, Leslie y Snyder, Jack, "Advocacy and scholarship in the study of international war crimes tribunals and transitional justice". *Annual Review of Political Science* 7, 2004, págs. 345-362.

Waltz, Susan, "Universalizing human rights: The role of small States in the cons-truction of the Universal Declaration of Human Rights". *Human Rights Quarterly* 23, 2001, págs. 44-72.

Weaver, Mary Anne, "Karamanlis rules Greece with a strong hand". *The Wash-ington Post,* 23 de noviembre de 1976.

Weissbrodt, David. *The Right to a Fair Trial Under the Universal Declaration of Human Rights and the International Covenant on Civil and Political Rights: Articles 8, 10 and 11 of the Universal Declaration of Human Rights.* Cambridge (MA), Martinus Nijhoff, 2001.

— . "Study of Amnesty International's role in situations of armed conflict and internal strife. AI Index: POL 03/04/84". Londres, Amnesty International, 1984.

Weschler, Lawrence, *A Miracle, a Universe: Settling Accounts with Torturers.* Nueva York, Pantheon Books, 1990.

Weyland, Kurt, "Theories of policy diffusion: Lessons from Latin American pension reform". *World Politics* 57, nº 2, 2005, págs. 262-295.

Whitehead, Laurence, "Three international dimensions of democratization", en Laurence Whitehead (comp.), *The International Dimensions of Democrati-zation: Europe and the Americas.* Oxford, Oxford University Press, 1996.

Woodhouse, C. M., *The Rise and Fall of the Greek Colonels.* Londres, Granada Publishing, 1985.

Zalaquett, José, "Balancing ethical imperatives and political constraints: The dilemma of new democracies confronting past human rights violations". *Hastings Law Journal* 43, 1992, págs. 1.425-1.438.

— . "Confronting human rights violations by former governments: Principles applicable and political constraints", en Neil J. Kritz (comp.), *Transitional Justice: How Emerging Democracies Reckon with Former Regimes.* Wash-ington, D.C., U.S. Institute of Peace, 1995.